CHRONIQUE D'INDOCHINE

Amiral Thierry d'Argenlieu
Haut-Commissaire de France

CHRONIQUE D'INDOCHINE

1945-1947

Albin Michel

22, rue Huyghens, 75014 Paris
ISBN 2-226-02306-2

Bernard d'Argenlieu,
Georges-Eric d'Argenlieu
et Antoine d'Argenlieu, professeur d'histoire,
ont assuré le travail de recherches et de présentation des documents de la deuxième partie – chapitres X *à* XV *–, la mise en forme et l'avant-propos de l'ouvrage.*

Ils tiennent à remercier tous ceux qui ont permis par leurs conseils et aide la parution de cette Chronique d'Indochine. *Cette gratitude s'adresse plus particulièrement à M. Robert Davée pour ses travaux et recherches.*

AVANT-PROPOS

Août 1945 : La France a perdu toute souveraineté sur l'Indochine. Pour obtenir le départ des Japonais, le retrait des Chinois, pour maintenir son rang, elle doit y revenir... et faire du neuf. Le général de Gaulle choisit l'amiral d'Argenlieu :

« Il nous reste un gros morceau à reprendre,
une grande partie à jouer.
C'est à vous, en avant ! »

Mars 1947 : La France est présente dans toute la péninsule mais elle reconnaît l'autonomie des États de la nouvelle Fédération indochinoise - Laos, Cambodge, Cochinchine et Viêt-nam. Hô Chi Minh, exigeant indépendance totale et unité du Nord au Sud, vient d'entrer en dissidence. Une guerre de huit ans commence...

Sans désavouer la politique suivie, le président Ramadier rappelle le Haut-commissaire.

La *Chronique d'Indochine* retrace l'action accomplie par l'amiral d'Argenlieu pendant ces dix-neuf mois.

Pour aborder ces pages, rédigées par lui à partir de ses notes « sur le terrain », pour entrer dans le vif de l'œuvre et de l'action, quelques précisions s'imposent : précisions sur l'homme et sa vie, déjà hors du commun, précisions sur l'époque et sur les objectifs de l'heure. Lui-même a longtemps gardé le silence mais d'autres ont parlé pour lui : depuis quarante ans, l'Histoire s'est emparée du personnage. Des accusations, des critiques portées contre lui passent aujourd'hui pour vérités ou évidences. Ce témoignage prend alors tout son sens : il est, avec ses mots, son style, ses phrases, la réponse simple de l'amiral.

La vie de Georges Thierry d'Argenlieu se rythme en quatre périodes : la marine à laquelle il consacre sa jeunesse, le Carmel où il passe les vingt premières années de sa maturité avant de retrouver avec la guerre sa vocation initiale d'officier de marine. C'est son idéal religieux qui marque enfin la dernière période de sa vie.

Né à Brest le 7 août 1889, Georges d'Argenlieu entre à 17 ans à l'École navale. Embarqué sur le croiseur *Du Chayla,* il fait campagne au Maroc et rencontre Lyautey dont il gardera l'empreinte. Durant la guerre de 1914-1918, il participe à la lutte anti-sous-marine en Méditerranée sur le *Déhorter,* le *D'Iberville,* l'*Eros* puis le patrouilleur *Tourterelle* qu'il commande comme lieutenant de vaisseau.

Il quitte la marine en 1920 pour entrer au Carmel et devient, en religion, le père Louis de la Trinité. Supérieur provincial depuis 1932, il est mobilisé en 1939 au secteur de défense de Cherbourg comme capitaine de corvette.

Fait prisonnier le 19 juin 1940, il s'évade et rallie l'Angleterre pour continuer la lutte contre le nazisme. En août, le général de Gaulle le désigne à la tête de la mission des parlementaires envoyés à Dakar, où il sera blessé. Il dirige ensuite les opérations navales en vue de rallier le Gabon à la France libre, sous les ordres du colonel Leclerc.

Membre du Conseil de défense de l'Empire, puis du Comité national, il est nommé Haut-commissaire de France dans le Pacifique en juillet 1941. Contre-amiral, basé à Nouméa, il a pour mission de défendre les territoires français menacés par le Japon et d'assurer la présence de la France aux côtés des Alliés.

De retour à Londres au début de 1943, il commande les Forces navales françaises libres de Grande-Bretagne. En juin 1944, il conduit le général de Gaulle en France à bord de *La Combattante,* et, le 25 août, il entre à ses côtés dans la capitale.

Amiral Nord et chef d'état-major général adjoint, il prend provisoirement en main le commandement de la marine nationale. A San Francisco, en avril 1945, il participe à la conférence organisant les Nations unies.

Le 16 août 1945, le général de Gaulle, chef du Gouvernement provisoire, le nomme Haut-commissaire de France et commandant en chef pour l'Indochine.

Mgr Roncalli, le futur Jean XXIII, alors nonce apostolique à Paris, obtient du Saint-Siège les autorisations nécessaires à l'exercice de sa mission.

L'Amiral tient au respect des formes. Mais, bien plus que la lettre, c'est l'esprit qui lui importe.

La première impression qu'il donne est celle d'un chef plutôt dur et sévère, exigeant pour lui comme pour les autres.

« Avec une ardeur exigeante cohabite la froide pondération, dira de lui M. Messmer. La fougue est constamment maîtrisée car l'homme est corseté d'implacable volonté. »

Cette image de rigueur se double d'une capacité d'écoute, d'un esprit clair et méthodique qui lui donnent une grande lucidité.

Pour le général Valluy, il faut « être avec lui calme et obstiné, car il examine tout projet avec minutie et grande conscience, et, contrairement à sa légende, il n'est pas dépourvu d'objectivité... »

Sur son action durant la guerre, Charles de Gaulle écrira dans ses Mémoires :

« J'avais confiance en d'Argenlieu. Sa hauteur d'âme et sa fermeté le mettaient moralement à même de dominer les intrigues, ses capacités de chef m'assuraient que nos moyens seraient utilisés avec vigueur, mais à bon escient. Ses aptitudes de diplomate trouveraient à s'employer[1]. »

Les enjeux, la mission...

Lorsque s'ouvre la *Chronique d'Indochine,* la France vient de retrouver la paix. Au printemps 1945, l'ensemble du territoire est libéré et, le 8 mai, avec la reddition allemande, la guerre s'achève en Europe. La France du général de Gaulle est au rang des vainqueurs. Mais tout n'est pas fini : il reste à reconstituer « l'Empire » face aux ambitions des autres puissances, il reste le Japon à vaincre. A travers ce double enjeu, sur les rives du Pacifique se trouve une pièce maîtresse de la France : l'Indochine.

Depuis quatre ans, elle est progressivement occupée par les troupes japonaises. L'amiral Decoux, gouverneur général envoyé par Vichy, maintient une façade de souveraineté française ; il ne peut empêcher les Nippons de s'installer en force, de réquisitionner riz, caoutchouc et autres ressources de la péninsule.

Tandis qu'en Occident la victoire alliée se fait chaque jour plus proche, tandis qu'au Pacifique, île après île, les Américains resserrent leur étau, au soir du 9 mars 1945 les Japonais jettent le masque : l'arrestation de toutes les autorités françaises les rend seuls maîtres de la péninsule. Sous leur pression, l'empereur Bao Dai, puis le roi Norodom Sihanouk proclament l'indépendance du Viêtnam et du Cambodge, et mettent en place des gouvernements de collaboration.

Avec la défaite du Mikado qui s'annonce - les bombes d'Hiroshima et Nagasaki explosent les 6 et 9 août 45 -, tout reste provisoire : l'Indochine n'a plus de réelle souveraineté légitime.

Plus grave encore, le 2 août 1945, à la conférence de Potsdam, Staline, Truman et Attlee décident que la prochaine reddition des armées japonaises sera reçue sur place par... la Grande-Bretagne et la Chine. Nulle mention n'est faite de la France.

Tandis qu'Hô Chi Minh et son front de libération viêt-minh se saisissent de l'occasion et du vide ainsi créé, la France doit agir au plus vite : participer à la victoire sur le Japon et « rétablir la souveraineté française sur l'Indochine libérée ».

1. *Mémoires de guerre,* tome 1, page 188, Paris, Plon, 1954.

C'est la première mission que donne le général de Gaulle à l'amiral d'Argenlieu.

Mais cette souveraineté doit être rétablie « sous des espèces neuves » : le deuxième objectif concerne la mise au point d'une « Fédération indochinoise » gardant son autonomie au sein de l'Union française, et préservant le « caractère propre » des cinq pays qui la composent : Tonkin, Annam, Cochinchine, Cambodge et Laos. Ce sont les termes de la « déclaration du gouvernement relative à l'Indochine », publiée dès le 24 mars 1945. Elle constitue le fondement de l'action de l'amiral d'Argenlieu durant toute la durée de sa mission. Elle sera maintenue, après janvier 46, par les gouvernements Gouin, Bidault, Blum et Ramadier.

Sous le feu des critiques...

La mission de l'Amiral a été et reste contestée. Des accusations sont portées sur son attitude ou son action en Indochine. Une sorte de « légende noire » tend à lui faire porter la plus grande part de responsabilité dans ce qui va devenir la guerre d'Indochine. Qu'en est-il en réalité ? La réponse se trouve au fil de la *Chronique*, et chacun jugera.

Le rappel des principaux chefs d'accusation lancés contre lui n'est pas inopportun : ils tendent à passer pour choses acquises, y compris dans des études pourtant sérieuses et compétentes.

- Gaulliste virulent ne connaissant rien à l'Indochine, l'Amiral se serait empressé d'épurer l'administration, éliminant, dès son arrivée, toute trace de collaborateurs vichystes.

- La critique présente surtout le Haut-commissaire comme un représentant du monde colonial, farouchement opposé à toute velléité d'indépendance. A un Leclerc progressiste et libéral, elle oppose un d'Argenlieu réactionnaire et borné : non content de s'opposer aux accords du 6 mars 1946 - reconnaissant la République du Viêt-nam - qu'il comparerait à un « petit Munich », il aurait tout fait pour saboter leur application.

- Menant sa politique personnelle, il n'aurait cessé de mettre les gouvernements devant des faits accomplis qui auraient contribué à l'échec et à la guerre.

- Enfin, événement majeur dans le déclenchement de celle-ci, le 20 novembre 1946, il aurait décidé un bombardement massif du port de Haiphong, entraînant la mort de milliers de victimes innocentes...

Telle apparaît le plus souvent l'image du représentant de la France en Indochine de 1945 à 1947. A ce réquisitoire la *Chronique* qui s'ouvre est la meilleure réponse. Elle modifie, renouvelle ou contredit la vision traditionnelle.

La chronique : un témoignage

Pour rédiger sa *Chronique d'Indochine,* l'amiral a utilisé essentiellement son journal de bord - son « diaire ». D'août 1945 à mars 1947, ses rendez-vous et entretiens comme ses réflexions du moment y sont notés de sa main. Autant dire que la *Chronique* se veut témoignage fidèle de ce qu'il a vécu.

Il n'est pas question ici de tout reprendre ou résumer. Aux accusations d'épurateur, menant sa politique personnelle, bombardant massivement Haiphong... les faits parlent d'eux-mêmes. On les retrouvera au fil des pages. Soulignons simplement l'essentiel.

La première mission de l'amiral d'Argenlieu reste le rétablissement de la France en Indochine. Pour lui, pour le général de Gaulle, mais aussi pour une grande majorité de Français, malgré les ruines de 1945, libération et grandeur retrouvée signifient que les trois couleurs flottent à nouveau aux quatre coins du monde : si l'apport de l'Empire fut décisif dans la victoire, il peut et doit le devenir dans le redressement de la nation.

Rétablir les droits de la France : la communion d'idée est totale entre le Haut-commissaire, commandant en chef, et son « premier grand subordonné », le général Leclerc.

Cette subordination est toutefois mal supportée par l'ancien chef de la 2e D.B., le libérateur de Paris et de Strasbourg. Elle demeure inconcevable pour une partie de son entourage, qui tend à opposer le général à son chef.

Si leurs caractères, profondément différents, peuvent être source de tensions, leur estime et admiration réciproques prennent chaque fois le dessus.

S'il y a nuances dans l'appréciation de la situation, elles tiennent surtout à l'impatience de Leclerc : impatience qui l'amène d'abord à parler de « reconquête militaire », impatience qui le pousse ensuite à évoquer l'indépendance afin d'être sur place, à Hanoi, et au plus vite.

L'essentiel demeure que la politique appliquée se définit toujours en plein accord, à l'unanimité du Conseil fédéral, dont Leclerc est vice-président.

S'il y a divergence, elle porte sur un point : à l'issue de la convention du 6 mars, faut-il ou non inviter aussitôt Hô Chi Minh à venir négocier à Paris ? Malgré l'insistance du général Leclerc, l'Amiral refuse une invitation immédiate qui vise à sortir du cadre fédéral. Jugeant suffisantes les concessions déjà faites, il estime que céder sur ce dernier point, ce serait « méthode munichoise ». Rappelons qu'alors, les accords sont signés, le Viêt-nam reconnu comme État libre, donc autonome, et qu'il accepte de faire partie de la Fédération indochinoise, intégrée à l'Union française.

L'objectif militaire une fois atteint, les forces françaises présentes dans les cinq pays de la Fédération, le général Leclerc estime sa mission achevée, et demande son rappel. Il aura lieu le 17 juillet 1946.

Ainsi les deux hommes ont-ils réussi ce qui semblait impossible quelques mois auparavant :

Rétablir les droits de la France en Indochine.

... Mais il s'agit de « faire du neuf ».

A l'opposé du « colonialiste » crispé sur ses certitudes, l'amiral d'Argenlieu se montre ici sous un nouveau jour : dès les premiers chapitres, derrière la rigueur ou l'apparente froideur de l'homme, ce qui frappe, c'est l'esprit d'ouverture.

Ouverture aux hommes : quel que soit le passé, - y compris dans l'administration de Vichy -, « être prêt à servir et non être servi ».

Ouverture aux situations : la déclaration gouvernementale du 24 mars, son instruction fondamentale, détaille peu le nouveau statut à mettre en œuvre. Au moment de son arrivée, elle peut sembler bien prudente, trop prudente. Et pourtant qu'en retient-il d'essentiel ? La « consultation des organes qualifiés de l'Indochine libérée » en vue d'élaborer ce nouveau statut.

Dès l'étape de Chandernagor, en septembre 1945, il souligne qu'une « réelle et franche émancipation est prévue et doit être octroyée sans atermoiement aux cinq États membres de la Fédération ». Ce qu'il confirme dans son premier discours adressé aux Indochinois : la France est là pour « que vous puissiez prendre en main les leviers de commande de vos nations respectives. » (chapitre II, p. 51 et 58). Donner progressivement aux peuples d'Indochine la responsabilité de leur devenir, en respectant la liberté de chacun... Poser les premières pierres de l'Union française, sorte de Commonwealth à la française, telle reste la ligne de conduite de l'Amiral.

Ainsi, parlant du Viêt-nam avec le président Hô Chi Minh : « Le présent prépare l'avenir sous les espèces d'un État libre en vue de l'indépendance ultérieure » (chapitre IX, p. 230).

Lucide, il sait et souligne l'importance du « mouvement planétaire des peuples vers l'indépendance » (chapitre X, p. 249).

Lucide, il analyse la difficulté - l'impossibilité ? - d'une indépendance réellement assumée sans l'aide ou le conseil d'une puissance extérieure. Face aux ambitions chinoises, et bientôt américaines et soviétiques, la France n'est-elle pas la mieux placée ?

Lucide enfin, il dénonce l'impérialisme annamite : « Un grand Annam unifié qui ne ferait aucune part aux particularismes locaux... écraserait de sa masse Cambodge et Laos. Il ne pourrait être à l'Indochine que ce que la Prusse fut à l'Allemagne » (ch. XIV, p. 382). « Un peu plus tôt, un peu plus tard, le grand Annam pénétrerait et absorberait Laos et Cambodge... » (ch. XI, p. 276).

Au-delà du nationalisme, il discerne le totalitarisme impitoyable du jeune gouvernement Hô Chi Minh.

« Impérialisme », « totalitarisme »... quarante ans plus tard, l'actualité brûlante ne vient-elle pas confirmer son analyse ?

Réaliste, il va pourtant tenter de jouer la « carte » Hô Chi Minh, seule « personnalité politique qualifiée et solide auprès des masses annamites » (ch. V, p. 146).

Il met au point, stimule et fait siens les accords du 6 mars, négociés et signés par Jean Sainteny, son représentant à Hanoi.

Après les accords passés avec le Cambodge, avec ceux qui vont reconnaître la République provisoire de Cochinchine, la nouvelle Fédération devient une réalité en associant ces États à la France.

Alors... Pourquoi l'échec, pourquoi la guerre ?

Les causes de l'échec, les raisons de l'enchaînement fatal, tout cela transparaît entre les lignes jetées au jour le jour :

- Le double jeu incessant du gouvernement de Hanoi, ses propres contradictions comme sa crainte permanente d'un retour en force de la France coloniale.
- Les hésitations, fluctuations, voire contradictions des gouvernements qui se succèdent à Paris, leur dépendance vis-à-vis des courants d'opinion et campagnes de presse - seul motif réel du rappel de l'Amiral...
- « L'inaptitude des administrateurs à se muer en conseillers » (ch. XV, p. 397).

Mais en mars 1947, l'échec est-il si certain ?

Pour l'Amiral, il existe une solution. Peu avant son départ, il envoie à Léon Blum, président du Gouvernement, un mémorandum de grande importance. Il a presque valeur de testament politique.

Il n'est plus question de traiter avec le gouvernement Hô Chi Minh, qui a violé tous les accords. « Nous devons le proclamer hautement », puis éliminer « la force armée du parti viêt-minh. »

Mais il faut surtout « éviter de nous laisser entraîner dans une guerre contre le peuple annamite... Une reconquête militaire... ne réglerait rien ».

Il faut un « gouvernement solide et appuyé sur la masse... » Or il ne peut se constituer qu'avec ces « deux idées forces : indépendance et unité nationale ».

A un tel gouvernement, il manque une légitimité. « L'institution monarchique traditionnelle », gardant sa force en pays d'Annam, peut l'apporter. Elle « assurerait l'instauration d'une démocratie véritable » (ch. XIV, p. 385).

Ainsi l'Amiral suggère-t-il un accord reconnaissant indépendance et unité du Viêt-nam, en respectant les particularismes locaux, mais avec un autre gouvernement sachant respecter la parole donnée.

Une autre politique était-elle possible ?

Un tel accord *avec Hô Chi Minh* était-il concevable ?

Ce serait croire que le gouvernement de l'oncle Hô désirait sincèrement l'entente avec la France et non son éviction pure et simple.

L'Amiral a fait son choix.

Et le gouvernement français ? Regroupant plus de 80 % des suffrages associant P.C., S.F.I.O. et M.R.P., il soutient mollement son représentant en Indochine et se montre incapable de faire les choix décisifs. Le départ des ministres communistes quelques mois plus tard n'y changera rien.

Une autre question se profile alors : dans les années qui suivent la Deuxième Guerre mondiale, la France est-elle prête à « lâcher » le Tonkin, à « lâcher » l'Indochine ?

Officiellement rappelé le 5 mars 1947, l'amiral d'Argenlieu se retire dans le couvent des Carmes d'Avon-Fontainebleau. Sur la demande du général de Gaulle, et avec l'accord de ses supérieurs religieux, il restera pourtant jusqu'en 1958 chancelier de l'ordre de la Libération, dont il assumait la charge depuis sa création.

Pour ne pas alimenter de polémiques, il souffrira sans répondre aux attaques qu'avait provoquées son action en Indochine.

« Le silence est le meilleur gardien de la vérité », disait-il simplement.

Il meurt le 7 septembre 1964 au Carmel de Brest, ville où il était né soixante-quinze ans plus tôt.

C'est sur les conseils du général de Gaulle que l'amiral avait commencé à rédiger cette chronique. A sa mort, elle restait inachevée.

Nous avons repris dans une seconde partie (ch. X à XV) le journal qu'il a tenu tout au long de cette période, et ses documents d'archives, selon la méthode qu'il avait lui-même employée.

« ... Ce que nous laisserons à ceux qui nous suivent comptera pour beaucoup ou pour peu suivant ce que Dieu voudra. Mais nous devons le laisser en ordre sincère et bien éclairé. »

CHARLES DE GAULLE
Lettre à l'amiral d'Argenlieu, le 29.12.1956

« Je me félicite de savoir que votre chronique d'Indochine est en bonne voie.

A mesure que l'on émerge des polémiques enragées et des stupides et péremptoires affirmations, bref, à mesure que vient une certaine sérénité il est nécessaire que les faits réels et les vraies circonstances viennent à la connaissance des esprits. »

CHARLES DE GAULLE
Lettre à l'amiral d'Argenlieu, le 14.11.1959

Chapitre premier

IMPRÉVU

CHINE
BIRMANIE
Pou Eul
Sse Mao
Mongtsé
Man Hao
Ha Giang
Lao Kay
Fleuve Rouge
TONKIN
Cao Bang
Taï Ping
Muong Hou Taï
Tuyen Quang
Xieng Hong
Lang Son
Yen Bay
Rivière Noire
Thaï Nguyen
Moncay
Phuto
Vietri
Phulang Thuong
Van Bu
Son Tay
Bac Ninh
Muong Sing
Hanoï
Hai Duong
Hongay
Chobo
Haïphong
Phuly
Doson
Ban Houeï Saï
Sam Neua
Nam Dinh
Thaï Oinh
Ninh Binh
Golfe
Louang-Prabang
Than Hoa
du Tonkin
Mékong
Xieng Kouang
Song Ca
Haï-Nan
LAOS
Vinh
Vientiane
Hatinh
Pak Hin Boun
Quang Binh
Outaradit
M. Sakon Lakon
MER
Quang Tri
Hué
Pitsanoulok
M. Savannaket
Tourane
SIAM
M. Kemmarat
Saravane
ANNAM
DE
M. Oubon
Ban Muang
Quang Ngaï
Korat
Attopeu
CHINE
Khong
Binh Dinh
Quinhon
Bangkok
Sisophon
CAMBODGE
Mékong
Song Cau
Siem Réap
Stung Treng
Tonlé Sap
Battambang
Sambor
Ban Mé Thuot
Chantaburi
Kompong Thom
Kratié
Pursat
Kuong Chnang
Kompong Cham
Nha Trang
Dalat
Phnom Penh
Prey Veng
Tayninh
Djiring
Kompong Speu
Thudaumot
Bien Hoa
Takeo
Chaudoc
Cholon
Saïgon
Phantiet
Kampot
Long Xuyen
Mytho
Baria
Ha Tien
Sadec
Gocong
Cantho
Vinh Long
Bentre
Golfe
Rach Gia
Travinh
de Siam
COCHINCHINE
Soc Trang
Bac Lieu
Ca Mau
0
100
200 km

Le 7 août 1945 !

Je me mettais à table pour dîner à l'hôtel de la Libération. Il pouvait être 20 heures. Un secrétaire frappe...

- Amiral, M. Palewski voudrait vous parler d'urgence au téléphone...

Je prends la communication...

- Il s'agit de l'Asie. Le choix du Général est fait... C'est vous, amiral. Il m'a prié de vous en aviser sans délai et de lui faire connaître vos intentions... votre réponse ?

- Vous allez vite en besogne. La nuit porte conseil ! La réponse vous l'aurez demain.

Ce même 7 août, j'avais été reçu par le général de Gaulle, président du Gouvernement provisoire. C'était au 14, rue Saint-Dominique, en son ancien bureau qu'il avait repris le 25 août dernier, dès l'entrée à Paris dans le sillage ouvert par Leclerc.

De Gaulle était de belle humeur.

Après avoir traité des affaires de l'ordre de la Libération, pris quelques signatures, je m'assis à son invitation et enchaînai :

- J'ai reçu ces derniers jours une curieuse proposition. Le garde des Sceaux me demande si j'accepterais d'aller représenter la France à la Haute Cour de Justice interalliée de Nuremberg.

- Quelle drôle d'idée, jeta le Général. Ce serait un enterrement. Qu'en pensez-vous ?

Je souris :

- Votre réponse me suffit. Le but de mon rapport est seulement de savoir si vous étiez pour quelque chose dans la démarche du garde des Sceaux.

Inspecteur général des forces maritimes, je suis vice-président du Conseil supérieur de la Marine depuis le retour de la conférence de San Francisco - le 19 mai.

J'assume, comme chancelier, la direction du Conseil de l'ordre de la Libération. De nombreux dossiers réclament examen et avis.

Ces tâches me satisfont et suffisent !

Avant de quitter l'hôtel de la Présidence, je m'étais entretenu avec Gaston Palewski, directeur du Cabinet. Il convenait de l'informer d'un départ en permission le lendemain et des possibilités de m'atteindre sans délai, le cas échéant. A sa manière aimable et courtoise, il me félicita de cette courte fugue et ajouta :

- Ne croyez-vous pas que l'heure soit venue de rétablir juridiquement le Conseil de l'ordre de la Légion d'honneur ?

- Sans aucun doute.

- Il faut commencer par nommer le grand chancelier. Avez-vous pensé à quelqu'un ?

Moi : « Je ne me suis jamais posé la question. J'y vais songer. »

Lui : « Une autre nomination est à prévoir sans tarder. Avec l'emploi de la bombe atomique, la capitulation du Japon est proche ; le choix s'impose d'un Haut-commissaire pour l'Indochine. Si vous songiez à quelqu'un, soyez bon de me le faire savoir. »

- Je n'y ai pas encore réfléchi. Mais, de vrai, ne différez plus ; depuis le 9 mars, nulle autorité française ne subsiste à ce poste.

C'était une belle fin d'après-midi d'août, au cœur de Paris. L'ambiance de la Libération que couronnait la victoire sur l'Axe s'y faisait sentir...

La réponse téléphonique que je narrais plus haut et mon : « Vous allez vite en besogne », survenu trois heures après le double entretien à la Présidence, n'en sont-ils pas justifiés ?

Le Général ne m'a plus soufflé mot de l'Indochine depuis des années, encore moins cet après-midi du 7 août.

Son directeur de cabinet a simplement évoqué la convenance d'une nomination prochaine de Haut-commissaire.

Et, comme se lève la nuit, soudain, ce « Haut-commissariat d'Indochine c'est à vous que le président du Gouvernement entend le confier... »

Surprise et choc appellent réflexion. Je me mets à repasser la chose en mon esprit. La nuit porte conseil, venais-je de répliquer. C'est une règle de discipline intérieure de ne pas agir par intuition en des matières qui n'exigent pas l'immédiate décision.

Accepter ou décliner à Paris, ce 7 août au soir, l'honneur redoutable d'un appel à partir représenter le Gouvernement français en Indochine - et ce, à la veille d'une capitulation japonaise -, c'est chose grave. Le Japon ? Lors, il règne militairement depuis cinq ans et, depuis mars dernier, en maître absolu.

Réfléchissons

En Extrême-Orient proprement dit, je n'ai pas encore séjourné.

Certes, au fil des années 1941, 42, 43, il m'a été donné comme Haut-commissaire de France pour le Pacifique, avec quartier général à Nouméa, de tourner souvent mes regards vers l'Indochine.

N'est-ce pas le but principal de ma mission, dès le 9 juillet 1941, aux lointains Établissements d'Océanie, aux archipels néo-calédoniens et aux Nouvelles-Hébrides ? Y soutenir là-bas, l'heure venue, nos intérêts, nos droits contre les ambitieux desseins du Japon ou les abandons coupables des gens de Vichy.

L'Indochine est encore la raison politique de l'entrée immédiate en guerre, le 8 décembre 1941, de nos forces combattantes dans le Pacifique à côté des Yankees contre les Nippons, au lendemain de Pearl Harbor.

Les amples développements de cette lutte aéronavale conduite en l'Océan sans bornes m'ont enseigné cent choses. Que fut cette bataille ? Avant tout, affaire à régler entre Américains et Japonais. Les apports alliés furent acceptés, bien sûr ! D'aucuns comptèrent dru, tel celui du Sud-Est asiatique commis à l'Angleterre et aux Pays-Bas, tels ceux d'Australie et de Nouvelle-Zélande. Or, hélas, l'Indochine était devenue, quant à elle, base avancée de l'ennemi !

Par contre, la France libre se trouvait là, présente et agissante. C'était peu et beaucoup à la fois. Nous apportions, au départ, des bases insulaires de premier ordre et des commodités pour les équiper. Nos forces militaires étaient peu matériellement, toutefois elles eurent valeur de témoignage en des heures cruciales.

Elles ont tenu autant qu'il fallait. Grâce à elles, l'action diplomatique du Comité national de Londres pouvait se poursuivre avantageusement.

Mes réflexions continuent dans le cadre vespéral.

N'est-ce pas de Nouméa et des Nouvelles-Hébrides, sous notre pavillon national et la croix de Lorraine, que partirent en août 1942 vers Guadalcanal les *task forces* alliées ? Elles allaient en chasser le Nippon, préluder de la sorte à l'offensive victorieuse des Nations unies dans les multiples archipels envahis par le flot ennemi. Ainsi s'ouvrit la renverse de marée au Pacifique en guerre !

Au printemps 1943, de retour à Londres à l'appel du général de Gaulle, je pris contact direct avec M. Escarra, Français libre de la première heure. Lieutenant-colonel de réserve et sinisant très distingué, il me soumit une note secrète rédigée par ses soins, en date du 14 décembre 1942 : « Action de la France combattante en Extrême-Orient ». Il venait de rallier l'Angleterre après une mission en Chine, en qualité de représentant de la France combattante à Chungking [1].

Ces pages de valeur retinrent mon attention d'autant que le 2 mars 1943, une conférence du ressort de l'état-major particulier du général de Gaulle et du Haut-comité de défense de l'Union française siégeait à Carlton Gardens[2].

Cette réunion porte alors sur la nécessité d'une étroite coordination des Alliés avec la France combattante en Extrême-Orient. Ne faut-il pas éviter, surtout quant au devenir indochinois, le retour aux erreurs commises lors du débarquement en Afrique du Nord ? Les opérations alliées dans le Pacifique tireraient grand profit des exceptionnelles possibilités de renseignements et d'action de la France combattante en Indochine.

Ainsi le colonel Billotte remet-il au gouvernement des États-Unis une note et des plans de grande importance sur le système de défense de la baie de Cam Ranh.

Il propose en outre :

- de coordonner la propagande alliée sur l'Indochine (émissions radio de la BBC de Londres, de la General Electric C° de San Francisco et de All India Radio de New Delhi).
- de réaliser sur le plan militaire une égale coordination entre les trois points majeurs d'où est dirigée la conduite de la guerre en Extrême-Orient, soient Washington, New Delhi et Chungking.
- de laisser la France combattante diriger seule l'action politique concernant l'Indochine.

Relecture attentive et méditation sérieuse de ce procès-verbal sont opportunes aujourd'hui. Tandis que se prolonge la nuit du 7 au 8 août 1945, ma mémoire en éveil fait revivre tels rencontres ou propos utiles concernant le Sud-Est asiatique :

Encore à Londres au printemps 1943, je reçois l'ingénieur en chef Bourgoin.

1. Capitale de la République de Chine. M. Escarra conclut ainsi sa note :

« L'Indochine, qui subit l'occupation japonaise depuis dix-huit mois, est plus rapprochée qu'aucune autre des colonies françaises de l'état d'esprit de la France occupée. La France combattante y a des adhérents sincères et nombreux. [...]

« L'Indochine est directement visée par l'expansion nationaliste des Chinois pour l'après-guerre. L'Amérique qui voit d'un œil défavorable toute possession coloniale et qui sait pouvoir trouver en Chine d'après-guerre le pays qui peut absorber son exportation pour plus de cent ans encouragera les visées chinoises ou, tout au moins, ne fera rien pour les enrayer. Notre politique de porte fermée à l'étranger, en Indochine, avant la guerre, fait qu'aucune nation américaine ou européenne n'est intéressée politiquement et économiquement à ce que l'Indochine reste française. La Grande-Bretagne qui voit avec inquiétude les visées plus ou moins dissimulées de la Chine sur ses possessions de Hong Kong et de Birmanie, pour ne parler que de l'immédiat, verra avec faveur les visées chinoises s'aiguiller et se distraire sur l'Indochine. »

2. Participent également à la réunion captain Harold J. Wright et lieutenant commander T.B. Kittredge de la Marine des États-Unis.

Intelligent et cultivé, il est utile à entendre dans la sphère technique et économique. Au plan de l'information, il juge sévèrement les informations anglaises et américaines. Par exemple, une brochure d'information signale une ligne de chemin de fer qui n'a jamais existé... Des tracts en chinois sont jetés sur des régions où l'on ne parle que français... La propagande de San Francisco est mauvaise. Elle donne des nouvelles d'Indochine provenant des plus mauvaises sources chinoises - ce ne sont que ragots de coolies. Trop de faits manifestement faux et contrôlables sur place sont annoncés ; ils nuisent à notre cause.

De plus le speaker de San Francisco est nettement d'extrême gauche alors que les Blancs d'Indochine sont, dans la grande majorité, des gens de droite...

Il importe de s'entendre fort soigneusement - lors de bombardements éventuels - pour éviter d'atteindre les postes militaires spécifiquement français, comme la chose est arrivée parfois. Les usines, installations électriques, voies ferrées aux mains des Japonais ou travaillant pour eux doivent être bombardées. Les habitants des villes sont prêts à accepter les bombardements.

C'est à la même époque, à Londres, que je fis connaissance avec François de Langlade.

Planteur en Malaïsie, fort expérimenté dans les affaires économiques ou politiques de la zone entière, il s'est rallié tout de go au général de Gaulle qui le mobilise sur place en qualité d'informateur sûr. Il est chargé d'importantes et délicates missions en la péninsule indochinoise. Il en arrive, porteur de nouvelles. Nous en causons et discutons longuement.

L'objectif principal est désormais de préparer le retour intégral de la Péninsule dans la communauté nationale. Le Japon cesse alors d'être le seul obstacle. A notre sentiment, c'est à Washington qu'au printemps 43 doit s'établir notre Haut-commissariat de France pour le Pacifique et donc pour l'Indochine de demain.

L'idée reprise en juillet 43 à Alger n'est pas retenue par le Comité français de la Libération : « Pas l'heure encore », me dit le général de Gaulle en m'envoyant à Londres prendre le commandement de nos forces navales de Grande-Bretagne.

Tous ces faits, je les repasse au cours de ma réflexion et prépare, ce faisant, la réponse promise.

Oui, le Japon, comme prévu, n'est plus le seul obstacle. Des avis recueillis près de grands chefs américains à la conférence de San Francisco, en avril-mai 1945, l'on a acquis l'assurance que si le Mikado décide de déposer les armes, ses forces éparses dans les terroirs et archipels asiatiques lui obéiront partout, n'y eût-il ni signe apparent ni symptôme de défaite.

Ne sais-je pas de longue date que les États-Unis seront peu enclins à favoriser le retour de l'Indochine à la France ? L'on y répète volontiers le propos tenu en 1942 par Roosevelt : « Que la France fasse son deuil de l'Indochine ! »

Anticolonialiste, dès le berceau, comme l'on devient chrétien par le baptême, Roosevelt l'était à fond, au moins pour les autres.

Pragmatique-né, comme chaque Américain, il savait que la péninsule indochinoise avait servi de plate-forme au Japon en vue de lancer ses Forces dans tous les azimuts. La France, nation souveraine, en demeurait responsable à ses yeux.

Idéologie et pragmatisme se renforcent au mieux.

La mort récente du président Roosevelt n'y peut rien changer.

Puissamment assistée par eux, quelle sera l'attitude de la Chine de Chang Kaï-Chek ?

Le certain ? Le voici : l'ample propagande anticolonialiste menée dès 1941 dans le Sud-Est asiatique, Inde comprise, par les agents de Washington, bien avant Pearl Harbor, avait accumulé des nuages denses, sombres, menaçants. Moscou le sait et s'en réjouit. Ne l'avons-nous pas constaté dès San Francisco, lors des travaux de la commission des cinq Grands, chargée de préparer la mise en œuvre des Trusteeship[1]... Notion chère entre toutes aux Américains, ses inventeurs.

Les heures se prolongent dans ce jeu de souvenirs, d'images, d'idées et de réflexions.

Complexités, difficultés, imprévus, oui, partout devant moi. Mais en face, la confiance du général de Gaulle. Confiance dont je mesure l'honneur un peu redoutable comme j'en sais d'expérience l'efficacité.

La réponse

Cette réponse promise hier au soir, je la jette noir sur blanc :

Dans la journée d'hier il m'a été donné d'envisager plusieurs affectations. Au cours de mon entretien avec le Général, l'une d'elles avait été écartée et voici que, le soir, vous m'interrogiez de sa part au sujet du *Far East.*

Satisfait des fonctions actuelles, assignées par notre Chef, tant à la Chancellerie qu'au Conseil supérieur de la Marine, je n'ambitionne rien, il va sans dire. Mais je mesure combien grande et difficile pourrait être, au service du Pays la mission envisagée. Cela ne serait pas fait pour m'en détourner si la confiance du Général m'y appelle.

En bref, c'est toujours de lui que j'ai reçu mes affectations. Je les ai embrassées avec complet dévouement. Autant vous dire que je demeure à son entière disposition.

1. Mise en tutelle d'anciennes colonies par des puissances, préparant leur indépendance ultérieure (N.d.E.).

Je signe et fais porter le pli à son destinataire.

La décision du Général va fixer rapidement mon proche avenir.

A 9 heures, je roule vers le pays manceau.

J'arrive au château de Cherbon à huit lieues au sud du Mans pour y déjeuner avec mes cousins d'Argenlieu. Beau jour d'été en pleine campagne ! Le silence sur les vastes pelouses et prés, le silence sur les bois.

Selon l'avis de la Faculté, je suis là pour y trouver repos et délassement.

Avec l'affaire d'Indochine, toute fraîche à l'esprit, c'est assez difficile. Encore faut-il agir au mieux. Donc, n'en souffler mot à personne. Dès le début de l'après-midi, je vais à travers champs et pinèdes méditer et prendre un peu d'exercice.

Vendredi soir 10 août vers 9 heures, le poste radio n'annonce rien. Or, des voisins plus favorisés téléphonent : « Nos compliments chaleureux à l'Amiral. Il est nommé gouverneur général en Indochine. »

Émoi parmi les miens. Aux questions, j'oppose un strict silence. Pourquoi ? De ce titre : gouverneur général, il n'a pas été question. Haut-commissaire, oui !

C'est sur cette base que j'ai donné mon accord de principe.

La distinction est fort importante à mes yeux. Les raisons sont notoires. En France d'outre-mer, le gouverneur général, à la tête de vastes territoires, relève premièrement et directement du ministre des Colonies. Un Haut-commissaire lui, du chef du Gouvernement.

Je suis en état d'accepter un poste hors cadre, si besoin est, sous réserve de ressortir d'abord du général de Gaulle, président du Gouvernement provisoire de la République, que je connais et dont j'ai la confiante estime. Pareillement, je suis disposé à traiter avec les départements ministériels, non toutefois en fonctionnaire subalterne mais comme leur représentant à tous.

Ne s'agit-il pas, au reste, d'une mission très spéciale à mener au loin, en Indochine, isolée de la métropole depuis cinq ans et progressivement occupée par les forces japonaises ?

Aux lendemains de San Francisco, il importe de tenir compte de l'effervescence mondiale au sujet des terres impériales dans le halo artificieusement élargi par les campagnes contre le colonialisme. Colonialisme ? Le terme, nouvellement inscrit dans notre vocabulaire, fait fortune.

Il y faut, de plus, inaugurer la pensée politique, administrative, économique, sociale, enclose dans la déclaration du Gouvernement provisoire du 24 mars 1945. Pensée que le texte énonce : *nouvelle*. En bref, il sied de faire du neuf. Des vocables inusités ne s'imposent-ils pas, comme signes et symboles des intentions rajeunies de la France, ainsi que les a esquissées la conférence tenue à Brazzaville en décembre 1943.

Pour ces motifs sérieux et concrets, je ne suis pas d'humeur à assumer un gouvernement général de l'Indochine dans le style d'un passé révolu.

Je suis de retour à Paris dimanche 12 août vers minuit.

La mission, les pouvoirs

Le lundi 13 août à 11 heures, le Général me reçoit :

- Alors, amiral, acceptez-vous de partir ?

- En principe, oui, comme je l'écrivais à Palewski, dès le 8 au matin. Mais en qualité de Haut-commissaire et non de gouverneur général.

Je développe mon point de vue.

Le Général s'explique. Il a retenu l'ancien titre en vue de montrer que la France entend reprendre là-bas, dès aujourd'hui, ses anciennes prérogatives. Il ne tient pas au vocable. La partie est aisément gagnée. Il me donne rendez-vous le mercredi 15 août au soir aux fins de procéder à la mise au point de la mission du Haut-commissaire de France.

C'est donc fait. Je partirai en Indochine. Au travail !

L'après-midi, le général Leclerc vient me voir. Nous nous connaissons depuis octobre 1940 à Douala et nous sommes revus maintes fois, au fil de sa geste prestigieuse. Ayant quitté sa 2e D.B., il assume depuis le 22 juin le commandement du corps expéditionnaire français d'Extrême-Orient en formation. Celui-ci doit aller représenter la France dans les forces alliées chargées d'en finir avec l'ennemi japonais dans l'immense et lointain théâtre du Sud-Est asiatique. Il va de soi qu'aujourd'hui, dans l'attente d'une capitulation imminente du Mikado, le corps expéditionnaire français reçoit comme affectation précise l'Indochine entièrement occupée par le Japonais.

Leclerc m'expose sa manière de voir les choses. Son désir est d'être nommé général en chef des forces françaises d'Extrême-Orient. Je l'invite alors à m'établir sans délai un projet de décision fixant ses attributions. Je le soumettrai au plus tard le 15 à l'examen du Général, chef des Armées. Lui-même, Leclerc, je le sais d'expérience, n'est pas l'homme des atermoiements.

Le lendemain matin, le projet m'est donné. L'après-midi, je tente ma chance et me rends rue Saint-Dominique. Le gouverneur de Langlade s'y trouve. Depuis le 27 février dernier, il est secrétaire général du nouveau Comité interministériel d'Indochine, institué sous la présidence du général de Gaulle[1].

Il est inscrit au rang des visiteurs prévus. Ceux-ci fort nombreux. Gagnons du temps : que Langlade profite de son audience pour soumettre de ma part au président du Gouvernement le projet de Leclerc. Il accepte.

J'attends sa sortie.

Après examen, de Gaulle n'a pas retenu le projet Leclerc, qu'il ne veut pas nommer commandant en chef. Le pourquoi, je le saurai demain.

D'accord avec Leclerc, nous établissons un autre projet de décision s'inspirant quant au fond de la teneur du premier. Je le présenterai mercredi au Général.

Le 15 août vers 18 heures, me voici à sa résidence de Neuilly. Il m'y accueille dans son bureau personnel. Vu l'urgence - Leclerc doit s'envoler samedi à midi, du Bourget - je remets le projet d'instruction fixant les attributions du général, commandant supérieur des troupes en Extrême-Orient, tel le titre qu'a fixé de Gaulle par sa lettre du 14 août.

Debout dans son bureau, le Général en prend connaissance, vient s'asseoir en silence à sa table de travail, puis la plume à la main, dit :

- Amiral, je veux que vous soyez commandant en chef et vous rédige vos instructions.

J'objecte :

- Mon Général, le mandat de Haut-commissaire est à lui seul déjà bien lourd.

- Peu importe. Je tiens à prévenir tout conflit d'autorité en rassemblant tous les pouvoirs en la personne du Haut-commissaire.

Sur le feuillet soumis à son examen, il commence à rédiger, biffant, surchargeant, modifiant le texte primitif.

Je me garde de tout propos et réfléchis.

Le nouveau libellé m'est relu.

INSTRUCTION
du Président du Gouvernement provisoire de la République
Chef des Armées
au Haut-commissaire de France pour l'Indochine.

1. Le Haut-commissaire de France pour l'Indochine exerce les pouvoirs de gouverneur général de l'Indochine et ceux de commandant en chef des forces terrestres, navales et aériennes basées en Indochine ou désignées pour s'y rendre.

1. Au Comité interministériel d'Indochine - Cominindo -, institué le 21 février 1945, interviennent les ministres concernés (France d'outre-mer, Armées, Affaires étrangères, Économie et Finances) ou leurs représentants (N.d.E.).

Il a pour première mission de rétablir la souveraineté française dans les territoires de l'Union indochinoise.

2. Le général, commandant supérieur des troupes en Extrême-Orient, est chargé sous l'autorité du Haut-commissaire, de prendre toutes les mesures militaires tendant au rétablissement de cette souveraineté.

3. Les forces désignées pour se rendre en Indochine sont actuellement les suivantes :

a. Corps expéditionnaire d'Extrême-Orient stationné dans la Métropole.

b. Brigade coloniale basée sur Madagascar, mouvement à régler par l'État-major général de la Défense nationale et les départements ministériels intéressés.

c. Corps léger d'intervention en Indochine.

d. Forces françaises de Chine et Forces terrestres éventuellement reconstituées en Indochine.

e. Forces navales d'Extrême-Orient.

f. Forces aériennes d'Extrême-Orient.

g. Forces navales éventuellement débarquées.

4. Le Haut-commissaire utilise les services de la Direction générale des études et recherches.

5. Il assure ses liaisons avec les commandants alliés des théâtres d'opérations par l'intermédiaire d'officiers délégués.

6. Il appartient au Haut-commissaire de mettre à la disposition du général, commandant supérieur, celles de ces forces et ceux de ces moyens, ou de lui déléguer ceux des pouvoirs administratifs qu'il juge nécessaires à l'accomplissement de sa mission.

7. Dans le cas où, en raison de la présence de forces alliées en Indochine, la situation ne permettrait ni au Haut-commissaire ni au commandant supérieur d'exercer directement leur autorité sur tout ou partie des territoires français, les officiers délégués visés au paragraphe 5 pourraient recevoir délégation d'autorité au point de vue militaire, politique et administratif.

J'acquiesce et enchaîne :

- J'ai à prendre vos ordres au sujet de l'amiral Decoux. Nulle mention n'en est faite dans mes instructions.

La réponse est immédiate et brève.

- Vous aurez à vous assurer du retour à Paris, sans délai, par avion, des amiraux Decoux et Bérenger, du général Aymé. Le général Mordant devra être mis en route vers la France par voie aérienne, mais compte tenu de son rôle dans la Résistance intérieure[1].

Note en est prise.

- Vous avez à faire choix d'un secrétaire général.

- J'y ai réfléchi sans avoir encore rien décidé. Pleven, seul, a pris l'initiative de me recommander quelqu'un.

1. Sous les ordres de l'amiral Decoux, le général Mordant fut commandant supérieur des troupes en Indochine jusqu'en juillet 1944. Mais dès octobre 1943, il fit acte d'allégeance à de Gaulle et devint en septembre 1944 délégué général - clandestin - du Gouvernement provisoire. Le général Aymé qui l'a remplacé comme commandant supérieur auprès de l'amiral Decoux s'est lui aussi rallié à la France libre (N.d.E.).

De manière interrogative, je donne le nom.

- Pas lui ! tranche de Gaulle et d'ajouter : Vous verrez sur place. Il y a là-bas beaucoup de personnel administratif de valeur. Nous avons intérêt à l'utiliser au moins au début.

Le président rédige alors une courte note pour M. Joxe, secrétaire général du Gouvernement, me la communique et me prie de la faire tenir sans retard au destinataire.

Elle confirme et précise notre entretien sur certains points. Le général de Gaulle dit aux six ministres, membres du Comité d'Indochine :

- Il me paraît nécessaire de confier à l'amiral d'Argenlieu, Haut-commissaire pour l'Indochine, les pouvoirs de gouverneur général et ceux de commandant en chef, ceci afin de centraliser l'autorité et d'éviter les conflits d'attribution.

Pour le ministre de la Marine, il ajoute :

- Il est indispensable de nommer l'amiral d'Argenlieu à 4 étoiles pour qu'il ait autorité *militaire* pour tout le monde en Indochine. Décret à faire sans délai.

Les deux notes sont parafées. Le Général se lève. Il en a dit assez. La suite en sa pensée est de mon ressort.

Ne sais-je pas, au reste, que sa déclaration du 8 décembre 1943, et la déclaration du Gouvernement en date du 24 mars 1945, forment la charte politique et administrative dont devra s'inspirer mon action en la lointaine péninsule et ce, dans le cadre de la Charte des Nations unies que j'ai vue naître à San Francisco le printemps dernier.

Sur le seuil, au moment de prendre congé, je fais allusion à la bombe atomique. Le Général s'arrête. Et laissant percevoir un réel sentiment d'émotion, de conclure :

- C'est là chose effroyable ! Elle décèle de terribles perspectives sur le devenir du monde. Ce n'est, hélas ! qu'un début. La désintégration de l'atome susceptible de se propager nous menace d'un retour au chaos primitif.

Le lendemain, vers midi, le Général me reçoit. Ses ordres de la veille sont exécutés. « Leclerc est-il calmé ? » me demande-t-il comme s'achève ce bref entretien. J'augure que ce dernier a dû lui écrire, peu satisfait qu'il est des décisions du 15 août. Ma réponse est facile. Nous nous sommes vus dans la matinée et nous reverrons dans la soirée. Sous le signe de l'amitié « free french » et du service de la France, tout s'est au mieux passé. « Bien ! » conclut de Gaulle en se levant.

Brève préparation

- Partez le plus tôt possible, amiral !
- Oui, mon général, mais j'en suis à me rafraîchir la mémoire quant à la géographie de la Péninsule...

- La géographie s'apprend en voyageant, m'est-il répliqué.

A cette directive tenue à la réunion du Comité d'Indochine, ne savons-nous pas d'expérience que point n'est question de s'en tenir à la lettre mais à l'esprit... Son esprit est que je fasse au mieux à Paris, sans vains attardements, les nécessaires préparations.

Le président du Gouvernement doit s'envoler vers Washington, lundi 21 août. Par ailleurs, Leclerc part demain 18 pour Calcutta, me précédant comme délégué du Haut-commissaire.

Voyons donc posément les ministres, membres du Comité d'Indochine, le général Juin, le gouverneur de Langlade. Ces deux derniers sont dès lors mes habituels intermédiaires, l'un avec le Comité de la Défense nationale, l'autre avec le Comité interministériel d'Indochine. Grâce à eux et à leurs services respectifs, je vais pouvoir former une première équipe : cabinet et état-major particuliers comme instruments de travail immédiat, conseillers qualifiés pour la marche des grands offices où s'inscrivent les affaires diplomatiques, politiques, financières, économiques, l'Instruction publique, les Travaux publics, l'Information, la Sûreté... Les uns sont choisis et désignés sur-le-champ à Paris, les autres le seront en faisant appel sur place aux anciens fonctionnaires d'Indochine autochtones et français ou, enfin, aux membres de la mission coloniale créée à Calcutta par le ministre de la France d'outre-mer. Ils y sont en position d'attente et aux fins de renseignement. De vrai, transmissions et communications entre la métropole et l'Indochine sont réduites à un état aussi embryonnaire que précaire.

Ce même jour, 17 août, j'adresse au général Leclerc ma première lettre portant instructions et directives avant son départ :

Il faut avant tout que s'affirme *par votre présence* l'unité de l'autorité française : unité politique, militaire et administrative. Vous prendrez donc contact, sauf obstacles, avec les plus hautes autorités annamites, cambodgiennes, laotiennes, leur apporterez mon salut, et, s'il convient, mes félicitations et mes vœux.

La volonté du Gouvernement provisoire de la République française est de faire du *neuf, mais dans l'ordre et selon la raison.* La déclaration du 24 mars 1944 et le message du général de Gaulle du 14 août doivent être compris et interprétés en ce sens.

Ceci ayant été dit par la France, en l'accompagnant de promesses solennelles, il m'apparaît très opportun d'éviter d'autres déclarations. Elles ne pourraient que nourrir discussions et controverses.

Du point de vue politique encore, il importe que vous dirigiez d'urgence sur le Cambodge et le Laos le capitaine Messmer et M. Cédile pour connaître une situation qui nous échappe entièrement.

La réorganisation administrative nécessite de l'épuration. Vous estimerez comme moi qu'elle doit frapper haut, fort, vite et peu. C'est le meilleur moyen d'obtenir l'effet moral désirable aux moindres frais. Comment oublier, en effet, combien mince est notre capital en personnel, personnel réduit encore par des années prolongées et dures dans ces territoires.

Les têtes étant changées, il faudra utiliser au début tout ce qui n'est pas notoirement discrédité - en expliquant nettement pourquoi.

Vous aurez à vous assurer de la personne des amiraux Decoux et Bérenger, du général Aymé et de leur retour en France sans délai par avion.

Le lendemain, je vais au Bourget le saluer à son appareillage en Dakota. Il me présente ses collaborateurs. Je lui confie un pli personnel pour lord Louis Mountbatten qu'il doit aller voir à Kandy dès l'arrivée.

La série des visites à faire ou à recevoir commence ; toutes ordonnées, il va de soi, à ma tâche nouvelle. L'une des premières au nonce apostolique échappe à la routine. La Seconde Guerre mondiale touche à sa fin. Bien qu'appartenant au cadre actif des amiraux depuis l'automne 1944, ma situation de prélat régulier - hier mobilisé - appelle, face au mandat dont je suis investi, un agrément explicite du Saint-Siège. Le président du Gouvernement le sait et m'a prescrit de faire le nécessaire. Deux démarches s'imposent.

L'une relève de l'autorité du ministre des Affaires étrangères par l'entremise de notre ambassadeur près le Saint-Siège. Je m'en entretiens avec Georges Bidault dès le 19 au soir, un dimanche.

L'autre est de mon ressort sous forme de supplique au Souverain Pontife. A cette fin, Monseigneur Roncalli[1] m'accueille le lundi 20 août avec une extrême courtoisie ; reçoit de mes mains supplique et exposé des motifs, les comprend et approuve sans restriction. Il lui appartient en propre de les présenter à la Curie romaine.

Ainsi tout est dans l'ordre[2].

Faisant suite à mon audience avec le doyen du corps diplomatique, viennent les visites aux ambassadeurs des pays riverains d'une manière ou l'autre du Sud-Est pacifique : la République chinoise de Chang Kaï-Chek ; les États-Unis d'Amérique, le Japon occupé et les Philippines libérées ; les Pays-Bas avec les Indes néerlandaises ; le Royaume-Uni avec le Commonwealth dont l'Inde, la Malaisie, la Birmanie, Ceylan, etc. ; l'U.R.S.S. avec la Sibérie, la Mandchourie envahie, la Corée occupée.

Audiences utiles, agréables au reste, puisque je connais chacun des chefs de mission.

Comment négligerais-je parallèlement des prises de contact avec les personnalités en résidence à Paris dont la connaissance des terroirs indochinois et l'expérience acquise s'avèrent des plus précieuses.

Parmi les anciens gouverneurs généraux il ne m'est possible d'atteindre qu'Alexandre Varenne. Le président Albert Sarraut est loin

1. Le futur pape Jean XXIII, 1958-1963.
2. Voir annexe 2, p. 414.

de la capitale ; le général Catroux, notre ambassadeur à Moscou, y séjourne [1].

Se rendant à mon invitation, Alexandre Varenne vient avec simplicité partager ma table le 23 août. Nous sommes seuls. L'objet du déjeuner est d'entendre parler posément, avec compétence, des problèmes d'Indochine : des populations, de leurs psychologies, coutumes, usages. Varenne ne fut-il pas quatre années à leur tête ! Mon espoir ne fut pas déçu.

De l'actuelle situation politique, il se défend de juger. Compromise dès juin 1940 par la capitulation de la Métropole puis par la pénétration des Forces japonaises, le coup de force du 9 mars dernier l'a bouleversé. Les informations ne sont présentement ni complètes ni sûres.

Par contre, l'humanité qui l'inspire incline mon hôte à s'étendre sur l'aspect social des questions. L'entretien se prolonge des heures. Comme il a raison d'annoncer :

- Si je me permets d'attirer votre attention sur certains faits, amiral, vous en éprouverez là-bas le bien-fondé et m'en serez reconnaissant [2].

Dans la soirée, le gouverneur de Langlade m'accueille à dîner chez lui en vue d'y rencontrer deux Annamites dont l'un est juriste : Nguyen Quoc Dinh. L'entretien se prolonge tard, sérieux et grave comme il sied à qui traite à cette heure du devenir de la Péninsule, du Viêt-nam entre autres. Appréciant en son ensemble le dessein politique que résume la déclaration du 24 mars, Nguyen Quoc Dinh la juge cependant timide, hésitante même. Ses concitoyens évolués aspirent en fait à une sorte de « self government ».

J'accuse, mais attire l'attention sur l'avant-dernier paragraphe de la déclaration sur la sellette : « Le statut de l'Indochine, tel qu'il vient d'être ainsi examiné, sera mis au point après consultation des

1. Gouverneurs généraux de l'Indochine : Albert Sarraut : 1911-1919 ; Alexandre Varenne : 1925-1928 ; général Catroux : août 1939-juillet 1940.

2. Extraits de l'entretien avec Alexandre Varenne :

« A côté des multiples bienfaits que valut aux peuples indochinois l'œuvre colonisatrice de la France, il y eut des erreurs fâcheuses. Qui peut ignorer les maladresses tenaces des petits fonctionnaires français civils ou militaires. Insignifiants la plupart dans la Métropole, les voici qui surgissent en Indochine. Leurs traitements ou soldes sont fort avantageux. Eux, hommes et femmes, qui ignorent ce qu'est un domestique, font largement appel à des "boys". Ils en usent en "petits parvenus".

« L'Annamite entre tous les Asiatiques est psychologiquement d'une extrême susceptibilité ; son sens de la "face" est des plus accusé, il y tient et la veut garder. Or, respectueux de l'autorité établie, il sait encaisser et se taire à la fois. Nos "petits parvenus" l'ignorent. Ils n'en ont cure. Pareilles blessures - occultes - faites à la fierté native de l'Annamite peuvent s'accumuler des dizaines d'années. Qu'une opportunité imprévisible ou imprévue s'offre, elle peut provoquer de graves réactions. La succession des épisodes qui marquent les dernières années écoulées préparait des opportunités de ce genre. »

organes qualifiés de l'Indochine libérée. » Son importance et sa sagesse n'ont-elles pas fixé et retenu d'emblée ma vigilance ? Le statut en cause n'est que point de départ à échanges de vues, préliminaires à débat. Nos interlocuteurs le reconnaissent volontiers. L'opportunité s'offre, saisissons-la :

- A mes yeux, dis-je, il faut avant tout prévenir violence et effusion de sang entre aborigènes et Français lors du rétablissement de notre autorité.

La charte nouvelle ne parle-t-elle pas de « citoyens de l'Union française » aux fins de sceller sur pied d'égalité leurs relations cordiales d'un passé déjà vieux ?

Mon propos recueille pleine compréhension. En vérité, telle est à ce moment, d'esprit et de cœur, ma plus haute et secrète ambition. Le lendemain m'arrivait l'ouvrage de Quoc Dinh : *Futur statut de l'Indochine.*

La coutume me vaut l'avantage d'être invité et reçu au musée Guimet par le conservateur en chef Philippe Stern. Sous sa conduite, on se laisse aisément prendre au charme des multiples témoins des arts d'Extrême-Orient rassemblés ici.

Je vois aussi le Comité des amitiés indochinoises conduit par son président, Marius Moutet, ancien ministre des Colonies de Léon Blum.

Parallèlement à ces contacts un peu trop clairsemés, un peu trop rapides mais utiles, se poursuit un autre labeur. Plusieurs fois par semaine, les représentants des ministres du Comité d'Indochine répondent à mon appel[1].

Chacun a ses propres informations, pose ses questions. Naît un échange de vues prélude à discussions. Ces meetings font en somme provisoirement office d'organe collégial. Ils me valent renseignements, suggestions, avis, conseils. A moi de discerner et conclure.

Le rythme des transmissions officielles entre Indochine et France est encore lent, pauvre, précaire, mais il est. Occasionnellement nous arrive un messager assez heureux pour avoir pris place dans quelque avion allié. Avec lui c'est l'arôme de l'Extrême-Orient que nous respirons.

1. Sont habituellement présents : le gouverneur Laurentie, directeur des Affaires politiques, le ministre plénipotentiaire Baudet, directeur d'Asie-Océanie, le gouverneur de Langlade, le contre-amiral Barjot et le colonel Le Puloch de l'état-major de la Défense nationale, le colonel de Guillebon, chef d'état-major de Leclerc, puis, choix fait, le directeur du Cabinet Longeaux, ingénieur des ponts et chausées retour d'Indochine, le chef de cabinet militaire colonel Appert, le professeur Ner, vieil Indochinois, M. Esquissaux de la F.O.M. qui s'occupe provisoirement des Affaires économiques, M. Mus, membre distingué de l'École française d'Extrême-Orient.

Le départ est fixé au 4 septembre [1].

Leclerc, parti le 18 août, arrivé à Kandy le 22, a pris contact avec l'amiral, lord Louis Mountbatten, commandant suprême allié du Sud-Est asiatique (SACSEA).

Le 24, il m'adresse son premier rapport.

En résumé, amiral, voici mes objectifs :

1. Reprise en main de la région Sud du 16e parallèle grâce au débarquement anglais.

2. Parachutage de tout ce qui sera possible, dans le Nord.

3. Maintien et affirmation de nos droits en toutes occasions (notamment Tokyo).

4. Reprise en main progressive du Nord, même contre des Chinois dénommés « pillards », dès que les troupes venant de France arriveront.

5. Négociations politiques avec toutes personnalités indigènes au fur et à mesure des circonstances.

De sa main, il terminait son premier compte rendu :

« Il est minuit. Je vous prie de croire, amiral, à l'expression de mon entier dévouement. Nous ne perdons pas de temps. Sincèrement vôtre... »

Peu après l'envol du 18, un radiogramme du général de Gaulle a prescrit à Leclerc d'aller représenter la France à la cérémonie qui s'organise à Tokyo pour y recevoir la capitulation japonaise. Tel le sens du paragraphe 3.

Le propos du Général, le 17 : « Partez le plus tôt possible, amiral », n'est pas oublié. Or, son retour d'Amérique est proche. Il sied qu'il sache dès l'arrivée que tout est réglé pour l'envol vers le lointain Orient.

De fait, son avion se pose à Orly le jeudi 30 au soir, au terme de la randonnée officielle à Washington, New York, Chicago, Ottawa.

Le 31, je vois Gaston Palewski. Il me narre l'essentiel du voyage, fait allusion à un contact avec le secrétaire d'État chinois T.V. Soong sur le point de rallier Chungking. Il doit s'arrêter à Paris et y rendre visite au président du Gouvernement. Bonne occasion de sonder les dispositions du Kuomintang à l'égard de l'Indochine française.

1. Auparavant les premiers conseillers ont été nommés :
- Longeaux, ingénieur des ponts et chaussées, retour d'Indochine comme directeur de cabinet,
- Appert, colonel : chef de cabinet militaire,
- Clarac : conseiller diplomatique,
- Bloch-Lainé, inspecteur des Finances : conseiller financier,
- de Raymond, inspecteur des colonies à Calcutta : conseiller politique,
- Schlumberger, capitaine de corvette : secrétaire,
- D'autre part, Graziani, contre-amiral, sera commandant de la marine en Indochine.

Le Général m'accueille le lendemain.
- Vous êtes encore là ?
- Oui, mon général, pour vous annoncer que le départ est fixé au 4 septembre.
- Très bien.
- Je n'ai pas perdu mon temps.

Puis nous causons. Au sujet des décisions de Potsdam touchant l'Indochine, nul arrangement n'a été obtenu[1].

« C'est à vous, en avant ! »

4 septembre ! Époque radieuse où la France libérée, victorieuse au côté des Alliés, reprend sous la présidence du général de Gaulle son rang de grande puissance.

Elle panse ses blessures ; blessures de l'invasion, blessures de l'occupation, blessures de la Libération et travaille, depuis un an, sans grève aucune, à son rétablissement politique, administratif, économique et social.

La France de 1945 avait une âme vibrante, palpitante ! On la sentait partout. Ne venais-je pas précisément de l'éprouver en Bretagne où j'avais accompagné le président du Gouvernement d'un bout à l'autre d'un triomphal voyage de Saint-Brieuc à Saint-Nazaire, le long des côtes, puis en Aunis et en Saintonge.

4 septembre : au terrain d'Orly, ce soir-là, surprise et émotion : deux cents personnes ou presque, civils et militaires, alliés et français, sont là, de tous rangs, de toutes fonctions... Dans la personne du Haut-commissaire l'on vient saluer d'abord le compagnon, l'ami du Général, du libérateur de la patrie.

Un retard fortuit permet de remercier et de prendre congé un à un de ces amis et camarades. Vers 11 heures, à la mise au point d'un moteur, s'ajoute la météo : tous les départs sont suspendus. Je rallie mon Q.G. rue François-Ier. Le 5 au matin me parvient un second rapport de Leclerc, daté du 28 août.

En résumé, conclut-il, quelles que soient les conférences, accords internationaux, déclarations, je suis fermement convaincu que tout dans cette affaire est conditionné par l'arrivée la plus rapide possible du corps expéditionnaire français disposant de moyens français.

Aucun allié ne nous aidera réellement à réoccuper l'Indochine, en particulier aucun commandant supérieur ne consentira à prêter avion ou transport au nord du 16e parallèle sans ordre de son gouvernement.

1. A la conférence de Potsdam, en juillet 1945, les trois grands alliés (G.B., U.R.S.S., U.S.A.) ont décidé sans l'avis de la France que deux puissances recevraient la reddition japonaise en Indochine : la Chine et la Grande-Bretagne, respectivement au nord et au sud du 16e parallèle. Malgré les demandes instantes du général de Gaulle, le président Truman se refuse à toute modification (N.d.E.).

J'en envoie copie au président du Gouvernement, précisant que ces vues confirment point par point ma manière de voir sur l'ensemble du problème.

Le départ officiel avait eu lieu, le départ effectif s'opère discrètement le 5 au soir. Ce délai imprévu me ménage une agréable surprise. Peu avant le départ, l'amiral Ortoli saute dans l'appareil, porteur d'un autographe de notre chef.

Le 4, je lui avais adressé mon adieu :

Au moment de m'éloigner de la France, grâce à vous libérée de l'ennemi, permettez-moi de vous adresser ces lignes.

La décision du Gouvernement m'appelle à l'heure où je m'y attendais le moins à un poste dont l'importance et les difficultés s'imposent de prime abord.

Soyez remercié de la confiance que, dans la circonstance, vous voulez bien me témoigner.

J'emporte, très présente à l'esprit, vos dernières et brèves directives.

Loin de s'arrêter à l'écume, mon regard se portera vers la mer, pour un marin c'est chose normale, et le mot de Mistral me revient à la mémoire : « La mer, vaste plaine azurée, est le chemin du Paradis. »

Est-il besoin d'ajouter que tout mon esprit et toutes mes forces seront appliqués à faire de mon mieux pour la France.

Dieu aidera !

Veuillez agréer, mon général, l'assurance renouvelée de mon respectueux et indéfectible attachement.

L'autographe est sa prompte réponse :

Cher amiral,

J'ai reçu votre lettre :

Il *nous* reste un gros morceau à reprendre, une grande partie à jouer.

C'est à vous ! En avant.

Croyez à ma profonde amitié.

C. de Gaulle

Combien m'apportent ces lignes aussi brèves que denses,... en un tel moment... sous une telle signature !

Le but, les obstacles, l'ampleur de ma responsabilité sont confirmés. Un gros morceau à reprendre, c'est-à-dire à libérer.

Oui !

Mais aussi la confiance de mon chef : « C'est à vous ! En avant ! » N'est-ce pas lui vraiment qui donne l'ordre d'appareillage ?

Déjà le *Bir-Hakeim*[1] doucement roule vers la piste d'envol, manœuvre, et c'est le « grand départ » pour l'ultime phase de la Libération, vers l'Indochine, fier balcon sur le Pacifique !

1. « Forteresse volante », bombardier américain donné par Eisenhower au général Koenig, commandant en chef en Allemagne. Seul avion disponible capable de franchir une aussi longue distance, il fut mis par Koenig à disposition de l'amiral d'Argenlieu. (N.d.E.).

La déclaration du 24 mars 1945

Après Le Caire, puis l'étape de Karachi, nous faisons route vers Colombo. A la faveur des heures de vol, il est aisé de réfléchir calmement. Pas de visiteurs imprévus, pas d'appels téléphoniques à craindre. L'on peut au mieux prévoir et préparer les décisions du proche devenir.

Mon attention se fixe à nouveau sur la teneur de la déclaration du 24 mars. Ne récapitule-t-elle pas le dessein du Gouvernement de Paris sur l'Indochine ? Relisons-la [1].

Deux notions neuves la dominent : *Union française, Fédération indochinoise.* Qu'est-ce à dire ? : « La Fédération indochinoise formera, avec la France et avec les autres parties de la Communauté, une *Union française* dont les intérêts à l'extérieur seront représentés par la France. L'Indochine jouira au sein de cette Union, d'une liberté propre. » Chaque mot porte. Point question désormais de statut colonial et de protectorat.

A l'Indochine est promise une *liberté propre.*

Continuons la lecture du texte :

L'Indochine aura un gouvernement fédéral propre présidé par le gouverneur général et composé de ministres responsables devant lui...

J'examine et réfléchis. Le propos est concis ; il est net. Pourquoi ne pas le réaliser sans délai autant qu'il le peut être ? Conseillers déjà choisis à Paris et ceux qui, demain, le seront sur place forment dans ma pensée un organisme collégial sous l'autorité du Haut-commissaire nanti des pouvoirs de gouverneur général. Il peut constituer provisoirement l'ébauche du Gouvernement fédéral prévu et, comme le veut le président de Gaulle, « un statut politique nouveau [2] ».

Chaque conseiller spécialisé, membre du Gouvernement, se trouve associé à la politique d'ensemble de la Fédération. Point n'est question certes à l'heure où l'on tâtonne encore de parler de ministres. Le terme s'harmonise mal avec celui d'« ébauche du Gouvernement fédéral ». Le présent doit préparer l'avenir, il n'est pas l'avenir.

Nul moyen n'est plus opportun pour susciter parmi les conseillers, selon mon vœu profond, l'unité des esprits et l'union des cœurs au service d'une haute mission qui n'est pas celle d'un homme mais celle de la France libérée.

Trêve aux hésitations, trêve aux recherches. Je vois clair. La décision suit. En plein vol au-dessus de Mysore, en pleine lucidité d'esprit, le Gouvernement fédéral est virtuellement créé. Il est 10 heu-

1. Texte intégral de la Déclaration du 24 mars en annexe 1, p. 412.
2. Discours de Brazzaville, voir annexe 1, p, 411.

res ! « Avec les moyens du bord », c'est bien le cas de le dire, je tiens un premier conseil [1].

Une heure plus tard, ce 8 septembre, le *Bir-Hakeim* atteint Colombo puis Kandy. Sur l'aéroport réservé au commandant suprême du Sud-Est asiatique, il se pose sans heurt. Un maréchal de l'air et le général Leclerc nous y accueillent. Il est 13 h 30. Cordiales salutations et présentations. Par la route, nous franchissons les cinquante *miles* qui nous séparent de la résidence de l'amiral, lord Louis Mountbatten.

L'amiral, je l'ai plusieurs fois rencontré ainsi que lady Mountbatten à Londres en hiver et au printemps 1943. Le contact reprend donc aisément. Nous déjeunons en toute simplicité et, naturellement, évitons, selon la règle, de parler service. Les sujets ne manquent pas. J'apporte de récentes nouvelles de Paris, de la France, du général de Gaulle bien connu de mon hôte. Leclerc, lui, vient du Japon. Avant de prendre congé, brève allusion est faite à la conférence de Potsdam. Certaines décisions fâcheuses pour le devenir de l'Indochine française n'ont pu être modifiées lors du voyage officiel de De Gaulle à Washington. Elles ne le seront plus désormais.

L'amiral part le lendemain matin 9 septembre pour Singapour. Il y doit recevoir selon us et coutumes la capitulation des forces japonaises du Sud-Est asiatique. Leclerc l'y accompagnera.

Nous roulons aussitôt vers la résidence de France. Villa fort simple au sommet d'une colline d'où l'on découvre dans le Sud, sous les ciels lumineux de Ceylan, les sommets de l'île.

Nous entrons et causons. Leclerc confirme les impressions inscrites en son rapport du 28 août quant au concours du commandement allié soit ici, soit à Kunming et Chungking. Rien n'a changé depuis le retour de Tokyo :

- Impossible, conclut-il, de prévoir une entrée d'autorités françaises en Indochine par le sud avant la mi-octobre.

Cinq semaines d'attente ! Je pense en moi-même que mon départ « le plus tôt possible » de Paris, départ hâtif en somme, ne s'imposait pas. Les faits sont les faits. Ce qu'il faut aujourd'hui ? Tirer parti, au mieux, de ces cinq semaines. Leclerc me présente son état-major réduit, campé dans la résidence. L'on y dîne ensemble.

Le 9 est jour dominical. Du Bengale, m'arrivent vers 9 heures le colonel Roos et l'inspecteur des Colonies de Raymond. Le premier est chef régional des services de la Direction générale des études et recherches (D.G.E.R.). Esprit lucide, caractère dynamique, très à son affaire face à cent difficultés quotidiennes. Ses légers appareils radio - clairsemés en Indochine comme les commandos de la Résis-

2. Le procès-verbal de cette réunion du 8 septembre 1945, à bord du *Bir-Hakeim*, rappelle notamment les buts politiques de l'action engagée : voir annexe 3, p. 416.

tance - forment avec son poste de commandement à Calcutta notre seul réseau vivace de transmissions.

De Raymond m'apporte sa part d'informations sur la mission coloniale. Je lui confirme mon choix : il est dès maintenant conseiller politique du Haut-commissaire. Au terme de l'entretien, décision est prise de m'installer en terre française à Chandernagor.

La vieille cité qu'illustra Dupleix sise au bord de l'Hougly, branche du Gange, est assez proche de Calcutta pour en tirer maints avantages. La capitale du Bengale joue à l'est le rôle de Karachi à l'ouest. Avec ses aérodromes, elle en est la plaque tournante.

Pour Leclerc, militairement à l'œuvre près de Mountbatten à Kandy - où il n'y a pas place pour deux -, je reste fort accessible. Je le deviens à tous, Français et alliés, soit en partance pour l'Indochine, soit en provenance de la Péninsule, de la Chine méridionale, de Kunming et même de Chungking. New Delhi centre politique de l'Inde n'est plus loin.

Oui, la résidence de Chandernagor s'offre à notre Haut-commissariat naissant comme un observatoire propice, avant l'installation à Saigon.

Avant son départ pour Singapour, Leclerc m'a remis une note personnelle. Dans la soirée, ce pli retient, il va sans dire, mon attention. Il appelle une réponse. L'après-midi du 11 me permet de la rédiger dans le silence et le calme. Sur mon ordre, Longeaux, directeur de mon cabinet, a rédigé un mémoire portant premières directives politiques du Haut-commissaire, puis une délégation de pouvoirs en cas de circonstances exceptionnelles. Leclerc doit y voir précis et net un nouveau témoignage de confiance. Lesdites pièces sont à joindre à ma réponse[1].

Dès 6 heures, le mercredi 12, nos voitures roulent vers Colombo. Nuit sombre et fraîche que l'approche de l'aube lentement éclaircit, égaye même.

A 9 heures, nous stoppons à l'aérodrome. Arrivée à Calcutta prévue pour 16 heures.

Rêvons donc encore un peu le regard tourné vers l'orient, vers l'ample péninsule où se composent et parfois s'opposent Birmanie, Malaisie, Thaïlande, Indochine française. Rêver de la dernière et de ses peuples incline vite à la réflexion, autant dire à son devenir politique. D'instinct, ma pensée me ramène aux termes de la déclaration du 24 mars, gravés de plus en plus en mémoire. Méditons-les à la faveur de cet intermède aérien.

Le 8 septembre, en plein vol déjà, le Gouvernement fédéral était

1. Voir annexe 4, page 418, la note du général Leclerc faisant part de ses critiques et demandant un accroissement de ses pouvoirs, ainsi que la réponse de l'Amiral. (N.d.E.).

virtuellement créé. Pour la Fédération elle-même, dont le nom revient à chaque ligne, qu'en faut-il retenir d'essentiel ?

Que les cinq pays qui la doivent former, se distinguent entre eux par la civilisation, la race, les traditions, et doivent conserver leur caractère propre à l'intérieur de ladite Fédération. Cinq pays ! soit : Tonkin, Annam, Cochinchine, Cambodge et Laos. Ces distinctions fondées sur le réel sont raisonnables car elles visent à unir et non à séparer. Une saine philosophie les inspire opportunément face aux tourbillons idéologiques qui sévissent dans le Sud-Est asiatique en particulier. Peut-être, inconsciemment, tenants du marxisme et tenants de l'anticolonialisme, s'y donnent-ils la main pour détruire avec la complicité japonaise les reliquats de l'ordre français et inaugurer la cité nouvelle, à base de matérialisme historique bien sûr. Les superstructures, elles, se parent des emblèmes nationalistes.

Ne prolongeons pas davantage le rêve... ni l'examen des questions à trancher. Leur complication s'affirme de plus en plus. Louons à nouveau les rédacteurs de la déclaration d'avoir, en l'achevant, contredit l'adage : « *In cauda venenum.* » Ce n'est pas au terme que s'y blottit l'obstacle, loin de là. L'ultime directive apporte aux négociateurs de demain aisance, liberté, réconfort : « *Le statut de l'Indochine, tel qu'il vient d'être examiné,* sera mis au point après consultation des organes qualifiés de *l'Indochine libérée.* »

La pertinence du propos s'accuse graduellement, comme se précisent les arêtes de notre dessein politique.

Le *Bir-Hakeim* prélude à la descente méthodique dans le ciel du delta. Calcutta, ample toge bigarrée, se déploie à travers les méandres luisants du Gange. L'on discerne maintenant l'aéroport de Dum-Dum. A 16 heures, l'appareil s'y pose sous un soleil aux ardeurs généreuses et roule en sautillant sur la piste.

Après rapide prise de contact, de modestes autos réquisitionnées tant bien que mal, roulent, en marge de la capitale du Bengale, vers Chandernagor. A 18 h 30, comme se lève le crépuscule, nous atteignons la résidence de France, sise à la berge du fleuve. Elle se présente fort dignement avec sa cour d'honneur, son péristyle, son pavois, sa garde indigène en belle tenue, et son aimable chef, l'administrateur des colonies Bazin.

Grande joie de se retrouver en terre française !

Chapitre II

CHANDERNAGOR

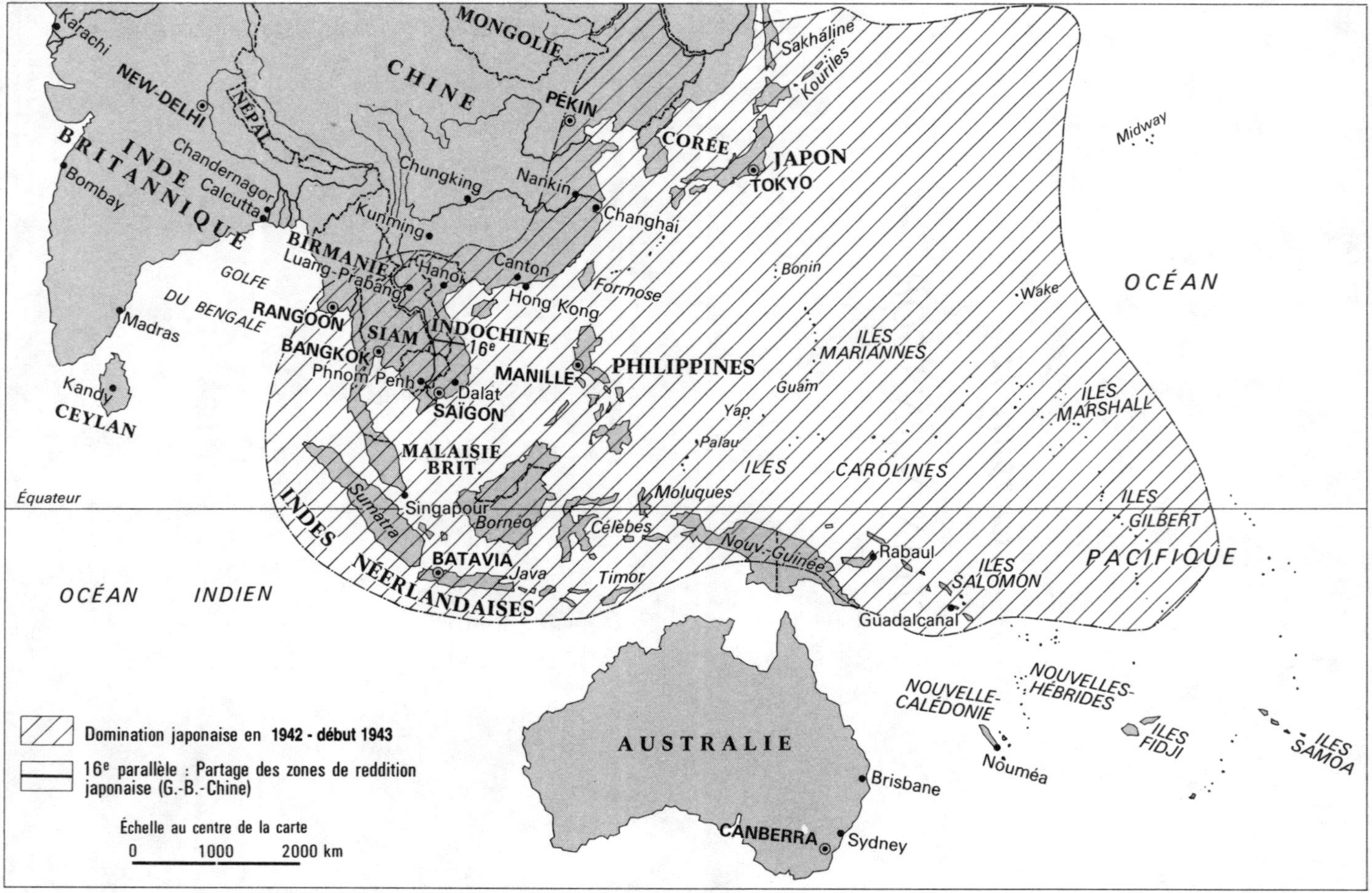

MONGOLIE
CHINE
PÉKIN
CORÉE
JAPON
TOKYO
Sakhaline
Kouriles
Midway
Karachi
NEW-DELHI
NÉPAL
INDE BRITANNIQUE
Chandernagor
Calcutta
Bombay
Chungking
Nankin
Changhai
Kunming
BIRMANIE
Luang-Prabang
Hanoi
Canton
Hong Kong
Formose
Bonin
GOLFE DU BENGALE
RANGOON
Madras
SIAM
INDOCHINE
16e
BANGKOK
Phnom Penh
Dalat
SAÏGON
MANILLE
PHILIPPINES
ILES MARIANNES
Guam
Yap
Palau
Kandy
CEYLAN
MALAISIE BRIT.
ILES CAROLINES
Wake
OCÉAN PACIFIQUE
ILES MARSHALL
ILES GILBERT
Équateur
Singapour
Sumatra
Bornéo
Moluques
Célèbes
INDES NÉERLANDAISES
BATAVIA
Java
Timor
Nouv.-Guinée
Rabaul
ILES SALOMON
Guadalcanal
OCÉAN INDIEN
AUSTRALIE
Brisbane
CANBERRA
Sydney
NOUVELLE-CALÉDONIE
Nouméa
NOUVELLES-HÉBRIDES
ILES FIDJI
ILES SAMOA
Domination japonaise en 1942 - début 1943
16e parallèle : Partage des zones de reddition japonaise (G.-B.-Chine)
Échelle au centre de la carte
0 1000 2000 km

Chandernagor ! Nous voilà chez Dupleix, au berceau de ses gloires, sous la garde et dans la mémoire de l'illustre gouverneur général des Établissements français de l'Inde, au travail !

Un gros morceau à reprendre

Avant d'examiner l'état de la lointaine Péninsule, il faut regarder l'état de la France et du monde à la même époque.

Faire le point, mi-septembre 1945, s'impose.

Les lendemains de la victoire des Alliés sur l'Axe, les lendemains de la création de l'organisation des Nations unies - l'ONU - dont je fus observateur et acteur à San Francisco au printemps, les lendemains de l'emploi initial de la bombe atomique marquent un tournant de l'histoire du globe.

C'est dans ce cadre, dans ce climat exceptionnel qu'il sied de recomposer les problèmes qui s'offrirent à la France comme s'achevait la Libération.

Le 9 mars 1945, un coup de maître du commandement nippon balaie toutes autorités françaises civiles et militaires en charge dans la Péninsule. De la tête, il descend, atteint les membres inférieurs de ce vaste organisme sans omettre nul intermédiaire.

Résidence forcée ou surveillée pour les uns, prison ou barbelés pour d'autres. Place nette en un mot de la souveraineté française.

Maître absolu de l'ensemble par la force des armes, le Nippon invite, sollicite, presse, oblige les autochtones à assumer les charges administratives vacantes, son haut commandement supervisant tout.

Selon le plan préconçu :

L'empereur Bao Dai, le premier, proclame par décret du 11 mars l'indépendance et l'union des trois Ky annamites, soit en langage courant pour nous, Tonkin, Annam et Cochinchine.

Il constitue le gouvernement Tran Trong Kim et jette les bases d'une administration autonome.

L'exemple est suivi par le roi du Cambodge Norodom Sihanouk avec Son Ngoc Than, premier ministre, formellement projaponais. Puis enfin, sous menace, par le roi de Louang Prabang, Sisavong Vong. Seul, Bounoum, prince de Bassac, au Laos méridional, sait se dérober en prenant le maquis où il vient appuyer de son autorité les résistants français civils et militaires.

Cependant que les signes de la victoire prochaine des trois grands alliés - États-Unis, Royaume-Uni et Chine - se manifestent dans le Pacifique et le Sud-Est asiatique, la prédominance du Nippon s'affiche en Indochine française. Une occupation généralisée de fait succède à une présence, certes étendue de ses forces, mais conditionnelle en droit. Nul symptôme déterminant n'y annonce encore la défaite imminente.

Après la perte de face, née de la défaite et de l'armistice de juin 1940, c'est aujourd'hui l'évanouissement local de l'autorité de la France qui d'heure en heure se manifeste un peu plus. Rien de ces faits n'échappe à la perspicacité des populations autochtones de la Péninsule. L'impuissance de la nation protectrice à remplir son mandat ne servit-il pas d'argument à l'empereur d'Annam pour rompre de gré les traités bilatéraux de 1884...

Le gouvernement de Tokyo qui, lui, ne peut plus ignorer l'issue de la guerre de conquête inaugurée à Pearl Harbor, le 8 décembre 1941, s'applique astucieusement à ce que, du moins, les autorités politiques et administratives soient entièrement commises aux Asiatiques, de préférence à leurs amis ou complices, avant le terme des hostilités. Le rêve de la Grande Asie s'en trouve indirectement sauvegardé.

Les vieux partis annamites se réveillent bien sûr à la faveur de la conjoncture.

Le mieux organisé, le plus passionné, le Viêt-minh, coiffé par les communistes indochinois, fait secrètement le guet aux marches du Tonkin de connivence avec les Chinois des provinces frontalières. Ils connaissent mieux, pour s'en être antérieurement servis, Nguyên Ai Quoc - le Patriote - le futur Hô Chi Minh.

Tels de ses « supporters » n'ont-ils pas pris le maquis après le 9 mars... Ils ont quelque peu lutté contre les Japonais et se sont ainsi créé un titre national et international à élever la voix, l'heure venue, auprès de candides Américains, par exemple [1].

Survient la bombe !

La bombe ne fut pas tant l'engin nouveau, destructeur d'Hiro-

1. L'Amiral insiste longuement sur le rôle joué par diverses puissances asiatiques dans le mouvement nationaliste vietnamien. On trouvera en annexe 7, page 427, les faits principaux, s'échelonnant de 1940 à 1945, qui prouvent notamment cette collusion entre les autorités chinoises et les révolutionnaires annamites (pages initialement prévues dans la rédaction de la *Chronique*). (N.d.E.).

shima et Nagasaki, que la capitulation brusquée du Mikado, dont la cause initiale fut, avec la disette définitive d'essence, le vœu personnel de l'Empereur.

Nulle autorité occidentale n'est alors prête à faire face à l'ensemble des problèmes politiques, militaires, administratifs, économiques et sociaux qui vont surgir instantanément, et combien brutalement.

De vrai, la capitulation japonaise, le 16 août 1945, fut surprise soudaine avec ses conséquences : rien de préparé. Rien à pied d'œuvre pour les affronter dans d'immenses espaces. Aucune initiative effectivement possible à qui n'a son siège fait aux conférences des trois Grands, aux discussions des états-majors combinés. De ces derniers dépendent exclusivement moyens terrestres, maritimes, aériens, donc l'ensemble des instruments ou organes de transport à travers les océans et les airs.

Tout restait encore ordonné aux opérations contre le Japon.

Ce dernier vaincu, qu'avaient envisagé Staline, Truman, Attlee (successeur de Churchill depuis juillet 1945), réunis à Potsdam ?

Qu'avaient-ils décidé en matière d'Extrême-Orient, sans représentation qualifiée de la Chine, de la France et des Pays-Bas ? La Chine fut au moins consultée, la France et les Pays-Bas, non... Prémices instructives de l'esprit et l'action des Nations unies. Les voici :

L'État-major combiné propose que la reddition de l'armée japonaise d'occupation en Indochine française soit l'affaire conjuguée du généralissime Chang Kai-Chek et de l'amiral Mountbatten. En un mot, affaire de Chine et d'Angleterre.

La perte de face pour nous s'aggrave donc aux regards attentifs des populations du Sud-Est asiatique. Au jour de la victoire des Nations unies, alors que, dès San Francisco au printemps 1945, la France s'est inscrite parmi les cinq Grands, la décision de Potsdam révèle une mentalité aussi grave de conséquences que significative d'un esprit. L'État-major combiné imagine de créer artificiellement en Indochine la cloison du 16ᵉ parallèle. Je dis bien artificiellement. Le 16ᵉ parallèle ne répond à rien : ni ethniquement, ni historiquement, ni stratégiquement, ni politiquement, ni économiquement.

Au nord, ce sera la zone d'action des armées chinoises ; au sud, celle des armées britanniques.

Les efforts répétés du Gouvernement provisoire et de ses représentants en Indochine, tant à Washington qu'à Londres et à Chungking, se heurtent à des fins de non-recevoir communes à une nuance près. Les techniciens militaires de Potsdam ont la simplicité d'affirmer que leur idée de manœuvre n'a aucune incidence politique, que seule l'inspire la facilité opérationnelle. J'ai vu la pareille maintes fois dans le Pacifique avec le commandement américain sans le laisser passer jamais. Mais il s'agit cette fois de l'État-major combiné. L'on croit rêver ou mieux trop comprendre !

C'est donc au contrôle militaire des Chinois et des Britanniques que l'autorité française, dépositaire en droit international de la souveraineté, doit faire face dès sa réapparition tant à Hanoi qu'à Luang-Prabang, Pnom-Penh et Saigon.

Au nord du 16e parallèle commence mi-septembre 1945 une authentique occupation. Rien ne manque : ni l'arbitraire à l'égard des Français, alliés pourtant de la Chine, ni les contributions forcées.

Les forces chinoises, sous le général en chef Lou Han, montent au chiffre de 180 000 hommes aux fins de désarmer 15 000 Japonais, aussi souples et dociles à remettre sabres et armes automatiques qu'à obéir au vainqueur. Les forces britanniques comptent 15 000 hommes pour régler le cas de 60 000 Japonais.

Comparons ces quatre effectifs. Nous discernons aussitôt le fond subtil du jeu chinois.

Ceux-ci s'épandent comme nuée de sauterelles dans leur zone géographique, là même où ne se trouve pas le moindre Japonais à désarmer [1].

Aux milliards de dollars largement accordés déjà par Washington au Kuomintang pour mener la lutte sino-japonaise depuis 1937, la conférence tripartite de Potsdam vient d'offrir à Chang et ses armées, aux frais de la France et de l'Indochine, sans nul avis préalable, les richesses du Tonkin, de l'Annam, du Laos jusqu'au parallèle 16, le tout comme un butin de guerre. Piastres, valeurs et matériel de prix seront plus longs et difficiles à drainer vers la Chine méridionale par transports hippomobiles que les Nippons à désarmer.

Bon nombre de ces derniers, déclarés « déserteurs » par le haut commandant japonais, euphémisme commode, resteront de fait en Indochine selon les directives clandestines et le tacite accord de l'autorité militaire locale chinoise.

Les Britanniques, eux - une division -, restent groupés, très en main de leurs chefs, autour de Saigon et Pnom-Penh.

Comme ces forces sont constituées de Gurkas, originaires du Népal, le commandement britannique, eu égard au courant d'idées généralisé aux Indes, décide de les tenir à l'écart des agitations politiques vietnamiennes. Aussi, quand en septembre s'affirme l'intention du Viêt-minh de s'opposer violemment au rétablissement d'une administration française dissoute par le Japon, Londres intervient auprès de lord Mountbatten : que soit strictement limité aux stipulations de Potsdam le rôle des Gurkas aux ordres directs du major-général Gracey en Indochine méridionale.

Gracey, écossais, se montre d'emblée clairvoyant, cordial et confiant dans l'exécution de sa mission.

A semblable complexité, s'ajoute celle qui résulte de l'hostilité

1. Ainsi dans le royaume du Laos.

déclarée des groupes rebelles à l'autorité de la France. Leur entrée en lice est rendue facile du fait du commandement japonais toujours en exercice - et complice - cependant que le général en chef Lou Han les regarde d'un œil complaisant. Les Nippons ne leur ont-ils pas remis les plaques bancaires en usage pour l'impression des piastres annamites authentiques et des plus valables sur le marché asiatique.

Observateur attentif et perspicace des obstacles auxquels la Métropole lointaine se heurte pour rétablir sa souveraineté - révolue à ses yeux - Hô Chi Minh, « celui qui éclaire », sans atermoiement court sa chance. Des propagandistes adroits, formés aux méthodes soviétiques et bien armés, se répandent au Tonkin, en Annam, en Cochinchine et ailleurs. A l'ombre d'un nationalisme de bon aloi, c'est la croisade du *Doclap,* de l'Indépendance. Elle s'accompagne nécessairement d'un facteur négatif : sus au colonialisme ! Sus aux Français colonialistes ! L'oncle Hô, lui-même, arrive au Tonkin... à Hanoi, après la capitulation du 16 août.

Son action est rapide, résolue.

Le 25 août, l'empereur Bao Dai signe à Hué son abdication à l'invitation pressante de Hô qui, dès le 29, constitue son premier gouvernement.

Le 2 septembre, l'indépendance du Viêt-nam est solennellement proclamée à Hanoi. Pour expliquer, pour justifier la chose, le président Hô en appelle à l'indépendance des États-Unis, avant-hier colonie anglaise, à la déclaration des droits de l'homme et du citoyen ; il en appelle, en rebelle contre la France, au slogan de l'anticolonialisme.

Tout cela est des plus adroit, certes !

Comment pareils propos ne trouveraient-ils pas l'audience des observateurs américains : les premiers émissaires yankees, férus naïvement d'anticolonialisme dogmatique, manifestent, souvent sans mesure et sans nuance, leur sympathie idéologique à ces porte-parole convaincus du bon droit du peuple annamite. D'aucuns, sans nul mandat officiel, ont à cœur, tel Patti [1], d'associer étroitement la bannière étoilée au nouveau drapeau du Viêt-nam dont l'étoile d'or timbre l'étamine écarlate.

Les ennemis d'hier, Japonais toujours présents, se hâtent d'évacuer la résidence supérieure, siège de leur commandement au Tonkin, au bénéfice de l'oncle Hô.

Selon son nom, Hô Chi Minh est bien devenu la tête qui éclaire !

Bao Dai est appelé sans délai à prendre place dans le premier gouvernement en qualité de conseiller, sous le nom de M. Nguyen Vinh Thuy. Il accepte.

1. Le major Patti dirige à Hanoi l'organisation des Services secrets américains. (N.d.E.).

La manœuvre est ingénieuse.

Avec l'abdication, vraie profession de foi dans le gouvernement démocratique d'Hanoi, plus d'opposant légal sur le plan de l'État. Moralement, la population vietnamienne du Nord, profondément traditionnelle et monarchiste, perd son guide légitime. Dans le sillage qui l'amène à Hô Chi Minh, le chef de file n'est autre que l'empereur de la veille.

Or, n'a-t-il pas, dès le 11 mars, proclamé l'indépendance et l'unité des trois Ky ! Position politique de base que vient de reprendre plus bruyamment cette fois - le Japon étant vaincu - le président Hô, assisté de l'ancien souverain.

Saigon manifeste aussitôt dans le même sens, sous l'impulsion violente et passionnée de Tran Van Giau, alors président du comité révolutionnaire du Nam Bo [1].

Que l'on confronte ces dates denses de signification et de portée historique avec celle du 22 août qui vit Sainteny atteindre Hanoi en avion et jeep américains, quasi seul, et Cédile parachuté en Cochinchine le 24...

La disparition complète et notoire de notre autorité comme de nos couleurs, le 9 mars, se trouve confirmée et consacrée du nord au sud le 2 septembre 1945.

Nos Français d'Indochine, sans armes et sans défense, sont en fait livrés au bon plaisir du Nippon vaincu, mais présent et en force, et d'un pouvoir insurrectionnel aux mains du Viêt-minh, en connivence non déguisée avec le Japonais et rehaussé, quasi légalisé par la collaboration officielle de Bao Dai.

Seul officiel français, ou presque à Hanoi depuis le 22 août, le commandant Sainteny - qui a eu le courage simple de s'installer au palais Puginier [2] - commence à y parler le langage du Gouvernement provisoire de la République française.

Seul chef français à Saigon depuis le 24 août, le colonel Cédile, administrateur en chef des Colonies, envoyé par notre mission coloniale de Calcutta et parachuté, n'échappe que de justesse au peloton d'exécution japonais. Il s'installe au palais Norodom d'où il engage les premiers contacts avec Tran Van Giau.

Un autre Français de l'administration coloniale, le capitaine Messmer, parachuté pareillement mais, saisi par le Viêt-minh, va être donné en spectacle par lui, quarante jours durant, dans le delta tonkinois. Il ne réussira à s'échapper qu'à la mi-octobre 1945.

Enfin, éparpillés clandestinement dans la brousse laotienne, quelques minces et rares commandos nés de la Résistance indochinoise

1. Cochinchine : le Nam Bo plutôt en tant que division administrative, le Nam Ky plutôt dans le sens du territoire (N.d.E.).

2. Résidence du gouverneur général à Hanoi.

portent témoignage de la survivance d'une France libre et combattante. Parmi eux font figure des chefs comme un Imfeld ou un Fabre.

Soulignons que tout le réseau des transmissions filaires ou sans-filaires, que tout le réseau des communications par voie ferrée, par la route ou par les airs comme aussi par la mer échappent encore à la France.

Tel est, en résumé, le *gros morceau à reprendre* que nous a confié le président de Gaulle.

Les bases de mon action

Dans l'ordre d'*intention*, je vois l'essentiel de ma mission politique et militaire.

Politiquement. Rétablir la souveraineté française en Indochine, comme prescrit, ne peut être envisagé que dans l'esprit libéral du Gouvernement provisoire et sous les espèces de la déclaration du 24 mars rédigée et parafée par lui.

Une réelle et franche émancipation est prévue et doit être octroyée sans atermoiements aux cinq États, membres de la Fédération. Qu'est-ce à dire, sinon qu'ils se gouverneront eux-mêmes avec l'aide au départ de l'autorité fédérale. Celle-ci, fournissant à leur demande conseillers politiques, administratifs et experts techniques indispensables ou utiles.

L'administration directe française, en fait disparue depuis le 9 mars, sera remplacée peu à peu par une administration autonome et largement autochtone au plan régional.

A l'initiative du Haut-commissaire, une organisation nouvelle est à mettre debout au plan supérieur de la Fédération. Ses rouages gouvernementaux, composés d'abord de Français, s'enrichiront, les circonstances le permettant, par l'accession de régnicoles[1] ou aborigènes qualifiés. Ainsi le suggère et prévoit la déclaration. Le choix de ces derniers assuré, bien sûr, en accord amiable avec souverains ou chefs d'État qui présideront parallèlement au relèvement, perfectionnement ou à la création de leurs propres services d'État.

Militairement. Mon premier devoir est de mettre au point l'organisation du commandement, à titre provisoire d'abord.

La tâche s'impose d'autant qu'elle est malaisée sur un théâtre de cette ampleur. Trois zones opérationnelles s'y juxtaposent de longue date.

MacArthur réside à Tokyo d'où il régit le Pacifique.

Le généralissime Chang Kai-Chek est à Chungking, assisté de l'Américain Wedemeyer, son chef d'état-major.

1. Habitants du Royaume.

Mountbatten préposé au Sud-Est asiatique oscille entre Kandy et Singapour.

Voilà pour les alliés.

Pour nous Français, qui réapparaissons à leurs côtés, les décisions de Potsdam compliquent à l'envi le rôle du commandement. Il dépend sur plusieurs plans de Chang Kai-Chek et de Mountbatten. Leclerc, commandant supérieur des troupes, attend l'arrivée de celles-ci, à Kandy. Alessandri, réfugié en Chine depuis fin mars avec quelques bataillons français et annamites, est à Kunming au cœur du Yunnam.

Les troupes destinées au Corps expéditionnaire français sont disséminées en métropole, à Madagascar, à Changhai, à Tiensin. Les forces navales et leurs chefs sont pareillement épars. Le contre-amiral Graziani, chef désigné de la Marine en Indochine, me ralliera mi-octobre. Le vice-amiral Auboyneau appelé au commandement de l'ensemble des forces maritimes d'Extrême-Orient ne peut rejoindre que vers la fin de novembre. Seul, le capitaine de vaisseau Commentry, assez habile et heureux pour avoir pu échapper aux Japonais, vient de gagner Saigon. Son autorité s'y exerce sur l'arsenal et sur nos marins.

Gouverner, c'est prévoir.

Prévoyons donc dès Chandernagor. Tel est l'objet de mes instructions provisoires des 15 puis 27 septembre [1].

Elles utilisent l'ensemble des données reçues au départ de Paris, recueillies, rassemblées, des semaines durant, dont en particulier les propositions et derniers rapports de Leclerc. Elles les coordonnent et résument.

L'heure venue, il me sera facile de passer du provisoire au stable car certains principes essentiels à mes yeux y sont affirmés.

Qui veut l'union dans l'ordre, et non la confusion, doit résolument maintenir les distinctions requises.

Elles s'imposent entre le civil et le militaire, le politique et l'opérationnel, pareillement aussi entre les trois armes.

Dans l'ordre *d'exécution,* je ne puis, à l'escale de Chandernagor, que poser des jalons. Les mesures effectives requièrent la présence à Saigon même du Haut-commissariat.

La tâche immédiate consiste donc à connaître les hommes, à multiplier contacts et propos aux fins d'éclairer mes options.

Comment, d'autre part, ne pas sentir les analogies entre notre situation et celle de la France libre naissante ? Je fus témoin et, d'aventure, acteur des étapes qui permirent au général de Gaulle d'instituer, fin septembre 1941, le Comité national français. Il est normal de

1. Ces instructions complètent celle du 8 septembre 1945. On lira de larges extraits cités en annexe 5, page 421.

m'inspirer de pareille analogie, de pareille expérience. Je dis analogie en pesant bien le mot. La différence des situations est évidente, mais aussi la similitude.

Vouloir l'unité d'action, la chose fut dite, ne s'oppose nullement à la variété des collaborateurs du secteur officiel ou privé. Si Paris préconise une politique neuve dans la Péninsule, quel impair ce serait en pratique de sous-estimer le concours des anciens. Il est indispensable. Dans ma petite équipe de Chandernagor, je vois à mes côtés un Longeaux en Indochine depuis 1935, un Ner, professeur à Hanoi dès 1925, un Clarac arrivant de notre ambassade de Chungking après trois années de contact avec le Kuomintang. Le premier rapport d'ensemble sur le problème indochinois qui m'atteint ici est signé Torel, administrateur des services civils, en résidence ininterrompue dans la Péninsule depuis 1922. Torel, hier encore au cabinet Decoux.

Pain quotidien

Le travail méthodique commence sur ces bases le 14 septembre.

Deux heures de solitude l'ouvrent chaque matin, car lectures et réflexions précèdent à propos l'activité extérieure. Activité et non agitation.

Dans ma bibliothèque portative bien mince encore, se trouvent *Les Lettres du Tonkin et de Madagascar,* comme tout naturellement *Le Fil de l'épée.*

Lyautey, génial Français, invincible charmeur que j'eus l'avantage de voir arriver au Maroc le 13 mai 1912 !

Son nom et ses pages raniment de chers souvenirs. Il comprenait la mer et aimait les marins. Que de fois fut-il notre hôte d'honneur sur le *Du Chayla.* Combien de conversations et leçons inoubliables ! Ses lettres du Tonkin datent de la fleur de son expérience d'outre-mer.

Cinquante ans ont passé. Malgré les métamorphoses techniques - ou peut-être à cause d'elles - en matière de communications et de transmissions, rien n'est aboli des partisanats politiques, des menus soucis électoraux. Tous sont issus de nos manies idéologiques, de notre habituelle inconsidération même quand il s'agit d'importantes décisions.

Cependant, pour le Haut-commissaire de France, tout est aujourd'hui nouveau. A la tête du gouvernement de Paris : de Gaulle ; à ses côtés une simple Assemblée consultative. Aux heures inévitablement dures et difficiles qui m'attendent, un mot d'ordre demeure : « C'est à vous. En avant ! » D'expérience, je le sais vrai.

Le Fil de l'épée ne devient-il pas au reste mon livre de chevet. En son style lapidaire, hautement personnel, de Gaulle, le penseur, nous livre un enseignement hors de pair.

Du chef, civil ou militaire, il burine les traits du caractère, du prestige, de la doctrine. Que de fois ai-je repris son thème final : *Le politique et le soldat,* m'y arrêtant séduit, conquis.

Celui-ci, le commandant en chef, demeure morose et répond sans bonne grâce. Le fardeau à porter double sa raideur. Tendre son esprit, concentrer son âme, forcer sa nature et celle des autres, dans le flot des avis, comptes rendus, renseignements, discerner le vrai du faux, l'essentiel de l'accessoire ; au milieu des passions qui s'agitent sous toutes les attitudes, résister au doute, oublier la crainte, demeurer sourd à l'intrigue, quels que soient la fortune, le tumulte, la hâte, paraître serein, ne s'abandonner point, ne se livrer jamais et, malgré les assurances d'en haut et l'obéissance d'en bas, n'attendre rien que de soi-même et connaître qu'on est seul en face du destin, ces devoirs qui s'imposent au chef ne sont pas pour l'assouplir. Absorbé par leurs exigences, il conçoit malaisément les tribulations des ministres... Par-dessus tout, le commandement réclame dans sa tâche une entière liberté d'esprit et proteste que c'est l'amoindrir que de lui marquer des doutes...

Et quelques pages plus loin :

Politiques ou soldats, les meilleurs serviteurs de l'État sont rarement les plus plastiques. Il faut que les maîtres aient des âmes de maîtres, et c'est un calcul bien mauvais que d'écarter de la puissance les caractères accusés sous prétexte qu'ils sont difficiles. Moyennant des commodités dans les rapports immédiats, on risque de tout perdre quand les grands jours sont venus...

Vient le moment du courrier matinal. L'heure du cabinet.

L'ingénieur en chef Longeaux, directeur, et le colonel Appert, chef du cabinet militaire, me rejoignent à 10 h 15.

Un polytechnicien et un saint-cyrien, coloniaux tous les deux. Leurs informations, leurs questions écrites ou orales se complètent. Elles préparent utilement conférences et audiences à suivre. Je veux qu'ils soient ensemble au seuil de la journée. Tel est le moyen simple qui prévient entre eux tout ombrage et tout malentendu. Même ligne de conduite quand bientôt me rallient à Chandernagor le capitaine de vaisseau Le Chuiton et le commissaire en chef de la Marine Giard pour y prendre la tête de l'état-major particulier et du cabinet administratif. Avec les distinctions inhérentes à leurs fonctions, ne doivent-ils pas former un faisceau d'énergies tendues vers le même but. L'histoire nous apprend qu'ainsi faisait Richelieu, créateur des cabinets. Il attendait... il exigeait de ses plus intimes et plus sérieux auxiliaires et sous sa direction personnelle un travail en commun.

Exemple magique, grâce auquel je ne connus entre mes plus proches, non seulement nul accroc, nulle rancœur mais la plus amicale et confiante entraide.

De Longeaux, j'apprécie la connaissance de la chose indochinoise. Il discerne juste le pour et le contre. Son dévouement et son désintéressement sont immuables.

Le Chuiton, capitaine de vaisseau déjà ancien, est un collaborateur compétent en matière maritime.

Commissaire en chef de la Marine, Giard est homme à qui l'on peut confier toute mission administrative. Il y déploie un zèle intelligent.

Clarac, conseiller diplomatique, distingue le possible de l'impossible ; il sait la valeur des menaces, pressent l'heure venue, la convenance et l'efficacité d'une concession. Il est toutefois prêt à se faire insistant, tenace s'il le faut...

La mission de Bloch-Lainé s'étend, au-delà de la Péninsule, à la situation financière de l'Extrême-Orient. Très actif, il ne cesse de circuler de l'Inde à la Chine et l'Indochine... le risque ne lui fait pas peur. Compétence et verdeur lui rendent facile l'exercice d'une autorité sans caprice, sans arbitraire et sans heurt ; l'esprit de service et le sens de l'État dominent en ce haut fonctionnaire.

Fin de matinée, déjeuner, après-midi sont pris par divers entretiens : audiences, visites, réunions, démarches à Calcutta ou Chandernagor.

D'aucuns m'arrivent d'Indochine.

Ainsi parmi les premiers : Bocquet, Girod et Parisot.

Bocquet a joué un rôle actif de résistant dans le Sud. Avec Girod, au nombre des anciens de la Péninsule, ils s'accordent sur des points essentiels. La poussée vers l'indépendance - elle s'étend aujourd'hui à toutes les populations annamites - est réalité des plus sérieuse. Cependant, malgré la complexité du problème politique qui en résulte pour la France, la situation peut être reprise en main sous une forme nouvelle. Celle dont s'inspire la déclaration du 24 mars est une base de départ valable. Base de départ, s'entend.

Le rôle voyant et fâcheux de Parisot, vichyste convaincu sous le proconsulat Decoux, ne l'a pas compromis à mes yeux au point de décliner ses offices. Spontanément, il les offre. Acceptons-les. Je l'enverrai au Laos, il y fera d'excellente besogne. Il faudra le sectarisme de la rue Oudinot [1], au printemps prochain, pour obliger le Haut-commissaire à le muter.

Quelques relations sont prises parallèlement avec la presse et spécialement avec le grand quotidien *State's Man.* Il va de soi qu'un fort courant anticolonialiste inspire aux Indes des jugements sans sympathie quant à notre rôle en Indochine. Ils se font sévères sur notre attitude vis-à-vis du Japon depuis la défaite et capitulation de juin 40. Pour eux, l'indépendance de l'Indochine est la seule solu-

1. Ministère de la France d'outre-mer.

tion viable. Ce disant, pensent-ils *in petto* à l'Inde d'abord, l'Inde où l'opinion publique inspirée Gandhi, conduite par Nehru la réclame passionnément.

Nul des grands leaders dans l'Inde n'est marxiste. Soulignons-le.

Visite à New Delhi

Le vice-roi, lord Wavel, me fait savoir qu'il me recevra le 23 septembre au palais de New Delhi. Le moment est opportun de compléter ainsi nos données sur les arêtes de la politique anglaise en matière indochinoise.

Dans la soirée du 22, je gagne Calcutta. Au long des trente *miles* à parcourir, chaleur torride, épuisante ! La voiture traverse sans intermission les villages essaimés sur la voie. Ils sont aussi nombreux que les boqueteaux et surpeuplés à l'excès. L'encombrement de la chaussée est inimaginable. Voitures, camions, motocyclettes, troupeaux de bœufs, files de vaches sacrées à ne pas gêner, piétaille enfin, se frôlent et se heurtent. La population de tout âge s'insinue dans les vides, s'y faufile tant bien que mal et s'épand dans la campagne proche. L'on discute, crie, chante à qui mieux mieux, à moins que religieusement l'on ne vaque en secteurs réservés aux ablutions dans les eaux vertes du fleuve. Quel signe, quel symbole de la prolifération d'une race !

A 6 heures nous appareillons pour Delhi...

Wavel, âgé de soixante-deux ans seulement, l'air fatigué, porte vieux, mais a l'avantage d'être direct et simple.

Résumons ses dires :

Le vice-roi, comme tel, n'a pas à se mêler des affaires d'Indochine. Elles sont du ressort de lord Louis Mountbatten, commandant suprême allié du Sud-Est asiatique selon les décisions de Potsdam qui règlent les modalités du désarmement des forces nippones [1].

Or, les troupes du major-général Gracey - auquel est commis ce mandat au sud du 16ᵉ parallèle - sont en majeure partie composées de Gurkas recrutés au Népal ou dans l'Inde. A ce titre, leur emploi en Indochine française l'intéresse, lui, Wavel. Cet emploi ne doit impliquer à ses yeux aucune collusion sur le plan politique pour ou contre les autochtones.

Responsable de l'ordre public en son domaine, il appréhende que l'action des forces britanniques là-bas y prête à équivoque. Ne serait-elle pas exploitée sur-le-champ contre le Royaume-Uni en vue

1. Le 8 octobre 1945 un mémorandum, agréé par les gouvernements britannique et français, réglera de façon satisfaisante les questions soulevées par le stationnement des troupes britanniques en Indochine au sud du 16ᵉ parallèle.

de susciter dans l'Inde polémiques, agitations, désordres parmi les clans politiques et leurs clientèles propres...

Pareil langage, tenu d'ailleurs avec grande courtoisie, ne peut me surprendre.

Le gouvernement de Londres, dont Attlee assume la tête depuis juillet dernier, ne vient-il pas de donner de pareilles directives à lord Mountbatten ? Ce dernier doit procéder à la reddition des 60 000 Japonais répartis dans le Sud, puis se retirer dans les plus courts délais. Mission terminée ! Surtout, qu'il n'intervienne en rien dans les agitations des sectes politiques et leurs séquelles anticolonialistes, sous le signe de l'indépendance !

Je sens Wavel fort préoccupé de la situation de l'Inde, du Bengale entre autres. Le terme de sa charge approche, il redoute donc « des histoires ».

Donnons-lui l'assurance que je ferai de mon mieux pour les lui éviter dans ma zone.

La guerre d'Indochine commence ?

Au départ de Paris pour l'Indochine, le 5 septembre, mon vœu était d'y rétablir l'autorité de la France bien sûr, mais d'y prévenir au mieux toute lutte sanglante avec les populations.

Ne sont-elles pas adoptées par la Métropole depuis des dizaines d'années ? Combien d'indigènes ont acquis la citoyenneté française !

Dans cet esprit est conçu à Chandernagor et enregistré à Calcutta par Radio-Delhi mon premier message aux habitants de la Péninsule, en date du 17 septembre :

La fin des hostilités en Extrême-Orient brusquement vient de se produire, suivant de près la capitulation sans conditions du Reich hitlérien.

La guerre mondiale s'achève et la paix mondiale doit s'ouvrir. La paix si désirée par les peuples démocratiques après tant de souffrances. Car la souffrance, elle aussi, fut universelle...

La victoire est venue et le rassemblement doit se faire autour de l'esprit qui valut la victoire :

Foi invincible en nos destinées de peuples anciens qui, parmi les obstacles, les lenteurs, les échecs, à travers les bons et les mauvais jours poursuivent le rêve intérieur gravé en l'âme des meilleurs.

Foi invincible de nations qui continuent leur histoire vraie, celle issue des profondeurs de leurs races respectives et non pas l'histoire réduite aux épisodes superficiels qui, trop souvent, éveillent seuls l'attention ou nourrissent la curiosité du jour...

Entre peuples l'on se comprend à condition de pouvoir se causer librement, loyalement dans une atmosphère favorable faite d'ordre, de raison, de mutuelle confiance.

Cette atmosphère l'ennemi [japonais] n'en voulait pas et n'en veut pas. Il s'est employé à surexciter les passions, chose facile auprès de ceux qui souffrent...

Ce jeu de l'ennemi, dès à présent vaincu, ne le faites pas à votre insu. Que votre colère et votre indignation se tournent contre lui et non pas contre des hommes, femmes et enfants de France qui, eux aussi, ont souffert avec vous...

N'y a-t-il pas eu du fait de la guerre assez de souffrance ? Et le repos dans l'ordre ne doit-il pas revenir ?...

Le peuple français, ami fidèle, vient vous aider en ces heures difficiles. Il voudrait soulager les corps d'un faix pesant et préserver les santés menacées...

La France ne serait plus elle-même si elle n'était pas décidée, répondant à vos vœux les plus certains, à vous marquer son amitié, à vous prêter une aide cordiale dans le domaine culturel. Aux périodes troublées, quand le contour des choses se déforme, l'on en vient parfois, oublieux du progrès et du bien réalisés ensemble, à ne plus discerner que certaines fautes, à ne plus se souvenir que de certaines déceptions et rancœurs.

Songeons plutôt... à ces écoles, collèges, universités où tant des vôtres ont acquis un développement intellectuel, une formation technique, une maturité administrative et politique qui peuvent en faire dès maintenant les bons artisans de votre émancipation politique et administrative...

Eh bien ! jamais la France n'a eu plus sincèrement le désir de mettre à votre disposition son vaste patrimoine de savoir et ses richesses intellectuelles, philosophiques, littéraires et artistiques, scientifiques et techniques afin que, sans atermoiements ni lenteurs mais en toute sagesse, vous puissiez prendre en main les leviers de commande de vos nations respectives.

A la base de pareille conclusion, un souvenir précis !

Comment ne pas avoir présents à la mémoire les fragments d'un message parvenu à Paris vers la mi-août 1945. Ils indiquaient en leur substance la position politique envisagée par le Viêt-minh dans ses futures relations avec la France.

S'il ne fut pas possible alors de faire préciser origine et date du message, l'on conjecturait à sa teneur en langue britannique que services anglais et américains s'étaient intéressés à sa transmission.

Cette teneur, la voici :

Nous Ligue du Viêt-minh, demandons que les points suivants soient... observés dans la politique future en Indochine française... que l'indépendance soit donnée à ce pays dans un minimum de... Que les ressources naturelles de ce pays retournent à ses habitants après un dédommagement équitable... Que la France soit bénéficiaire de concessions économiques... que... les libertés exposées par les Nations unies soient assurées aux Indochinois. Que la vente de l'opium soit interdite...

La connaissance de ce texte - si tronqué et si vague en ses sources - légitime nos premiers propos aux « représentants de fait » des populations annnamites.

La paix ! Oui, désirée, recherchée par le gouvernement métropolitain.

Mais, hélas ! quelle contrepartie dans le réel.

A l'heure même où je rallie Chandernagor ce lundi 24 septembre 1945, se déroulent à Saigon et aux entours le massacre par les gens du Viêt-minh des résidents de la cité Héraud, odieuses violences qui durent trois jours les 24, 25, 26 septembre [1].

Les premiers échos nous atteignent non sans retard, vu l'insuffisance, une fois de plus, de nos moyens de transmissions et communications. Une protestation officielle s'impose. Tentons-la.

Le 1er octobre, je l'enregistre pour les émissions de All India à Delhi.

Indochinois... Il y a quelques jours je m'adressais à vous pour la première fois.

Dans ce court laps de temps, plusieurs incidents fâcheux et tristes se sont déroulés à Saigon en particulier. Beaucoup des vôtres, nationalistes convaincus sans doute, au lieu de prêter une oreille attentive à la voix des peuples alliés victorieux, à la voix du peuple français en particulier, ont continué à faire le jeu de l'ennemi japonais.

Celui-ci, encore présent un peu partout, feint d'obéir au Haut-commandement allié mais continue d'exciter par en dessous des agitateurs dont beaucoup à sa solde. Il les entretient et les arme. Et ces agitateurs, profitant d'une période de passions, d'incertitudes et de troubles, ont eu tôt fait d'en pousser d'autres aux pires extrémités.

Ainsi, par leur faute, quand l'ordre public s'établissait dans le Sud, précédant de peu le désarmement de l'ennemi, le combat a repris. Des bandes obscures, en mal de pillage et de meurtre... ont tenté de ruiner un ordre public qui les gêne. Usant de slogans profondément injustes pour les Britanniques et les Français, ils se sont livrés à d'abominables crimes - les mêmes que ceux perpétrés par l'Allemagne nazie - qui soulèvent la juste indignation du monde civilisé. Ils en veulent, dit-on, aux colonialistes français et anglais, mais ils se ruent contre le centre des services de presse américains. Ils attaquent le colonel Dewey et le massacrent [2].

Ah ! la sinistre façon d'affirmer sa maturité politique.

Quel contraste avec les propos tenus hier encore par le président Hô Chi Minh à Hanoi...

Nous respectons, assurait-il, nous admirons et nous aimons le peuple français, ce peuple généreux qui le premier proclama les idéaux de liberté, d'égalité et de fraternité...

1. Après l'arrivée progressive des premières troupes anglaises (1 800 Gurkas) et françaises (une compagnie du 5e RIC) au début de septembre, tensions, troubles et incidents graves se poursuivent à Saigon. Les Japonais, chargés par les Anglais du maintien de l'ordre, gardent une attitude équivoque. Devant ces faits, le major général Gracey décrète la loi martiale le 21 septembre. Au matin du 23, les bâtiments publics de Saigon - tenus par le Comité exécutif du Nam Bo - sont réoccupés sans combat par les forces franco-anglaises.

Perceptible le 24 (courant électrique coupé), une émeute annamite se déchaîne le 25 contre un quartier européen isolé, la cité Héraud. En quelques heures, 150 personnes (hommes, femmes, enfants) sont massacrées et atrocement mutilées. Une centaine d'otages ne seront jamais retrouvés (N.d.E.).

2. Le 26 septembre, A. Peter Dewey, lieutenant colonel de l'armée américaine, journaliste et diplomate, ami de la France, est assassiné par des insurgés annamites près de l'aérodrome de Saigon (Tan So Nhut).

Ce jeu de l'ennemi - un ennemi subtil et retors - ne le faites pas à votre insu, vous disais-je, il y a quelque temps.

D'aucuns, je le crains, viennent de le faire. Une tache risque de s'inscrire aux annales de vos mouvements et légitimes croisades vers l'autonomie politique.

Quelle erreur et quelle tristesse !

Parlons net, parlons vrai.

Pour réaliser de manière durable leurs aspirations politiques, les peuples indochinois dont le peuple annamite le premier, ont besoin d'un concours amical, d'une aide fraternelle de la France.

La France vous les offre et vous les veut donner. Elle vous tend la main loyalement. Mais afin de travailler, il faut l'ordre public et non pas l'interrègne du pillage, des viols, des tortures, des massacres au préjudice des femmes, des enfants et des hommes innocents.

Les forces *alliées,* les forces françaises n'ont pas d'autre but que d'assurer l'ordre public.

L'avez-vous assuré et où ?

En m'inclinant avec tristesse devant ces victimes dont la mort pouvait être évitée, victimes alliées, victimes indochinoises, je salue avec une poignante émotion ceux des nôtres qui tombèrent aussi à l'heure où le monde salue la paix revenue. Et, je dis aux Français d'Indochine : Demeurez fermes, demeurez grands. Ne vous laissez pas entraîner, dominer par des poussées de vindicte car vous cesseriez de bien servir la France. La plus grande force n'est pas la haine, mais l'amour, un amour désintéressé, réglé bien sûr par la raison, l'équité, la justice.

Le peuple de France, le nôtre, aime le peuple indochinois. Il veut d'un cœur unanime élever ses regards au-dessus de l'écume des passions et les fixer sur l'océan immense des vraies valeurs humaines...

Par votre union - vous Cambodgiens, vous Laotiens, vous Annamites - par votre dignité et votre sagesse, montrez au monde et au peuple de France qu'ils ont raison de vous faire confiance et de vous aimer...

En vue de leur éventuelle diffusion, je fais procéder à la traduction en annamite, cambodgien, laotien de ces deux « broadcasts » puis, à leur impression.

Avec Blanchet [1] je répète :

- *Lundi 24 septembre 1945, la guerre d'Indochine commence.*

Ne l'oublions jamais.

Jean Sainteny

Le lendemain, le commandant J. Sainteny, de la D.G.E.R. [2], chef de la mission 5, se présente à la résidence de Chandernagor. Il vient directement par avion d'Hanoi pour me rencontrer. Sainteny estime sa mission fortuite terminée au Tonkin, depuis que sont arrivés le

1. Correspondant du journal *Le Monde.*
2. Direction générale des études et renseignements.

général Alessandri et l'administrateur Pignon, conseiller politique. Il a jugé indispensable avant d'en partir de m'informer de la situation de la capitale, situation fort complexe et plus encore pour qui n'a pas été témoin sur place de sa gestation.

Je l'invite à m'en faire le compte rendu exact et le suis avec grande attention. A l'écouter, première impression favorable. Sainteny est quelqu'un.

J'apprécie la netteté, la clarté, la fermeté de son exposé, et aussi l'aisance, la simplicité de ses réponses. Il discerne d'instinct l'essentiel de l'accessoire.

De l'officiel passant au secteur privé, mon interlocuteur conclut :

- J'ai des intérêts importants en France que mon action dans la Résistance d'une part et ma mission dans la D.G.E.R. d'autre part m'ont obligé à laisser aller à la dérive. Voici venue la fin de la guerre avec la capitulation japonaise, je souhaite donc rallier la Métropole.

Moi de répondre :

- Je ne suis pas de votre avis pour un prompt départ. Vous êtes le premier à avoir rétabli une présence et une autorité françaises à Hanoi au sein de la confusion et des menaces généralisées. De Kunming, sans mandat officiel, vous avez vu clair, vous avez agi vite avec résolution et courage. Vous avez réussi. C'est au mieux. Je tiens à vous y garder. Réfléchissez, cela va de soi, puis apportez-moi votre réponse.

Dans un climat de cordiale sympathie, nous nous quittons.

Alessandri, malgré le mérite de son habile et courageux repli sur la Chine au lendemain du 9 mars, fut trop mêlé au régime de Decoux sous l'occupation japonaise pour réussir auprès des Chinois. Pignon, avec sa belle intelligence, son expérience administrative est homme de qualité sur le plan du conseil, mais non de l'autorité. Tel est le jugement de M. Giaccobi, ministre de la France d'outre-mer, lors de mon départ de Paris.

Leclerc, en partance pour Saigon, arrive le 3 octobre à Chandernagor. Nous dînons et causons. Je lui relate ma rencontre de la veille avec Jean Sainteny. Mon intention est de le retenir à Hanoi, en l'y nommant commissaire de la République pour la zone nord et prie Leclerc de le voir. Il me donnera son sentiment sur sa personne.

Je précise ensuite mes directives :

1. Ne rien pousser au nord du 16ᵉ parallèle sans mon accord, tâter seulement le terrain vers Savanaket, au Moyen-Laos, une fois notre position solidement rétablie à Paksé.

Le problème chinois doit être abordé sur les plans diplomatique et administratif. J'en traiterai à Chungking prochainement. Le colonel de Crèvecœur y abordera le problème militaire de la présence des Chinois au Nord-Laos, où nul Japonais ne se trouve.

2. N'admettre aucune évacuation des colons français ni du Tonkin ni de Saigon. Seuls, des malades, après examen médical militaire, pourraient être dirigés vers la France. La présence de Français en Indochine est, en fait, l'argument majeur justifiant notre action. Dans l'immédiat, cet argument est plus efficace que l'argument juridique.

3. Étudier un ravitaillement du Nord vers Haiphong par des moyens maritimes.

Leclerc voit Sainteny. Son sentiment est favorable.

Le lendemain, Sainteny m'apporte sa réponse : une acceptation nette. Sa nomination de commissaire de la République est décidée et je l'invite à rallier Hanoi, sans tarder.

J'aurai désormais *quelqu'un* dans le Nord.

J'informe en outre Leclerc du départ pour la France, selon les instructions du président de Gaulle, des amiraux Decoux et Bérenger. Ils ont quitté l'Indochine en avion britannique et doivent se poser à Calcutta dans la soirée. Nulle précision horaire.

Avec eux se trouvent MM. Aurillac, directeur du cabinet, de Boisanger, conseiller diplomatique du gouverneur général, Arnoux, directeur de la Sûreté, Hoeffel, dernier gouverneur de la Cochinchine et quelques dames de leur parenté.

Je décide d'envoyer, avec ma voiture personnelle, le capitaine de corvette Schlumberger, de mon cabinet, accueillir les arrivants, saluer l'amiral Decoux en mon nom et assurer au mieux l'hébergement de tous à Calcutta. Faute de préavis, ce sera malaisé en cette ville archipeuplée. Je précise à mon mandataire qu'il doit agir très correctement et aviser ces messieurs qu'ils peuvent disposer du temps nécessaire pour procéder aux achats requis avant leur départ pour Paris par voie aérienne.

J'ai présentes à l'esprit deux ou trois choses :

Les ordres formels du président de Gaulle :

« Vous aurez à vous assurer du retour à Paris, sans délai, par avion, des amiraux Decoux et Bérenger, du général Aymé. »

Je n'ai jamais dans le passé rencontré Jean Decoux ; je sais depuis peu, par M. Cédile, mon délégué à Saigon, qu'il feint d'ignorer ma personne et a tout fait pour reprendre son poste à Saigon.

Ancien Haut-commissaire de France au Pacifique, je ne puis ignorer par nos interceptions de Radio-Saigon, dès 1942, à quel degré le gouverneur général est hostile aux Français libres, au point d'avoir envisagé et voulu l'envoi d'une force navale franco-japonaise pour occuper, moi présent, la Nouvelle-Calédonie et la rendre à la France de Vichy : la vraie à ses yeux.

Je sais aussi que l'ordre du président du Gouvernement provisoire m'a été donné parce que, en sa qualité de gouverneur général et de Haut-commissaire sous le régime de Vichy, Jean Decoux tombe sous le coup de l'ordonnance du 18 novembre 1944 instituant une Haute Cour de justice.

Enfin, comment ignorer que plusieurs personnalités impliquées par ladite ordonnance ont préféré surseoir à leur retour en France, en allant résider à l'étranger. Or, je dois assurer ce retour à Paris et prévenir toute manœuvre contraire.

La sagesse m'invite ainsi à pratiquer le silence vis-à-vis de l'amiral Decoux, le silence que je tiens pour le meilleur gardien de la vérité, et à l'informer par une note officielle de sa situation juridique vis-à-vis du Gouvernement provisoire.

Lui-même, au reste, n'a pas demandé à me rencontrer.

Dès le 3 octobre, les amiraux Decoux et Bérenger repartaient en avion pour Paris qui en était immédiatement informé.

Les jours suivants, je convoque le ministre plénipotentiaire Boisanger et m'entretiens longuement avec lui de sa manière d'apprécier, en diplomate, la situation de la Péninsule. C'est avec courtoisie et entière correction qu'il répond à mes questions.

De son côté, le directeur du cabinet s'entretient avec son collègue Aurillac, avec M. Arnoux, de la Sûreté, comme il le fera, en mon absence en Chine, du 9 au 13 octobre, avec les généraux Mordant et Aymé, puis avec M. Gautier, ancien secrétaire général.

Nul de ces hauts fonctionnaires civils ne s'offre à continuer à servir en Indochine, en particulier M. Gautier, que j'envisageais d'y retenir. Presque tous y sont d'ailleurs en service depuis des années et souhaitent revoir la France [1].

Le 3 octobre, Leclerc m'a remis une lettre importante du général de Gaulle :

Paris, 16 septembre 1945.

Mon cher amiral,

Je profite du passage d'un officier de Leclerc pour vous adresser ce mot.

Rien n'est plus urgent que d'avoir tout au moins Leclerc installé à Saigon. Y fût-il, pour le moment avec une poignée d'hommes, cela serait d'une très grande importance en Indochine et vis-à-vis du monde. On verrait s'orienter vers lui une foule de courants divers qui ne sont pas sûrs du retour à la souveraineté française et subissent, dans leur incertitude, toutes sortes de fâcheuses influences. Il ne faut pas attendre l'arrivée des troupes de France. D'ailleurs, la présence de Leclerc à Saigon serait la preuve éclatante qu'elles arriveront coûte que coûte. J'estime que vous-même, dès que le détachement Massu pourra être débarqué en Indochine, devrez vous y rendre.

Je verrai M. Soung dans le courant de cette semaine à Paris et je compte

1. Ces précisions sont à mettre en rapport avec la polémique déclenchée par l'amiral Decoux (voir annexe 6, page 423).

le secouer vigoureusement. La première chose à obtenir est l'arrivée à Hanoi d'Alessandri et de son détachement. J'ai l'impression que les Chinois veulent nous vendre même cela contre des avantages pour leurs colons et des droits sur nos chemins de fer.

Je n'ai aucune confiance dans les Anglais : ils prennent et gardent une attitude hypocrite. Mais ils cherchent avec acharnement à nous créer des complications tant localement quand ils seront sur place, que sous l'angle des Chinois et même (vous le verrez) des Siamois.

Ils sont enchantés de se présenter en Indochine comme les forts et les dirigeants avec des Français dans leurs bagages. Ne vous laissez donc à aucun moment illusionner par Mountbatten. Je suis convaincu qu'ils ne nous prêteront pas de bateaux pour nos transports. Nous devrons très probablement amener nos troupes par nos propres moyens, ce qui durera longtemps. Cependant, nous les amènerons et il y aura sûrement un moment où vous serez le plus fort.

En attendant, il faut être sur place, dès que possible, c'est-à-dire tout de suite pour Leclerc et fin octobre pour vous.

Ne prenez et ne laissez prendre à l'égard des gens du Viêt-minh aucun engagement quelconque. Vous pourrez accepter certains contacts, à condition qu'ils soient directs et ne comportent aucun intermédiaire, ni anglais, ni chinois, ni américain. Quand du côté allié on vous proposera des « bons offices », refusez catégoriquement. Nous ne traitons pas avec nos sujets par le truchement de l'étranger. Sans quoi, nous verrions se renouveler en Indochine l'ignoble jeu des Anglais en Syrie.

L'intérêt français consiste à ne rien régler quant aux gouvernements locaux en Indochine tant que nous n'aurons pas à le faire. Mieux vaut cent fois laisser jusque-là la situation entière, même si elle nous est défavorable plutôt que d'accepter du faible (provisoire) au fort, des arrangements où l'étranger serait partie et qui seraient, par là même, catastrophiques.

Je fais tout, personnellement, pour hâter l'envoi des moyens, personnel et matériel. Mais cela durera longtemps.

Au revoir, mon cher ami. Votre tâche est dure. Je le sais. Mais vous en sortirez comme il faut.

Croyez à ma fidèle et confiante amitié.

Signé : C. de Gaulle.

Ma réponse au Général part de Chandernagor le 5 octobre :

Mon Général,

Votre lettre du 16 septembre m'arrivait seulement le 3 avec Leclerc, en route pour Saigon, *via* Chandernagor.

Aujourd'hui, il y arrive, un jour après le 5e R.I.C.

Pleinement d'accord avec vous sur la signification de la présence pour l'intérieur et l'extérieur. Je suivrai sans délai.

Le temps n'a pas été gâché. Les éléments précurseurs parachutés dès le début d'août étaient à poste à Hanoi, Louang-Prabang, Pnom-Penh et Saigon. Face à une tâche rude, ils ont tenu le coup. Quelques-uns ont ainsi montré leur valeur. Je les utilise sur-le-champ comme commissaires de la

République, en les appuyant vigoureusement et en leur faisant confiance : c'est le cas de Sainteny, Imfeld, Gallois et Cédile.

Je serai franc, mon Général, mes craintes ne viennent pas des difficultés de l'objectif à atteindre mais des lointains arrières. Déjà, l'on laisse glisser vers Calcutta des indésirables et l'on m'offre le retour « d'un ancien préfet de la Corse en qualité de gouverneur de 2e classe », d'un retraité de 68 ans, etc.

Votre lettre *directe* m'apporte le témoignage réconfortant de votre pensée clairvoyante, agissante et ferme. Cela fait du bien.

Nous avons du neuf à faire. Sans être encore sur le chantier même, je n'en suis pas loin et j'ai eu cent contacts avec ceux qui en viennent et y retournent. De grâce, que l'on me laisse demander ce dont j'ai besoin et que l'on m'envoie et vite ce que j'ai demandé. Cela vient de se produire pour le général Salan, refusé il y a un mois, il m'est aujourd'hui accordé. C'est parfait et je suis enchanté.

J'aimerais aussi que lorsque j'ai demandé une action diplomatique, le Quai d'Orsay me tienne informé des résultats de ses interventions. Ne croyez-vous pas, mon Général, qu'un temps précieux serait gagné si Paris, Chungking et demain Saigon étaient mis *simultanément* au courant de leurs préoccupations et actions respectives en ce qui touche les affaires chinoises d'Indochine. Je comptais régler cela avec l'ambassadeur sur place ; ma visite a été différée, à la dernière heure. J'en écris à M. Bidault.

Deux problèmes intérieurs fixent mon attention : 1) Ravitaillement en riz du Nord par le Sud, qu'il faut exploiter au maximum politiquement et militairement. 2) Les populations françaises massées à Hanoi et Saigon, plus un noyau région Hué. Malgré leur démoralisation, fatigues physiques et leur désir d'être évacuées, il faut *qu'elles tiennent,* sauf quelques cas d'espèce. C'est leur présence, leur sécurité, leur entretien qui maintiennent de façon tangible nos droits imprescriptibles à intervenir partout et spécialement au Tonkin-Annam. Chinois et Américains surtout, sous couleur d'humanité, voudraient tant leur évacuation. Avec Leclerc, je la tiens pour inadmissible, ci-joint l'adresse que je dirige vers elles.

Vis-à-vis des Alliés. Soyez certain que nous avons l'œil ouvert. Toutefois vos directives fermes sont un appui précieux. Pour le Viêt-minh, nous n'avons eu que des contacts à Hanoi et Saigon. Ils furent et restent utiles. Vous avez dû recevoir ma réponse à votre question : Que faut-il penser du Viêt-minh ?

Nous tiendrons le coup jusqu'à l'heure où notre action politique sera mieux comprise, la force étant présente avec nous.

Le général Alessandri et ses états-majors de Kunming et Hanoi très en dessous du train qu'il faut mener. Je viens de le convoquer.

Avec le général Leclerc, les relations se sont établies sur une base de solide et réciproque compréhension - la vieille amitié France libre facilite les choses. Chacun de nous gardera ses attributions et son rang et *ensemble* nous accomplirons pour la France cette tâche ultime de la Libération.

Merci de tout, mon Général, et soyez assuré que, de loin, nous pensons à vos labeurs incessants.

Je vous renouvelle l'expression de mon respectueux et fidèle dévouement.

Signé : G. d'Argenlieu

Visite au président Chang Kai-Chek

Au terme de maints échanges postaux et télégraphiques entre mon quartier général et notre ambassade de Chungking, après des avis favorables suivis de contre-indications - les 26 et 27 septembre par exemple -, un programme est finalement mis sur pied. Il doit me permettre enfin une visite à Chang Kai-Chek du 10 au 12 octobre.

L'objet principal de ce voyage est une prise de contact courtoise avec le Généralissime, le président du Conseil T.V. Soong, le ministre des Affaires étrangères Wang Shi Chieh et naturellement le ministre de la Guerre. Rendez-vous sont pris d'avance par le général Pechkoff [1].

Mardi 9, une traversée sans incidents nous mène à l'aéroport de Kunming, ancienne Yunnanfou. Elle fut au fil des années un centre important d'affaires franco-chinoises, industrielles et commerciales.

Le général Alessandri, venu d'Hanoi, m'y reçoit pour une mise au point de la situation du Tonkin où nos Français se débattent au milieu des troupes de Lou Han [2], des affairistes chinois, des Japonais vaincus en attente de départ, des Annamites de tous partis, de nos colons anxieux face à un futur incertain.

Le tableau d'Alessandri est moins préoccupant aujourd'hui. Les rapports avec le général en chef Lou Han s'améliorent et aussi avec les Américains. Des contacts officieux avec les mandataires des dissidents annamites continuent. Le dernier rapport de Pignon rend un meilleur son. Alessandri comprend le choix de Jean Sainteny au poste de commissaire de la République.

J'attire son attention sur le fâcheux emploi contre nous du poste de radio de la ville.

Dans l'esprit de mes démarches auprès des autorités centrales chinoises, les efforts doivent tendre à améliorer les relations sino-françaises. Le comportement de nos pseudo-alliés - je ne l'ignore pas - y fait habituellement obstacle. Aux nôtres, venant cordialement la main tendue, il est répondu par des procédés décevants, troublants même.

J'insisterai en haut lieu afin que des directives et ordres clairs soient envoyés aux autorités locales vis-à-vis des autorités françaises. Celles-ci en Indochine sont nanties de fonctions précises ou d'ordres de mission, les chinoises, non !

Quant à Kunming, il n'est que de la parcourir pour y voir un reflet du désordre administratif de la Chine de Chang, réputée nouvelle et... victorieuse.

1. Ambassadeur de France à Chungking.
2. Général chinois, commandant des troupes en Indochine du Nord, chargé de recevoir la reddition japonaise.

Aujourd'hui Long-Yun, que les cancans disent frère de Lou Han, gouverne la province. Trois jours écoulés, il est déposé par le pouvoir central et détenu en résidence surveillée. Pour éviter tout problème, la ville est investie par les troupes du Généralissime. En compensation - qui fleure un vieux et durable népotisme - le général en chef des armées d'occupation, installé à Hanoi, Lou Han, voit s'ajouter à ses attributions militaires interalliées, le gouvernement devenu vacant du Yunnan, simple épi lourd de 11 millions d'habitants.

Comment ne pas s'instruire ?

La frontière franchie du vieil empire, aujourd'hui République démocratique populaire de 460 millions d'habitants, les leçons ne manquent pas.

Le lendemain, mercredi 10 octobre, nous appareillons en Dakota pour Chungking. Après un déjeuner à l'ambassade, nous gagnons la résidence du président du Comité exécutif, Son Excellence T.V. Soong, qui me reçoit sur-le-champ. Après quelques propos d'ordre général, ce dernier m'annonce qu'obligé de quitter Chungking le lendemain matin, il laisse au ministre des Affaires étrangères le soin de traiter le détail des questions. Il a eu l'avantage de voir le président de Gaulle à Paris et tient à me confirmer que la Chine n'a aucune visée sur l'Indochine. Elle s'acquitte de la mission confiée à ses forces par les trois Grands réunis à Potsdam. Il ne croit donc pas qu'il y ait entre nous de difficultés de principe que l'on ne puisse régler à l'amiable.

Le sachant intéressé à la nouvelle, je l'informe que l'amiral Decoux, selon les ordres de mon gouvernement, est parti pour Paris avec quelques-uns de ses proches collaborateurs. Il y est sensible.

A Chungking, me dit-il, l'on espère que la France montrera autant de sévérité à l'égard des collaborateurs du Japon que des collaborateurs du Reich allemand. Ils ont fait autant de mal à la Chine que ces derniers à la France. L'histoire jugera qu'il eût été mieux de résister aux Japonais.

Cet exposé sommaire m'offre l'opportunité de mise au point et rectification convenables.

En juillet 1940, aucun des Alliés n'était, de vrai, capable d'aider mon pays, lui-même en cruelle difficulté. Bien plus, ni le Royaume-Uni ni les États-Unis n'ont su défendre victorieusement leurs propres territoires, telles la Malaisie, la base de Singapour, les Philippines. Par contre, aucune goutte de sang allié ne fut versé pour maintenir dans la guerre les possessions françaises du Pacifique : Océanie, Nouvelle-Calédonie, Condominium des Nouvelles-Hébrides.

T.V. Soong n'insiste pas. Il m'évite par son silence d'invoquer la carence de son propre pays. Il convient toutefois d'exprimer les surprises que nous ont causées à Hanoi divers comportements de nos grands Alliés. Des regrets en ont été, paraît-il, exprimés par T.V. Soong lui-même. Peut-être son intervention explique-t-elle l'amélioration récente des rapports Alessandri-Lou Han. Nous nous quittons.

Ne l'oublions pas, c'est aujourd'hui, 10 octobre, 10e jour du 10e mois, fête nationale à Chungking : le « double dix ».

A 17 heures, grande réception du corps diplomatique et des corps constitués au palais présidentiel par le Généralissime et sa femme, sœur de T.V. Soong.

Chang Kai-Chek en uniforme kaki est spécifiquement chinois. Très digne, très simple, il use largement des rots qui soulignent « à la chinoise » sa satisfaction. Sa femme, élégamment habillée en robe noire, fait grande dame.

J'y salue quelques diplomates alliés. La personnalité la plus originale, la plus intéressante, est évidemment Mao Tsé-Toung, grand chef des communistes. Il réside habituellement au Yunnan. Que fait-il à Chungking en cette fête du « double dix » au palais de Tchang ?

Quelques mots d'explication :

La guerre de conquête entreprise par le Japon, dès 1937, a pour un temps rassemblé contre l'ennemi nationalistes du Centre et du Sud relevant du Kuomintang sous Chang et nationalistes d'obédience communiste sous Mao Tsé-Toung. Le Japonais vaincu, les deux grands partis reprennent leur autonomie et leurs idéologies respectives. Mais le grand vainqueur du Japon est l'Américain Mac Arthur. A sa façon, souvent fort simpliste, le gouvernement de Washington entend qu'avec sa victoire dans le Pacifique et dans l'Est asiatique, la paix règne, et vite, surtout en Chine. On sait ce qu'en a coûté au Trésor américain cette victoire de la Chine rassemblée sous Chang. Pas question pour Washington de voir reprendre une lutte intérieure entre le Généralissime consacré par l'Amérique et le leader communiste. A Chang d'en traiter avec Mao Tsé-Toung, comme le veut et le fait savoir le président Truman.

Docile en apparence, Chang Kai-Chek invite l'adversaire à le venir voir à Chungking. Mao se rend à l'invitation. D'où sa participation à la réception solennelle du 10 octobre 1945.

Point n'est possible, évidemment, de lier conversation avec le chef communiste ; il n'use d'ailleurs que de sa langue. Qui se souvient de la tenue des grands leaders communistes russes - des ambassadeurs eux-mêmes rencontrés en 1943 à Washington et à Londres -, est frappé par la similitude. Mao est vêtu de kaki, sans aucun attribut, tel un chauffeur subalterne. Une seule rangée de boutons qui descend sans nulle ouverture, du col à la taille. En bref, la rusticité au milieu du corps diplomatique dont les membres, y compris les Russes, ont, par ordre supérieur, largement modifié, embelli, chamarré de dorures leur parure officielle.

Nous étant rencontrés et salués par l'entremise de Pechkoff, nous échangeons les gestes rituels du « Kampot » : les verres pleins levés et dirigés vers les partenaires, puis dégustés d'un seul trait jusqu'au vide parfait.

Le lendemain, je tiens conférence avec de Raymond et de Crèvecœur afin de répartir leurs tâches.

Mon intention est de faire avancer si faire se peut... le problème des accords financiers puisque Lou Han entend être réglé par le Haut-commissariat de France de tous les débours qu'entraîne la venue de 180 000 Chinois en Indochine septentrionale, sans qu'il soit tenu compte de l'absence de la France à Potsdam. Les Trois n'ont pas seulement imposé la venue des Chinois et Anglais en la Péninsule. C'est à nous d'en supporter les frais. Les Anglais, eux, ne demandent rien.

Forts de l'assurance répétée que le gouvernement de Chungking n'a aucune visée sur le Tonkin, il nous faut aussi savoir combien de temps va se prolonger la présence de nos alliés du Nord. Le Wai Kiao Pou [1] nous laisse entendre que la durée de trois mois lui paraît un maximum, sans s'engager en rien.

Le colonel de Crèvecœur devra donc rester à Chungking aux fins de poursuivre notre action auprès du ministère de la Guerre.

Je me réserve en propre, lors de l'audience avec le Généralissime, de rappeler que nul Japonais ne se trouve au royaume de Luang-Prabang [2]. Il est normal et désirable, donc, d'en retirer la brigade chinoise occupante. Je n'ignore pas que ladite unité se montre fort hostile à toute présence française.

Le même jour, vers 10 heures, long entretien avec l'ambassadeur. Il a l'avantage de m'éclairer sur les susceptibilités extrêmes de tous nos alliés chinois : officiels civils et militaires. Là aussi, le problème de « la face » se pose partout et toujours. En outre, leurs procédés administratifs se déploient selon des us anciens, avec des moyens techniquement pauvres et une lenteur tout extrême-orientale. Chaque question posée au Wai Kiao Pou est suivie de tardifs accusés de réception, d'annonces d'enquêtes. A grande distance, à défaut de transmissions adéquates, sans machines à écrire, etc., l'on ne peut espérer de réponse que dans un délai de plusieurs semaines, sinon de mois. Régulièrement, l'on apprendra que les incidents en cause ne se sont pas passés comme l'expose le demandeur. En un mot, le règne de l'*et caetera* est souverain.

L'amiral Chen Shao Kwen, jadis ministre de la Marine, m'accueille à déjeuner. Sa table est tenue comme témoin qualifié de la cuisine chinoise, considérée, à juste titre comme un art. Repas déli-

1. Ministère chinois des Affaires étrangères.
2. Capitale du Laos.

cieux et relativement sobre puisque le menu ne dépasse pas vingt mets, délicats, recherchés et fins, selon la coutume ancienne.

De mes autres visites au Wai Kiao Pou, la première, au département des Affaires étrangères, la seconde, à Wang Shi Chieh [1], lui-même, il y a peu à retenir, sinon le soin et l'habilité à éluder les problèmes, en prétextant le défaut d'information ou d'ordre supérieur. Jeudi 12 octobre, 16 heures, nous sommes au palais du Généralissime.

Le Président ne parle naturellement que chinois. Le secrétaire d'État chargé des questions indochinoises sert d'interprète en usant de l'anglais. Les propos s'échangent donc lentement.

L'on me parle d'abord de la France, du général de Gaulle, libérateur et président du Gouvernement provisoire à Paris, puis de l'Indochine.

Chang à son tour et à son rang, confirme que son gouvernement, loin d'avoir des vues intéressées sur le Tonkin, ne désire, ne veut qu'une chose : que s'améliorent les relations d'amitié entre Chine et France. Des projets d'accord entre elles sont en cours d'étude à Chungking et Paris. Ils doivent écarter tout litige dans le proche avenir.

Au plan subalterne de malentendus possibles à Hanoi, le Généralissime n'est pas au courant. Il les regrette et l'homme d'État qu'il est certainement, donne l'assurance qu'ils se régleront à l'amiable dans l'esprit amical qui dicte ses directives. C'est en ce sens qu'il nous répond au sujet de ses troupes d'occupation au Laos et ailleurs. Il est d'ailleurs dans mes intentions de ne pas dépasser le plan de simples allusions. La note de déférente courtoisie à l'échelon du chef de la Chine nouvelle, quinze ans durant, est de rigueur. L'idée d'une éventuelle mission de *Good Will* venant de Paris à Chungking, l'heure venue, s'ébauche en ma pensée.

Si je récapitule les données positives du voyage à Kunming et Chungking, comment ne pas souligner l'avantage certain des contacts directs avec les lieux, le cadre et les personnes. Comment ne pas mieux sentir l'importance, la nécessité, les difficultés aussi des relations du Haut-commissariat de France avec la Chine de Chang Kai-Chek.

Repassons en esprit les principaux acteurs.

Pour le président et généralissime, une menace intérieure fixe et oriente sa politique : le devenir du parti de Mao, l'adversaire. L'équilibre des forces respectives sera-t-il rompu en faveur de ce dernier, et quand ? Par forces, je vise et les militaires et les morales et les idéologies opposées.

Les négociations avec l'extérieur - sous formule diplomatique

1. Ministre des Affaires étrangères.

usuelle ou sous le mode naissant des Nations unies et du Conseil de sécurité - retiennent son attention pour consolider sa « face » de cinquième Grand et aussi s'assurer le concours financier et économique des États-Unis. Il en a le plus grand besoin.

Son administration centrale et provinciale n'offre pas les traits de la jeunesse. Elle fleure la vieille Chine. Aucun courant nouveau et vigoureux n'est perceptible dans les divers domaines. Népotisme et prévarication sont à fleur de peau.

Au matin du 13 octobre, départ en Dakota pour Calcutta, après une longue escale à l'aérodrome de Kunming.

Après avoir franchi la chaîne montagneuse, le temps change et le vol au-dessus du delta devient difficile. Orages et pluies se succèdent. Nous descendons aussi bas que possible pour en atténuer les dangers et arrivons enfin à Doum-Doum largement inondé par les précipitations généreuses des ciels bengalais.

Dernières semaines au Bengale

Une corde raide, c'était bien l'image de la situation en Indochine qui s'offrait à mes yeux au départ de Paris, le 5 septembre et à l'arrivée à Kandy, le 10.

Depuis la corde raide a connu bien des vicissitudes. Une pareille corde suppose un poteau ferme à chaque extrémité. Ici Saigon et là Hanoi.

Depuis le 10 septembre, ces piliers eux-mêmes ont été fort secoués. A Saigon, l'agitation se manifeste durement le 2 septembre pour en venir au paroxysme du 24 aux entours de la cité Héraud.

Il faut donc affermir le pilier Saigon par des étais sérieux vers Pnom-Penh à l'ouest, Paksé au nord, Nhatrang et Dalat au nord-est. La mer, nous la tenons.

L'ensemble fait la base de départ en vue du rétablissement de l'ordre.

Parallèlement à l'arrivée des premières forces françaises et à leur emploi judicieux, il convient de restaurer les facteurs de pacifiante activité : labeur dans la rizière et les plantations d'hévéas, redressement des transmissions et communications, reprise du commerce et négoce, réouverture des écoles à tous les degrés, des hôpitaux et dispensaires, reprise des pratiques religieuses sous leurs rites si divers. Il importe rigoureusement qu'une administration renaisse peu à peu, qu'elle sache s'adapter à des problèmes nouveaux issus de circonstances fort tumultueuses.

Que commissaires, délégués du chef, que conseillers, techniciens, experts soient au travail sans ménager leur peine et favorisent équitablement les authentiques bonnes volontés !

A Hanoi, où l'agitation se poursuit et s'aggrave, la situation est paradoxale à l'envi.

Dans la ville, plaque tournante avec ses bretelles multiples, Annamites de tous calibres, Chinois de toutes obédiences, Américains de la plus aimable variété, hormis l'uniforme, Français agités et anxieux se croisent, s'épient, se heurtent, prêts à user entre eux de vils procédés sous l'œil attentif des Nippons encore en liberté. Nos seules troupes disciplinées sont pour le moment confinées dans la citadelle. J'espère qu'elles en pourront sortir dans un proche futur et rendre d'utiles services.

En somme, il faut tenir, en profitant des unités d'occupation venues de Chine qui assurent avec quelques Annamites et Japonais armés un minimum de sécurité.

Enfin, une subtile menace naît des offres de bons offices d'Américains et Chinois sous couleur d'humanisme. Ils visent subrepticement à se faufiler à notre place, alors qu'en droit nous sommes chez nous. Le rappeler souvent.

Le groupe Massu, modeste reliquat de la 2e D.B. vient de débarquer à Saigon. Avant la fin octobre, il faut que le Haut-commissariat y soit installé.

Le Général ne m'écrivait-il pas dès le 16 septembre :

« Il faut être sur place dès que possible, c'est-à-dire tout de suite pour Leclerc et fin octobre pour vous. »

L'objectif de l'heure est donc précis : mon départ pour l'Indochine, comme je viens d'en informer le président de Gaulle. Brusque surprise de voir m'arriver à Chandernagor, le 22 octobre, le professeur Mus, pour un temps chef de bataillon par assimilation.

C'est le général Leclerc qui me l'envoie.

Le motif majeur est de porter à ma connaissance une note, signée Mus, dont Leclerc « partage pleinement l'opinion » concernant « votre arrivée, *quel que soit l'avis de Paris* » : je devrais différer ma venue sans limitation de temps. Leclerc précise : « Par contre, le jour où la Cochinchine, le Cambodge et la région de Dalat seraient pacifiés, ce qui peut être fait en quelques semaines, votre arrivée prendrait réelle figure de rentrée de la France dans ses droits... »

Une seconde, je crois rêver ! Mais, l'harmonieux verset de Paul Valéry m'affleure à propos à la mémoire : « Calme, calme, reste calme ! »

Je clos la lecture des deux documents et invite Mus à achever sa mission « en me donnant tous les détails ».

Attentivement, longuement, paisiblement, je l'écoute.

De l'enlèvement à Pnom-Penh, le 15 octobre, de Son Ngnoc Than, chef du Gouvernement royal du Cambodge, une simple allusion suffit à Mus.

Lorsqu'il en a fini de développer ses vues personnelles, j'ai discerné l'essentiel et conclus : « Le problème agité par vous est sérieux. Je réserve ma réponse. Elle vaut d'être mûrie. Décision prise, je la porterai à la connaissance du Génésuper, sans atermoiement et sans intermédiaire. »

Un seul acteur en l'espèce compte à mes yeux de Haut-commissaire et commandant en chef : Leclerc, mon premier grand subordonné.

Tout raisonné, je lui fais tenir ma décision en termes amicaux mais précis par mon pli secret du 25 octobre :

Secret.

Chandernagor, le 25 octobre 1945.

J'arriverai à Saigon, sauf obstacle météo, le mardi 31 octobre vers 15 heures. Le lendemain est la Toussaint, jour où s'associent bien la pensée de la victoire et le souvenir des morts qui, par leur sacrifice, l'ont acquise.

Nous avons naturellement parlé longuement avec Mus. Il repart demain vers vous et vous remettra ce pli.

Un gros effort est fait ici pour nous créer une aviation sur place avec les surplus américains. La chose est en plein rendement. Paris est dans le circuit. Il ne faut aucune interférence. De vive voix, vous serez informé des résultats acquis.

Dans votre lettre, vous faites allusion à la nécessité de l'envoi de nos forces, le plus vite possible. La chose est évidente et, personnellement, je n'ai jamais eu d'hésitation à cet endroit. Par contre, je vous redis et avec une entière conviction qu'il ne me paraît pas opportun de parler de « reconquête ». Le mot n'est rien - c'est la chose qui importe. Ce serait à mon avis une grave erreur politique - sur le plan intérieur et extérieur - de laisser s'accréditer cette idée ou ce rêve. Nous devons montrer la force, la plus *ample* possible et le *plus* tôt possible, mais avec le désir profond de n'avoir point à l'engager sur une grande échelle. Or les forces terrestres arrivées sont petites encore par le nombre si grande qu'en soit la qualité. Celles aériennes sont insuffisantes. Nos navires de guerre sont quelque chose, mais leur emploi est bridé.

Que nos alliés fassent leur job puisqu'ils ont une responsabilité propre et retiennent les prérogatives du commandement suprême ! Sachons maîtriser nos légitimes ardeurs pour éviter de compromettre le lendemain par des effusions de sang entre Français et Annamites, sans nécessité absolue.

Je pèse mes mots et mesure la densité de leur sens.

Signé : d'Argenlieu.

Ce problème réglé, procédons à la mise au point du départ et informons le général de Gaulle :

Personnelle

26 octobre 1945.

Mon Général,

Le temps détestable qui sévit au Bengale m'a obligé à reculer mon arrivée à Saigon, de trois jours. Faut-il ajouter que j'ai dû écarter les objections tenaces du général Leclerc à ma venue. Cette persévérance à vouloir rester seul est à la fin fatigante. Mais elle s'accompagne de sa part de mille initiatives hors de propos souvent et, rien que pour mettre de l'ordre dans le commandement, il est devenu nécessaire que je sois là-bas. Massu débarque. [...] Gracey paraît compréhensif et facilite nos tâches, il n'y a pour l'instant qu'à prendre patience. Quand nos forces seront à pied d'œuvre, je crois sincèrement que nos alliés du Sud se retireront vite. La même ténacité à retenir le contrôle de nos navires est ouvertement déclarée. Soyez certain que je suivrai les instructions du Gouvernement et ne me laisserai pas faire plus longtemps que requis. [...]

Leclerc est déjà tout acquis au rêve d'une « reconquête ». C'est plus fort que lui. J'estime que ce rêve est à écarter. Nous ne sommes pas venus ici pour glaner de nouveaux lauriers à la faveur de durs combats contre l'ennemi. Nous avons à rétablir l'ordre avec fermeté au sein de populations amies, partiellement détournées de nous par la double complicité des Japonais et des nationalistes annamites extrémistes. Engager de sanglants combats avant d'avoir les forces en nombre suffisant pour les éviter, tout en obtenant le retour de l'ordre indispensable, serait une erreur. Puisque les Britanniques ont une tâche à accomplir et en prennent prétexte pour se réserver la haute autorité, qu'ils se bagarrent si nécessaire.

Saigon est dégagé et le Cambodge reste amical malgré quelques malentendus dont je n'ai pas la clé. Ils sont faciles à effacer. Nos troupes débarquent. [...]

Les Chinois au Laos restent énigmatiques et à vrai dire insupportables. Ce que déclarent les dirigeants n'est suivi d'effet qu'avec de tels altermoiements que le mal est produit. La pauvre cour de Luang-Prabang résistera-t-elle à cette douche écossaise ?

Enfin, et je termine. Veuillez mon Général, m'appuyer dans mon action essentielle qui est de faire honneur aux promesses solennelles de la France. Je n'ai point été envoyé pour rétablir l'administration directe sous l'égide de la rue Oudinot. Bien sûr et largement, je dois traiter avec elle de cent questions mais non pas de mille. Or, malgré l'accord de principe acquis sur ce point à Paris, plusieurs indices montrent que là-bas l'on n'a pas facilement renoncé aux vieilles routines. Il faudrait que le Secrétariat général se fortifie et s'amplifie. Alors nous aurons prévenu le péril.

C'est dur ici. Mais, si je réussis à maintenir l'union du civil et du militaire, avec foi, calme, résolution et persévérance nous écarterons l'écume et en délivrerons la mer. Dans l'écume il faut placer les profiteurs qui, déguisés parfois en uniforme et payés par le gouvernement, tâchent de s'infiltrer afin de recommencer comme avant à exploiter les pauvres bougres. Sans doute, le mal est-il de tous les temps. Encore faut-il s'efforcer de le réduire...

Le lundi matin 29, nous roulons vers Calcutta. A la première heure, le 30, je prends mon vol pour l'Indochine.

Chapitre III

AU CŒUR DE LA RIZIÈRE

Saigon

Ayant laissé Rangoon pour Saigon le 30 octobre dès 8 heures, nous survolons tout à tour Bangkok, Siem-Réap, le temple d'Angkor-Vat, le Grand Lac, entrevoyons de loin Pnom-Penh, la montagne de Nui-Baden près Tay-Ninh.

Nous voici dans les ciels de Cochinchine, à cette heure, fort pluvieux. A travers nuages et grains, l'œil découvre au sud à perte de vue la rizière, immense nappe baignée d'eau. A 15 heures, dans une éclaircie, l'appareil se pose sur les pistes humides de Tan So Nhut [1].

Leclerc, accompagné du major général Gracey, du contre-amiral Graziani et de M. Cédile m'y reçoivent. Honneurs rendus, je roule avec Leclerc vers la capitale et le palais Norodom.

Avec lui, je fais un tour d'horizon de la situation en la zone sud. Après le dégagement des faubourgs de la ville, Phy-My, Gia Dinh et Cholon à compter du 11 octobre, un saut à Pnom-Penh le 15, et l'envoi d'un détachement à Paksé au Sud-Laos pour aider nos commandos, Leclerc a pu rapidement mettre sur pied du 15 au 23 octobre un groupement de marche confié à Massu et rétablir un principe d'autorité française à Mytho, Vinh Long, Gocong et Cantho. L'action s'y poursuit [2].

Le prince Monireth, chef du gouvernement royal du Cambodge assisté du général Alessandri, sont aussitôt introduits pour simple visite protocolaire. La conversation sera reprise le lendemain.

Avec la nuit qui s'avance, silence dans le parc, silence au palais. Grand calme en moi. Après les décades de préparation, je sais ce que je veux.

Je veux d'abord établir un contact immédiat, direct, avec la population de Saigon : Français, Indochinois, Eurasiens, Chinois et Indiens, avec tous habitants de la Péninsule et au-delà.

Je veux pareillement sans délai réaliser le programme élaboré,

1. Terrain d'aviation de Saigon.
2. Voir carte page 20.

ruminé, adopté dans ses traits principaux. Tel est l'objet de mon discours du 1er novembre au Monument aux morts [1] :

Français et Indochinois,

Nous voici donc ensemble à Saigon...

Il y a quatre ans, presque jour pour jour, j'arrivais à Nouméa. Nos pensées allaient souvent vers l'Indochine, bien au-delà de nos archipels, à travers le Pacifique. Venus pour y prévenir les menées hypocrites étrangères dont vous aviez été victimes, nous rêvions de libération pour vous-mêmes.

Cette heure est arrivée.

Bien sûr, elle s'est accompagnée de moments difficiles, pénibles et douloureux, vous avez été durement malmenés, houspillés, menacés, d'aucuns sont tombés, torturés, abattus, ils ont timbré de leur sang ces terres, les meilleurs sans doute parmi les résistants dont j'associe la mémoire à la leur. Je les salue avec reconnaissance et émotion. Tout n'est pas fini.

Mais au-delà, fixons nos regards sur l'essentiel, le durable. Que des ennemis camouflés, que des bandes d'agitateurs le veuillent ou non la victoire est acquise. La France est libre et forte, elle poursuit sa route en avant, elle reprend son rang de grande puissance. Rien ne l'arrêtera. Je dis la France, c'est-à-dire la France métropolitaine et la France d'outre-mer.

La France sait ce qu'elle veut. Avec le général de Gaulle, Leclerc et moi ne le savions-nous pas dès le 18 juin 1940. La France veut ici la victoire sur toute la ligne. Ce qui signifie le retour de l'ordre public, la reprise du travail, un regain de prospérité, une rénovation politique. Et puisque l'on nous fatigue les oreilles de slogans, j'ajoute que, pour la France, pour le gouvernement de la République, pour les Nations unies, ces mots sont vides de sens si au lieu d'apporter liberté, égalité, fraternité, ils deviennent, sous leurs formes imprécises, semeurs de tyrannie, d'arbitraire, de discorde et de haine.

Ce que nos amis britanniques, avec leurs forces disciplinées, ce que nos forces françaises disciplinées avec eux, ont commencé de réaliser, c'est de faire respecter l'ordre et la loi en vue d'éliminer l'ennemi japonais et non de combattre les populations pacifiques, les populations amies du Laos, du Cambodge, de la Cochinchine, de l'Annam et du Tonkin. Comprenez-moi bien et répétez-le, nous faisons ici ce que les forces américaines, soviétiques et chinoises font ailleurs. Nous faisons une œuvre de paix pour un monde encore agité. Contre les fauteurs de désordres, les aventuriers, les gangsters, cette œuvre de paix exige la présence de la force : nous sommes assez sûrs de nous, assez sincères et loyaux pour ne pas avoir à la cacher. Nous ne venons pas, je l'affirme, conquérir, dominer, exploiter, mais rétablir l'ordre dans la maison commune, au nom de la France nouvelle, forgée dans la résistance à toute dictature, plus que jamais éprise de progrès social, de franchises économiques, d'idéal démocratique, et donc d'émancipation administrative et politique pour les membres intellectuellement et moralement évolués de l'Union française.

Inviter les représentants qualifiés, à parler, discuter et traiter avec nous, dans l'ordre et selon la raison, c'est-à-dire librement - c'est faire preuve de haute sagesse, c'est prendre en main les intérêts supérieurs des nations qu'ils entendent représenter.

1. Déclaration radiodiffusée le lendemain 2 novembre.

Le Cambodge, le Laos par la voix qualifiée de leurs souverains respectifs l'ont bien compris ainsi. Au nom de la France, qu'ils soient remerciés. Comme demain nous remercierons les porte-parole accrédités des grands partis annamites.

Il est parmi eux des patriotes convaincus, des hommes intègres, sincères, résolus. Nous sommes sûrs qu'il y a moyen de se comprendre et de s'accorder, sans heurter leur légitime fierté, sans menacer de représailles les égarés d'un jour, mais sincèrement, librement, dignement d'hommes à hommes.

Les intentions de la France sont simples, claires et loyales alors que l'exécution s'avère complexe et difficile.

Je remercie ceux qui les premiers l'ont entreprise...

La vie reprend, il faut qu'elle reprenne le plus vite possible, que Français et Indochinois rentrent chez eux, là où avec nos couleurs reviennent ordre, sécurité et paix.

... Les critiques sont inévitables : qu'elles soient faites comme on le fait en famille, sans malignité ni colère.

Il n'y a pas ici plusieurs catégories de Français et d'Indochinois. La France appelle tous les siens : tous ceux qui veulent sincèrement travailler pour elle d'abord dans l'honneur et le don de soi.

Ici plus qu'ailleurs, ce rassemblement des bonnes volontés s'impose mais sur une base solide : un esprit de vainqueurs.

Avec foi, calme, résolution, constance - au travail, en avant !

La Fédération : gouvernement et États

Parallèlement à ces premières relations avec le public que suivront des promenades matinales dans divers quartiers de la ville, j'amorce les rapports et entretiens nécessaires en vue de la création du Gouvernement fédéral. Virtuellement institué dès le 8 septembre, il doit maintenant être réalisé.

A cette fin est promulguée le 1er novembre 1945 une ordonnance fédérale fixant les modalités provisoires d'exercice du pouvoir législatif et réglementaire dans la Fédération indochinoise. Ce pouvoir est exercé par le Haut-commissaire, assisté d'un Conseil fédéral de 10 membres spécialisés, responsables devant lui et se réunissant habituellement les mercredi et samedi, sauf convocation exceptionnelle.

L'arrêté du 1er novembre en précise la composition [1].

Préoccupé depuis le 5 septembre de trouver un juriste réputé apte à nous prêter son aide, et nul n'étant alors disponible à bref délai, j'ai fait appel en arrivant à M. Torel. A défaut de diplôme de pro-

1. L'amiral d'Argenlieu, Haut-commissaire, président ; le général Leclerc, conseiller pour les questions militaires, vice-président ; M. Torel, conseiller juridique ; M. Clarac, conseiller diplomatique ; M. de Raymond, conseiller politique ; M. Esquissaux, conseiller pour les Affaires économiques (temporaire) ; M. Bloch-Lainé, conseiller financier ; M. Ner, conseiller pour l'Instruction publique (temporaire) ; M. Gassier, conseiller pour les Travaux publics ; M. Solier, conseiller pour la Santé publique.

fesseur de droit, Torel possède une expérience ininterrompue, vingt-deux années durant, de l'Indochine française. Il est nommé conseiller juridique : nous aurons à établir les nouveaux statuts des États membres et une Constitution de la Fédération indochinoise, fût-ce à titre provisoire d'abord.

Dans les jours qui suivent, cette équipe initiale est complétée de nouveaux membres.

M. Maux, sur qui je comptais, ayant décliné l'offre faite à Chandernagor de prendre les Affaires économiques de la Fédération, d'importance majeure à mes yeux, j'ai dû remettre à ma venue à Saigon le choix d'une personnalité qualifiée. Mon attention se tourne vers l'ingénieur général des mines Guillanton en service à Hanoi depuis 1939. Je le reçois le 19 novembre et lui expose mes idées sur le rôle important de conseiller fédéral aux Affaires économiques.

Fort attentif, Guillanton hésite un instant à se rendre à mon appel... Pourquoi ? Il n'est qu'un ingénieur, ni économiste ni homme politique : c'est son premier scrupule. Mais ce qui cause surtout sa perplexité est d'avoir à s'engager dans le jeu de la France nouvelle, lui qui n'a jamais marqué d'intérêt, sous le proconsulat Decoux, au rôle de la France libre : c'est son deuxième scrupule. Toutefois, je sais, moi, qu'il s'est gardé d'afficher des sentiments d'opposant en la matière. Écarter de sa pensée toute ombre d'appréhension, montrer que nul relent de sectarisme n'inspire les décisions du Haut-commissaire sont choses faciles. Je cite les noms de ses futurs collègues du Conseil fédéral ; j'évoque les choix faits par le commissaire Sainteny à Hanoi dans les cadres administratifs du régime précédent. Voici Guillanton rassuré. Il accepte la proposition.

Ces scrupules m'intéressent et... me font sourire ! Ne sont-ils pas l'effet direct et comme l'écho des rumeurs répandues très vite, l'écho des a priori hasardés par d'anciens fonctionnaires ou résidents français sur le gouvernement provisoire de Gaulle et ses *missi dominici* inconnus ?

Guillanton allait me servir avec droiture jusqu'au terme de mon Haut-commissariat.

Conseiller pour la Justice au gouvernement fédéral, M. de Lacharrière m'arrivera à Saigon, le 23 décembre. Homme de haute culture, décidé et actif, il se révélera un collaborateur avisé et sûr.

Le Haut-commissaire est par ailleurs représenté par des commissaires de la République dans les capitales des cinq États de la Fédération, Cambodge, Laos, Tonkin, Annam et Cochinchine.

Le général Alessandri est au Cambodge au côté du Gouvernement royal. Les contacts sont nombreux et fructueux. Ils laissent vite espérer de possibles accords.

En Cochinchine, juridiquement colonie française, sans gouvernement autochtone se trouve M. Cédile.

Jean Sainteny est mandaté pour le Tonkin et Nord-Annam (au nord du 16e parallèle). Avec nos 20 000 compatriotes, il doit faire face au gouvernement dissident de la République démocratique du Viêt-nam proclamée indépendante.

Malgré la présence des forces chinoises de Lou Han, Sainteny va pouvoir engager des tractations clandestines à Hanoi avec Hô Chi Minh. Il convient d'éclairer sérieusement notre lanterne sur les chances qui restent, malgré le flot des invectives verbales, de rétablir des relations valables avec le dit gouvernement.

Au Laos enfin, le colonel Imfeld est au côté du roi Sisavong Vong et de la cour de Luang-Prabang. Vu l'insuffisance des communications, ce n'est que de loin que les activités des nôtres peuvent y être suivies et encouragées.

Sur le plan militaire, je ne puis détourner mon attention des activités de la brigade britannique du général Gracey et de celle de notre corps expéditionnaire qui lentement s'étoffe. Ces activités tendent à assurer ordre et sécurité dans le triangle Thudaumot, Bienhoa, Saigon-Cholon, et à assainir la circulation sur les principaux axes routiers autour de la capitale. Deux fois par semaine, au Conseil fédéral, Leclerc intervient comme conseiller pour les Affaires militaires. Il nous laisse augurer de substantiels progrès, d'ici la fin du mois.

Ainsi, dès ce début novembre 1945, tant à Saigon au gouvernement fédéral que dans les « cinq pays qui composent la Fédération », les rouages essentiels sont à poste, prêts à fonctionner. La déclaration du 24 mars - dès lors unique charte de l'Union indochinoise - prend chair et vie, d'un mot devient réalité concrète.

A Paris, le général de Gaulle est informé par lettre personnelle.

Saigon, le 7 novembre

Mon Général

Me voici depuis huit jours à Saigon. Ce premier terme de ma mission fixé par vos soins dès le début d'août est donc atteint. L'accueil de tous fut excellent. La vie qui reprenait s'intensifie de jour en jour.

De vrai, le peuple annamite a été atteint par la propagande du Viêt-minh un peu plus que nous le pensions. Le slogan « Indépendance » avec ses séquelles trouvait écho dans une terre préparée, d'où l'extension assez rapide du mouvement. L'aide japonaise, le goût du merveilleux, la vanité aidant, les leaders ont été grisés eux-mêmes et ce fut l'écume jaillissante. Déjà la griserie tombe face aux amères réalités d'un menu peuple très nombreux, travailleur, ami du gain.

La peur seule entretient l'inertie, la passivité.

Avec nos forces, la renverse de marée s'établira même au Nord et malgré tous les parasites venus s'accrocher à l'Indochine.

Le temps travaille pour nous. Déjà notre plate-forme de départ s'étend et se stabilise.

J'apprécie beaucoup l'aide compréhensive apportée à Paris au problème de nos forces aériennes. Que malgré les obstacles, l'envoi du matériel de la 9e D.I.C. ne tarde pas et celui de la 3e D.I.C. et l'on pourra bien augurer de l'avenir.

Sur place, moi présent, tout se coordonne et la période un peu échevelée des débuts prendra fin. Avec Leclerc tout se normalise au mieux.

Le 14, j'annonce officiellement à tous l'élection du président du Gouvernement par la nouvelle Assemblée constituante [1].

Son choix s'est porté à l'unanimité sur le général de Gaulle. [...]

Est-il besoin de rappeler que l'Assemblée constituante qui vient ainsi de se prononcer, réunit dans sa majorité les élus de trois grands partis - le Mouvement républicain populaire, le Parti socialiste, le Parti communiste - dont l'attachement actuel et la fidélité aux principes démocratiques constituent le vivant trait d'union.

Que nos populations annamites, les représentants qualifiés des partis nationaux fixent leur attention sur ce point. Loyalement, ils ne pourront continuer de penser, ils ne pourront continuer de dire que les représentants de ce Gouvernement de la République ont des desseins impérialistes. Non. Leur programme est clair et simple, il consiste à réaliser le plus tôt possible dans les diverses nations indochinoises une très large autonomie politique et administrative et à prêter à chacune de ces nations, selon ses désirs et ses besoins, le concours de conseillers et d'experts, dont nul homme de bonne foi, ne discute la nécessité pour le mieux-aller politique, administratif, économique et financier de l'Indochine.

C'est dans cet esprit qu'aujourd'hui..., le Haut-commissaire de France pour l'Indochine vous demande de travailler pacifiquement au rétablissement de l'ordre public, sans lequel rien de grand, rien de durable, rien de libre ne peut se construire.

A nos félicitations personnelles, le général de Gaulle répondait le 16 novembre :

Je vous remercie de votre amical message envoyé au lendemain des élections ; le pays n'oubliera pas ce qu'ont fait nos compagnons au cours de l'étape qui s'achève. Amitiés.

Pour nous, à 12 000 milles de Paris, face à des tâches rudes et complexes, la maintenance à la tête du Gouvernement du général de Gaulle continue d'assurer efficacement nos arrières.

Par arrières, j'entends l'ensemble des faits et gestes ou mieux des agissements de la Métropole touchant le présent et le devenir de l'Indochine. Or, avec la Constituante, les partis politiques se trouvent légalement nantis de pouvoirs effectifs et de larges moyens d'action sur l'opinion publique. Hier, siégeait une Assemblée consultative, aujourd'hui, vient délibérer et statuer l'Assemblée constituante.

1. Le 21 octobre 1945 la nation a approuvé par référendum le caractère constituant de la nouvelle assemblée élue ce même jour. (N.d.E.)

Je ne perds pas de vue que je ne suis et ne serai jamais d'aucun parti. Y compter çà et là des connaissances, camarades et bons amis, c'est peu. L'appel fait discrètement à l'un ou l'autre, dès Chandernagor, m'a valu des réponses courtoises, sans plus.

Il serait vain de compter sur l'habituel concours ou appui de la presse métropolitaine. Sans ignorer - et sans juger - l'ample usage que maints gouverneurs généraux ont fait des fonds secrets pour étoffer et soutenir leur publicité, mon humeur est autre ! A chacun son travail !

Le mien est une mission officielle qui dépend de la présidence du Gouvernement. Nul compte à rendre aux partis politiques quels qu'ils soient, ni directement ni indirectement. Rien à leur demander.

Quant à l'information, le 5e bureau du Génésuper, prévu d'abord pour suivre les forces en opération à côté des Alliés contre les armées japonaises, ne groupe-t-il pas une quinzaine de volontaires choisis dans le clan spécialisé des publicistes. Afin de faciliter leur besogne délicate, Leclerc n'en a-t-il pas fait autant d'officiers ? Il m'apparaît normal de compter sur cette équipe pleine de jeunesse et de ferveur pour rédiger et diffuser nos informations, comme pour en recueillir. Qu'elles touchent les prouesses du corps expéditionnaire ou les propos, décisions et actions du Haut-commissaire, commandant en chef, à son échelon et sur tous les plans, me suffirait.

Le royaume du Laos

Cette action politique et militaire s'engage dans les différents États de la Péninsule. Selon les lieux et les circonstances, elle se fait ici rapide et bien comprise, elle est là plus lente et progressive.

Au Laos septentrional, l'incertitude est de règle.

Le colonel Imfeld ne peut s'éloigner de Luang-Prabang. Comme son adjoint le commandant Fabre à Vientiane, il est aux prises avec les menées odieuses de la 93e division chinoise, venue des confins birmans dès mi-septembre, s'implanter au Nord-Laos. Son chef, le général Wang, n'a trouvé nul Japonais à désarmer, ce qui constituait l'unique raison d'être de sa venue. A ces manigances s'ajoutent de sournois agissements d'Annamites dissidents en résidence çà et là. A la faveur et sous couvert de pareil imbroglio, le prince laotien Petsarath, hier encore ami de la France, se laisse aller à des initiatives troublantes et fâcheuses. Comment, en l'Orient extrême, entre Asiatiques thaïs, n'y aurait-il pas quelque querelle dynastique en sommeil ?

Si les Chinois n'ont que faire au Laos, les Annamites non plus :

Le Laos n'est pas leur pays...

Nous tenons à affirmer que la seule autorité incontestée par tout le Laos est celle de Sa Majesté Sisavong Vong, roi du Laos et de ses Représentants.

Telle est la substance ferme de mon communiqué du 13 novembre parachuté d'avion, vu l'insuffisance des communications.

Il convient de souligner la situation fâcheuse des nôtres, de nos commandos intrépides, *seuls témoins* jusqu'ici de la Résistance française contre le Nippon et de notre victoire. Tout le mal maintenant vient des occupants chinois. La consigne donnée par moi est : tenir à tout prix. Les Chinois partiront. Que nul n'en doute.

Dans le Sud-Laos au contraire, à Paksé et Paksong nos administrateurs et nos troupes font du bon travail et rétablissent un calme et un ordre valables autour de ces centres et sur le plateau des Bolovens. Je leur rendrai visite au début de février...

Le prince de Bassac, Bounoum, du Sud-Laos, demeure ami fidèle de la France.

Le royaume du Cambodge

Dès le 3 novembre, mon premier message au souverain lui apporte le salut de la France, et mes vœux d'une entente féconde entre elle et le royaume du Cambodge. Dans le cadre libéral de la déclaration du Gouvernement provisoire, je lui fais part des principes selon lesquels doit s'organiser et se développer la Fédération indochinoise au sein de l'Union française :

Dans le cadre de cette Fédération, le royaume du Cambodge jouira d'une large autonomie intérieure. Il constituera lui-même son propre gouvernement.

La France se propose de nommer, auprès de Votre Majesté et de son Gouvernement, un commissaire de la République, assisté de conseillers et notamment d'un conseiller financier.

Les attributions du commissaire de la République consisteront, d'une part, à gérer les affaires fédérales ainsi que les intérêts proprement français ; d'autre part, à être le conseiller politique de Votre Majesté et son gouvernement.

Conformément à la demande qui m'en a été faite verbalement par Son Altesse royale le prince Monireth, la France est toute disposée à mettre à la disposition du Gouvernement et de l'administration cambodgiens le personnel administratif et technique qui leur sera nécessaire pour assurer le fonctionnement des différents services.

Les sujets de Votre Majesté pourront accéder aux charges et aux emplois de l'administration fédérale dans les conditions indiquées par la déclaration du 24 mars et notamment assureront au sein de l'Assemblée fédérale la juste représentation du peuple cambodgien...

Le 9 novembre m'arrivait l'agrément de Sa Majesté.

L'accord réalisé permet à une commission franco-khmère d'entreprendre immédiatement ses travaux sur des bases fermes, tenant compte des suggestions cambodgiennes. En attendant que ce futur statut du royaume soit mis au point, un modus vivendi provisoire est négocié pour faire face aux nécessités d'une période de transition que les circonstances actuelles rendent particulièrement délicate.

Au fil des semaines, les contacts vont se poursuivre entre le Haut-commissariat et le gouvernement royal : entretien entre S.E. Tioulong, ministre des Finances et moi-même, assisté du conseiller financier Bloch-Lainé. Va-et-vient du conseiller politique de Raymond entre Saigon et Pnom-Penh aux fins de nous tenir avertis de la marche des choses...

Fin décembre 1945, deux *kram* [1] de S.M. le roi du Cambodge désavouent les déclarations antifrançaises faites au cours de la période d'occupation japonaise.

D'autre part, la réglementation actuelle de l'armée cambodgienne tend à en faire un corps autonome. Il importe qu'elle soit rattachée à l'armée fédérale, en application de la déclaration du 24 mars 1945, et suivant des modalités à étudier en accord avec l'autorité militaire.

Soulignons ces faits. Ils montrent avantageusement le bon vouloir du royaume vis-à-vis du dessein politique de la France.

Le projet de modus vivendi étudié et approuvé par les hautes parties, entrera en vigueur le 7 janvier 1946. Il convient d'en accuser l'importance. Cet accord officiel inaugure le rétablissement légal de l'autorité française en Indochine. *Dix mois* se sont écoulés depuis le jour néfaste du 9 mars 1945 et sa triste séquelle.

Parmi les cinq États de la Fédération, le Cambodge, le premier, se voit doté d'un statut nouveau, garantissant sa liberté d'action, au sein de l'Union française.

Je réserve donc ma première visite officielle au roi Sihanouk à Pnom-Penh le 29 janvier prochain [2].

La Cochinchine

Cependant que relations et négociations touchant le devenir du royaume khmer se poursuivent dans un climat amical, comment ne pas s'appliquer avec attention soutenue aux lendemains de la Cochinchine ?

N'est-ce pas ici que la France réussit à s'implanter au milieu du

1. Lettres royales.
2. Par ailleurs, nous avons lieu de nous féliciter de la façon sympathique avec laquelle Washington et Londres abordent la question du retour au royaume khmer des provinces dérobées par le Siam en mars 1941, grâce à la complicité de Tokyo, servie au mieux par la faiblesse de Vichy. Je me propose d'exploiter favorablement ces faits à Pnom-Penh.

Second Empire, y jetant fort tôt et solidement les prémices de la future Indochine française.

Sous un régime mi-diplomatique, mi-colonial, période dite des amiraux, notre autorité s'est affermie, étendue, imposée. Elle apportait au royaume voisin du Cambodge des assurances et garanties telles que, face aux desseins ambitieux du Siam à l'est, aux visées menaçantes de l'Annam au nord, le roi Norodom échappait adroitement au péril. Il se rangeait dans l'ombre attirante et tranquillisante du protectorat français. Cet accord va servir d'avertissement près d'un siècle durant aux convoitises à peine masquées des Siamois ou des Vietnamiens.

Dès lors, au fil des années, la Cochinchine n'a cessé de se développer politiquement, administrativement, économiquement plus encore. Expansion des rizières, plantations d'hévéas devenaient les facteurs notoires de son opulence et de son rôle prépondérant dans l'Union indochinoise.

Or, après l'occupation et la capitulation japonaises, voici la France victorieuse rentrée par la voie des airs et des mers à Saigon avec l'appoint inopiné mais imposé des alliés britanniques. Notons que, dès l'arrivée du Haut-commissaire, l'exercice de son autorité ne connaît nulle entrave, ni gêne du fait de nos alliés, présents dans le Sud pour fort peu de temps.

Par contre, je suis aux prises avec l'hostilité ouverte de la République démocratique du Viêt-nam - dissidente et indépendante - proclamée telle à Hanoi le 2 septembre. Ses protagonistes agissent avec violence jusqu'en Cochinchine, non sans quelque succès apparent.

Pour beaucoup, en effet, la lutte est une manière de guerre sainte contre le « colonialisme » sous couvert d'un double slogan : nationalisme et indépendance. Mots aux résonances certaines dans ce vieux peuple annamite courageux et entreprenant.

Néanmoins, à la vue des Gurkas puis, très vite, de nos couleurs, de nos forces de terre, de mer et de l'air, la capitale et les villes proches se repeuplent. Or, le plus grand nombre des habitants souhaitent sincèrement le retour du calme et de la sûreté que, depuis toujours, la France a fait régner en Cochinchine.

Là, mieux qu'ailleurs, nous sommes placés pour orienter la population vers un statut nouveau. Ses lettrés, les premiers, savent que le pays doit devenir l'un des États membres de la Fédération, dotés d'une ample autonomie.

L'organisation d'un corps gouvernemental est à l'examen avec les personnalités compétentes de la colonie, tel le Dr Tinh, grand honnête homme et fidèle à la France aux plus mauvais jours, tenu par Leclerc et Cédile comme un porte-parole autorisé de la Cochinchine. Au commissaire Cédile, que je reçois quotidiennement, je suggère vite d'instituer un conseil consultatif mixte dont l'objectif initial sera de rassembler à travers communes et provinces les manières de voir de la population quant à leur devenir propre et à leur rôle au plan fédéral. Sur ses données sérieuses et sous sa direction, le conseil consultatif devra délibérer et me faire des propositions en vue de décisions prochaines.

Sans atermoiements, je peux nommer chefs dans plusieurs provinces des Cochinchinois soigneusement choisis. Tel un Le-Tan-Nam, placé le 15 novembre à la tête de celle de Tân-An, proche de la région saigonaise.

Ainsi, le dimanche 9 décembre, cinq semaines après mon arrivée, je peux faire le point de la situation d'ensemble dans un discours radiodiffusé, reproduit dans la presse française et indochinoise :

... Une Commission franco-khmère est au travail pour mettre sur pied le projet de Constitution nouvelle cependant qu'une administration neuve surgit aussi...

... *Il en ira proportionnellement de même en Cochinchine demain avec le concours des représentants qualifiés...*

Alors qu'un ordre public commence à s'affirmer dans la zone Saigon-Cholon et les centres environnants où Jaunes et Blancs refluent, la lutte contre la France en Cochinchine se poursuit, se propage, s'organise malgré les échanges de vues entre notre commissariat de la République et le président Hô Chi Minh, à Hanoi.

Si le chef militaire des Viets dans le Sud, Nguyen Binh, dispose de quelques unités armées et encadrées, des délégués ou policiers clandestins du gouvernement dissident du Nord s'appliquent à susciter la guérilla dans la rizière aux multiples hameaux et villages épars. L'on y sent poindre vite le terrorisme. Çà et là l'on nous signale des enlèvements de notables. Ils deviennent autant d'otages pour juguler les familles, puis tarifer les communes. Tout propos, tout geste d'amitié ou sympathie à l'égard du fonctionnaire, militaire, résident français, fait du Cochinchinois un traître à la patrie. La patrie, c'est aujourd'hui la République démocratique du Viêtnam qui ne tolère aucune hésitation dans le choix. De la sorte, inquiétude, anxiété, frayeur, insécurité pareilles à des zizanies sont perfidement semées et répandues au milieu de braves gens que le dur labeur dans l'eau et la boue des champs de riz absorbe par milliers et milliers.

Nos forces sont encore trop peu nombreuses et insuffisamment adaptées pour maintenir partout la sécurité.

Malgré leur ardeur, leur vaillance et mépris du danger, ces troupes font face à un adversaire inconnu. Pays, mœurs, langue, tout est déconcertant pour elles. Les unités coloniales sortent de la guerre contre l'Axe où blindé, motorisé, avion de chasse et bombardier jouent le rôle principal. En Cochinchine, en dehors de quelques grandes artères, ce sont le delta et la rizière. L'opposant est chez lui. Il apparaît, disparaît sous les eaux parfois ! La poursuite est souvent impossible et toujours malaisée. Je parle d'opposant, d'adversaire. Je pèse les mots. Ne sommes-nous pas un pays ami ? La plupart des habitants ne sont-ils pas citoyens français ?

Où sont nos voltigeurs d'antan, habitués à ce sol singulier aux cent *arroyos* [1], aux mille méandres des rivières ou ruisseaux, aux marais saumâtres et palétuviers inextricables ?

La pacification exigerait une police de navigation fluviale de jour et de nuit et donc de nombreuses embarcations spéciales, dont nos forces navales sont entièrement démunies.

C'est dire à quel point un concours loyal de Cochinchinois serait précieux. Or, dans l'ambiance de la guérilla, il les faut discerner de l'adversaire, les choisir, recruter, armer, exercer. Tâche complexe. Les armes à la disposition du corps expéditionnaire sont en petit nombre. Mais que deviendront-elles aux mains des autochtones même sélectionnés ? Armés par nous, les voici en péril de mort, eux et leurs familles. Les équipes de tueurs entraînés du Viêt-minh sont à poste pour régler leur compte sans pitié.

Tels sont les problèmes épineux à trancher par le commandement.

Malgré tout, l'administration provinciale et urbaine s'affirme progressivement ; les renforts attendus débarquent et font sentir leur venue.

Malgré la parcimonie des effectifs militaires en action, la pacification progresse, un peu superficielle encore. La 3e division d'infanterie coloniale et la brigade dite de Madagascar sont attendues courant janvier.

La fête du Têt, le 1er février prochain, sera l'occasion de mesures de clémence ; l'occasion aussi d'un message à la population rappelant, net et précis, l'objectif de la France nouvelle : assurer, avec son aide et dans l'ordre, l'administration des Annamites par eux-mêmes.

La création du Conseil consultatif de Cochinchine viendra marquer, une fois encore, la réalité de cette évolution.

Au Sud-Annam, la marche des choses est analogue à celle de Cochinchine sa proche voisine. Nos troupes progressent vers Ban Me Thuot. Le contact est repris avec les montagnards moïs. Des volontaires, des *Rades* surtout, s'offrent au commandement pour servir la cause française. Nous serons bientôt pour de bon à Dalat et Nhatrang. Il reste à réduire la résistance des Viets cramponnés à Tuy-Hoa.

1. Petits cours d'eau.

Faire vivre la Péninsule

Une activité économique équilibrée et saine est, sans conteste, le facteur prépondérant de la vie harmonieuse, de l'existence heureuse des collectivités publiques. Vu la menace latente que fait peser sur les populations d'Indochine la tendance marxiste du gouvernement de la République démocratique du Viêt-nam, il est capital qu'un mieux aller économique aille de pair avec le rétablissement de notre autorité au sud du 16ᵉ parallèle.

En Cochinchine d'abord, il faut l'éclairage, des transmissions stables, en bref électricité et charbon. L'usine centrale a beaucoup souffert faute d'entretien et de combustible adéquat : l'emploi forcé et prolongé du *paddy* [1] a sérieusement altéré l'équipement.

Les charbonnages sont la richesse du Nord-Tonkin. L'obstacle auquel se heurte l'exploitation ne vient pas du mauvais vouloir des mineurs, bien au contraire. La cause n'est autre que le partisanat outrancier du gouvernement de Hanoi. Même là, sévit la politique de la « terre brûlée » contre les « colonialistes français ». Des équipes sont envoyées sur le tas aux fins de débaucher travailleurs, employés, vers les ports d'embarquement de Hongay et Campha : sous menace, elles y prêchent la grève aux dockers ou débardeurs.

Eau, charbon, électricité sont les facteurs de base du redressement industriel.

Toutefois, il faut se pencher immédiatement sur le problème de la rizière dont la superficie s'étend à perte de vue dans le delta du Mékong. Le riz n'est-il pas l'aliment essentiel des populations du Sud-Est asiatique ? Or, là comme ailleurs, la guérilla n'est-elle pas funeste ? Elle vise à entraver production, récolte et transport fluvial.

Pareille vigilance doit sauvegarder nos magnifiques plantations d'hévéas. Les bandes viêt-minh ne cessent d'incendier les forêts, les stocks de caoutchouc, de harceler les usines où se traite le latex naturel, d'effaroucher les gens en plein labeur. Autre objectif des Viets : contraindre les « saigneurs [2] », presque tous tonkinois, à déserter, famille comprises, les villages modèles que les directeurs, animés d'un sens social élevé, ont bâtis en dur, avec foyers, écoles, infirmeries, dispensaires, pagodes, temples et églises.

Dès Chandernagor, Bocquet m'avait signalé l'état d'insécurité des Terres rouges au nord de Loc Ninh [3].

Parmi les ingénieurs revenus nombreux, plusieurs ont l'ardeur de leur jeunesse et leur attachement à ces terroirs en fait de réels pacificateurs. Au fil des mois me seront signalées une à une les

1. Riz non décortiqué.
2. Ouvriers pratiquant la saignée du tronc de l'hévéa.
3. Bocquet, propriétaire de plantation, fut responsable de groupes de résistance en Indochine.

victimes tombées héroïquement en plein labeur professionnel. Elles furent nombreuses.

Leclerc, certes, fait de son mieux pour assister les chefs locaux, ingénieurs, techniciens résidant dans la brousse. Hélas ! ses troupes sont numériquement trop limitées pour être partout et... si loin de leurs bases. J'encourage mes visiteurs à recourir à l'autodéfense.

Les plantations sont organisées en grandes sociétés, comme celles qu'administre M. Rueff, celle des Voguë dans le Sud-Est, ou celle que gère Michelin au sud, moins étendue, mais qui a pris l'initiative d'organiser une école de formation pour la jeunesse annamite. Outre ces entreprises majeures, il existe dans la Cochinchine aux abords mêmes de Saigon de multiples petites plantations. N'est-ce pas là l'ambition des colons attachés à ce sol ?

Selon les us et coutumes, le Tonkinois est doué exceptionnellement pour opérer la saignée au long du tronc de l'hévéa. Il est certain pourtant qu'avec diligence et patience l'on peut initier tous les autochtones, eurasiens et même moïs des hauts plateaux du Sud à ce travail délicat. En pleine phase révolutionnaire, une suppléance de ce type n'est pas à négliger.

Cette dernière réflexion m'incline à parler de William Bazé, résistant authentique, planteur à Saigon. Eurasien lui-même, il est président de diverses œuvres d'entraide aux Eurasiens et devenu leur guide et protecteur. Ils forment une minorité intéressante de la population péninsulaire. Ethniquement, ils semblent nés pour devenir un lien solide entre Français et Indochinois. Malheureusement, après l'effondrement de l'administration française, le 9 mars 1945, la passion partisane du Viêt-minh se plaît à les signaler à la vindicte de leur nationalisme effréné. Cette fusion entre race jaune et race blanche, dont les fruits sont parfaitement irresponsables, est présentée par le Viêt-minh, aujourd'hui, comme une trahison originelle à l'égard du Viêt-nam.

Le maintien du pool pour les marines marchandes alliées pose un problème sérieux en Indochine. Il va de soi que la Fédération, vouée à une large autonomie économique, aura besoin d'avoir sa flotte marchande hauturière. En attendant, il importe de tirer le meilleur parti des navires des compagnies françaises habituées aux lignes d'Extrême-Orient. La compagnie des Messageries maritimes s'inscrit au premier rang. Vient ensuite la compagnie des Chargeurs réunis avec l'emploi habituel du *tramping*.

Leurs agents généraux respectifs à Saigon me rendent visite. Il les faut encourager devant les difficultés qui les assaillent.

Autre visite, celle des responsables de la Banque d'Indochine. Elle ne cessera de nous rendre de signalés services, face aux exorbitantes prétentions du général en chef chinois. A la tête de la B.I.C. de

Hanoi se trouve M. Belin qui de longue date affable et complaisant avec les Annamites, sera assassiné froidement, en plein jour, par quelques Vietnamiens, le mercredi 9 janvier.

Il va de soi que l'action des chambres de commerce est un facteur non négligeable dans le redressement des affaires économiques. J'ai décidé de rétablir celle de Cochinchine supprimée par Decoux.

Ces audiences quotidiennes, en apparence si diverses, sont liées dans mon esprit et ramenées à l'unité. Chaque visiteur doit, en me laissant, poursuivre ses tâches avec plus de courage, plus d'élan. Son espoir dans le redressement de l'autorité française doit grandir. N'en sont-ils pas les vivants instruments ?

Information et presse

Au pays tout entier, il importe qu'une information claire et objective soit diffusée par qui de droit.

Au long des jours de novembre et décembre, je mesure l'importance du bureau d'information créé à Saigon. Ne convient-il pas d'en donner la charge à un conseiller fédéral ?

Avec l'accord du Conseil, l'administrateur de première classe, Jeannin, est nommé conseiller pour l'information.

Je reçois bien sûr M. Peutin, représentant ici de l'A.F.P., son directeur général, M. Marcus, venu de Paris, et bon nombre de journalistes et publicistes : Fischbacher et Haag de la radio et du *Journal de Saigon,* Pierre Dubard, correspondant du *Figaro,* Kingsford Smith, du *Daily Express,* Hugh Astor, de la famille londonienne bien connue. Mobilisé, il dirige à Saigon le service d'information britannique du major général Gracey.

Le directeur du cabinet reçoit René Dussart, correspondant de *Paris-Presse.* Celui-ci est responsable d'un télégramme paru le 20 décembre 1945 décrivant des atrocités « *commises par des militaires français sur la personne d'Annamites du Viêt-minh* ». Il va de soi que *Franc-Tireur* y fait écho sur-le-champ et publie le 22 décembre un éditorial extrêmement violent : « La tache de sang ». Il y mentionne une lettre reçue d'un soldat français du corps expéditionnaire qui compare notre action en Indochine à celle d'Oradour.

L'effet sur l'opinion est désastreux, me télégraphie Soustelle.

Les mêmes récits d'atrocités françaises ont été câblés à la presse australienne par un certain Nathan Bloch et reproduits par l'Associated Press. Les journaux anglo-saxons les reprennent.

Ce correspondant de la presse australienne, m'ayant été signalé, je le convoque au palais. L'entretien s'engage. « Avez-vous été témoin de quelques-uns de ces faits ? - Non, me répond-il, mais des Annamites de ma connaissance me les ont rapportés. J'ai confiance en eux. - Eux-mêmes, vous ont-ils parlé en témoins directs ou indirects ? - Je ne saurais vous le dire. » Moi : « Ainsi, sur des bases fragiles, vous répercutez au loin sans nul contrôle possible, des informations de nature à nuire gravement au corps expéditionnaire français, sous mes ordres. C'est mal payer l'hospitalité qui vous est consentie. - Je suis journaliste et libre du choix de mes informations. - Vous vous méprenez en pratique. Écoutez-moi bien : De tout temps, il y a eu des faiblesses et abus dans les troupes armées en campagne. Saint Louis, au XIIIe siècle, Jeanne d'Arc au XVe, en furent marris. Ils faisaient de leur mieux certes pour prévenir et réprimer pareils abus. Ainsi faisons-nous en Cochinchine et vous ne devez pas omettre de le dire. Le taire, c'est arbitrairement déformer les faits en supprimant leur contexte. La liberté du journaliste dans le choix de ses informations ne va pas jusque-là. Ce qui est des plus graves, et bien sûr damnable, c'est quand l'autorité responsable en vient à se servir d'atrocités comme méthode de guerre et donc à les encourager. Ne fermez pas les yeux s'il s'agit d'atrocités par les Viets contre des adversaires désarmés, femmes et enfants comme ce fut hélas ! le cas de la cité Héraud le 24 septembre dernier. J'aimerais être compris. »

Mon interlocuteur se tait et se retire.

Il m'est arrivé de faire enquêter sur certains abus signalés - l'un d'eux mettait en cause un chef d'unité. Dans pareils cas, à ma surprise et à mon regret, il advint de voir des chefs s'indigner que l'on signale à leur attention des faits analogues. Ils s'en sentaient offensés. Quelle erreur ! Le chef a le devoir d'être renseigné. Si on l'aide à connaître, c'est un merci qui devrait accueillir l'informateur consciencieux et c'est le meilleur service moral que l'information puisse rendre aux forces armées et à leurs chefs.

Noël 1945 !

J'adresse un message de paix aux populations de l'Indochine :

L'ennemi achève de déposer les armes. Lui désarmé, les troubles doivent cesser, même si nous ne pensons pas tous de même sur tant de problèmes à l'ordre du jour.

Le Gouvernement de la République veut sincèrement une solution pacifique à ces problèmes. L'immense majorité des peuples indochinois pense qu'ils ne peuvent atteindre à un plein régime de libertés sans le concours de la France.

Sur ces bases communes, n'y a-t-il pas moyen de s'accorder sur une méthode de travail raisonnable ? Elle est si hautement désirable. Le Laos l'avait compris. Dans son aire paisible, des gens qui n'étaient ni laotiens ni français ont jeté la zizanie.

Le Cambodge l'a compris et voulu avec clairvoyance et grandeur. Il en recueille les fruits.

La Cochinchine commence à respirer largement et nous savons que ceux qui entravent la complète pacification ne sont pas l'élite, certes, de la population.

Nous faisons appel aux bonnes volontés, si nombreuses au Tonkin, et en Annam - bonnes volontés de ceux qui nous font confiance et bonne volonté de ceux qui nous la marchandent ou la refusent encore -, afin de hâter l'avènement d'une ère nouvelle, sous le signe de la vérité, de la liberté, de la prospérité.

Ainsi se trouve officiellement et publiquement confirmé au gouvernement de Hanoi, mon ferme désir d'arriver à une entente avec lui, si faire se peut, par l'appel « aux bonnes volontés », si nombreuses au Tonkin et en Annam, sans recourir à la force.

Chapitre IV

LE GOUVERNEMENT DE HANOI

A Hanoi, nos représentants Sainteny, Pignon, Salan ont toujours à faire face à de graves difficultés.

A côté du Viêt-minh, il y a, selon les us et coutumes annamites, maints autres partis. Ainsi, le Viêt-nam Quoc Dan Dang (V.N.Q.D.D.), ainsi le Dong Minh Hoy (D.M.H.), tous deux nationalistes et sinisants. Ne pas perdre de vue, par ailleurs, les restes des associations projaponaises qui fonctionnaient hier, au nombre de dix-sept, sous l'occupation ennemie. Leurs traits communs sont la xénophobie, le culte passionné de l'indépendance et l'hostilité à l'égard des autorités françaises. Hostilité qui va de la méfiance à la haine.

Le V.N.Q.D.D., rétabli par des Annamites ayant longtemps fait retraite en Chine, épaulé par la présence de Lou Han au palais Puginier, ne cesse de provoquer des incidents locaux et de les exploiter. Oublieux du passé, les membres du V.N.Q.D.D. aimeraient bousculer le gouvernement révolutionnaire d'Hanoi, puis prendre sa place au compte des Chinois.

Bien sûr, le Généralissime assure que son gouvernement ne nourrit aucune visée territoriale en Indochine française. Or, les agissements de ses mandataires sur place ne sauraient nous leurrer sur le rôle qu'ils entendent tenir dans le devenir politique du Viêt-nam.

Hô Chi Minh, vieux camarade des Soviets, de la parenté idéologique de Mao Tsé Toung, ne peut inspirer confiance à Chungking.

Le Yunnanais Lou Han, ses grands subordonnés et ses troupes tiennent le Nord indochinois pour une zone ennemie occupée par eux, les vainqueurs du Japon. Ne réclame-t-il pas du Haut-commissaire de France un tribut mensuel de cinquante millions de piastres, au cours officiel de 17 francs, soit neuf cents millions, pour ses frais de général en chef...

L'occupation doit rapporter. S'il sait gré au gouvernement d'Hanoi de gêner la politique de Paris et de son Haut-commissaire, il veille à ce que nul rapprochement hâtif, ni accord surtout avec la France, ne renforce la position annamite aux dépens de Lou Han.

Ce dernier dédaigne les autorités françaises locales de la IVe République, qu'il ne distingue guère au début de celles de Vichy si défavorables aux Alliés, Chine comprise. Il réserve sa préférence aux Asiatiques : nombreux affairistes chinois d'abord, japonais désarmés ou non à sa guise, vietnamiens de tout acabit pourvu qu'ils le courtisent ou ne gênent en rien ses caprices de « seigneur de la guerre ». Que les rumeurs fassent entrevoir une entente possible du G.R.A. avec le commissariat de la République, les partis sinisants font aussitôt campagne contre le président Hô et ses ministres. Aux rumeurs succèdent des bruits de grève générale, des désordres urbains, l'un ou l'autre assassinat effectif imputé naturellement sans preuve aux Français, une menace de coup de force chinois à Hanoi contre le G.R.A. et les Viets communistes.

Bref, nous baignons à plein dans les chinoiseries.

Néanmoins, à force de savoir-faire, de souple opiniâtreté, de patience, notre commissaire Sainteny inaugure, maintient, améliore ses rapports avec le Gouvernement de Hanoi dans la ligne que je lui ai fixée dès les débuts d'octobre. Il sait garder le contact parallèlement avec les autres partis annamites, gagner la confiante sympathie de la colonie française, la soutenir et la défendre. Il en utilise les ressortissants qualifiés, tel M. Caput [1] que je reçois moi-même plusieurs fois à Saigon. Caput est de ceux qui, sans hésiter, mettent leur expérience des milieux annamites et chinois et leur dévouement au service du Haut-commissaire de France et de ses représentants [2].

A Hanoi, le 1er décembre au soir, à l'initiative pressante de Hoang Minh Giam, homme lige d'Hô Chi Minh et secrétaire général du G.R.A., le président Hô, Vo Nguyen Giap, ministre de l'Intérieur, et Giam lui-même se réunissent avec le commissaire Sainteny, son conseiller politique Pignon et Caput.

C'est, sans publicité encore, le premier geste officiel de rapprochement.

Le Gouvernement de Hanoi sait que je souhaite une conclusion pacifique des différends actuels. Le président Hô Chi Minh la recherche lui-même. Le point crucial du débat est le « oui » ou le « non » de la France à l'indépendance du Viêt-nam, proclamée le 2 septembre. Les membres de l'entrevue sont tous d'avis qu'il faut organiser des réunions analogues, aux fins de dresser un projet d'accord.

L'attitude d'Hô Chi Minh, bien que très cordiale, apparaît à Sainteny et Pignon plus rigide que ne le faisait présager la sollicitation de Giam.

1. M. Caput est responsable du parti socialiste S.F.I.O. pour le Tonkin.

2. Voir par ailleurs, en annexe 8, page 429, le rapport d'ensemble du Haut-commissaire au Général de Gaulle, analysant les obstructions chinoises au Tonkin et le comportement du gouvernement révolutionnaire du Viêt-nam. (N.d.E.)

C'est à la requête de Giam que d'autres colloques entre lui et le conseiller politique Pignon ont lieu les jours suivants.

Le 4 décembre, il déclare la nécessité d'aboutir vite. Les menaces chinoises se précisent, dit-il. Le maintien du secret, concernant des réunions encore furtives et qu'épient les services de Lou Han, devient difficile. La rencontre avec le Haut-commissaire désirée par le président Hô se révèle impossible à combiner. Ce dernier ne peut, en effet, s'éloigner fût-ce 24 ou 48 heures de Hanoi. Quant à moi, il m'est de toute évidence impossible, moralement, de me rendre clandestinement dans le Nord, le général en chef chinois présent à Hanoi. Au reste, le G.R.A. est le demandeur. Il doit le rester.

A la demande de Giam, Pignon lui remet, le 7 décembre, un projet d'accord. Giam s'en montre satisfait. Il apporte la réponse, mais il vient seul, contrairement aux promesses. Giap n'a pu se dégager de ses contraintes ministérielles.

Giam suggère quelques modifications sérieuses au premier projet :

Projet :

Les solutions recherchées doivent, d'une part, accorder satisfaction aux légitimes revendications de la conscience nationale annamite, d'autre part, reconnaître les droits et intérêts légitimes de la France en Extrême-Orient et dans le Pacifique.

La formule recherchée doit donc tendre à conférer au peuple annamite toute l'indépendance compatible avec son maintien, d'une part, dans la Fédération indochinoise, d'autre part, dans l'Union française.

Contre-projet :

Les solutions recherchées doivent, d'une part, accorder satisfaction aux légitimes aspirations du peuple annamite à l'indépendance nationale, d'autre part, reconnaître les droits et intérêts légitimes de la France en Extrême-Orient et dans le Pacifique.

Comme prévu, la pierre d'achoppement reste le « oui » ou le « non » de la France quant à l'indépendance. Elle serait disposée à reconnaître une certaine indépendance de fait, non à la consentir globalement comme un tout.

Pour Pignon, si le Gouvernement de Hanoi ne consent pas un plus sérieux effort afin de rapprocher les points de vue, les négociations sont probablement vouées à l'échec dès le début. A quoi Giam se dérobe par une autre passe. L'essentiel étant d'ouvrir les négociations, sans pouvoir les tenir secrètes à Hanoi, il faut imaginer un procédé nouveau, telle une motion officielle et publique, au retentissement sûr dans les milieux vietnamiens. Convenir, par exemple, d'un message radiodiffusé de l'amiral d'Argenlieu à M. Hô Chi Minh auquel ce dernier répondrait sur-le-champ en termes parallèles. Le message résumerait ce qui fut avancé à la réunion du 1er décembre :

- Volonté du Haut-commissaire de rechercher une solution pacifique et son désir de renouer les liens d'amitié traditionnels avec le peuple annamite.

- Proposition d'ouverture immédiate de négociations sur la base de l'indépendance nationale.

M. Pignon réplique que la conjoncture présente interdit rigoureusement au représentant de la France de s'engager de la sorte. Il lui faut des garanties concrètes d'une part, l'assentiment du Gouvernement de Paris et peut-être de l'Assemblée nationale d'autre part, et de conclure : « Sans un effort du Gouvernement de Hanoi, nous resterons une fois encore dans l'impasse. »

Dès le 17 septembre, de Chandernagor, j'avais exprimé le désir que des représentants qualifiés du Viêt-minh viennent s'entretenir du devenir des relations France-Viêt-nam. Cet appel était resté sans effet. Reconnaissons volontiers qu'après l'arrivée des Chinois au Tonkin mi-septembre, un tel voyage était malaisé. C'est pourquoi, depuis, chacun de mes discours officiels renfermait une motion analogue.

Le samedi 8 décembre, Giam demande un rendez-vous pour le lendemain et se fait pressant. Il dévoile nettement sa crainte d'un coup de force des Chinois contre le G.R.A. avant la date fixée pour les élections, soit le 23 décembre. Le G.R.A. veut résister par les armes. Il fait des préparatifs à cette fin : éloigner de Hanoi ses meilleures troupes et disperser des dépôts d'armes. Pour prévenir ces extrêmes, il est disposé à consentir beaucoup aux Chinois. N'avait-il pas admis déjà la dissolution du Parti communiste indochinois (P.C.I.) ? Le G.R.A. est prêt à faire d'autres concessions dont nous aurons connaissance. Pour ces motifs, il veut savoir s'il peut compter sur l'appui de la France.

Pignon, à qui n'échappe pas ce mélange de vérité et de ruse, répond qu'il ne peut que rendre compte car Giam ne lui apporte rien de neuf sur la question cruciale de l'indépendance, préalable posé à toute reprise de discussion avec nous.

Le lendemain, dimanche 9 décembre, le même Giam fait savoir à Pignon que c'est la dernière fois qu'il essaye de négocier avec le Gouvernement français.

Après quoi, les entretiens se poursuivent avec d'autres partis, tel le « Bloc des neutres » dont le Comité exécutif central s'offre en conciliateur entre les deux blocs adverses sinisants et le Viêt-minh.

Contrairement à son dire pathétique du 9, Giam fait répéter plusieurs fois à Pignon qu'il souhaite toujours une heureuse conclusion avec la France, sous réserve, bien sûr, que soit retenu « le principe de l'indépendance ».

Sainteny convient alors d'ajourner la discussion à moins d'évolution notoire du G.R.A. jusqu'à exposé de vive voix à l'Amiral des exactes données du problème.

Pignon prend soin de m'aviser d'un facteur de réel intérêt : la nouvelle d'un accord satisfaisant entre le G.R.A. et la France s'étant répandue dans Hanoi, elle y produisait un contentement général. Nombreux sont les nationalistes convaincus qui le désirent en effet. Quant à l'origine du bruit, l'on en reste à des hypothèses dont le Gouvernement d'Hô Chi Minh même n'est pas exclu.

Avis, conseils et points de vue

Pignon m'arrive comme attendu, le 16 décembre, au palais fédéral.

Cultivé, connaissant sa matière, plutôt prolixe, il n'en mesure pas moins la valeur des mots, qu'il choisit juste. Hô Chi Minh, dit-on, le juge « trop diplomate ». Bel éloge, après tout, du conseiller de l'opposition...

Je lui serre la main, et lui dis ma satisfaction de son rapport solidement charpenté [1]. Je l'attendais. Causons :

- En somme, Hô Chi Minh voudrait négocier un accord avec nous ! Un traité ! Il souhaiterait aussi me rencontrer. Le croyez-vous sincère ?

- C'est probable, à mes yeux, mais en Asiatique qu'il est, me répond Pignon.

- Sur quelles bases et garanties pouvons-nous y consentir ? A qui vient de créer la République démocratique du Viêt-nam, d'en proclamer l'indépendance, je ne puis reprocher qu'il fasse, au départ, du « oui » de la France la cheville ouvrière de toute négociation. Or un « oui » tel quel, est impossible aujourd'hui. Comprenez-moi bien. Ma pensée, que Sainteny et vous connaissez, est traduite exactement dans votre premier projet d'accord, remis à Giam, le 7 décembre. Notre point de départ à nous, représentants du Gouvernement provisoire de Paris, est la déclaration du 24 mars. Ma mission implique d'abord le rétablissement de la souveraincté sous les espèces d'une Fédération rajeunie, disons renouvelée, des cinq pays membres, chacun adhérant de plein gré à l'Union française.

« Un *self government ?* Oui, mais dans les bornes qu'imposent concrètement Fédération et Union.

1. « Doit-on souhaiter l'effondrement du Viêt-minh sous la poussée chinoise et l'émiettement des partis politiques ? La question ne paraît pas comporter une réponse assurée. Il est hors de doute que le Viêt-minh renferme les personnalités les plus accusées et les plus désintéressées que l'on peut à ce titre considérer comme les plus dangereuses mais aussi comme celles qui offrent le plus de consistance et, partant, de chances pour nous qu'elles respectent les engagements pris.

« Indéniablement, le seul vrai caractère est celui d'Hô Chi Minh. Une solution proposée par celui-ci et allant dans le sens de l'opinion générale sera certainement admise par la masse. Aucun autre chef de parti n'en est capable.

« Mais ce qu'il faut toujours retenir, c'est que malgré son importance le problème annamite est secondaire et que le problème chinois est principal. C'est en fonction des solutions données au problème chinois que nous trouverons la solution du problème annamite. »

Mon visiteur marque son assentiment. Je poursuis :

- Ce programme est en voie de réalisation au Cambodge, vous le savez, au point de retenir l'attention des observateurs officiels chinois qui souhaitent connaître le texte du modus vivendi de demain. Notre ami Cédile et le Comité consultatif naissant de Cochinchine élaborent un projet analogue en vue d'un statut nouveau de la colonie.

Fort attentif, Pignon me fait une remarque :

- Au Tonkin, nos Annamites, les Vietnamiens du jour, sont convaincus que leur évolution et leur sens de la responsabilité politique sont en avance nette sur les autres membres envisagés de la Fédération.

J'objecte que l'on en pourrait discuter pour la Cochinchine. Le G.R.A. sort à peine des langes de la phase révolutionnaire et de sa réussite apparente. Le ton des doctrinaires du Nord est plus dynamique certes, plus violent même. Est-ce le signe d'un progrès politique, économique et social ? L'avenir seul le marquera.

- Ne perdez pas de vue, ajouté-je, qu'avec moins de crânerie, moins de publicité, le roi Sihanouk, à l'appel du pied du Japon et, le Sud-Viêt-nam à l'initiative de Bao Dai ont aussi proclamé leur indépendance aux lendemains du 9 mars.

« Au reste dans votre avis, semblable à celui de Sainteny - que j'ai reçu longuement fin novembre puis début décembre - je relève que, même pour le G.R.A. c'est "des solutions du problème chinois" que découlera celle du problème annamite. Cette vue est juste dans l'immédiat, à titre provisoire, comme l'est la présence des armées du Généralissime. Mais Paris et Chungking négocient aujourd'hui sur maintes affaires mixtes dont spécialement le retrait des troupes implantées au nord du 16e parallèle. La pression communiste de Mao Tsé Toung, d'autre part, invite Chiang à garder l'œil ouvert en direction de Yenan plus qu'en direction de Hanoi. Au Tonkin, j'estime donc prudent de notre côté avant d'engager l'avenir, de connaître le résultat des élections générales prévues le 23 décembre. Les Annamites sinisants dont le nombre a grandi, le général en chef en personne, joueront un rôle au moins dans la coulisse. De ces élections, que pensez-vous, vous-même [1] ?

Pignon s'explique :

- Elles seront, en dépit des Chinois, un succès pour le Viêt-minh et surtout leur leader Hô Chi Minh. Toutefois, soucieux de pallier la note marxiste de son gouvernement vis-à-vis de Chungking et même de Paris, désireux au fond d'un accord avec le peuple fran-

1. Ces élections pour une Assemblée nationale constituante sont prévues depuis le 8 septembre à l'initiative du Gouvernement provisoire de la République du Viêt-nam. Initialement prévues au 23 décembre, elles seront repoussées au 6 janvier sous la pression des Chinois et des partis sinisants (Bloc nationaliste). Ces derniers obtiendront de se voir réserver 70 sièges sur 350, quels que soient les résultats. (N.d.E.)

çais, il prend les dispositions dans son intérêt propre de président et chef du G.R.A. aux fins que les autres partis aient leurs élus.

- Bonne raison, mon cher Pignon, de ne rien hâter.

« En toute éventualité, nous serons mieux placés après les élections générales pour jauger la valeur des partenaires principaux, dont nous sommes le premier. Ne limitez pas votre horizon indochinois aux frontières du Tonkin et Nord-Annam. A Saigon, plaque tournante de la Péninsule, je constate les progrès de notre position et l'accroissement de nos moyens. La date du départ des forces britanniques est proche maintenant. La situation militaire va s'en trouver clarifiée. Du retrait des 180 000 soldats chinois, j'en discute déjà avec la Défense nationale.

A côté des transactions et affaires que débattent les diplomates au Quai et au Wai Kiao Pou, il y a parallèlement échanges de vues entre états-majors. Si je veux à Chungking en temps opportun un membre de mon office diplomatique, Clarac si faire se peut, j'y veux aussi un officier qualifié de l'état-major du Génésuper[1] et songe au colonel Crépin. Je veux enfin un officier général à Hanoi, chargé de suivre sur place les préparatifs de la relève. Salan, que je reçois demain, me paraît indiqué. Il connaît les Annamites et le Tonkin de longue date. Il suit avec soin la marche des choses. Jeudi, je réunis précisément Leclerc, Salan, Crépin et mon chef d'état-major Le Chuiton. Nous nous occuperons, n'en doutez pas, de Lou Han et de ses armées.

Quant à la suppression des billets de 500 piastres émis par les Japonais et à l'agitation qu'elle a provoquée à Hanoi, non sans complicité chinoise, j'estime qu'après l'envoi en mission officielle de Clarac et Bloch-Lainé pour épauler Sainteny, à bon droit excédé, l'affaire est apaisée [2].

Si complexe que ce soit, je ne renonce pas à rencontrer Hô Chi Minh et en examine les voies. Le G.R.A. se heurte à des obstacles positifs auxquels le cabinet et l'état-major de Lou Han ajoutent les leurs. Leur imagination est preste en la matière !

Comment ne pas rapprocher cet entretien de ceux avec M. Caput les semaines précédentes, dont m'arrive justement une relation manuscrite, postée d'Hanoi le 8 décembre.

1. Général, commandant supérieur des troupes en Indochine (général Leclerc).

2. L'occupant japonais favorisa une inflation monétaire, particulièrement par l'émission massive de billets de 500 piastres. L'ordonnance fédérale du 17 novembre 1945 annonçait la cessation du cours et pouvoir libératoire de tous billets de ce type. Elle indiquait en outre que ceux émis entre le 3 mars et le 23 septembre 1945 - ayant profité essentiellement à ces mêmes Japonais du fait de l'absence d'autorité française - étaient annulés, et les autres bloqués sur comptes spéciaux à 70 % de leur valeur. Les Chinois font alors pression pour annuler la mesure au nord du 16e parallèle. Il en résultera un trafic sur ces billets. (N.d.E.)

Ancien Français d'Indochine, mon correspondant se trouve nanti d'une sérieuse expérience d'un passé qui embrasse les succès et les revers de notre établissement dans la Péninsule. Il n'en juge pas en administrateur des affaires politiques mais en travailleur et syndicaliste, souvent en témoin. Son langage n'est ni celui d'un doctrinaire ni d'un illuminé. Il est homme de bon sens, sincèrement attaché à ses idées[1]. Que dit son mémoire ? Sans méconnaître les erreurs et faiblesses du G.R.A., Caput estime « qu'en l'état actuel des choses, seuls le gouvernement de Hô Chi Minh et le Viêt-minh sont qualifiés pour représenter la population annamite, les seuls moralement dignes de s'entretenir avec les représentants de la France... » Il croit « qu'ils demeurent les plus aptes à entraîner l'adhésion à un accord franco-annamite ». Bien plus, ajoute-t-il, loyalement, nous, Français, devrions aider le G.R.A. et augmenter son crédit. Cela lui permettrait de réagir plus vigoureusement contre les « nationalistes et les Chinois » qu'il tient, après analyse poussée des faits récents « comme nos adversaires communs » Et d'un.

C'est net, mais appelle examen.

Notre rédacteur est non moins convaincu que des pourparlers doivent aboutir à une solution satisfaisante sous réserve « qu'ils reposent à la base sur le principe de l'indépendance ». Il en précise « le contenu » mieux qu'il y a un mois. « Satisfaire les aspirations annamites tout en garantissant l'influence française en Indochine et par suite en Extrême-Orient » serait le facteur primordial d'un nouveau traité. Et, de deux.

Suit une parenthèse, non dénuée d'intérêt :

Les Annamites « sortent d'un long sommeil » ! Au réveil, « tout a évolué ». Ils se trouvent, et maints autres avec eux, « face à des réalités singulièrement changées »... Si notre pays pouvait en doublant les étapes regagner le temps perdu et « conserver sa pleine souveraineté », lui, « serait le premier à s'en féliciter ». Il ne le croit plus possible. Tout l'Annam a pris pleine conscience « d'un sentiment national qui couve depuis longtemps ». Il en est de ce sentiment « comme d'un volcan qui a connu déjà plusieurs éruptions violentes mal étouffées ». Ce mot « Indépendance » est le mot force qui a concrétisé ce sentiment. « Je disais récemment, poursuit-il, que si les mots autonomie ou dominium avaient été prononcés à temps, ils eussent fait le même chemin ». Et de trois.

A la plume, Caput prolonge le débat.

Certains Français craignent et déclarent qu'accorder l'indépendance serait un marché de dupes. Les Annamites ne sont pas gens à tenir leurs promesses. D'abord tout engagement s'accompagne de garanties, rétorque-t-il. En outre, cette crainte des Français est mal

1. Caput est, rappelons-le, secrétaire général de la Fédération socialiste S.F.I.O. de l'Indochine Nord (voir page 98).

fondée, car, chez nos partenaires annamites existe un désir manifeste de traiter avec la France nouvelle. Tel est leur intérêt car ils n'ont pas de culture propre leur permettant de se maintenir et de se développer seuls. Ils sentent le besoin de s'appuyer sur le grand pays dont ils connaissent la langue, l'intellectualisme élevé. Ils le tiennent pour le plus désintéressé parmi les autres. Revenant à la charge, Caput affirme que toute convention qui n'inclurait pas l'indépendance resterait inévitablement caduque.

En définitive, et cet élément est déterminant à ses yeux, dans l'hypothèse de mésintelligence entre nous et Annamites, le jeu chinois reprendrait de plus belle. Les Chinois d'ici mettent en vedette, bien sûr, les avantages économiques qu'ils escomptent au Tonkin. Ne croyons pas pour autant que la Chine a renoncé à toute visée impérialiste. Les faits demeurent. Or, les faits prouvent qu'à Hanoi, les Chinois ne font et ne feront rien pour faciliter une entente entre Français et G.R.A. Bien plus, ils sont prêts à exploiter adroitement nos démêlés.

Supposons qu'à leur tour les Chinois leur offrent l'indépendance dans le cadre « d'une plus grande Asie », il est quasi certain que beaucoup accepteraient, en se leurrant de l'espoir de secouer vite le joug économique.

Et notre conseiller bénévole et sincère de conclure en donnant la parole aux Annamites : « L'indépendance par les Français comblerait nos vœux, mais, si c'est impossible, acceptons-la des Chinois, on se débrouillera après avec eux. »

Bien qu'avec des accents divers, les analogies sont accusées entre les appréciations et suggestions d'un Caput et celles d'un Pignon, l'une et l'autre issues simultanément de Hanoi. Elles visent mêmes affaires, mêmes personnalités.

Face à cette situation complexe en Nord-Indochine, il est temps de décider et d'agir en cette mi-décembre.

Résumons nos informateurs : Pignon, s'il préfère le G.R.A. et le Viêt-minh aux autres groupements annamites, fait dépendre le devenir de l'Annam avant tout de la politique chinoise. Notre ami Caput, lui, voit un dénouement satisfaisant à portée de main : que le Haut-commissaire mise sans tarder sur le gouvernement annamite de Hanoi, qu'il dise oui à l'indépendance acquise mais, en y ajoutant de solides garanties. Ces garanties, je les connais et Hô Chi Minh pareillement, après les dialogues Giam-Pignon.

Rencontrer Hô Chi Minh ?

Quelle ligne de conduite suivre ?

La France doit accentuer de Paris et de Saigon son action à Chungking.

Que notre commissariat de la République à Hanoi, en liaison étroite avec moi, garde opiniâtrement ses contacts avec le G.R.A. et les partis annamites.

Il me reste personnellement pour éclairer ma lanterne à surmonter les obstacles et à rencontrer Hô Chi Minh. Cela fait, à rendre compte nettement de la situation au président de Gaulle.

Rencontrer Hô Chi Minh ?

Le cuirassé *Richelieu* est encore à mes ordres au cap Saint-Jacques.

Il ne relève en rien, lui, du commandement chinois. C'est un palace de haute classe pour y recevoir Hô Chi Minh qui, je le sais aujourd'hui, désire me voir vraiment. Ce palace est mobile et j'en peux disposer.

Tout pesé, j'esquisse mon idée de manœuvre à Pignon, avant son départ pour Hanoi, le 20 au matin :

- Le *Richelieu* peut gagner la baie d'Along et s'y tenir en dehors des eaux territoriales près de Do Son, tel jour, à fixer avant la fin du mois. Un hydravion Catalina est envoyé à Hanoi en temps utile pour y embarquer mes invités et les conduire à bord en moins d'une heure. L'absence du président de la capitale en devient très réduite. Dites à Sainteny d'organiser le programme local sur ces bases avec la discrétion voulue. Le *Richelieu* sera prêt le 23 à gagner sa position. J'attends la réponse dans le plus court délai.

Continuant à ruminer la chose, je ne perds pas de vue la probabilité des obstacles. En cas d'insuccès, mon initiative garde sa valeur vis-à-vis de mes invités : celle du geste. Elle facilitera les rapports ultérieurs de l'équipe Sainteny avec le G.R.A. Attendons.

Le 24 seulement m'arrive la réponse de Comrep Hanoi, strictement personnelle :

Projet entretien sur *Richelieu* transmis à Chinois et G.R.A. Si l'idée en soi a été hautement appréciée par les deux parties, les Chinois ainsi qu'il fallait le craindre se sont retranchés derrière l'autorisation indispensable de Chungking peut-être même Nanking où se trouve Ho Yin Ching[1]. Réponse bien entendu pas encore à ce jour et très improbable avant date projetée. Le G.R.A., par contre, accepte invitation avec empressement. Objecté cependant : 1. Chinois feront opposition à cette rencontre. 2. Ce geste de la part d'Hô Chi Minh achèvera de prouver son désir d'entente avec les Français mais fournira des armes aux adversaires. Il voudrait avoir certitude que conversation entraînera sinon accord tout au moins tels progrès vers celui-ci qu'adversaires n'auront plus prise sur lui. 3. Souhaiterait que rencontre soit précédée d'une invitation officielle par mon canal.

Tout ceci me fait craindre impossibilité réaliser rencontre à date prévue à moins que acceptiez projet suivant : *Richelieu* vient large Do Son en dehors eaux territoriales. Vous nous convoquez Pignon et moi et envoyez Catalina

1. Ministre de la Guerre.

désarmé, répète désarmé, Gialam (aérodrome Hanoi). Chinois sont prévenus de cette seule invitation. A dernière minute Hô Chi Minh se joint à nous et nous accompagne. Est d'accord sur principe. Crois mon devoir vous signaler cette opération présente aléas qui ne trouvent peut-être pas contrepartie dans progrès à espérer de cette entrevue. Parmi aléas principaux à craindre est que Chinois saisissent occasion pour provoquer chute G.R.A. Risquez donc faire geste vis-à-vis homme qui serait renversé quelques jours plus tard si entrevue n'amène pas progrès décisifs. Ce risque se justifie-t-il à la veille négociations Chungking...

Réponse soigneusement rédigée. Mais, surprise. Pourquoi Sainteny informe-t-il le commandement résidentiel chinois ? Chose faite, la partie est d'avance perdue, « ainsi qu'il fallait le craindre... », en reprenant les mots du même. Autre pourquoi, la suggestion de cacher au même commandement le nom d'Hô Chi Minh et d'avancer seulement ceux de Pignon et Sainteny. Un simple appel et je les vois à Saigon. Ce serait inélégant et cousu de fil blanc. Pourquoi ? Peut-être est-il impossible, après tout, Hanoi occupé par Lou Han, de se soustraire aux chinoiseries !

Est-ce un échec ? Le mot est inexact. Je prévoyais l'obstacle, mais pas sous cette forme. L'épisode reste un témoin du climat du Tonkin sous l'occupation des Chinois... nos alliés ? Une dictature policière. Il illustre la psychologie d'Hô Chi Minh. L'invitation lui offre l'occasion recherchée de subtiliser adroitement « un oui quasi officiel » du Haut-commissaire de France à l'indépendance du Viêtnam et ce, si possible, avant la rencontre qu'il sait fort incertaine d'ailleurs. Sans rencontre, le message de Comrep Hanoi suffit à me découvrir quelques traits de la psychologie du président du G.R.A.

Le temps est limité. Je rends sa liberté de manœuvre au *Richelieu.* Si besoin est, un autre bâtiment fera l'affaire.

L'indépendance... avec la France ?

Je rédige ensuite avec attention une note d'information sur nos relations avec les partis politiques annamites et l'adresse le 28 décembre au président du Gouvernement.

En s'appuyant sur une documentation étendue et précise [1], il est possible de déduire les points suivants :

1. Les comptes rendus des conversations avec la S.F.I.O. et le groupe culturel marxiste de Saigon, M. Caput, secrétaire général de la S.F.I.O. au Tonkin, le général Salan commandant des troupes françaises au Tonkin, les conseillers du Gouvernement fédéral ainsi que le rapport du commissaire de la République à Hanoi, commenté par son conseiller politique, M. Pignon. Le détail de la documentation utilisée est joint au rapport.

Vu son importance, ce document est retranscrit dans les mêmes caractères d'imprimerie que le texte de l'Amiral.

1. Un terrain d'entente entre le Haut-commissaire et les chefs des grands partis annamites (Hanoi) en vue d'un accord satisfaisant ne peut être trouvé sans tenir compte de la politique chinoise.

L'axe de cette politique - dont nous éprouvons les effets en Indochine - est la lutte du Gouvernement central de Chungking contre le Parti communiste.

Le commandement chinois, établi à Hanoi, suspecte donc le Viêt-minh à raison de ses origines et attaches communistes. Il pousse et appuie contre lui les partis essentiellement prochinois, violemment xénophobes. Il possède la force sur place.

2. Le G.R.A. avec son chef Hô Chi Minh ne souhaite pas une rupture avec le Gouvernement de la République. Il se rend compte que la sympathie active de divers agents américains n'ira pas jusqu'à l'envoi par les États-Unis de forces américaines. Il est antichinois, mais pas encore xénophobe malgré ses diatribes contre les impérialistes français (position dogmatique du parti), il garde des attaches profondes avec la France.

Il confesse dans les entretiens officieux qu'il a besoin pour subsister de l'appui d'une grande puissance et que, tout compte fait, c'est la France qui lui paraît la plus indiquée.

3. Portant la responsabilité de ses incapacités à gouverner et administrer, le G.R.A. sent sa position ébranlée. Il compte sur les élections truquées du 6 janvier prochain pour l'aider à reprendre de la face, vis-à-vis de la population, des partis adverses et surtout vis-à-vis de l'étranger sympathisant.

Il a certainement enfin le désir d'éviter une action militaire violente et d'arriver à un accord avec la France qui maintenant - je dis maintenant - commence à être envisagé d'un œil favorable par une partie de la population tonkinoise. De là, son rôle récent à multiplier les contacts avec les nôtres. Mais les membres du G.R.A. sont surveillés de près par les extrémistes et autres partisans adverses. Ils sont obligés d'agir à la dérobée. C'est le motif pour lequel il a été et il reste indispensable de garder la plus stricte discrétion sur leurs relations avec les représentants de l'Autorité française.

4. Il y a un autre « mais » qui souligne la principale, sinon l'essentielle pierre d'achoppement sur la voie d'un accord.

Si, en Asiatiques, pour ne pas perdre la face, des chefs du Viêt-minh sont prêts à accepter un compromis avec la France, ils se sentent tenus davantage à ne pas renoncer au mot « indépendance ».

Nous aurions pu prendre un autre mot, disent-ils, mais c'est au nom de l'indépendance que, depuis des mois, nous avons ameuté les populations annamites contre les colonialistes français.

Or, sous l'étiquette, quelles sont leurs prétentions concrètes ? Chez beaucoup elles resteraient, me dit-on, en deçà du programme esquissé par la déclaration du 24 mars.

Il est difficile d'obtenir de la tête des explications sûres et précises. Toutefois, voici quelques notations.

Le terme « indépendance » a un sens très clair, déclare-t-on, à savoir qu'il signifie « être maîtres chez soi » (...).

Si l'on parvient à parler « d'un statut » à fixer, il est répondu par « un traité d'alliance » à conclure.

Nuances significatives sur les lèvres d'une personnalité marquante, encore que réputée des moins conciliantes.

Je serre la question de plus près.

Nous aurions certes le plus grand intérêt sur le plan national et international à conclure un accord ou une trêve avec les partis annamites adverses du Tonkin, ou avec le plus solide contre les autres, car ils se disputent sans vergogne.

1. Sur le plan national à l'heure prochaine où nos troupes bien petites par le nombre vont devoir assurer :

a) la pacification - d'ailleurs en bonne voie - de la Cochinchine et du Sud-Annam, cependant que les troupes britanniques vont se retirer.

b) la relève des troupes chinoises dans le Nord, en accord avec un commandement allié décevant et des plus âpres au gain. Ceci au milieu d'une population énervée, souffrant de la faim, sujette à toutes les psychoses collectives de peur et de haine.

2. Sur le plan international, parce que l'opinion publique de plusieurs des grandes puissances est idéologiquement en sympathie avec les populations en marche vers l'indépendance ou en lutte pour l'indépendance contre les pays « colonialistes ».

Un conflit armé sévère et sanglant à l'arrivée de nos troupes au Tonkin aurait un effet fâcheux sur cette opinion publique internationale et aussi, je le présume, sur l'opinion publique française.

Comment méconnaître ou sous-estimer le courant quasi planétaire qui entraîne l'humanité vers des formes politiques et sociales où « les gémissements des opprimés » et autres slogans ont une audience immédiate, et où le régime colonial est appelé à disparaître. Dans le Sud asiatique, le Siam et les Philippines ont obtenu leur indépendance, l'Indonésie la proclame, l'Inde la réclame d'urgence. Quelle tentation et quelle réclame pour le Viêt-minh !

Pour sortir dignement du labyrinthe, pour conclure avec honneur de longs palabres, il nous faudrait ou trouver la formule nouvelle, ou créer le fait nouveau qui, le choc aidant, produirait détente, faciliterait compromis et trêve au-dedans, apaisement de l'opinion publique au-dehors.

1. La formule nouvelle.

Je disais récemment à un Annamite de vieille race, très évolué et très épris de neuf : « Ne sauriez-vous trouver en votre vieille langue le mot exprimant ce que vous désirez réellement ? Voyez le terme anglais : *self government.* Intraduisible en français, il a fait son chemin, il a sa place dans la langue diplomatique. »

Il ne sut rien répondre.

En bref :

Est-ce que les expressions - complexes verbalement - mais fort intelligibles, telles :

Indépendance au sein de la Fédération indochinoise...

Indépendance au sein de l'Union française...

Large indépendance au sein de la Fédération...

Indépendance compatible avec le maintien, d'une part, dans la Fédération indochinoise, d'autre part, dans l'Union française.

Autonomie dans la Fédération indochinoise jouissant elle-même de la plus large indépendance au sein de l'Union française...

Est-ce que des expressions de ce genre seraient *a priori* rejetées par le Gouvernement français ?

Soulignons que nulle de ces formules - de près ou de loin - n'implique une adhésion à la thèse du grand Annam.

Soulignons que jamais le Viêt-minh n'a fait encore usage, en faveur de l'Annam, du mot « souveraineté ».

Soulignons enfin que la question posée n'implique pas qu'une réponse favorable du Gouvernement serait exploitée sur-le-champ dans nos échanges de vues. Elle ouvrirait seulement une *possibilité* d'emploi, l'heure venue ; cette dernière ne pouvant être sagement discernée et choisie que sur place.

L'objection de plusieurs - et non des moindres - est que, le mot indépendance lâché, nos partenaires en abuseront, feignant d'ignorer les limites explicitement marquées.

A quoi l'on peut contre-objecter : prenez garde qu'en ébauchant le geste tardivement, il ne semble point fait de gré et que vous en perdiez le bénéfice.

2. Le fait nouveau

Il pourrait être l'entrée en scène d'une personnalité annamite capable, sans lui faire perdre totalement la face, de se substituer au chef du Viêt-minh largement démonétisé et de rallier à elle outre l'armée classique des mécontents, ambitieux et pusillanimes qui fait masse, une minorité dynamique de personnalités marquantes et convaincues.

Mon attention porte activement sur pareil facteur, tout en m'interdisant d'évoquer aucun nom. Une indiscrétion suffirait à compromettre et faire échouer la manœuvre. Je reviendrai sur le sujet le moment venu.

Quelle que soit la solution, elle ne contredit en rien l'exposé du paragraphe précédent.

Concluons :

Ce serait une erreur grave de méconnaître que la proclamation de l'indépendance nationale du printemps 1945 ait ranimé dans le subconscient de la masse indochinoise - annamite surtout - un instinct profond.

Ce serait négligence plus grave d'oublier ou de feindre oublier, qu'ayant bu largement au breuvage capiteux qu'est l'indépendance reconquise, ce vieux peuple asiatique n'en détournera plus volontairement les lèvres.

Si, portant enfin nos regards au-delà d'un présent difficile et chargé de nuages, nous cherchons pour éclairer nos voies, à nous faire une idée du devenir de l'Union française, comment se profile-t-elle ? Sous les espèces, sans doute, d'une libre association de membres fort divers par la race, l'évolution intellectuelle et donc la maturité politique, le savoir administratif, les conceptions sociales. Le principe d'unité resterait la souveraineté française, conçue dans le sens d'une primauté d'honneur et de juridiction et selon un mode d'exercice large et souple, fort distinct de l'administration directe.

La souveraineté française y jouerait, toutes proportions gardées, le rôle privilégié de la Couronne dans le Commonwealth des peuples britanniques.

Ce document très secret est rédigé dans ma pensée pour le président du Gouvernement provisoire. Je prends soin toutefois d'en faire tenir copie au ministre des Colonies Jacques Soustelle, vice-président du Comité d'Indochine, au ministre des Affaires étrangères Georges Bidault et au ministre des Forces armées, Edmond Michelet.

Vu son importance, je confie en mains propres au commandant Mus - que j'envoie en mission à Paris - ladite note et ma lettre de présentation du 2 janvier 1946 :

1. En prenant connaissance de la note qui vous est adressée, vous verrez que nous en arrivons ici à un tournant sérieux. Ou bien nos efforts conjugués auprès du commandement chinois - à Chungking et à Hanoi - et des chefs annamites du Tonkin nous permettront de relever, sans heurts graves, les troupes chinoises, ou il faudra nous implanter en usant de la force.

Mieux que moi, vous mesurez les effets à prévoir, heureux ou fâcheux sur les opinions internationale, nationale et indochinoise selon qu'il adviendra.

Nos forces commencent à se grouper et s'équiper, mais resteront trop faibles pour qu'il leur suffise de se montrer. La réponse de principe à ma note me fixera sur les atouts dont je pourrai disposer. Après je ferai de mon mieux.

2. Sauf imprévu, j'envisage de faire un saut à Paris fin janvier. Après cinq mois d'absence et à la veille du mouvement vers le nord, il serait utile de reprendre contact avec vous-même et quelques membres du Gouvernement. Certaines choses ne peuvent se traiter que de vive voix.

Mon avion me met à Paris en quarante-huit heures. L'absence serait donc brève. L'organisation gouvernementale, militaire et administrative est aujourd'hui suffisamment au point pour me laisser l'esprit libre.

Si vous approuvez, je vous serais reconnaissant de me donner sans retard votre accord de principe.

3. Je présume que votre intention de visiter l'Indochine reste au plan de vos préoccupations. Vous savez de quel cœur nous vous recevrons. Toutefois, il me paraît convenable de faire remarquer qu'un passage du président du Gouvernement de la République française en Indochine, sans réception officielle à Hanoi, serait contre-indiqué. Hanoi était le centre d'exercice de notre souveraineté. Si, comme on peut l'espérer, nous nous y réinstallons fin février, j'estime que l'époque favorable serait le mois d'avril.

Des réponses attendues dépend en grande partie le devenir de mon mandat de Haut-commissaire de France. Attendons-les calmement.

La fin de ma note d'information mentionne « le fait nouveau ». De qui et de quoi s'agit-il ?

A la recherche depuis des mois du moyen de régler avec honneur le problème du Tonkin que pose le G.R.A. sous l'égide d'Hô Chi Minh et qu'embrouille à plaisir le commandement local chinois, nous commençons à peine mi-décembre à présager une possibilité d'accord.

Or, au cours de ces investigations, ma pensée, depuis quelques semaines, se porte vers un personnage annamite éventuellement apte à se substituer au chef du Viêt-minh. Les intrigues d'un Lou Han, les manigances des partis peuvent, en effet, entraîner sa déposition de gré ou de force. Le récent télégramme de Sainteny n'en fait-il pas état pour me dissuader du projet de fugue à Do Son sur le *Richelieu ?* Je dois en tenir compte. Ce serait inconsidération de ne miser que sur un chef annamite.

Or, une information d'un intérêt politique certain en l'espèce vient de m'atteindre.

Dans les cercles annamites, l'on envisage, en marge du parti démocrate de Cochinchine très francophile, de tendance séparatiste vis-à-vis de Tonkin et Annam, une solution moins vague du problème Hô Chi Minh. D'aucuns parlent volontiers de Duy Tan... En 1916, cet empereur de 17 ans, sous tutelle encore, fut déporté à la Réunion pour une escapade de jeune souverain épris de dissidence contre le Protectorat. Duy Tan n'a jamais cessé d'avoir des partisans, même sous le règne de Bao Dai. Bien des familles continuent à élever leurs enfants dans l'idée de son retour au pouvoir. Idée reprise par des Annamites l'ayant vu à la Réunion ou par des militaires revenant de la Métropole. Le pourquoi ? Duy Tan - né prince Vinh Sang - reçut ce titre du Conseil de régence, en accédant au trône, selon la coutume. En caractères chinois, Duy Tan signifie

« ère nouvelle », or le prince est le dernier représentant légitime de la branche aînée de la famille impériale : les Nguyen. Tel est le motif du préjugé favorable dont il jouit. Ce préjugé demeure valable, davantage même au lendemain de l'abdication fort piètre de Bao Dai à l'initiative de l'oncle Hô. Bao Dai issu d'ailleurs, lui, d'une branche cadette.

L'exilé, mûri par l'âge, ne se départit plus d'une attitude loyale à l'égard de la France. Bien plus, la guerre 39-45 le voit s'associer à la résistance de l'île de la Réunion, ce qui lui vaudra la médaille avec rosette de la Résistance française ; puis s'engager à force d'insistance dans notre armée. Aspirant, lieutenant, commandant, il prend part avec la 14e division d'infanterie de la 1re armée à l'occupation de l'Allemagne. De là à le présenter, dans les on-dit de Saigon, comme en contact à Paris avec le général de Gaulle, il n'y a qu'un pas. Il est vite franchi.

De ces contacts, je n'ai jamais été avisé par de Gaulle. Mais le gouverneur de Langlade, secrétaire général du Cominindo, le premier, le signalait par lettre personnelle à mon attention. Le fait est qu'après la tragédie du 9 mars 1945, plusieurs milieux annamites tiennent le prince Duy Tan comme « le symbole de l'indépendance » et, aujourd'hui, comme « l'arbitre des partis ».

S'il n'est pas, comme on le croit, vraiment désireux de remonter sur le trône, il ne pourrait le faire selon ses tendances démocratiques et selon la formule à la mode, qu'en « prince-citoyen », décidé bien sûr à conduire l'Annam à l'indépendance. Toutefois, chose importante, il accepterait en pareille hypothèse d'être guidé dans cette voie par la France.

Puisque l'on présume maintenant son prochain départ de la Métropole pour Madagascar et la Réunion où réside l'ancienne impératrice, sa mère, je me propose d'y faire prendre des contacts faciles, sûrs et discrets avec lui pour contrôler ces multiples données.

Tel est le sens de mon allusion du 28 décembre au « fait nouveau » qu'eût apporté en cette phase complexe le retour en Indochine du prince Duy Tan.

Alors que Mus se dirige par voie aérienne vers Paris, le 3 ou 4 janvier, porteur de mon pli pour le président de Gaulle, la presse de Saigon annonce le 5 janvier, sous couvert de l'Agence française de presse, la mort du prince Vinh Sang.

Volant en direction de Madagascar comme prévu, le Dakota de notre ligne Beyrouth-Le Caire-Tananarive, emprunté par lui, tombait en pleine forêt tropicale. Équipage et passagers périssaient tous [1].

« Le fait nouveau » s'évanouissait en fumée tel un rêve !

1. Voir annexe 10, page 436.

Tripartisme à Paris... et à Saigon

Dans la capitale de l'Union française, à douze mille kilomètres dans l'ouest, le général de Gaulle préside un gouvernement tripartite à l'image de l'Assemblée nationale.

Je considère maintenant possible et opportun de régler nos sérieux différends avec le Viêt-nam grâce à un accord raisonnable et ne dois pas perdre de vue, moi, représentant du Gouvernement de Paris, ni sa composition, ni la teneur des courants idéologiques dont s'inspirent ses membres.

Le Général à la tête de l'État et les dominant de haut, je n'ai pas en ce qui me concerne le moindre souci de ce côté. Toutefois, ces courants politiques polychromes dans la Métropole ont en Indochine des partis afférents.

Du cabinet, je connais Soustelle qui siège rue Oudinot, Bidault, toujours au Quai, Tixier, place Beauvau depuis la Libération. Michelet, ancien déporté, devenu ministre des Forces armées, s'est installé rue Royale. Tillon est à l'Armement. Maurice Thorez, jamais encore rencontré, est vice-président du Gouvernement.

Si le Mouvement républicain populaire naissant n'a pas constitué son groupe en Indochine, il y a beau temps que la section française de l'Internationale ouvrière a le sien avec son journal *Justice.* Quant au Parti communiste français, il a depuis peu, sous le nom de Groupe culturel marxiste, des propagandistes à sa dévotion en Cochinchine.

A leur requête, j'accorde audience au palais fédéral à la délégation du Parti socialiste et à la délégation du Groupe culturel les 20 et 21 décembre. Il m'est ainsi donné de jauger la valeur respective de leurs agents. Exception faite de Caput dont j'apprécie les qualités, il est manifeste que le Groupe culturel du Sud compte l'un ou l'autre membre plus étoffé, plus dynamique que ses camarades de la S.F.I.O.

Le Groupe culturel, retors et fin, se défend d'être un parti politique. Il a sa pensée propre sur les problèmes indochinois tenant la vedette. Son guide est Canac, pilote de la rivière de Saigon, au maintien avantageux, au parler net et convaincu. J'ai sous les yeux la note soigneusement rédigée qu'il vient de m'adresser en vue de préparer l'audience de ce vendredi 21 décembre au début de l'après-midi. Je les reçois en mon bureau où le directeur Longeaux les introduit et accompagne. Présentations faites, je les invite à s'asseoir autour de la table et ouvre l'entretien en remerciant de la note et en accusant d'un sourire ma surprise de la trouver d'allure si dogmatique. J'invite Canac à prendre la parole...

- Notre groupe, déclare-t-il, se propose d'abord d'initier les jeunes à la connaissance de la doctrine de *Karl Marx.* Pour nous, c'est affaire de culture et non de politique. Ainsi notre position au regard de la déclaration du 24 mars ne tend pas à une critique juridique. Notre groupe la juge seulement en tant que programme politique.

« Au temps où elle fut faite, elle manifestait une évidente bonne volonté de la part de ses rédacteurs.

Je souris sans interrompre. Canac continue :

- Mais elle est empreinte de paternalisme... Elle n'est pas démocratique... ni ne consacre le principe de l'égalité des droits entre partenaires. Elle ne tient pas compte des faits politiques... Le groupe s'inscrit donc en faux contre elle.

Une première repartie est facile.

- Je ne saisis pas dans le concret le point de vue exposé. La déclaration n'est pas une thèse de philosophie politique ou de science éthique, si vous préférez. Vous prétendez la juger sous le vocable de programme politique, or elle est un programme en exercice. Un chef de gouvernement ayant élaboré un programme tant de politique intérieure qu'extérieure et le mettant en application fait de la politique - en langage français, correct.

« L'opposition qui, par définition, n'accepte pas globalement ce programme fait aussi bel et bien de la politique et non de l'enseignement. Et j'ajoute : Le rédacteur de presse de l'opposition, si d'aventure il n'est pas membre d'une assemblée législative, fait lui aussi de la politique.

« Ceci dit, pour éviter toute équivoque. A mes yeux, votre groupe culturel est en fait un instrument politique.

« Avez-vous bien lu et médité intégralement la déclaration ?

Canac me l'affirme.

- Alors, il ne peut vous avoir échappé qu'elle s'offre aux destinataires comme un point de départ à échanges de vues. La politique, en son sens concret, n'est-ce pas la science ou mieux l'art du possible *hic et nunc,* pour nous en Indochine, fin 1945. »

J'insiste, un tantinet taquin :

- Vous n'ignorez pas que Cambodgiens et Laotiens en agréent l'essentiel et mettent au point avec nous son application, en toute égalité.

D'emblée, mes marxistes protestent ! L'on ne saurait comparer ces peuples au peuple annamite quant à leur maturité politique.

Moi : - Et les Cochinchinois ? Beaucoup d'entre eux ne parlent pas votre langage. Que devient à vous écouter le principe de l'égalité des droits, si vous supprimez à tels partenaires le droit de choisir librement ?

« Je soulignais, dès le début de l'audience, vos tendances dogmatiques. Disciples de Marx, l'ensemble de ses dires et écrits forment pour vous un symbole, une profession de foi. Libre à vous ! Vous prétendez que la déclaration ne tient pas compte des faits politiques. Il convient de les enregistrer tous, sans négliger les faits historiques, économiques et sociaux. Vouloir tout aligner sur l'égalité ou non de droits peu définis est un principe à vous. En conclure que la totale indépendance en fait et sans délai servirait les intérêts véritables du peuple annamite, c'est une erreur au plan pragmatique. En l'espèce, la sagesse et le bon sens suggèrent un processus. C'est étape par étape que l'on doit éliminer toute tutelle. Ne serait-ce que pour empêcher le désordre public et le recours à la violence.

J'ajoute et précise, étant à Saigon :

- Pour éviter ainsi aux populations travailleuses et pacifiques en leur for interne, le prolongement des épreuves cruelles et sanglantes de la guérilla. Je ne saurais perdre de vue le sac de la cité Héraud et ses suites. Le 24 septembre dernier marque le début de la bataille, disons de la guerre en Indochine, avant l'arrivée – *et je martèle les mots* – du corps expéditionnaire français.

Je me lève et ajoute :

- Réfléchissez. Nous nous reverrons.

Il est clair que le Groupe culturel marxiste se compose de tenants du Parti communiste indochinois. Sous le nom équivoque, ses membres restent tacitement affiliés au Viêt-minh. Ils peuvent aisément le servir et attirer les jeunes pour en faire des « tuvés »[1] sous prétexte de propagande intellectuelle.

Il me reste à établir péremptoirement le bien-fondé de mon impression. Par exemple, saisir l'un ou l'autre en flagrant délit de mensonge prémédité. Prévenant et dépassant mon attente, un résident français me fait tenir le 29 décembre un pli *absolument confidentiel.* Il s'agit de la copie, reproduite à la machine, d'une lettre de quatre pages, datée de Saigon le 8 décembre 1945. Elle est adressée - et transmise par un camarade qui rallie la France - à un ministre du Gouvernement provisoire de la République, « probablement Thorez ». Le signataire est un Français, L..., « pour le Groupe marxiste ». Son nom et apparentement au Groupe culturel sont bien connus de la Sûreté.

Que dit la missive ?

Sous forme de diatribe, elle expose la pensée dudit groupe sur la politique actuelle de la France en Indochine, « la déclaration du 24 mars », et sur la manière de faire du commissaire Cédile, du colonel Massu, du général Leclerc et du Haut-commissaire Thierry d'Argenlieu.

Le document vaut la peine d'être lu, non quant à la substance, mais comme témoin « de flagrant délit de mensonge prémédité, non

1. « Tuvé » : membre des guérillas viêt-minh.

de la part de l'un ou de l'autre membre du Groupe culturel mais du Groupe entier [1] ».

Il est probable que, si soigneusement convoyé, le document, tel un bref dogmatique, est arrivé à bon port. Ayant l'avantage de connaître les représentants du P.C.F. au Gouvernement provisoire de l'époque, il m'est facile de conclure l'épisode, ainsi que n'ont pas manqué de le faire ces derniers, tous responsables de la déclaration du 24 mars.

Il ne faut pas exagérer quand même. C'est trop sot. Silence donc !

Il me reste à parler du Mouvement républicain populaire, lors, troisième grand parti de la Constituante. Il prolonge et rajeunit le groupe des démocrates chrétiens. Or, l'un et l'autre tirent leur origine du « Sillon » de Marc Sangnier qui battait son plein un demi-siècle passé.

A l'initiative d'Edmond Michelet, membre du M.R.P., m'est envoyé en Indochine Max André. Je le reçois à Saigon, en janvier. Il voit Hô Chi Minh à Hanoi, les 16 et 21 janvier. Je le reçois à son retour. Non enclin aux débats serrés, c'est plutôt un patient et un doux qu'un énergique et un opiniâtre partenaire.

Comme il prend soin de le marquer soit à Saigon soit à Hanoi, Max André, enquêteur bénévole, n'est en rien mandaté. Français connaissant une partie du Sud-Est asiatique, il est pour nous un utile observateur.

Le problème du *Doc Lap* [2] demeure, il va sans dire, la pièce maîtresse de ses dialogues avec Hô Chi Minh. Selon Max André, ce dernier s'attacherait moins au verbe qu'à la substance du contenu,

1. Saigon, le 8 décembre 1945
Monsieur le Ministre

[...] A l'heure présente, la résistance annamite s'avère parfaitement opiniâtre : aussi le colonel Massu, de la 2e D.B., vient de lancer un ordre du jour public : a) d'inviter ses hommes à faire régner la terreur par le massacre *(sic)* et à faire brûler les villages où se trouvent les résistants, car dit-il, les Annamites sont des salauds.

b) de les mettre en garde contre l'opinion du peuple français qui, méconnaissant les intérêts de la Métropole *(sic)* désapprouve la répression actuelle.

C'est naturellement sous prétexte de mettre de l'ordre, alors que « l'ordre » ne saurait être que la résultante d'un état social satisfaisant.

La mesure est maintenant à son comble. L'armée de Leclerc fait exactement en Indochine ce que les Allemands ont fait en France.

Et tout ceci, pourquoi ? Pour faciliter l'installation des trusts et créer pour le capital traqué en France une place de refuge qui se trouverait abritée par l'organisation envisagée dans la déclaration du général de Gaulle du 24 mars 1945.

Cette déclaration conduit en fait au rétablissement pur et simple de la souveraineté française *dans sa forme arriérée* d'avant-guerre, et par suite, ne correspond pas aux principes de la Charte des Nations unies. C'est dire que les Indochinois ne peuvent accepter un statut de ce genre, le seul cependant qui ait été présenté jusqu'à présent. (Le précédent du Cambodge n'est pas valable pour les pays annamites).

[...] De toute façon, la déclaration du 24 mars doit être abandonnée comme base de négociation.

2. « Indépendance ».

c'est-à-dire du nouveau statut précisant les relations France-Viêt-nam. Ce qu'il veut ardemment, c'est une collaboration sur pied d'égalité avec le peuple français. En bref, il souhaite un gouvernement vietnamien, maître chez lui, et pareillement une administration, une économie, un système financier, une armée, une diplomatie enfin indépendants. Aux yeux du visiteur, c'est trop demander. Sur le dernier point, une diplomatie indépendante, s'ouvre une discussion longue, complexe, difficile, sans conclusion valable ; le tout à la manière annamite et séparatiste.

Quant au Nambo, le président répète ce que nous savons bien : les Cochinchinois qui assument à nouveau des charges officielles sous l'autorité française sont tous traîtres à la patrie. Il se fait une conception fort épique des combats dans le Sud. Mille kilomètres, il est vrai, le séparent de ce vaste stade ouvert aux yeux de l'imagination.

Max André aborde la question du retour des troupes françaises au Tonkin, qu'il tient pour inéluctable en raison de la situation précaire et périlleuse même de 25 000 compatriotes dans le Nord. Hô Chi Minh pose aussitôt deux questions : *Comment ? Pourquoi ?*

Au pourquoi, le visiteur vient de répondre.

Il semble, et c'est fâcheux, que ni l'un ni l'autre n'aient songé à amorcer la troisième question qui vient à l'esprit, le *Quand ?* La réponse eût tout simplifié. Ce retour des forces françaises sera la relève des troupes chinoises, quand elles en auront fini de désarmer les 15 000 Japonais, seule tâche qui leur fut commise par la conférence de Potsdam. N'est-ce pas fait dans le Sud avec le départ des Britanniques ?

Nos interlocuteurs en viennent à évoquer les affaires du Cambodge. A Max André qui juge satisfaisante la marche des choses, le président rétorque : Le choix du chef du Gouvernement royal est des plus déplaisants pour moi. Le prince Monireth, il le tient pour l'ennemi n° 1 des Annamites. Max André n'insiste pas.

Lors de la seconde audience, le 21 janvier, le président insiste pour obtenir « une déclaration solennelle de la France », favorable bien sûr à l'indépendance du Viêt-nam. Sans cela, toute négociation le déconsidérerait aussitôt aux yeux de la masse annamite. Il est exact qu'il reste dans une situation fausse... précaire donc. Le commandement chinois ne serait pas fâché d'être le témoin intéressé de sa culbute sous la poussée des partis annamites sinisants, braqués à la fois contre les Français et les communistes du G.R.A.

A lui, comme à Sainteny et Pignon, en décembre, je rappelle que se négocie un accord en vue de la relève par nos troupes des armées d'occupation. Je n'ignore ni ne perds de vue que nos compatriotes pâtissent sévèrement de tant d'attardements et violences locales. L'incurie des autorités chinoises responsables de l'ordre public est telle que, le 19 janvier, en pleine rue d'Hanoi, M. Arnoux, ancien économe de l'école professionnelle, est assassiné sans nulle réaction chinoise et que les agressions s'y multiplient.

Le commissaire Sainteny, outre de très fermes protestations auprès de Lin Chi Han, conseiller politique de Lou Han, réunit le lendemain du meurtre une conférence avec des délégués de la population civile française et, à titre extraordinaire avec les représentants américains et anglais. Tous reconnaissent la faillite complète des Chinois dans l'exécution de leur mandat interallié. « Britishs » et « Yankees » décident d'accompagner le commissaire Sainteny lors de sa visite de protestation, le jour même, au Quartier général du commandant en chef.

Le bilan des pertes à Hanoi à compter du 7 novembre atteint soixante attentats contre nos compatriotes, soit une trentaine de meurtres et une trentaine de rapts... La population annamite, si dense dans le delta, souffre elle aussi durement d'un tel désarroi prolongé. Le commandement chinois se refusant à intervenir, l'état de chose peut s'aggraver.

- Cette situation intolérable de la part de grands alliés en arrive à excéder les réserves de patience, de sang-froid, d'énergie de mes représentants à Hanoi. J'ai dû intervenir et prescrire que ne soit prise sans mon accord aucune initiative susceptible d'effet au-delà des frontières de la République du Viêt-nam. Les démarches et protestations localisées ont produit leurs fruits.

« Mes délégués ont tenu sans broncher depuis des mois. Ils tiendront quelques semaines encore. J'en suis sûr !

« Pour conclure : que soit, en fait, réalisée la relève des troupes chinoises - leur mission aujourd'hui accomplie - par nos forces françaises !

« Telle est la manière efficace - et la seule - de prévenir, en cette passe critique au Tonkin, un irréparable méchef. »

La réponse ne vient pas

La réponse espérée du président de Gaulle se fait attendre.

Les dernières informations politiques et diplomatiques recueillies m'inclinent à compléter celles inscrites au courrier confié au commandant Mus, le 2 janvier. Celui-ci ne m'a encore donné nul signe de vie.

Un avion militaire part le 15 janvier, profitons-en.

Le général Valluy doit préparer avec le Quai d'Orsay le projet d'accord sur la relève des troupes chinoises. Un règlement rapide devient primordial.

Valluy fera tenir au Général, dès l'arrivée, ma missive secrète et personnelle, signée le matin même au départ de Ton So Nhut :

Ma note très secrète sur le problème de nos relations avec les représentants annamites du Nord, en date du 28 décembre, accompagnée d'une lettre personnelle à votre adresse vous ont fait part de certaines préoccupations sérieuses [1].

Informations et faits récents ne font qu'accentuer mes appréciations précédentes sur l'importance du facteur chinois. Compte tenu de la balance des moyens en présence, le rétablissement de notre souveraineté au Tonkin est principalement conditionné par l'attitude chinoise. Si la Chine veut, même sournoisement, s'opposer à ce rétablissement, nous ne pourrions le lui imposer que par la force et pour un temps. Un effort militaire supérieur à celui consenti est-il possible techniquement et politiquement ? Les positions géographiques sont immuables, le déséquilibre démographique l'est pareillement.

Le facteur annamite est aujourd'hui secondaire par rapport au facteur chinois.

En vue de la relève des troupes chinoises par les forces françaises, des conversations d'état-major s'ouvrent à Chungking.

Parallèlement, l'ambassade va aborder l'examen des problèmes qui intéressent beaucoup le gouvernement chinois : statut de ses nationaux en Indochine et du port d'Haiphong.

Un expert, M. Le Besnerais, est désigné pour discuter du devenir du chemin de fer du Yunnan avec le gouvernement chinois.

Tout cela est utile et très utile. L'on peut se demander cependant à qui incombe le soin de synchroniser ces activités et les miennes propres au Tonkin, afin d'apporter à l'heure voulue le poids qui ferait pencher la balance en notre faveur.

L'on peut se demander enfin, si au-dessus des techniciens, la venue en mission extraordinaire à Chungking d'une personnalité française de tout premier plan n'apporterait pas un appoint de prestige à ne pas négliger. L'Amérique vient d'envoyer le général Marshall, ne pourrions-nous envoyer au moment psychologique le général Juin ? Il serait accompagné de quelques personnes qualifiées sur le plan politique, économique et culturel.

Après un court séjour à Saigon pour faire le point avec moi, il gagnerait Chungking par Hanoi et Yunnanfu. Un arrêt pour lui à Hanoi serait probablement contre-indiqué. Par contre, il pourrait y détacher des membres de sa mission, parlementaires et savants.

Les parlementaires en petit nombre devraient être choisis dans les partis de gauche, un Marius Moutet, un Albert Sarraut par exemple. Des communistes seraient très mal vus par Chungking.

Les savants, un Joliot-Curie, un Valéry-Radot, seraient les bienvenus.

Il me vient à l'esprit que le général Juin pourrait être porteur d'une lettre autographe de vous au Généralissime l'invitant à visiter Paris et à traiter de votre visite éventuelle à Chungking quand vous viendrez en Indochine.

En bref, un facteur nouveau, à base de prestige, aurait des chances de flatter agréablement le Chinois, de l'occuper et de le détourner au moment crucial, de l'emploi de ruses camouflées capables de nous gêner beaucoup.

1. Voir chapitre IV, p. 81.

Je ne crois pas être victime de mon imagination. Au reste, ces suggestions sont un peu l'aboutissement de réflexions échelonnées sur le but primordial de ma mission, objet de ma constante pensée : rétablir l'autorité de la France en Indochine.

Peu après le départ de Valluy, deux lettres personnelles du gouverneur de Langlade m'atteignent tardivement, l'une en date du 4 janvier, l'autre du 7. De quoi s'agit-il ?

Au terme d'une audience avec le général de Gaulle, le 4 janvier dans la matinée, Langlade vient d'obtenir l'autorisation, après trois mois d'attente, de quitter son poste de secrétaire général du Comité d'Indochine sous réserve de n'en pas parler présentement, de n'en venir à exécution que le 15 avril prochain. Il pourrait alors reprendre en toute liberté la conduite de ses importantes affaires économiques en Malaisie.

L'audience se passait rue Saint-Dominique au lendemain du mariage d'Élisabeth de Gaulle avec le chef d'escadron de Boissieu, Compagnon de la Libération.

La lettre du 7, elle, me donne des nouvelles de Mus ; il a pu voir Soustelle [1].

Le Général absent se repose quelques jours dans le Midi. Exemplaire de la note et lettre de présentation lui seront remis en mains propres dès son retour.

En somme, bonne nouvelle ! L'espoir d'une réponse prochaine s'affermit.

Quelques jours plus tard, le dimanche 20 janvier, arrive un radiogramme très secret de Paris. J'en prends connaissance :

Le séjour du commandant Mus se poursuit selon vos instructions. Il a été reçu par le général de Gaulle, M. Soustelle et le général Juin. Le voyage de M. Soustelle en A.O.F. semble reporter au début de février la possibilité des décisions concernant la question majeure posée par vous. Contacts avec personnalités politiques et administratives poursuivis par Mus.

De Langlade.

Le Général est donc bien informé de mes principales préoccupations. Mais... sa décision est différée. La patience obtient tout ! Il sied d'attendre.

En réponse à ces divers messages, j'exprime à de Langlade mon regret de son prochain départ...

Il est opportun que vous puissiez rester à la tête du Secrétariat jusqu'à la mi-avril. Je réfléchis pour le choix important de votre successeur et vous ferai mes suggestions.

1. Ministre de la France d'outre-mer.

Quant au retard apporté à la réponse que j'attends du général de Gaulle :

Il n'est pas sans m'ennuyer, le Général n'objectant rien à mon projet de voyage à Paris, annoncé dans la lettre jointe à la note, mon intention est d'aller vers vous au début de février pour un court séjour. Cela permettrait la mise au point de beaucoup de choses avant d'entreprendre les actions décisives d'où peut dépendre l'achèvement du premier but de ma mission.

A travers maints soucis - ils sont inévitables - la ligne de conduite reste droite et ferme. Bien du travail est fait et notre autorité solidement réimplantée quand va nous arriver le complément de nos moyens.

Il faut donc demeurer immobile en sa foi.

Chapitre V

LE GÉNÉRAL QUITTE LE POUVOIR

9 heures à Saigon, le 21 janvier ! Je viens de descendre au rez-de-chaussée. Le fusilier-marin de faction à l'entrée de mon bureau officiel rend les honneurs. Il salue de la hallebarde, impeccable en sa tenue blanche, bonnet bleu, pompon rouge.

Cette pièce de travail me plaît. Par sa forme triangulaire et ses proportions, elle joue la plage arrière d'un croiseur léger moins l'artillerie. Claire, aérée, silencieuse, méticuleusement entretenue par le fidèle Muc, huissier annamite, j'aime m'y trouver seul, réfléchir, écrire ou bien y présider la conférence quotidienne des chefs de cabinet et de l'état-major particulier, ou recevoir les conseillers fédéraux. L'après-midi venu, les visiteurs s'y succèdent.

Du fauteuil, j'ai sous les yeux la photographie du Général timbrée d'une dédicace : « A l'amiral d'Argenlieu, mon ami et mon bon Compagnon - 9.1.1943. » A portée de la main, le téléphone. Il est directement relié au cabinet particulier qui jouxte le bureau où se tiennent deux officiers d'ordonnance et une secrétaire.

Au-dessus du buvard, bien en vue, l'horaire des visites du jour. A droite, mon mémento personnel d'Indochine. Sitôt assis, je l'ouvre, et page 34, j'inscris en marge la date en raccourci. Le 21 janvier, suivent à la même ligne ces proverbes :

Sois ferme en ton sentiment et que ton langage soit un...
Une parole douce fait beaucoup d'amis...

Fermeté - Mansuétude, deux dispositions à cultiver et stabiliser. Elles se complètent et se renforcent.

Du cabinet, l'on frappe à la porte.

C'est Mme Galsworthy, secrétaire depuis bientôt cinq ans. Il est 9 h 10. Presque son heure. Chargée de mon courrier particulier, je la convoque habituellement à 9 h 15 :

- De quoi s'agit-il... ?

Elle, d'une voix émue :

- Amiral, on nous apporte à la minute un bulletin exprès de l'A.F.P. pour l'Indochine : le général de Gaulle aurait quitté le pouvoir pour raisons personnelles. Il ne veut ni agitation ni crise politique.

Calmement, j'accuse réception et demeure silencieux un instant, puis :

- Il faut attendre une confirmation officielle.
- Mais, vous-même, Amiral, qu'allez-vous faire ?
- Pour moi, rien de changé. Le Général m'a confié une mission pour la France, je dois l'accomplir jusqu'au bout. Attendons et... voyons le courrier.

Une heure plus tard, la nouvelle, radiodiffusée de Paris, est connue d'un chacun quand j'ouvre la conférence habituelle des chefs de cabinet et de l'état-major particulier :

- Au sujet de cette information grave, messieurs, que j'apprends à la minute, non sans surprise et regret, nulle confirmation officielle ne m'a encore atteint. Le mieux est de n'en pas parler pour le moment. Telle est ma première directive. Travaillons en paix comme à l'accoutumée.

Le mardi 22 janvier à 9 h 30 me parvient le communiqué officiel annonçant la démission du général de Gaulle. Sa décision est irrévocable. Aucune indication encore sur la nouvelle formule gouvernementale.

Le jeudi 24, je reçois un télégramme personnel du Général :

La décision d'actualité que je viens d'être amené à prendre et qui m'amène à quitter mes fonctions ne doit que vous confirmer dans votre mission. Je vous recommande formellement de la poursuivre. Il en est de même pour le général Leclerc. Mes fidèles amitiés à vous et à lui. Général de Gaulle.

J'avise Leclerc et réponds :

Faisant suite à récente et grave décision, votre mot d'ordre nous touche profondément. Soyez-en remercié. Il affermit commune volonté poursuivre et mener à bien mission que m'avez fait honneur de me confier au service de la France. Général Leclerc informé, de cœur avec moi pour vous renouveler respectueuse assurance notre fidèle et entier dévouement. Amiral d'Argenlieu.

Ligne de conduite nette pour le Haut-commissaire et le commandant supérieur des troupes que ce mot d'ordre du Général !

Je la pressentais telle dès la première rumeur lancée en Indochine par l'Agence française de presse. La voici confirmée.

La surprise du départ est moindre que je ne l'ai laissé entendre autour de moi. Mais le regret plus vif.

La surprise moindre ? Messmer ne m'écrivait-il pas, le 13 janvier, que, lors de la discussion des crédits militaires à la Constituante, « le Gouvernement a été sur le point d'être renversé. Soustelle en était persuadé. Le prestige personnel du général de Gaulle et la sagesse de certains députés nous ont permis d'écarter cette crise. Il n'en reste pas moins que l'atmosphère politique demeure tendue à l'extrême... » Messmer est un homme plein de maîtrise et de sang-froid. Son propos autorisait les plus fâcheuses conjectures.

Le regret plus vif ? Avec ce retrait du président de Gaulle, c'est l'autorité même de l'État renaissant qui s'en va. Pour moi et... tant d'autres - ce retrait ne marque pas une crise ministérielle mais une métamorphose du régime.

Le Général fut, de près ou de loin, cinq ans durant, sans intermittence, mon seul chef. Habituellement éloigné, je l'étais à son initiative. N'avais-je pas appris à traiter avec lui, à discerner l'essentiel de ce qu'il attendait, à expérimenter le prix de sa confiante amitié comme la vigueur de son appui ? N'avais-je pas connu ce climat de déférente liberté où toute responsabilité se fait attirante et légère au service de la France et de ses authentiques grandeurs ?

Oui, certes, vif et dense regret !

Cependant, le mot d'ordre est reçu. La mission, confirmée. Il me faut la poursuivre en ce tournant complexe.

... De la réponse importante du Général, espérée, attendue longtemps, faisons à présent notre deuil.

Le cabinet Félix Gouin

A l'aide des communiqués de presse, des informations officielles, je peux suivre la crise ouverte. Je considère les pièces de l'échiquier politique en formation. L'attention porte quant aux places respectives des membres du cabinet Félix Gouin. Ainsi que prévu, c'est la candidature de ce dernier, président de l'Assemblée nationale constituante qui est vite retenue pour succéder à de Gaulle. Pareillement, l'accord se fait sur la composition tripartite du Conseil des ministres analogue à la précédente.

Le 24 janvier, Félix Gouin est élu président du Gouvernement avec grosse majorité.

Dès le 26, Langlade me transmet par radiogramme une communication « de la part de Marius Moutet qui sera vraisemblablement chargé du ministère des Colonies, et qui recevra délégation du président du Gouvernement pour diriger les affaires d'Indochine dans le cadre de l'organisation actuelle maintenue ». Ce préambule est assez suggestif déjà. Que tient à me faire savoir si promptement le chef probable, demain, de la rue Oudinot avant que soit réglementairement formé le nouveau Conseil des ministres ? Voici :

Marius Moutet fait confiance à ma personne, à mes sentiments patriotiques et à mon esprit de large libéralisme pour m'entourer des informations de toutes les personnalités honorables connaissant bien le pays et dévouées à l'intérêt public - informations sur lesquelles il m'appartient de prendre librement mes décisions dans le cadre de la politique du Gouvernement. Il me signale son ami M. Lascaux comme connaissant bien la situation locale et dont je pourrai prendre l'avis, bien entendu à titre d'information.

Lecture faite... je souris et pense *in petto :* la métamorphose augurée se révèle fort tôt.

Le lendemain 27 janvier, je reçois la composition du cabinet : neuf S.F.I.O., huit P.C.F., six M.R.P., en attendant les secrétaires d'État. Sauf rares exceptions, je situe tous les ministres.

Le président Gouin se réserve la Défense nationale. J'y vois l'avantage de garder, par l'entremise du général Juin, le contact immédiat avec le chef du Gouvernement.

Pour la France d'outre-mer, mes liaisons restent assurées par le gouverneur de Langlade. Autre avantage, provisoire, malheureusement, puisque, la mi-avril venue il doit se démettre de ses fonctions. Que sera la relève ? Mystère aujourd'hui.

M. Edmond Michelet demeure aux Armées. Nos rapports vont se poursuivre au mieux.

Au nom de la Fédération, j'adresse mes félicitations déférentes à M. Félix Gouin. Je l'ai entrevu à Londres, visité à Alger, fréquenté à Paris au temps de l'Assemblée consultative.

Sa réponse immédiate m'assure avec son sincère merci, « de toute sa confiance personnelle ». Elle me commet, par ailleurs, « le soin d'être son porte-parole, lors de mon prochain voyage à Pnom-Penh, pour offrir son salut à S.M. le roi Sihanouk, lui exprimer la joie de la France d'avoir retrouvé son amitié fidèle et l'assurer de sa collaboration et de son appui en toutes circonstances. J'aurai à ajouter que le Gouvernement de la République poursuivra la réalisation d'une politique libérale conforme aux vœux des populations. Enfin, j'exprimerai à Sa Majesté les vœux de la France pour la grandeur de Son Règne et la prospérité de Son Royaume, restauré dans son intégrité, au sein d'une Union française librement acceptée ».

Je me prépare depuis cinq mois à pareille mission. Elle ne saurait souffrir aucune difficulté.

Des atouts : Cambodge et Cochinchine

Au Cambodge comme en Cochinchine, la politique définie par le gouvernement se voit progressivement réalisée.

La signature du modus vivendi avec le royaume du Cambodge, le 7 janvier, marque officiellement l'entente cordiale entre la France et cet État de la Fédération, membre de l'Union française. Comme prévu, un voyage du Haut-commissaire à Pnom-Penh, en doit manifester l'importance et le prix.

Je m'envole donc de Tan So Nhut, le mardi 29 janvier, en utilisant, pour la première fois, dans les ciels d'Indochine, le *18 juin 1940,* mon avion personnel, un Lookeed Ventura de notre Aéronavale.

A 10 h 30, je suis reçu au palais royal de Pnom-Penh avec tous les honneurs requis.

Le roi Sihanouk m'attend en haut des degrés de la salle du Trône. Je lui offre mes vœux pour la grandeur et la prospérité de son règne et ajoute :

> [...] Le Cambodge peut compter sur le concours entier de la France. Une convention provisoire a permis aux conseillers et aux techniciens français d'apporter, dès maintenant, leur collaboration à l'administration khmère. Doté d'un régime libéral et d'institutions modernes, le Cambodge sera le premier des États indochinois qui se trouveront prêts à aborder, dans les conditions les meilleures, les difficiles problèmes de l'après-guerre.
>
> Ces heureux résultats méritent d'être soulignés. Dans un monde où tant d'antagonismes s'affrontent, ils montrent qu'une entente est toujours possible entre des peuples pacifiques, animés d'un respect mutuel de leurs droits et de leurs intérêts légitimes.
>
> Ils sont dus, pour une large part, à la politique éclairée de Votre Majesté et de son Gouvernement. Je tiens à leur en exprimer ici ma gratitude.

Le roi s'incline, se lève.

Petit de taille, le visage très jeune de ses vingt-cinq ans, vêtu du sampot de soie, jaune foncé, d'une tunique blanc ivoire que barre le grand cordon de la Légion d'honneur, d'une cape claire et légère pailletée d'or, il s'approche, souriant.

La réponse à mon adresse des plus simples consiste à m'imposer les insignes de grand-croix de l'ordre royal, au ruban rouge et vert...

Une amicale causerie s'engage. C'est le ton qu'elle garde au fil des heures nombreuses que le programme nous ménage.

Après le déjeuner à la résidence, le général Alessandri me présente les corps constitués. A son discours, je réponds :

> La tâche à laquelle vous êtes associés au Cambodge est grande. Elle vous mettra aux prises avec des difficultés. Rien de neuf ne se construit sans mille obstacles.
>
> En vous invitant à faire du nouveau, il n'est pas dans mon esprit de déprécier l'œuvre passée. Bien loin de là ! Mais nous sommes des hommes.
>
> Eh bien, parce que je vous estime, vous fais confiance et compte sur vous, je vous demande d'accepter avec sérénité, désintéressement, certains changements éventuels dans vos conceptions et vos habitudes. Ce sont des courants d'idées quasi planétaires qui les imposent aujourd'hui.
>
> Ce matin, nous disions à Sa Majesté :
>
> « L'humanité vient de subir une crise sans précédent... Une ère s'achève. Un monde nouveau est sur le point de naître... » Telle est la marche des événements.
>
> Je vous prie de le constater et d'être, comme par le passé, les loyaux

serviteurs de l'État. Nous n'avons pas à suivre des vues personnelles. Il n'y a place en Indochine que pour une politique, celle du Gouvernement de la République française...

Naturellement - et vous en avez la preuve - le neuf doit se faire sans précipitation. Il faut peser toutes choses au prix du carat.

C'est là ce que vous avez commencé de faire et fort bien.

Je voudrais que, d'un élan unanime, vous arriviez les premiers au but, le but assigné par la France : l'entente cordiale de tous les pays d'Indochine fédérés au sein de l'Union française.

Après le dîner offert par Sa Majesté, nous nous rendons, comme le veut la tradition, à la salle des danses royales ! Cette antique institution conserve un caractère sacré, peut-être un peu trop stylisée et hiératique pour nous Occidentaux, laïcisés de plus en plus. Par leurs pas réglés et mesurés, par les gestes rythmés des bras, des mains allongées et souples à l'excès, par le son des instruments et des voix, les ballets des choreuses royales évoquent ou reproduisent d'antiques légendes empruntées aux liturgies brahmaniques. Et... c'est merveille de les voir à l'honneur toujours, en pleine société moderne, officiellement rattachées au culte millénaire du Bouddha.

Le lendemain est réservé principalement à l'hommage aux morts, puis à une brève inspection des écoles et musées. Ainsi, à la Pagode d'argent, l'École supérieure du Pâli. Directeur et maîtres nous présentent leurs élèves, jeunes bonzes au chef dénudé, vêtus d'amples robes jaune citron. Une façon d'école biblique où le ton jonquille remplace le noir et blanc des frères prêcheurs.

Le jeudi 31, visite d'Angkor et des prestigieux entours. Angkor-Vat, nom devenu fameux comme perle de l'art khmer.

Au crépuscule, il faut rallier Siem-Réap où nous attend l'avion, et décoller pour être à Saigon la nuit faite... J'apporte en moi l'assurance que S.M. Sihanouk et son Gouvernement sont résolus à jouer franc jeu avec le Haut-commissaire de France. Le roi m'a fait pressentir au départ sa satisfaction du modus vivendi provisoire et son intention de me rendre prochainement visite à Saigon.

A mon retour de Pnom-Penh, ce 31 janvier au soir, le Gouvernement Félix Gouin est juridiquement établi. Il entre en action. Je puis m'adresser à Marius Moutet : ministre des Colonies, il y a dix ans dans le cabinet Léon Blum, le voici chef de la France d'outre-mer, rue Oudinot. Il me faut le remercier et le rassurer en évoquant point par point les suggestions de son communiqué du 26 janvier. Je le fais correctement, nettement, fermement. Il convient même d'attirer l'attention sur des points d'actualité importants :

Soyez remercié des sentiments que vous voulez bien m'exprimer au moment où vous assumez la haute charge du département de la France d'outre-mer. Croyez bien que dans le cadre de la politique générale qui m'a été fixée par le Gouvernement de la République ma manière de faire est conforme à vos suggestions. J'ai déjà établi d'utiles rapports avec M. Caput d'Hanoi et MM. Oger et Canac de Saigon.

Hier, à Pnom-Penh, j'ai reçu avec satisfaction la délégation du Parti socialiste du Cambodge présentée par M. Lascaux en personne. L'entretien a été aussi cordial qu'opportun. J'étudie personnellement le mémoire établi par ses soins, désireux de m'entourer de toutes les compétences et bonnes volontés. Puis-je me permettre d'ajouter que ces messieurs séparés de la Métropole depuis dix ans ou plus me paraissent, comme il est très normal, ne pas avoir suivi exactement le courant de leurs grands partis. Je vous serais reconnaissant à l'occasion de les incliner à mieux saisir qu'il serait inopportun à l'heure présente de vouloir faire tout à la fois des choses qui requièrent réalisation progressive et mesure si l'on veut mener sans crise et jusqu'au bout le programme fixé par le Gouvernement. J'estime qu'au Cambodge, en particulier, nous n'avons pas perdu de temps, compte tenu des moyens dont je dispose. Tout n'est pas parfait certes mais tout est en progrès.

[...] Je vous souligne qu'il est essentiel de réserver dans les textes constitutionnels concernant la France d'outre-mer, en cours de préparation, le cas de l'Indochine. Ne savons-nous pas que la citoyenneté de l'Union française et la représentation à l'Assemblée nationale ne sont pas désirées mais apparaîtraient comme une nouvelle et indirecte mainmise de la Métropole sur les peuples indochinois au moment même où nous leur promettons la plus large autonomie. Une mesure de ce genre serait de nature à ruiner l'effort de renaissance politique mené depuis six mois...

En Cochinchine, voici le Têt, jour faste qui tombe cette année le 1er février. L'inauguration des rues « Général-de-Gaulle » et « 11e-RIC » me donne l'occasion de m'adresser à la population :

[...] J'affirme à nouveau, j'affirme avec vigueur que le Gouvernement de Paris ne m'a pas député dans un dessein impérialiste.

Le Gouvernement khmer l'a compris. L'accord est fait. [...] La nouvelle Constitution est arrêtée dans ses lignes maîtresses.

Mais revenons au Têt.

Fête de famille par excellence, elle manifeste votre fidélité au culte de la famille individuelle et communale... Il n'est pas d'assise plus ferme pour une société. Le progrès culturel, le goût d'un renouveau, l'aspiration à un ordre social neuf peuvent s'allier au respect de traditions millénaires.

Fête de la famille, fête du village, fête de la province appellent concorde et sérénité.

La majorité des employés, ouvriers, paysans de la ville, de l'usine, des campagnes - et leurs foyers - veulent travailler, élever, nourrir, soigner leurs enfants dans le calme. Ils veulent cela d'abord.

L'amour de la patrie annamite, si naturel, si légitime, en pousse d'autres, intellectuels et jeunes étudiants en première ligne, à réclamer sans intermission l'indépendance. C'est le mot du jour ! Il ne me choque en rien. Or, proclamer, exiger verbalement est aisé. Préciser, définir le programme inclus dans le mot et surtout le réaliser le sont moins.

Nous souhaitons que, sans long atermoiement, les Annamites se puissent administrer et gouverner eux-mêmes. D'un mot, nous souhaitons qu'ils deviennent maîtres chez eux, sous réserve toutefois d'un ordre public, ménageant, sans distinction de races et de classes, le respect et la sécurité des personnes et des biens.

Ajoutons fermement que pour réaliser cet idéal avec équité, en assurer la stabilité, les pays annamites ont encore besoin pour un temps et à leur avantage d'un concours et d'une expérience.

La France les leur offre en toute amitié.

Nous sommes nets. Restons-le.

Le procédé dialectique qui consiste, dans l'information et dans la propagande, à assimiler globalement les ressortissants français qui vécurent et travaillèrent en Indochine, qui y vivent et travaillent toujours, à une légion d'impérialistes sans scrupule, sans vergogne et sans foi, n'est pas, lui, un procédé net. Il ne tend, lui, qu'à accumuler sans discernement, sans mesure et sans probité les obstacles, la vile calomnie entre autres, sur la voie de l'accord désiré par le grand nombre.

Aux Annamites et Français de Cochinchine qui m'écoutent de près, je réserve les derniers mots.

Il vous arrive de penser et de dire que la politique actuelle de la France manque en ce qui vous concerne de réalisme et de précision.

A quoi je réponds :

L'ordre et la sécurité reviennent et ne cessent de s'étendre chez vous. C'est déjà réalité concrète. N'oubliez pas le 24 septembre, la cité Héraud, ses victimes, ses otages.

La colonie était hier sous le régime strict de l'administration directe. Survient le régime militaire de l'occupation nippone jusqu'à la capitulation de Tokyo. Après apparaît l'exercice transitoire d'autorités sans mandat, non valables.

Le Gouvernement fédéral n'a trouvé en face de lui ni gouvernement de droit ni gouvernement de fait avec qui traiter.

Vous venez d'être invités à instituer un Conseil consultatif afin de faire connaître au Haut-commissaire de France par l'entremise du commissaire de la République vos manières de voir sur l'avenir du pays. Pour vous Cochinchinois : le Namky [1].

Ce conseil consultatif va faire l'objet sous peu d'une ordonnance fédérale. Dans ses labeurs s'inscrivent au premier rang celui de passer au crible d'une honnête critique comme de coordonner les opinions diverses qui circulent quant au futur statut politique de la colonie ; celui de mettre sur pied le système électoral adapté à la population aux fins de lui permettre l'expression authentique de ses choix.

Nous voulons, en effet, un ordre électoral réel, non une parodie coupable du suffrage universel.

Ce sont là encore choses concrètes et précises.

J'attends beaucoup de votre conseil consultatif. Mais à vous d'œuvrer et d'assumer vos responsabilités.

La politique du Gouvernement provisoire de la République s'annonce li-

1. Le territoire de Cochinchine ; voir chapitre II, note 1, p. 50.

bérale. Comment le serait-elle si j'étais arrivé portant dans la valise de la rue Oudinot une Constitution nouvelle préfabriquée de toutes pièces à Paris ?

Au travail donc !

Le Cambodge, le premier, a répondu à notre appel. Il en éprouve les bons effets.

Je suis sûr que vous, Cochinchinois, ferez ainsi, et vite et bien. Vous trouverez alors sans tarder les mêmes avantages.

Que dit à cet effet l'ordonnance du 4 février ?

Elle prescrit la création, à titre provisoire, d'un Conseil consultatif chargé de donner son avis sur les questions d'intérêt cochinchinois qui seront soumises à son examen par le commissaire de la République. Elle prévoit, en outre, que le dit Conseil sera obligatoirement consulté par le commissaire sur toutes les questions d'intérêt général concernant la Cochinchine.

Un arrêté du 12 février porte la désignation des douze membres, quatre citoyens français et huit personnalités autochtones du Namky, qui le constituent. Au début, la présidence en est assurée par le commissaire de la République mais le sera bientôt par un membre du Conseil élu par ce dernier.

Ils ont certes besoin d'être encouragés et soutenus vu que les agissements de la guérilla forment autour d'eux un réseau dynamique de menaces. Pour les Viets, redisons-le, ce sont autant de traîtres. Mais un Nguyen Van Thinh, un Joseph Béziat, un William Bazé, un Tran Van Phat sont hommes courageux, convaincus, cultivés, et de bon sens.

En bref, dès février 1946, le devenir de la colonie relève, sous l'autorité du Haut-commissaire de France, d'un organisme collégial propre. Au Namky comme au Cambodge la déclaration du 24 mars devient réalité et vie.

L'échange régulier de messages avec de Langlade me permet de recevoir sans délai l'accord du chef du Gouvernement au sujet de ma venue à Paris vers le 15 février. Outre les visites à faire, je prévois la réunion du Comité d'Indochine et une conférence de presse en vue de redresser si faire se peut le courant des informations accoutumées de notre presse française sur la *chose indochinoise.* Elles sont viciées souvent par le partisanat politique de la Métropole. Une réunion du Conseil de l'ordre de la Libération s'impose au lendemain du départ du général de Gaulle. Ma ferme intention est d'aller lui rendre visite où qu'il soit en France.

Charles de Gaulle parti de la présidence, Pleven et Soustelle rejoignent l'Assemblée constituante... Mes entretiens dans la capitale m'apparaissent désormais moins simples, car les problèmes, eux, demeurent entiers. Raison de plus de m'y préparer avec une diligence accrue.

La partie à jouer

Aux gens d'un Paris si distant, je dois souligner les résultats acquis. Ils sont loin d'être négligeables, en dépit des racontars et ragots d'une presse et radio souvent partisanes. Bien plus, j'y dois rappeler et expliquer que localement l'obstacle majeur à notre marche en avant vient des agissements de l'armée chinoise d'occupation et du gouvernement annamite de Hanoi. Qu'ils marchent en cavaliers séparés, antagonistes parfois, ou conjuguant leurs efforts contre la politique du Gouvernement de la République, contre son représentant à Saigon et autres grands subordonnés, les effets en restent des plus fâcheux pour nous, Français !

La partie à jouer met en œuvre de nombreux acteurs. Elle requiert, dans le moindre délai, un accord diplomatique d'ensemble entre Chine et France : au rang des affaires militaires, la relève des forces chinoises éparses au Tonkin, en Annam et Laos Nord, s'inscrit en tête de mes préoccupations. L'heure est venue, par ailleurs, d'un ultime coup de collier pour conclure les tenaces débats d'Hanoi entre Hô Chi Minh et mes mandataires. A cela, trois motifs principaux.

Le premier : la négociation en cours avec la Chine porte témoignage international de notre souveraineté. Il convient de saisir l'opportunité de cette reconnaissance, méconnue et violée par l'ennemi japonais.

Second motif : nous donner le moyen d'assurer enfin la sécurité de 20 000 compatriotes du Nord, hier en péril de mort, du fait de la xénophobie de nombreux Viêtnamiens, péril de mort pour un oui ou un non et même sans nul prétexte. Le général en chef Lou Han, ses 180 000 hommes de troupe et un gouvernement d'occasion annamite sous son leader Hô Chi Minh n'ont rien su prévenir.

Troisième motif : la relève, fût-elle officiellement décidée, ne peut se faire à l'amiable que par un arrangement préalable du Haut-commissariat avec le Gouvernement de Hanoi.

L'action décisive, assez proche maintenant, est pour nous la relève des armées d'occupation chinoises. Elle requiert la formation et la mise en route, l'heure venue, vers le golfe du Tonkin de plusieurs convois échelonnés selon leur vitesse.

Un débarquement est affaire de marins : le vice-amiral Auboyneau organise la chose de concert avec le Génésuper. L'ordre général d'opération me sera soumis avant mon départ pour la France que je viens de fixer au mercredi 13 février. L'emploi d'un mot clé, au besoin de Paris, me permet d'ébranler la petite armada d'après les circonstances. Je connais Auboyneau et sais avec quelle diligence et quel soin il aura tout prévu.

Parallèlement, Leclerc arrange les mouvements de troupes pour relayer en Cochinchine la 9e DIC de Valluy par la 3e DIC de Nyo enfin arrivée. Il prescrit à Massu les opérations vers le Sud-Est afin de regrouper les forces de relève au Tonkin à proximité des bases de la côte Sud-Annam, d'y assurer l'indispensable dégagement des Viets, et la sécurité, à Nhatrang d'abord et si possible autour de Cam Rah.

Les convois devront être prêts à appareiller fin février en prévision d'une mise à terre des troupes et du matériel par landing-crafts dans les eaux de la baie d'Along, début mars. L'annuaire des marées impose des dates.

Dans ce laps de temps, il importe que les nombreux acteurs de pareil jeu combiné agissent habilement, chacun à sa place et au moment voulu.

Le théâtre est ample qui embrasse à la fois Paris, Chungking, Hanoi et Saigon.

A *Paris*

Rue Saint-Dominique, Félix Gouin assume les responsabilités du Gouvernement provisoire de la République depuis le 27 janvier. Il y joint celles de la Défense nationale mais récuse l'exercice direct de la présidence du Comité interministériel d'Indochine. Il bénéficie opportunément du concours du général Juin et du gouverneur de Langlade, l'un et l'autre avertis des problèmes en cause.

Au Quai d'Orsay, Georges Bidault siège depuis dix-huit mois. Le secrétaire général Chauvel et le directeur d'Asie Baudet sont à ses côtés. Je connais les uns et les autres.

Rue Oudinot, Marius Moutet vient de remplacer Jacques Soustelle. Réfugié en Suisse sous l'occupation, M. Moutet réapparaît officiellement sur le forum avec l'Assemblée constituante. Il est assisté par le directeur des Affaires politiques Laurentie bien informé et par un *nouveau* directeur du cabinet, Labrouquère, hier professeur de lettres à Hanoi. Dans la coulisse reste Messmer.

Rue Royale se trouvent les services du nouveau département des Forces armées. Edmond Michelet en est ministre depuis novembre 45, sans nul secrétaire d'État pour l'aider dans sa lourde tâche. A son cabinet, je connais depuis peu Max André, le capitaine de vaisseau Jozan et le contre-amiral Ortoli qui vient de quitter le cabinet militaire du Général pour prendre rang dans celui de Michelet. Son attention vigilante et son dévouement sont complets, nos liaisons ininterrompues depuis 40. Mes contacts avec les chefs d'états-majors généraux des trois armes remontent à plusieurs années : de Lattre, Lemonnier, Valin.

Soulignons qu'en fait Marius Moutet, réglementairement vice-président du Comité d'Indochine, y tiendra la place du président Gouin.

Le général de brigade Valluy, je l'ai dit, a été envoyé à Paris, le 16 janvier, comme informateur et porte-parole du Haut-commissaire, en face du problème de la relève des armées d'occupation chinoises. Il vient de me rallier à Saigon. Je serai moi-même dans la capitale mi-février.

Là se déroule le premier et principal acte de l'avenir indochinois.

D'un vol rapide, passons à *Chungking.*

Du palais présidentiel, le généralissime Chang Kai-Chek exerce l'autorité suprême. Avec lui, c'est la *stabilité* du pouvoir.

T.V. Soong, son beau-frère, banquier, homme politique en outre, est aujourd'hui président du Conseil des ministres. Très souvent en voyage, il ne suit que de loin, puis-je dire, les affaires d'Indochine. Par contre, le ministre Wang Shi Chieh, chef réel du Wai Kiao Pou, est informé sérieusement de tout. Au ministère de la Guerre, nous retrouvons Yo Yin Ching.

Pechkoff a quitté son poste, son successeur l'ambassadeur M. Meyrier vient d'arriver. Auprès de lui : Daridan, dynamique et connaissant bien les matières à l'ordre du jour.

En mission à Chungking, Clarac, mon propre collaborateur, ancien premier conseiller de notre ambassadeur, est pleinement à l'aise dans le milieu du Wai Kiao Pou. Il doit y retrouver Salan et Crépin chargés d'ouvrir les pourparlers visant la relève auprès du ministère de la Guerre et des états-majors. L'un et l'autre ont suivi attentivement à Hanoi les comportements divers du corps d'occupation de Lou Han.

Cet accord de relève constitue bien le deuxième acte de la « partie à jouer ».

De là, rejoignons *Hanoi,* capitale du Nord-Viêt-nam, sous tutelle chinoise par caprice de Potsdam. De l'équipe Sainteny, Pignon, Salan, le commissaire de la République Sainteny reste à la tête. Ce qu'ils ont fait et continuent de faire a été longuement exposé. Salan va et vient entre Hanoi, Kunming, Chungking, Saigon. Le colonel Le Pors dirige sur place la bonne marche de la citadelle où résident nos hommes de troupe.

J'en viens aux personnalités chinoises : je n'ai pas encore rencontré le général en chef Lou Han. Je le tiens cependant responsable de ce qu'ont eu à pâtir depuis cinq mois nos compatriotes en résidence au nord du 16ᵉ parallèle. Sa diligence à mettre obstacle à chaque tentative d'amélioration des rapports entre Français et Annamites est notoire.

Il convient malgré tout de présenter deux personnalités réputées de son entourage : Lin Chi-Han, délégué du Wai Kiao Pou et conseiller politique de Lou Han, Tchao Pei-Tchang, général de son état-major, homme énergique, intelligent, d'une grande finesse d'esprit que l'on croit en bonnes relations avec le Généralissime.

Depuis que les négociations entre Paris et Chungking ont pris solidairement corps, ces personnes marquent leur bon vouloir aux fins d'améliorer les rapports à Hanoi entre eux et nous, comme entre Vietnamiens et Français.

N'oublions pas de mentionner les principaux acteurs annamites.

En tête, le président Hô Chi Minh. Dans son ombre s'affairent les Dong, Giap, Giam, d'autres ministres ou parlementaires.

Les négociations franco-vietnamiennes à Hanoi imbriquées d'incidences chinoises composent le troisième et dernier acte de l'action décisive.

A *Saigon,* le Haut-commissariat est la plaque tournante où tout arrive et d'où tout repart.

Les changements politiques majeurs, séquelles de la démission spontanée de Charles de Gaulle, me valent maintes inquiétudes, m'obligent à maintes initiatives. L'acquis des mois révolus, en effet, ne doit nulle part en être compromis. N'est-ce pas notre premier devoir ?

Le général Leclerc doit assurer, en mon absence, comme intérimaire, l'expédition des affaires courantes. Il a pris part à chaque discussion sérieuse du Conseil. Moi parti, il en dispose à son gré. Bien instruit des problèmes tenant la vedette, de la raison maîtresse de mon voyage à Paris, je le sais d'accord avec moi sur le fond des choses à régler. Près de lui reste Longeaux, directeur du cabinet. Je n'oublie pas qu'au Conseil de décembre dernier, Leclerc était l'un des membres les plus opposés à l'emploi du mot « indépendance » par nos délégués négociant avec le G.R.A. J'estimais ce point de vue raisonnable. D'ailleurs, ce n'était là qu'un échange de libres opinions entre conseillers fédéraux. La décision n'était pas de leur ressort. Méditant tous les dires et gardant le silence sur mon sentiment personnel, je me réservais d'en écrire au président de Gaulle. Ce fut fait. La réponse ne vint jamais.

Une absence n'échappe à personne, absence combien cruelle à beaucoup, celle du général de Gaulle, libérateur de la France et de son empire, hier encore chef du gouvernement de Paris.

Chungking : obtenir un accord

Le 16 janvier, ma dernière lettre au président de Gaulle soulignait ma volonté que soit conclu sans délai à Paris, Chungking et Hanoi, le débat sur la relève effective. Elle insistait sur la nécessaire synchronisation des jeux entre ces mêmes capitales.

A cet effet, dès le 21 janvier, je télégraphiais à notre ambassade en Chine pour inviter à Saigon son représentant. Objet : harmoniser notre action vis-à-vis des Chinois.

Cette offre fut sans suite. En m'en remerciant, M. Meyrier se disait empêché de s'y rendre à la dernière heure. Il s'attendait à être convoqué à Paris d'un instant à l'autre et Daridan ne pouvait donc s'absenter. Je présume que l'ambassadeur a craint surtout de heurter la susceptibilité du Gouvernement chinois. Venir pour lors à Saigon ! Meyrier n'avait-il pas l'air de s'immiscer dans les affaires indochinoises hors des limites de ses activités normales ?

A Paris, se tient à ma demande une conférence du Comité interministériel d'Indochine, le 26 janvier. Il y est question de cette relève des troupes chinoises. Notons que les ministres, membres de droit du Comité, n'y participent pas. Seuls sont là des délégués. Le général Valluy, représentant le Haut-commissaire, expose que l'époque du débarquement efficace au Tonkin a été fixée vers fin février : il importe, dit-il, de « hâter cette opération » en raison de l'approche de la mousson de mai-juin et de la situation presque intenable des Français au Tonkin.

Cette opération, sauf à comporter de très grands risques sur les plans intérieur et international, devra être réalisée avec l'accord des autorités chinoises. Il insiste sur l'urgence de cet accord. Pour obtenir le climat indispensable, il propose l'envoi à Chungking d'une mission dirigée par une très haute personnalité française et met en avant le nom du général Juin. Tel est bien le « facteur nouveau à base de prestige ayant des chances de flatter agréablement le Chinois », que j'évoquais dans une lettre au général de Gaulle.

Quelques jours plus tard, j'insisterai auprès du Comindo pour que « le choix du chef de mission de *good will* s'arrête sur le général Juin. Les excellentes relations personnelles de Juin avec le général Marshall actuellement à Chungking est un facteur à ne pas négliger. Ne pas oublier que le président Chang porte toujours l'uniforme car très soucieux de prestige militaire ».

Le Comité s'accorde sur des concessions possibles quant aux réparations exigées par les Chinois consécutives à l'occupation japonaise. L'abandon au Gouvernement de Chungking du secteur chinois du chemin de fer du Yunnan - dont la valeur doit être appréciée - pourrait servir de monnaie d'échange.

Contre ces satisfactions politiques et économiques, il importe que nous obtenions à bref délai de la Chine victorieuse un authentique renoncement à son emprise territoriale sur le Tonkin.

L'attitude chinoise

La collusion du grand voisin chinois avec le milieu nationaliste vietnamien ne date pas d'hier [1]. Ses visées sur l'Indochine du Nord sont notoires, depuis longtemps. Quelle est son attitude, à l'heure du rétablissement de la souveraineté française en la Péninsule ?

1. Voir annexe 7, déjà citée page 425 ; page 46, chapitre II.

A la mi-janvier, Jean Sainteny me confirme sa position « sur le problème tonkinois après cinq mois d'occupation par les troupes chinoises ».

Il rappelle que « le retour du Tonkin sous la souveraineté française ne se fera qu'avec l'agrément chinois » :

> La Chine, depuis août 1945, se trouve la maîtresse absolue de la situation... Par ailleurs, comme les Japonais au mois d'août, les Chinois s'opposent à tout rapprochement franco-annamite qui n'aura pas leur approbation et qui ne serait pas réalisé par leur intermédiaire.
>
> Par contre, la Chine est prête à être le courtier d'un accord dans lequel elle serait largement bénéficiaire.
>
> Seule, une intervention armée mettant en œuvre des moyens extrêmement puissants pourrait nous éviter cette médiation... c'est donc... un conflit d'une envergure de grande taille qu'il faut être prêt à affronter.

A l'inverse, Sainteny indique qu'une action diplomatique habilement conduite pourra seule nous rendre le Tonkin rapidement et sans effusion de sang.

Il insiste, par ailleurs, sur l'échec notoire d'une politique américaine qui espérait obtenir le monopole des affaires économiques en Chine. La psychologie propre d'une vieille race cultivée se heurte à la mentalité de riches parvenus qui est souventes fois celle de nos grands alliés du Nouveau Monde. Mentalité prodigue en maladresses.

Peu après, le commissaire de Hanoi m'informe que certaines manières de faire du G.R.A., et de Hô Chi Minh le premier, marquent une attitude conciliante à l'égard des Français. Il ajoute : « Des bruits circulent dans les milieux annamites, à savoir que le Viêtminh diminuerait ses prétentions concernant l'indépendance totale, ce qui lui vaut des attaques de la presse nationaliste. »

D'Hanoi encore m'arrive le même 3 février une lettre officielle du conseiller diplomatique Clarac.

En route vers Chungking, il prend soin en traversant le Tonkin de sonder les humeurs de personnalités chinoises proches de Lou Han. Lin Chi Han vu le 26 janvier lui a affirmé que les incidents dont a souffert la colonie française ne se renouvelleraient plus : des mesures très énergiques ont été prises.

La conversation s'est étendue sur le plan général qui intéresse particulièrement M. Lin Chi Han [1].

De ce compte rendu d'un intérêt certain, je retiens, sous réserve de la sincérité de l'interlocuteur, et l'efficacité pratique de ses dires.

- Les vues du pouvoir central sur notre action en Indochine sont aujourd'hui plus obligeantes que ne le sont, en fait, les agissements

1. Personnellement chargé par le Généralissime de suivre la question annamite et de s'employer à en faciliter le règlement.

du général en chef Lou Han. Ce Yunnanais opulent et cupide s'applique à mener son jeu propre de pair avec ses grands subordonnés.

- Le gouvernement central, lui, souhaite le retour au Tonkin d'abord, puis dans la Péninsule d'un ordre ferme.

- De vrai, il est fort inquiet du péril communiste croissant dans le Sud-Est asiatique. Celui-ci risque de saper son autorité dans les provinces méridionales, spécialement au Kouang-Si et Kouang-Toung. Manifestement, il désire voir l'oncle Hô et ses protagonistes disparaître de la scène politique et administrative du Tonkin. Pour ce faire, il ne compte plus guère sur les deux partis annamites sinisants. Comment aujourd'hui miser tout à fait sur des meneurs trop faibles face à Hô Chi Minh ? D'où l'embarras d'un Lin Chi Han.

- Le gouvernement de Chungking redoute encore plus que, lors du départ de ses troupes, qui se rapproche, la population indigène et les partis sinisants l'interprétant comme une trahison, ne réagissent violemment contre leurs compatriotes.

Le jour suivant, dimanche 27 janvier dans la matinée, longue conversation de Clarac et Pignon avec le général Tchao Pei Tchang assisté de Lin Chi Han. Du double poids de sa personnalité militaire et d'ami du Généralissime, Tchao confirme un par un la position de son gouvernement résumée par le délégué du Wai Kiao Pou, M. Lin : même intérêt, même curiosité pour le modus vivendi franco-khmer du 7 janvier. S'agit-il du moyen d'aboutir sans délai à une convention valable entre Français et Annamites ? Même embarras, si Hô Chi Minh surtout gardait le pouvoir à Hanoi ! Même silence que M. Lin sur la personne de Bao Dai, conseiller suprême - en principe - du G.R.A. ! Même mutisme sur la personne d'un Ngo Dinh Diem, présent dans la région ! Sans doute ne sont-ils pas assez évolués au plan démocratique pour retenir l'attention ? Il sied d'ajouter que les deux derniers, l'ex-empereur et le leader nationaliste de toujours, cultivent avec prudence et soin l'attentisme.

Le général Tchao conseille très vivement, lui, à ses auditeurs français d'accentuer leur propagande afin que notre dessein politique au Viêt-nam soit mieux connu et l'opinion tonkinoise mieux préparée à l'admettre.

Dans son compte rendu, que je reçois le 6 février Pignon ajoute : « La seule question qui se pose, mais capitale, est celle de la sincérité de l'attitude chinoise. »

Le gouvernement de Chang Kai-Chek n'a-t-il vraiment pas de visées territoriales en la Péninsule comme il l'a souvent annoncé ?

Il lui serait, en effet, malaisé en 1946, de trouver des raisons de nature à justifier à la face du monde une annexion. D'autre part, le Gouvernement central n'a pas intérêt à annexer le Tonkin au détriment de sa politique de rassemblement et du rétablissement de son autorité. Les intérêts de la haute finance et du grand commerce chinois paraissent identiques à ceux du Gouvernement central ; il est à noter que M. Lin Chi Han est le chef d'un groupe de Shanghaiens qui paraît recevoir directement son inspiration de T.V. Soong.

Pourquoi d'autres milieux chinois parlent-ils un langage distinct au sujet du Nord-Indochine ? Pignon répond :

Parce qu'ils n'ont pas perdu de vue l'objectif qui paraissait être celui du Gouvernement central en septembre 1945, à savoir, la reconnaissance des droits de la France sur la Cochinchine [colonie], le Cambodge et le Laos, la proclamation de l'indépendance de l'Annam et du Tonkin [protectorats] avec indication que la Chine était au moins aussi qualifiée que la France pour guider les premiers pas de la nouvelle nation... L'attitude du Gouvernement chinois, qui autorise l'entrée des troupes françaises au Laos [1], en interdisant leur séjour au Tonkin, prouve notamment qu'à ses yeux une question, celle du Laos, est déjà réglée, qu'une autre, celle du Tonkin et de l'Annam, ne l'est pas encore.

C'étaient là les données connues et simplifiées du problème jusqu'à ce dernier entretien du 27 janvier avec Lin et Tchao Pei Tchang.

A l'heure actuelle - 28 janvier - il semble que le Gouvernement chinois par ses représentants les plus qualifiés et les plus authentiques nous propose en dernier ressort la constitution d'un gouvernement acceptable par eux et par nous, c'est-à-dire, sinon anticommuniste, du moins sans communistes. Ce gouvernement devra aux yeux des Chinois présenter des garanties suffisantes de libéralisme. Ils lui imposeraient alors de « traiter avec nous et faciliteraient la relève singulière de leurs troupes par les nôtres.

Sans doute, les rapports franco-annamites sont-ils juridiquement une affaire purement française qui ne concerne pas les Chinois. M. Clarac et moi-même l'avons nettement indiqué à nos interlocuteurs. En fait, que nous le voulions ou non, les Chinois se sont déjà mêlés des affaires annamites et continueront à s'en mêler [2]. A première vue, donc, si leurs intentions sont aussi favorables que l'indiquent Tchao Pei Tchang et Lin Chi Han et tout en faisant les réserves de droit, nous trouvons notre intérêt à la solution qui ramène le plus tôt possible et sans conflit sanglant nos troupes au nord du 16e parallèle.

Tel demeure mon objectif. J'ajoute que la présence d'un Lou Han au Tonkin reste *provisoire.* Mais revenons à l'avis de Pignon :

Nous assistons actuellement à l'élimination progressive du Viêt-minh de toutes ses positions provinciales au profit du V.N.Q.D.D. officiellement patronné par les Chinois et assisté par eux. Au Tonkin, cette élimination est presque un fait accompli. Le futur gouvernement sera donc logiquement un Gouvernement prochinois. Le V.N.Q.D.D., qui manque de personnel, faisant appel pour ses équipes ministérielles à la clique projaponaise du Dai

1. Il s'agit des troupes du général Alessandri, repliées sur la Chine après le coup japonais du 9 mars 1945.

2. Voir à ce sujet l'annexe 7, page 425, déjà citée, sur les collusions Chine-nationalistes vietnamiens.

Viet. Nous aurons consenti parallèlement, nous Français, à l'élimination de Hô Chi Minh et du parti viêt-minh. »

Cela posé, Pignon poursuit l'analyse :

Que se passera-t-il après la constitution de ce Gouvernement ?

On peut envisager plusieurs hypothèses :

1. Les Chinois jouent le jeu et le ministère mis en place par eux collabore avec les autorités françaises.

Nous acceptons le risque d'un Gouvernement auquel les Chinois reconnaîtront - beaucoup plus qu'ils ne l'ont fait pour l'actuel Gouvernement Hô Chi Minh - les prérogatives gouvernementales. Ce Gouvernement, à partir du moment où nous collaborerons avec les Chinois, nous l'aurons nous-mêmes reconnu tacitement.

Au moins pendant la période précédant l'arrivée des troupes françaises, la situation de nos nationaux risque d'empirer singulièrement et de dégénérer en conflit armé, ce qui nous ramènerait à l'hypothèse n° 2 examinée ci-dessous.

D'autre part, en admettant un fonctionnement correct des relations franco-chinoises et franco-annamites, il serait aisé au Gouvernement chinois de maintenir sur place au titre de divers organismes (chemins de fer, ports francs, associations des Chinois d'outre-mer, etc.), des agents qualifiés, qui manœuvreront au gré de leur patron commun, le Gouvernement fantoche.

2. Le ministère prochinois déclare ouvertement, ainsi que la presse V.N.Q.D.D. le réclame, la guerre à la France et fait appel à la Chine qui décide de ne pas retirer ses troupes dans l'intérêt de la paix du monde et propose que la question soit soumise à une instance internationale de manière à aboutir à la solution déjà indiquée d'un Annam-Tonkin indépendant.

3. Le Gouvernement prochinois demande que l'Indochine soit placée sous le régime de l'*International Trusteeship* et trouve aussitôt le concours de la Chine et sans doute des États-Unis, peut-être de la Russie, pour introduire et soutenir sa demande. Cette dernière hypothèse me paraît très sérieuse. Beaucoup d'Annamites, à l'heure actuelle, savent qu'ils ne peuvent plus obtenir l'indépendance et ne veulent pas pour autant revenir sous la tutelle de la France tant pour des raisons de face que par crainte des représailles. Ils savent également, surtout depuis quelques jours, sur quel puissant concours ils peuvent compter pour l'aboutissement d'une demande de cet ordre (cf. récente déclaration de Hô Chi Minh à la presse).

Au terme de cet exposé nourri de données judicieuses, quelle est la conclusion du rédacteur ?

Il est presque impossible à l'heure actuelle, écrit-il, de démêler avec certitude quelles sont les véritables intentions chinoises. Nos partenaires ont d'autre part, beaucoup d'avantages sur nous, et notamment le bénéfice de l'initiative.

Dans une large mesure, nous ne pouvons éviter d'être pris dans leurs manœuvres, même quand nous en avons une claire conscience. Dans le cas qui nous occupe, il ne me paraît pas possible de nous dresser ouvertement contre le jeu chinois. Il semble, au contraire, que nous devions chercher à conclure et à conclure vite, même au prix de certains sacrifices, à Chungking.

Sur le plan local, au contraire, tout en continuant à faire bonne figure à nos interlocuteurs, il serait sans doute imprudent de notre part de contribuer à hâter la désagrégation du Viêt-minh, avec qui nous ne devons pas perdre le contact. Tout en nous efforçant de prendre pied dans l'un et l'autre des partis prédominants, nous devons rechercher la constitution d'un tiers parti acceptable aux Chinois et acceptable au Viêt-minh, sur qui nous pourrons avoir quelque action.

Diverses personnalités peuvent être envisagées pour cela.

Sur le terrain annamite, il nous est interdit d'assister passifs à la manœuvre chinoise qui se précise.

Sans doute ne faut-il pas rééditer par esprit de système et aveuglement le « *Timeo Dannaos et dona ferentes* [1]. » Toutefois, jamais nos alliés du Nord ne m'ont semblé aussi redoutables que dans cette phase nouvelle d'amitié, qui a succédé à la crise des 10, 11 et 12 janvier.

Choisir et décider est l'affaire du chef. A lui de discerner le vrai de l'inexact, l'essentiel de l'accessoire.

Vis-à-vis des Chinois, mes positions sont prises.

L'une vise la négociation en voie d'aboutir à Chungking. C'est la pièce maîtresse. Je veux, et le répète, en finir vite et bien. En finir par un accord diplomatique satisfaisant où doit s'inscrire, sans faute et sans atermoiement, la relève des troupes chinoises.

L'accord signé marquerait le déclin du rôle provisoire - ne l'oublions pas - de la Chine au Tonkin. Cette nouvelle base de départ aiderait fort à conclure ensuite une convention du moins préliminaire avec le Gouvernement de Hanoi. Ne suis-je pas dans ce but en instance de départ vers Paris ?

Deuxième élément : les combinaisons chinoises touchant le devenir du Gouvernement révolutionnaire annamite et du Tonkin, c'est l'accidentel à mes yeux.

Au reste, que signifie donc au juste la proposition des Chinois visant ledit Gouvernement ?

En bref, que la France à leur suggestion y prévoie « un gouvernement sinon anticommuniste au moins sans communiste ». C'est vraiment le fin du fin pour le Gouvernement central qu'après avoir en fait utilisé et poussé le Viêt-minh, qu'après l'avoir toléré bien des mois à Hanoi, il obtienne de le faire bousculer aujourd'hui par la France et que, jouant à la bascule au mieux, cette dernière introduise au pouvoir à la place des Viets quelque parti nationaliste annamite, sinisant à fond et nous détestant, nous Français, colonialistes, impérialistes, etc. Proposition en tout point inacceptable.

Telle est mon opinion mûrement réfléchie !

1. « Je crains les Grecs, même lorsqu'ils font des offrandes. » Virgile, *Enéide,* ch. II, § 49. (N.d.E.)

Ma mission est de régler cette affaire entre Annamites et Français. L'effondrement de la résistance viêt-minh à Nhatrang en février est favorable à la reprise des pourparlers. Ces négociations composent le 3e et le dernier acte de l'action décisive. A savoir : le retour sans heurt dramatique de la France au Tonkin.

Derniers jours, ultimes directives

Il importe aujourd'hui qu'en partance pour Paris, le Haut-commissaire prenne pied en personne dans l'Annam. Je consacre à Dalat ma venue du 7 février.

Après l'avion, la route ! Une heure de command-car par un trajet montant, caillouteux, sinueux, flanqué de bois épais, nous mène à 1 500 mètres d'altitude sur un plateau accidenté. Là repose la ville neuve de Dalat. Avec ses abords dégagés, ses avenues, ses villas, ses jardins, la petite cité s'offre avenante, souriante, sous le soleil naissant.

Au palais, je fais le point avec les personnalités civiles et militaires. Après visite de l'agglomération, un discours à la population rassemblée l'informe des résultats favorables en Cochinchine, et l'invite à reprendre avec confiance son labeur journalier.

Le 9, visite à Pak-sé, sur les rives du Mékong. Le voyage en Dakota, au-dessus du fleuve et de ses rapides, permet de se faire une idée du problème des communications. Cette voie d'eau n'est-elle pas la seule offerte par la nature entre le Sud et le Nord-Laos... Sans les fréquents rapides, chutes, courants violents, obstructions même qui soulignent d'importantes dénivellations séculaires, le fleuve majestueux deviendrait un facteur économique de premier ordre. Pour l'heure, en février 1946, la route coloniale 13, qui serpente le long du Mékong à partir de Kratié, en plein Cambodge, demeure la voie de camionnage la plus rapide, la plus sûre, fort onéreuse évidemment.

Après Pak-sé, Pak-Song à 1 000 mètres d'altitude, sur le plateau des Bolovens. Les montagnards bolovens, d'origine indonésienne, furent rattachés tour à tour au royaume khmer puis au royaume lao. Sous des noms et dialectes divers, ces peuplades conservent des us et coutumes de thai ou lao.

Honneurs rendus, suivent les cérémonies rituelles. Puis des visites aux plantations de quinquina et de café. Face aux difficultés à prévoir au Tonkin et en Annam pour nos colons français, ne fût-ce que pour la main-d'œuvre et la réglementation nouvelle du travail, combien d'écueils pourraient être évités avec les montagnards des plateaux du Centre et Sud indochinois ! Les Bolovens rencontrés aujourd'hui sont sympathiques, attachés à leurs terres, leurs coutumes et... à notre pays qui les affectionne et assiste.

Ces deux voyages accomplis, il me reste quarante-huit heures avant d'appareiller de Tan So Nhut pour Orly. Je les emploie pour mettre au point l'une ou l'autre décision administrative, militaire et politique.

Le conseiller financier Bloch-Lainé, alors en mission dans la capitale, a obtenu l'accord de Paris sur le principe d'une Agence générale de la Fédération indochinoise, sous l'autorité directe et entière du Haut-commissaire.

Ce faisant, le secrétariat du Comité d'Indochine continuerait de se réserver son rôle propre : la coordination interministérielle à un plan supérieur. L'on évite donc d'alourdir son activité en confiant à l'Agence générale la charge des besognes administratives courantes.

D'autres points sont marqués en faveur de l'autonomie administrative de la Fédération - prescrite par la déclaration du 24 mars 1945 :

- La procédure des ordonnances fédérales a été approuvée.

Mieux : le pouvoir central l'a utilisée, à sa requête, pour promulgation de décisions de parité monétaire.

- En Conseil fédéral, lundi 11 février, le budget 1946 est étudié, discuté, établi, approuvé enfin.
- M. de Raymond signale l'entrée en fonction du Conseil consultatif de Cochinchine. J'y attache personnellement une réelle importance pour le devenir de notre colonie. L'inauguration officielle est fixée au lendemain 12 février, sous la présidence de M. Cédile.

L'après-midi du même jour, lundi 11, je vois Leclerc pour régler avec lui les conditions de l'intérim. Outre la routine journalière à voir avec le directeur du cabinet, il convient qu'il suive la marche des discussions Sainteny-Hô Chi Minh en cours à Hanoi et me tienne informé ponctuellement à Paris. Cette marche est satisfaisante aujourd'hui, comme il vient d'être souligné à la séance du Conseil fédéral. Je résume à Leclerc les lignes maîtresses de mes ultimes directives au Comrep d'Hanoi.

Ce même soir à ma table, en vue de parfaire la cohésion des esprits et sentiments, je retiens les officiers généraux des trois armes, responsables dès maintenant de la préparation et demain de l'action décisive embrassant le transfert, le débarquement, la progression de nos forces de relève. Sont là Leclerc, Auboyneau, Graziani, Andrieu, Valluy, Battet, Salan et Nyo.

Après les décisions administratives et militaires, voici les décisions politiques importantes prises de Saigon, le 12 février 1946. J'en fais part au commissaire de la République pour le Tonkin et Nord-Annam [1] :

1. Le facteur chinois continue de peser lourdement sur le règlement du différend entre Français et Annamites du Viêt-minh. Nous savons que, tant au centre qu'à la périphérie, l'autorité chinoise désire qu'intervienne un accord franco-annamite avant le départ de ses troupes. Elle redoute une poussée communiste qui heurterait l'arête la plus sensible de la politique actuelle de Chungking. La personnalité d'Hô Chi Minh n'est donc pas en faveur. L'autorité chinoise redoute aussi d'éventuelles représailles contre ses ressortissants, de la part des populations pressurées cinq mois durant.

2. Cette personnalité [2], malgré les difficultés et traverses, s'affirme de plus en plus comme la personnalité politique qualifiée et solide auprès des masses annamites et des dissidents du Viêt-minh.

Sans le facteur chinois, nulle place à hésitation, c'est avec elle qu'il faudrait traiter en vue d'aboutir à un agrément.

3. Ma conclusion est qu'il faut marcher dans ce sens.

En effet, aux objections d'ordre idéologique évoquées ci-dessus, il peut être répondu aux Chinois :

a) Pourquoi, maîtres absolus de la situation dans le Nord, avez-vous conservé cet homme, sinon parce que sa présence vous apparaissait finalement comme plus utile que pernicieuse ? Nous voulons nous inspirer de votre exemple, fait de pondération et de sagesse.

b) Dans la mesure même où vous nous faciliterez, en bons alliés, le rétablissement de l'autorité française au Tonkin, votre crainte d'infiltrations communistes ne pourra que diminuer. La France vient d'administrer au monde la preuve que, ni chez elle, encore moins au-dehors, elle ne veut l'implantation d'un gouvernement marxiste.

c) Nos désirs sont d'ailleurs de voir présentement maintenus au gouvernement annamite d'Hanoi des représentants d'autres tendances non suspects de malveillance à l'égard de la Chine.

d) Si vous êtes d'accord et, sous réserve de ne point s'immiscer dans les tractations, vous pouvez donner d'utiles conseils à nos adversaires.

4. Ceci dit, veuillez trouver, ci-joint, deux documents.

Le premier, sous forme de mémorandum, précise jusqu'à quel point vous pouvez aller dans la recherche d'un accord de base avec Hô Chi Minh.

Le second, dont vous prendrez connaissance et que vous tiendrez très secret, ne sera remis au destinataire qu'au reçu d'un message de moi ainsi libellé : « Prière de remettre pli personnel à l'intéressé. »

1. Vu son importance, ce document est retranscrit dans les mêmes caractères d'imprimerie que le texte de l'Amiral.
2. Hô Chi Minh.

Suit le mémorandum, secret, net et bref :

I. Le Gouvernement de la République souhaite une entente avec le Gouvernement annamite d'Hanoi sur les bases suivantes :

1. Le Gouvernement d'Hanoi ne veut ni rompre avec la France, ni méconnaître les droits et intérêts légitimes de la France en Indochine.

2. Le Gouvernement de la République répugne de son côté à user de sa puissance militaire pour assurer la sauvegarde de ses droits et intérêts comme de la sécurité de ses nationaux.

3. Le Gouvernement de la République désire donner satisfaction aux aspirations légitimes des populations annamites et déclare que le Gouvernement de Hanoi et l'administration, dont elles ressortissent, doivent être libres et maîtres chez soi.

4. Ce Gouvernement fait appel de gré à la France pour recevoir d'elle son concours sous forme de conseillers et de techniciens tant au plan gouvernemental qu'administratif. La France propose les candidats et reçoit l'accord du Gouvernement d'Hanoi.

5. Le Gouvernement d'Hanoi participe avec la France à l'organisation fédérale pour ce qui a trait à la représentation diplomatique, aux finances, à l'économie, à la législation du travail et à la sécurité de l'Indochine.

6. Le Gouvernement d'Hanoi garantit aux Français résidant dans le territoire de son ressort un exercice propre de la justice.

II. Si la France est prête à traiter officiellement et dès maintenant avec le Gouvernement annamite d'Hanoi, elle ne prend pas arbitrairement position sur le principe du Viêt-nam, fondant en une unité territoriale et politique les trois Ky. Elle réserve, au nom de la liberté, à la Cochinchine le droit de se prononcer l'heure venue.

Encore moins, reconnaît-elle au Gouvernement d'Hanoi des titres pour parler au nom de l'Indochine entière.

L'emploi du mot indépendance a été réservé, non pas que la France y répugne absolument, mais elle pense que le problème du choix du vocable se trouvera facilité par l'exposé substantiel cidessus. Être maître chez soi, être libre ne prête à aucune équivoque : *Doclap, Self-government* disent bien ce qu'ils veulent dire. Ces mots ne peuvent trouver d'équivalents exacts en langue française.

Si le Gouvernement français répugne à user de la force pour la sauvegarde de ses intérêts en Indochine, cela signifie qu'il veut tout tenter pour en éviter l'emploi, mais qu'il est tenu par des obligations internationales à assurer la relève des forces chinoises et à faire entrer ses forces en Indochine du Nord comme le Gouvernement chinois y fut tenu par les accords de Potsdam.

Avec ma lettre et ce mémorandum, je réponds à la requête exprimée par Comrep Hanoi, le 6 février : « Avant de reprendre les pourparlers il faut... que je sache exactement jusqu'où vous m'autorisez à m'engager. »

Jean Sainteny, acteur principal au Tonkin, Leclerc, mon intérimaire à Saigon, sont informés exactement de mon dessein, jusqu'au non emploi... justifié du mot *indépendance.*

Telles les cartes à jouer, telles nos chances à courir.

Quant au second document, il s'agit d'une lettre personnelle à Hô Chi Minh.

Soucieux d'aider au mieux mon représentant, je mesure aussi les difficultés de sa tâche actuelle. De ma part, ce geste répond au souci de la face d'un Annamite susceptible ; elle peut être appréciée, avoir une résonance utile dans les pourparlers. Je n'ai pas oublié l'insistance du président du G.R.A. aux fins d'obtenir du Haut-commissaire de France une motion officielle, des propos à la radio engageant la responsabilité du Gouvernement de la République.

Sainteny en usera le cas échéant. Je me réserve, d'après la marche des choses, de l'informer du moment où il en pourra faire emploi.

Cette lettre la voici :

Monsieur le Président,

Dès le mois de septembre 1945, M. Sainteny, commissaire de la République à Hanoi, vous faisait savoir la satisfaction que j'éprouvais à m'entretenir directement avec les représentants qualifiés des partis nationalistes annamites et spécialement avec vous.

J'ai cherché à faciliter notre rencontre à la fin de décembre. Les circonstances l'ont empêchée. Je le regrette.

Toutefois, il m'a été donné de mieux connaître vos intentions, au fil de ces derniers mois, par les relations fidèles qui m'ont été faites des entretiens que vous avez eus avec diverses personnalités : MM. Sainteny, Pignon, Max André, Caput, le général Salan.

Ai-je eu tort d'en conclure que, d'une part, vous aspiriez à la liberté politique et administrative du Viêt-nam et que, d'autre part, vous ne souhaitiez pas de rupture avec la France, sous réserve que le Gouvernement de la République tienne pour légitime la situation de fait créée au Tonkin, depuis août 1945. Bien plus, vous seriez disposé, sur cette base de départ, à renouer les relations d'amitié avec la France et lui demander son concours, sous forme de conseillers, techniciens et experts, appelés à vous aider dans l'organisation et le fonctionnement des services publics, ceci pour le bien du peuple annamite.

Il m'est agréable de vous donner l'assurance que le Gouvernement de la République, en ce qui le concerne, désire arriver à une entente cordiale et à prévenir l'emploi de la force.

Outre ses légitimes intérêts à défendre et la sécurité de ses nationaux à assurer, la France se doit de relever les forces chinoises par ses propres forces sur la demande du Gouvernement de Chungking et selon les accords intervenus à ce sujet : accords, entre la France, puissance dont la souveraineté sur l'Indochine n'a été déniée en droit par aucune autre puissance, et la Chine, son alliée.

Profondément, je voudrais que, compte tenu de ces faits, votre haute autorité s'exerçât pour que nulle entrave ne soit mise de votre fait à l'arrivée de ces forces de relève, forces qui ambitionnent, non de livrer le combat contre nos amis du Tonkin, mais d'assurer les responsabilités dévolues à l'armée chinoise jusqu'à maintenant et la sécurité de nos nationaux compromise sérieusement depuis plusieurs mois.

Aussi, sincèrement, je voudrais vous confirmer que si un climat de compréhension mutuelle s'établissait sur ce point, le Gouvernement de la République tiendrait à honneur de reconnaître par ses actes les légitimes aspirations de vos populations à la liberté politique et administrative et d'aider votre Gouvernement de fait à s'établir sur des bases plus solides et plus larges.

Il comprend ce vœu d'être maître chez vous. Il est prêt à vous aider à l'accomplir.

M. Sainteny n'a pas manqué de vous apporter, en mon nom, d'utiles précisions sur ce que pourraient être les lignes essentielles d'un pacte nouveau qui se substituerait juridiquement aux traités conclus jadis entre l'Annam et la France.

Si vous y donniez votre accord de principe, il pourrait être procédé enfin et de plein gré aux travaux d'élaboration en commun d'un texte officiel d'un tel pacte.

Je compte naturellement sur votre courtoisie pour ne donner aucune publicité à cette lettre jusqu'au jour, prochain je l'espère, où elle pourrait être rendue publique sans inconvénient.

Veuillez agréer...

Ces derniers messages signés avec la nuit, l'heure est venue du repos nocturne avant l'envol vers Paris.

Les positions sont nettes,

L'objectif clair,

La « partie à jouer » toute prête à s'engager définitivement.

Chapitre VI

PREMIER VOYAGE A PARIS

Mon Lockheed Ventura *18 juin 40* s'envole de Saigon le mercredi 13 février. Par Rangoon, Allahabad, il arrive à Karachi en douze heures de vol. M'accompagnent les deux conseillers fédéraux Torel et Guillanton, le chef du cabinet administratif Giard, mon aide de camp enseigne de vaisseau François Bureau et mon secrétaire, le second maître Thépault. Nous repartons à l'aube du 14, *via* Bassorah et atteignons Le Caire en dix heures.

Nuit brève.

A la première heure, appareillage vers Malte et Orly.

Une panne de moteur nous contraint à deux jours d'étape à El Adem. Un Dakota de secours nous mène à Malte, puis Naples où nous retrouvons mon petit Ventura remis en état. Et c'est seulement le dimanche 17 février au soir que nous atterrissons enfin à Orly.

Beaucoup de monde attend le *18 juin 40* [1].

En route vers la rue François-Ier qui reste mon Q.G. à Paris. J'ai pris en voiture avec moi François de Langlade ; nous pouvons faire le point. Comme convenu, ce dernier m'instruit des premières audiences officielles minutées à sa diligence. C'est à lui et au général Juin que revient la charge de me faire tenir les dépêches attendues de Leclerc ou de Sainteny. L'entretien se poursuit à l'hôtel de la Libération. Pour les affaires d'Indochine, presse, radio sont alertées. L'opinion reflète ce qu'en disent à leur gré les partis.

Le général de Gaulle s'est retiré pour l'heure à Marly. Il doit m'y recevoir à déjeuner mardi.

1. Avec le gouverneur de Langlade, les premiers à me saluer sont le directeur d'Asie Baudet, l'amiral Barjot, sous-chef d'état-major à la Défense nationale, Laurentie, de la direction politique, rue Oudinot, tous membres suppléants du Comité d'Indochine. L'amiral Ortoli du cabinet de Michelet, Labrouquère et Messmer de celui de Marius Moutet sont là, comme aussi le chef de bataillon Mus, le capitaine de corvette Schlumberger et maints autres bien que ce soit dimanche et malgré mon retard.

Premières entrevues

Le lendemain lundi, 18 février, à 10 heures, Marius Moutet, le premier, m'accueille rue Oudinot. Je le revois à son domicile privé, avenue des Ternes, au repas que, des plus affables, il offre en mon honneur.

A 11 heures, le président Gouin m'avait reçu assez brièvement rue Saint-Dominique, car d'emblée, me dit-il, au sujet du Comité interministériel, « ne connaissant rien au problème indochinois, j'en délègue la présidence à Moutet ». Dont acte. Par contre, il tient à ce que nous soyons photographiés ensemble et, pour ce faire, m'accompagne jusqu'au perron de la cour d'entrée. Autres temps, autres manières.

De là, nous gagnons la rue Royale. M. Michelet, ministre des Forces armées, installé au ministère de la Marine, m'y reçoit à midi. Je le sais des mieux disposés et le constate.

Ces visites, simples prises de contact avec le Gouvernement, se continuent les jours suivants : Au Quai avec Bidault ; Billoux, rue de Lille à la Reconstruction ; Thorez, vice-président du Conseil, rue de Varenne à l'hôtel Matignon ; Tillon, ministre de l'Armement, boulevard Victor ; Le Trocquer, siégeant place Beauvau, ainsi que Jules Moch, boulevard Saint-Germain [1].

En bref, je refais connaissance avec les membres du nouveau cabinet ministériel. Ils ont à connaître des affaires d'Indochine, plusieurs étant acteurs du Comité, dont la réunion est fixée au mercredi 20 en fin d'après-midi.

Cette réunion est vraiment la raison d'être de mon premier voyage à Paris. Elle sera, à mes yeux de Haut-commissaire, la pièce cruciale de mes activités ici. Je dois y faire la mise au point de la situation là-bas, et proposer les décisions indispensables au rétablissement de l'autorité française en toute la Péninsule.

Ces décisions, nous les connaissons. Elles ne peuvent être, sauf facteur inopiné, que mes directives au commissaire Sainteny, précisées dans mon courrier du 12 février, et dont Leclerc, chargé de l'intérim, connaît l'essentiel.

Nouvelles d'Indochine

Ce lundi 18 précisément, le général Juin me remet en mains propres un télégramme très secret du Génésuper à transmettre au général Juin et à l'amiral d'Argenlieu par l'entremise de l'État-major général de la Défense nationale.

1. Respectivement ministre de l'Intérieur et ministre des Travaux publics et des Transports.

Juin l'ayant reçu le jeudi 14, à 14 heures, en a pris connaissance. Étonné de sa teneur, il n'en a soufflé mot à quiconque, attendant ma venue. Je lis attentivement, et sous la signature de Leclerc :

Derniers renseignements Hanoi confirment Annamites de plus en plus prêts soit céder, si reçoivent satisfaction mot indépendance, soit se rejeter dans guerre du type résistance française qui peut durer plusieurs années, empêcher toute réalisation politique et administrative de valeur et diminuer le prestige de la force française réaffirmée aujourd'hui. J'estime que la conjoncture actuelle est la plus favorable pour faire une déclaration dans ce sens. En effet, céder il y a quatre mois sur ce mot constituait une capitulation et un aveu d'impuissance. Actuellement, nous avons réaffirmé la souveraineté et la puissance françaises, rétabli l'ordre en Cochinchine, au Cambodge et dans une partie du Laos et de l'Annam et nous allons arriver en force aux portes du Tonkin. Nous pouvons en toute souveraineté et au meilleur prix parler avec les Annamites et concéder. Les Annamites acceptent sous le mot indépendance ce que nous proposons sous le mot autonomie. Cette indépendance serait à accorder à terme au sein de l'Union française et concernerait non seulement Annam, Tonkin mais Cochinchine, Laos, Cambodge. J'estime que si le mot est prononcé, la plus grande partie du problème est résolue, les Annamites auront sauvé la face sans que notre prestige et notre influence soient diminués. Sur le plan international, nous offririons avec la réalisation rapide de la pacification la preuve de notre désir d'évolution dans le domaine de la politique coloniale et éviterions toute présentation du problème indochinois devant l'Assemblée des Nations unies. Si Annamites refusent, notre position internationale est inattaquable. En conclusion, j'estime que c'est exactement maintenant avant le débarquement au Tonkin, le moment opportun pour déclaration gouvernementale précise et renfermant le mot indépendance.

Ma surprise est plus grande encore que celle de Juin.

Voyons, j'ai quitté Saigon le mercredi 13 au matin, j'ai eu la veille plusieurs entretiens, seul à seul, avec Leclerc. Il sait que jusqu'à la fin, j'ai écarté l'usage du mot *indépendance* et nettement expliqué pourquoi, dans le mémorandum envoyé à Sainteny le même mercredi 13. Aucune objection de sa part.

Or, je constate que, dès le 14, à 8 h 30 du matin, il en vient à suggérer, non sans insistance, l'emploi du mot, en contradiction avec le Haut-commissaire. Quel emploi ? L'insérer dans une déclaration du Gouvernement de Paris ? Il n'ignore nullement qu'à cette date je ne puis être arrivé dans la capitale.

Ces faits présents à l'esprit, je remercie Juin d'avoir si opportunément réservé la diffusion de ce communiqué singulier. Ne heurte-t-il pas brusquement la position politique du Gouvernement provisoire ? Ne donnant au reste qu'une opinion individuelle hâtivement émise, le mieux est de la taire à tous égards. D'ailleurs, je prévois d'un jour à l'autre une information d'importance du commissaire de la République à Hanoi. Juin est pleinement d'accord.

A ma mémoire affleure l'heureux trait d'un excellent et proche collaborateur de Leclerc. L'humeur ombrageuse de ce dernier à l'égard de son chef m'avait plusieurs fois surpris et choqué. « Vous savez, Amiral, me dit-il, que le général est un pur-sang ! » J'avais souri... Aujourd'hui, je me rappelle le propos.

Continuant de méditer le radiogramme du 14 février, je constate que les prétextes mis en avant pour l'éclairer et le soutenir manquent de pertinence. Les Annamites, par exemple, n'approprient nullement au mot indépendance - leur *Doclap* – ce que nous proposons sous le vocable autonomie. Quatre mois ne sont pas écoulés depuis que Leclerc tenait avec moi comme inconséquent d'admettre l'indépendance du Viêt-nam. Ainsi que je le soulignais aux pages précédentes, le même, un mois à peine écoulé, ne s'affirmait-il pas au Conseil fédéral « l'un des membres les plus opposés à l'emploi du mot indépendance par nos délégués négociant avec le G.R.A. [1] ». Et... maintenant, il ne s'agit plus de simples échanges de vues, mais d'insérer le mot clé, le *Doclap* dans un texte tant officiel que solennel, capable d'engager tout l'avenir de la France et des États associés d'Indochine.

Quand s'avance la journée du 18 février, sur les bords de la Seine, un nouveau télégramme arrive de Saigon. Il m'est transmis par la DEF-NAT sous le timbre cabinet/515, secret absolu, pour l'amiral d'Argenlieu et le général Juin, il est signé Leclerc.

Il vaut d'être intégralement reproduit ici :

Sainteny arrive d'Hanoi et fait l'exposé ci-après : Il a vu le 16 Hô Chi Minh avec lequel il a eu un long et décisif entretien à la suite duquel Hô Chi Minh se déclare d'accord pour traiter suivant les principales conventions suivantes :

1. Gouvernement français reconnaît au Viêt-nam principe d'un *self government* mais pose à cette reconnaissance conditions ci-après énumérées : a) Viêt-nam restera dans Union française. b) Viêt-nam acceptera conseillers et techniciens français. c) Viêt-nam garantira à la France le maintien et même le développement de ses avantages économiques. d) Viêt-nam adoptera même position sur plan culturel. e) Viêt-nam invitera armée française à relever sans délai les troupes chinoises au Tonkin.

2. Hô Chi Minh demande par conséquent à recevoir d'urgence par intermédiaire Sainteny télégramme contenant proposition des principales bases d'accord ci-dessus exposée. Hô Chi Minh a promis donner acceptation immédiate.

3. Sainteny signale également général Lou Han particulièrement bien disposé et prêt à appuyer action française en contrepartie de notre reconnaissance.

4. Outre cet exposé général de base, Sainteny précise points suivants : a) Hô Chi Minh renonce définitivement au mot « Indépendance ». b) Le terme *self government* a été choisi par Hô Chi Minh lui-même sur proposition Sainteny de préférence aux termes de « liberté de gouvernement » et

1. Voir chapitre V, page 137.

« liberté dans Union française ». c) Hô Chi Minh admet intégration du Viêt-nam dans Fédération indochinoise. d) Hô Chi Minh semble abandonner désir représentation O.N.U. e) Sainteny a posé principe Cochinchine décidera elle-même sa position future.

5. Hô Chi Minh désire déclaration française immédiate pour lui permettre réponse très rapide. Sinon il craint d'être débordé lui-même soit par opposition intérieure soit par action chinoise. Il laisse d'ailleurs prévoir sa retraite volontaire et peut-être provisoire.

6. En accord complet avec Sainteny et Longeaux j'estime capital réponse immédiate venant de Paris. En effet, cette déclaration d'Hô Chi Minh confirme notre impression que le moment de la part du Gouvernement français de faire proposition secrète précise d'autant plus que réalisons gain très appréciable de voir disparaître mot indépendance. Souhaitons tous que Gouvernement ne laissera pas échapper une telle occasion. Dès réception votre réponse, vous envoie messager pourvu de tous renseignements et compléments détails. Vous rends compte, en outre, que pour la première fois, Hô Chi Minh a souhaité que mention discrète de son entretien avec Sainteny soit faite. Prends dispositions en conséquence.

7. Je répète qu'il est capital proposition secrète du Gouvernement français soit envoyée immédiatement sinon occasion peut disparaître.

8. Prière accuser réception.

J'ai en main à présent l'« information d'importance du commissaire de la République à Hanoi prévue d'un jour à l'autre » ainsi que j'en faisais mention à Juin au début de l'après-midi. Son contenu est trop analogue à mes directives personnelles du 12 février pour ne pas ressentir une vraie satisfaction.

Ainsi, nos efforts persévérants, tenaces, ont des chances désormais d'aboutir à une convention, pacifiante avec le Gouvernement de Hanoi, d'une part, et satisfaisante, d'autre part, pour le Gouvernement provisoire de Paris. Les cheminements, devenus complexes et délicats depuis septembre dernier, sont sur le point d'atteindre le but souhaité : rétablissement de l'autorité de la France au Tonkin-Nord Annam, retour enfin de la sécurité pour nos compatriotes et amis si longtemps menacés, trop souvent endeuillés.

Certains passages du communiqué me laissent un peu rêveur. Hô Chi Minh, par exemple, promet de « donner son acceptation *immédiate* ». En outre, il « renonce *définitivement* au mot Indépendance ». Immédiat... définitivement. Adjectif et adverbe sont trop beaux, trop inédits pour que l'on y puisse croire. Nous, Français, n'en demandons pas tant. La finale du paragraphe cinq porte sur « la retraite volontaire et peut-être provisoire » d'Hô Chi Minh. Propos singulier... bizarre même. Quel avantage aurons-nous aujourd'hui à voir s'effacer le leader annamite, le seul, nanti de la confiance des masses. Le seul à porter au Viêt-nam la responsabilité de l'accord en vue, et demain, de sa mise en application. Retraite volontaire ? Qu'a-t-il à craindre de l'action chinoise puisqu'aux lignes précédentes, Sainteny tenait à signaler que le général Lou Han « est particulièrement bien disposé et prêt à appuyer l'action française ».

Au sixième alinéa, Leclerc ajoute un : « *d'autant plus* que nous réalisons le gain très appréciable de voir disparaître le mot Indépendance ». Cette parenthèse apporte certainement une garantie de prix, mais... appelle un sourire, dans la fraîche mémoire de la déclaration du 14 février et de sa dialectique convaincue en faveur de l'octroi immédiat au même Gouvernement de Hanoi de son indépendance.

Notre analyse minutieuse des textes est indispensable.

Il importe, en effet, qu'à la session du Comité d'Indochine prévue le 20 février, ce dernier soit saisi du projet de réponse, qu'il l'approuve et en prescrive l'envoi prioritaire. Cette réponse est du ressort du Haut-commissaire de France. Tel est le sentiment du ministre Baudet, du gouverneur Laurentie, de François de Langlade, du général Juin.

Cependant que je donne toutes indications nécessaires au conseiller fédéral Torel et au secrétaire général du Comité pour qu'ils m'établissent le schéma de la réponse, Laurentie, lui, agira directement, au nom du ministre de la France d'outre-mer, auprès des membres du Gouvernement. Pour ce faire, il prépare, le 18 au soir, une mise au point du problème à régler.

Ne pas laisser s'échapper l'occasion offerte, voilà l'essentiel et premier devoir.

Entrevue avec le général de Gaulle

Le mardi 19, je me rends à l'invitation du général de Gaulle et gagne Marly-le-Roi. Il m'y accueille à 13 heures dans le modeste pavillon qu'il a loué aux Domaines, au lendemain du départ de sa résidence de Neuilly, le 21 janvier.

Ce n'est pas sans émotion que j'y retrouve mon chef.

L'entretien s'ouvre par un bref retour sur le très proche passé. Puis, abordant les actualités, nous parlons vite de l'Indochine. Je résume l'état des choses, réponds aux questions, en viens à l'heure présente. Le Général eût préféré que nous eussions attendu d'être solidement installés au Tonkin avant de conclure quoi que ce soit avec le Gouvernement de Hanoi. Je m'en explique :

- Avec les importantes forces chinoises d'occupation, fort mal disposées d'ailleurs, l'on ne pouvait courir, sans absolue nécessité, les risques certains et graves d'un retour du corps expéditionnaire dans le Nord par la force. J'avais pris soin de vous en informer par ma lettre personnelle et secrète du 15 janvier.

« Quant aux Annamites dissidents du Nord, dans la griserie de leur indépendance, acquise en fait depuis août avec la double complicité japonaise et chinoise et sous l'influence d'une xénophobie vindicative, je n'ai pu trouver d'auditeurs valables et les retenir comme tels - après ces mois d'examens et réflexions - que dans les rangs du Viêt-minh .

« En Cochinchine, au contraire, nous avons rencontré, sans difficultés sérieuses, des autochtones de valeur fidèles à la France. Désireux qu'ils sont de prendre en main la direction des affaires chez eux, ils entendent opérer leur évolution administrative et politique avec notre concours tant au sein de la Fédération indochinoise que de l'Union française.

Un instant de silence.

- Je suis satisfait, me dit alors le Général, de la façon dont vous avez conduit jusqu'ici les affaires d'Indochine. J'en mesure la complexité à tous égards. Je tiens à vous voir poursuivre la mission que je vous ai confiée en août dernier.

Je m'incline.

Le Général continue :

- C'est pourquoi j'ai pris soin de vous le télégraphier personnellement à l'heure où je décidais de me démettre de ma charge de président du Gouvernement. Vous, Haut-commissaire avec pouvoirs de gouverneur général et de commandant en chef ; Leclerc, lui, commandant supérieur des troupes, comme je l'avais établi au départ, c'est bien ! Les choses doivent rester ainsi.

Sur cette conclusion encourageante et nette, je prends congé du Général en l'informant que le Comité interministériel tient séance le mercredi 20, soit demain, pour examen et approbation de ma réponse officielle à « Haussaire Saigon » et « Comrep Hanoi ».

- Quant au Conseil de l'ordre de la Libération, dis-je, je vais le réunir le 21. Aux lendemains de votre retrait du pouvoir, il importe de faire le point de la situation comme s'ouvre pour l'ordre une phase nouvelle...

Le Général me serre la main, au seuil du pavillon. Je le salue, monte en voiture et roule vers la capitale. Ma pensée, non sans mélancolie, si proche de lui...

Directives pour un accord

Le soir même, je mets au point le rapport de présentation de l'état de chose en Indochine à l'attention du Comité d'Indochine. Cela fait, je rédige ma réponse de Haut-commissaire de France au nom du Gouvernement provisoire. Réponse destinée au président Hô Chi Minh par l'entremise de Jean Sainteny. Elle partira demain 20, en priorité absolue après la session du Comité interministériel.

Première partie.

Il ressort de votre entretien du 16 février avec le président Hô Chi Minh que celui-ci est prêt à traiter sur les bases suivantes :

1. Le Gouvernement de la République française reconnaît au Viêt-nam le droit de constituer un *self government* dans le cadre de la Fédération indochinoise et de l'Union française.

2. Conformément au désir qui lui est exprimé, la France fournira les conseillers et les techniciens français nécessaires, tant sur le plan gouvernemental que sur le plan administratif.

3. Le Viêt-nam garantira à la France le maintien et le développement éventuel des avantages d'ordre économique qu'elle a acquis sur son territoire.

4. Il adoptera la même position dans le domaine culturel.

5. La Cochinchine décidera librement elle-même de sa position future vis-à-vis du Viêt-nam.

6. Le Gouvernement de Hanoi se déclare prêt à accueillir amicalement l'armée française lorsque, conformément aux accords internationaux, elle relèvera les troupes chinoises.

Mandaté par le Gouvernement de la République, le Haut-Commissaire de France pour l'Indochine est prêt à conclure en son nom un accord sur ces bases, aux termes duquel le Gouvernement de Hanoi facilitera de tout son pouvoir l'installation de nos troupes et usera de l'autorité dont il dispose pour prévenir les incidents.

Cet accord entrera immédiatement en vigueur. Ses modalités constitueront les principes essentiels d'un pacte nouveau qui sera par la suite élaboré en commun.

Je vous prie de bien vouloir demander au président Hô Chi Minh de vous confirmer par écrit son acceptation. Dans l'affirmative, le texte du télégramme ci-dessus et de cette acceptation pourraient être simultanément rendus publics à une date prochaine qui vous sera fixée.

Deuxième partie.

Réservé pour Sainteny.

Préoccupé comme vous-même de ne pas retarder la conclusion des négociations, je me suis borné à reprendre dans mon télégramme, sans y apporter de modification substantielle, les principales clauses auxquelles le président Hô Chi Minh avait donné son accord. J'attire toutefois votre attention sur les points suivants :

1. L'intégration du Viêt-nam dans la Fédération indochinoise et l'Union française, acceptée par le président Hô Chi Minh, implique en particulier que la France représentera à l'étranger le Viêt-nam et sera chargée, sur le territoire de celui-ci, de la protection des intérêts français et étrangers. Il est d'ailleurs dans mes intentions de proposer au Gouvernement français d'introduire dans certaines missions diplomatiques françaises en Extrême-Orient des représentants de la Fédération indochinoise chargés de collaborer sur place au règlement des affaires intéressant celle-ci.

2. Si la France accepte de traiter officiellement avec le Gouvernement de Hanoi, elle ne prend pas pour cela arbitrairement position sur le principe du Viêt-nam fondant les trois Ky annamites en une seule unité territoriale et politique. La réserve expresse faite dans la première partie du télégramme

1

2

1. **Le Comité national français à Londres en mai 1943. De gauche à droite le général Valin, Air, M. André Diethelm, Guerre, M. René Cassin, Justice et Education, le général Catroux, délégué général au Levant, le général de Gaulle, président, M. René Pleven, Finances et colonies, M. André Philip, Intérieur, M. Jacques Soustelle, Information, l'amiral Thierry d'Argenlieu, Haut-commissaire au Pacifique, M. René Massigli, Affaires étrangères. *(Photo Guilleminot.)***

2. **A l'occasion de la conférence de San Francisco, en avril 1945, l'Amiral visite la baie en compagnie d'un officier américain. *(Photo Line-Acme.)***

4

3. (Page de gauche) **Le 30 octobre 1945, à Saigon, le Haut-commissaire est accueilli par « Genesuper », le général Leclerc.** *(Cliché Hachette.) - 4.* **Lord Mountbatten et Chang Kaï-Chek.** *(Photos Keystone.) - 5.* **L'Amiral à son bureau au Palais Norodom à Saigon; au fond, une photo du général de Gaulle.**

5

D3 → (5)

6

6. L'amiral d'Argenlieu passe les fusiliers marins en revue, le 8 novembre 1945. A ses côtés, de gauche à droite, le général Leclerc, l'aide de camp Bureau, l'amiral Auboyneau. - *7.* A la sortie de l'hôtel de ville de Saigon, avec le colonel Cédile. - *8.* Remise au roi du Cambodge, Norodom Sihanouk, des coupes contenant l'eau, la terre et un arbuste. Ce geste symbolise la restitution au Cambodge des provinces récupérées sur le Siam. *(Photos Keystone.)* - *9.* Le Haut-commissaire à Orly, au cours d'un voyage à Paris pour des entretiens avec le nouveau gouvernement. De gauche à droite, l'amiral Barjot, sous-chef d'état-major de la Défense nationale, l'amiral d'Argenlieu et l'amiral Ortoli représentant M. Michelet, ministre des Armées. *(Photo L'Illustration-Sygma.)*

7

8

9

10

10. Avec Félix Gouin, rue Saint-Dominique. *(Photo A.F.P.)* - **11.** Acclamés par la population, le général Leclerc et Jean Sainteny arrivent à Hanoi le 18 mars 1946. *(Photo L'Illustration-Sygma.)*

11

**24 MARS 1946. L'ENTREVUE DE LA BAIE D'ALONG.
PREMIÈRE RENCONTRE AVEC HÔ CHI MINH.**

12. Le président de la République du Viêt-nam est accueilli sur l'*Émile Bertin*. *(Photo Keystone.)* - *13.* A l'issue du premier entretien, l'Amiral conduit Hô Chi Minh sur la plage avant.

12

13

14

14. **Sur la tourelle avant du croiseur amiral. -** ***15.*** **Pendant la revue navale.** ***(Photos Keystone.) - 16.*** **A l'issue de l'entretien, le président Hô Chi Minh (de dos), M. Sainteny, le général Leclerc, l'amiral d'Argenlieu.** ***(Photo L'Illustration-Sygma.)***

15

16

concernant la Cochinchine n'implique pas que nous reconnaissons comme définitivement réalisée la fusion de l'Annam avec le Tonkin. Le président Hô Chi Minh conviendra certainement qu'il serait contraire aux principes démocratiques d'adopter une solution sur ce point sans admettre préalablement les populations intéressées à faire connaître leur sentiment en toute liberté et en toute indépendance.

Cominindo - 20 février 1946

Le Comité interministériel s'ouvre le lendemain, 20 février, à l'hôtel Matignon.

Le gouverneur Laurentie vient de faire circuler comme convenu au sein du Conseil des ministres la note suivante :

Lorsque le Haut-commissaire de France se rendait en Indochine en septembre dernier, il était clair qu'il ne pouvait se proposer d'autre but que d'obtenir au prix d'une transformation nécessaire le maintien de la présence française. Toute la difficulté consistait à savoir comment cette transformation pourrait s'opérer et si les engagements antérieurs du Gouvernement (déclarations du 8 décembre 1943 et du 24 mars 1945) conserveraient une valeur d'application suffisante.

Entre-temps, en effet, le 15 août exactement, la République du Viêt-nam s'était déclarée indépendante et le mot d'indépendance avait agi, non seulement sur les classes possédantes ou intellectuelles, mais sur la masse d'une façon extrêmement sensible. Il convenait, non pas de réduire ce sentiment profond, mais de le réinstaller dans une réalité politique d'où la France ne pouvait pas être absente dans l'intérêt même des populations.

Notre retour se fit d'abord en Cochinchine et se heurta évidemment à une résistance contre laquelle il fallut agir par des moyens militaires. On peut dire néanmoins que cette guerre fut menée dans le sens de la plus stricte économie et que l'intervention armée n'aggrava pas le ressentiment qui s'était répandu contre nous. Grâce à une tactique à la fois habile et patiente, nous nous rendions maîtres peu à peu de l'ensemble de la Cochinchine et la vie villageoise reprenait son rythme avec le souci de la tranquillité.

Cependant, le Cambodge tout entier se plaçait en dehors de l'esprit de résistance, ce qui permettait au Haut-commissaire de passer immédiatement avec le roi du Cambodge un modus vivendi qui comporte en réalité l'autonomie politique de ce pays et qui est déjà entré en vigueur.

La Cochinchine, de son côté, qui était une colonie française dont les institutions dérivaient entièrement de nous, ne pouvait pas bénéficier aussi simplement d'un système aussi libéral, car il aurait fallu lui construire entièrement de nouvelles institutions. On a donc préféré, au fur et à mesure de la reprise de possession du pays, rétablir les institutions municipales et à partir de là remonter vers un système qui devra peu à peu se dessiner d'une façon plus précise.

Au Tonkin, tout reste à faire. Ce pays, du fait de la présence du Gouvernement du Viêt-minh à Hanoi et de l'occupation chinoise, est demeuré fermé à notre pénétration. Nous nous trouvons donc seulement au seuil de la transformation politique qui a été accomplie au Cambodge et fort bien amorcée en Cochinchine.

Toute la question qui s'est posée au cours des cinq derniers mois était de savoir si pour trancher la difficulté de notre rapprochement avec Hanoi, il serait ou non nécessaire d'employer le mot « indépendance ». Parce qu'il a une valeur absolue, ce mot paraissait évidemment préféré par le Viêt-minh ; pour la même raison, il nous semblait à nous difficilement compatible avec la notion d'Union française. Toute solution qui répondît à la fois à nos desseins libéraux sincèrement exprimés, mais aussi au principe indispensable de l'Union française devait être considérée comme le terme le meilleur de toute la politique du Haut-commissaire.

Cette politique a été menée avec beaucoup de soin et une grande patience. Elle a su profiter des éléments qui nous étaient favorables : l'intelligence acquise peu à peu par les Annamites de l'isolement où ils se trouvaient au point de vue international, une impossibilité de continuer à vivre dans un état d'insécurité intérieure et pour ainsi dire d'anarchie, la présence enfin des Chinois qui provoquait un solide ressentiment dans le peuple annamite et, par contrecoup, la peur chez les occupants de quitter le pays sans être relevés par les troupes françaises.

C'est ainsi que M. Hô Chi Minh, président du Gouvernement de Hanoi, en est venu à proposer au Haut-commissaire lui-même (et non pas, comme il le souhaitait, au Gouvernement français directement), un projet d'agrément comportant, non pas l'indépendance, mais le *self government* dans les conditions ci-après :

1. Le Viêt-nam demeurera dans l'Union française ;
2. Le Viêt-nam accepte des conseillers et des techniciens français ;
3. Le Viêt-nam garantit à la France le maintien et même le développement de ses avantages économiques ;
4. Le Viêt-nam adopte la même position sur le plan culturel ;
5. Le Viêt-nam invite l'armée française à relever sans délai les troupes chinoises du Tonkin.

Il résulte également de l'entretien avec M. Hô Chi Minh que le Viêt-nam ferait partie de la Fédération indochinoise et abandonnerait le désir d'être représenté à l'O.N.U.

Enfin, la question de l'unité des pays annamites n'est pas posée. La Cochinchine déciderait elle-même de son appartenance.

Il est utile que la réponse soit faite par le Haut-commissaire lui-même au nom du Gouvernement par une lettre dont le texte serait télégraphié sans autre délai. Il est tout à fait clair que si l'on mesure la différence entre notre situation en septembre et les propositions de M. Hô Chi Minh, le succès est si éclatant que ce serait une grande faute de risquer le moins du monde de le compromettre en cherchant à obtenir un avantage supplémentaire. La seule habileté en l'espèce, c'est la rapidité et la franchise absolue de l'acceptation.

L'ensemble de telles prémices, préparatoires à la réunion capitale du 20 février, permettent d'augurer des décisions avantageuses.

La note de Laurentie, entre autres, simplifie ma tâche personnelle car elle résume exactement et sobrement les données essentielles de ma mission en Indochine, cinq mois durant.

L'exposé inscrit à l'ordre du jour peut être bref. Il me suffit de souligner des modalités importantes, puis de faire approuver et expédier mon projet de réponse au commissaire de la République à Hanoi.

Voici cet exposé sur les problèmes indochinois, simple abrégé des faits [1] :

1. Au début de septembre 1945, les membres de l'Union indochinoise ayant proclamé leur indépendance depuis mars, à l'instigation des Japonais, ont évincé tous les Français des fonctions publiques.

Il n'y a donc plus aucun vestige d'autorité réelle de la France sur le plan officiel.

Seuls quelques parachutistes relevant de la Direction générale des études et recherches ou de la Liaison administrative d'Extrême-Orient se sont implantés çà et là, porteurs d'une bonne nouvelle et messagers de la victoire française.

2. Mi-février 1946. Notre autorité est solidement rétablie au Cambodge, en Cochinchine, aux Sud-Annam et Sud-Laos. Les visites officielles du Haut-commissaire à Pnom-Penh, Paksé, Dalat, Mytho, Tan An en sont la preuve et le symbole.

Le siège du Gouvernement fédéral reste fixé à Saigon depuis le 1er novembre 45.

Au nord du seizième parallèle, une administration française existe. Le centre en est le Commissariat de la République à Hanoi dont les représentants sont à Haiphong, Namdinh ; ils seront bientôt à Hué et Tourane.

Au Laos se trouvent des noyaux militaires organiquement constitués et quelques administrateurs, observateurs vigilants de l'évolution tant politique qu'administrative.

Malgré de multiples obstacles, la France est donc aujourd'hui partout présente.

3. Ce travail fut accompli par l'effort conjugué de tous, civils et militaires, avec un but commun : le rétablissement de l'autorité française, premier objectif de mes instructions.

4. Nos forces se sont accrues méthodiquement. Au fur et à mesure, elles ont intensifié leurs mouvements de pacification. Je dis bien pacification. En définitive, elles n'ont pas organisé et mené une action systématique de reconquête militaire mais de dégagement croissant des populations en Cochinchine et en Sud-Annam. Populations cernées, terrorisées et violentées par la force armée des dissidents du Viêt-minh, puis, graduellement, par des bandes auda-

1. Vu son importance, ce document est retranscrit dans les mêmes caractères d'imprimerie que le texte de l'Amiral.

cieuses d'hommes de main venus de sectes annamites du Nam-Bo, des détenus de droit commun de Poulo-Condor, de la prison centrale, tous libérés par les Japonais ou les Viets ; en bref, restes épars de la vieille piraterie.

Les abus de force, de notre part, furent rares et sévèrement réprimés par nos tribunaux militaires ou disciplinairement par le commandement.

J'insiste.

Ce fut injustice, parfois iniquité de la part de certains organes de presse, d'amoindrir la réputation de nos troupes, en abusant des reportages mal établis de correspondants étrangers ou partisans, arbitrairement hostiles au retour de la souveraineté française.

Nos chefs militaires et leurs hommes ont agi dans l'ensemble en pacificateurs. Ils en retiennent le mérite et l'honneur. Nos blessés et nos morts, pour la plupart volontaires - après cinq ans parfois de durs combats contre l'ennemi commun et pour la libération du pays - ont affermi par tant de sacrifices les nœuds anciens entre l'Indochine et la France.

Parallèlement, progressivement, une œuvre politique, administrative, économique a été réalisée :

a) Sur le plan international, à Kandy, Delhi, Chungking, à Calcutta, Rangoon, au Siam, en Chine du Sud-Est.

b) Sur le plan fédéral, en donnant chair, esprit et donc vie à la déclaration française du 24 mars 1945, avec la création et l'action ininterrompue du Gouvernement fédéral à Saigon et par sa représentation immédiate dans les pays fédérés et, demain, associés.

c) Cette tâche s'est accomplie sans jugement préconçu ni défavorable visant la grande œuvre du siècle passé. Oui, bien sûr ! Mais, il faut faire du neuf. C'est la condition requise afin d'apaiser la crise de confiance des peuples de la Péninsule, crise partiellement issue, disons-le, de notre capitulation de juin 1940. Il le faut pour le succès du rude et dur effort présent.

Or, faire opportunément du neuf dans la restauration politique et administrative exige un renouvellement et un rajeunissement sérieux du personnel. Ils s'imposent. Et, par contre, *la libération* voulue par le Gouvernement provisoire de la République au plan des pays fédérés, doit s'accompagner, de toute nécessité, d'une organisation fédérale solide et forte. Elle doit comporter la direction maîtresse des services de sécurité, des grands rouages économiques et, sans défaillance aucune présentement, des organes diplomatiques de la Fédération indochinoise.

C'est là, vraiment, la partie propre de la souveraineté française à garder, à maintenir un temps durable, en dehors et au-dessus de toute idéologie partisane, ceci à l'avantage des États membres de la Fédération. Si nous souhaitons pour eux, sans délai, une large autonomie interne, ne perdons pas de vue l'Union française de demain.

En chantier aujourd'hui, peut-on dire, nous ambitionnons les y voir participer et demeurer de plein gré à jamais. La condition indispensable à ce noble programme digne de la France, libérée dans l'honneur et par la victoire, est qu'il s'accomplisse dès ses débuts en la Fédération indochinoise avec esprit de service et d'entraide de notre part.

Lecture faite de ma réponse au commissaire Sainteny, le Comité en approuve sans hésitation la teneur et m'invite à en assurer l'expédition sur-le-champ.

L'importante affaire franco-vietnamienne en voie d'heureux règlement, nous abordons, à la requête du Quai d'Orsay, les ultimes points relatifs à l'accord entre la Chine et la France. Il sied que ce dernier soit signé rapidement et avant, bien sûr, la convention avec Hanoi.

Il importe que ma demande d'envoi en mission de *good will* d'une haute personnalité militaire auprès du Gouvernement chinois, acceptée et décidée au cours de cette même séance du 20 février, le président Chang Kai-Chek en soit officiellement et rapidement instruit. Le général Juin, puisque son nom est admis volontiers, devrait porter au Généralissime une invitation du président Félix Gouin à visiter Paris. Il serait, en outre, chargé de remettre des décorations françaises à certaines personnalités civiles et militaires chinoises.

La réunion s'achève par la question de la garde et du contrôle des prisonniers japonais désarmés en Indochine dans l'attente de leur transfert et retour dans l'empire du Soleil Levant vaincu. Leclerc en avait traité avec moi, la veille de mon départ. Le coût journalier exorbitant s'élevait d'après lui à 147 000 piastres annamites et à 40 000 dollars américains. Le Conseil me demande de reprendre le problème avec l'amiral lord Louis Mountbatten.

La réunion terminée, mon télégramme pour Saigon-Hanoi part en priorité absolue le soir même 20 février vers minuit sous l'indice Comité d'Indochine C.I. 132.

Le lendemain matin, soucieux de prévenir la moindre menace d'impair et en pareille priorité, je télégraphie à Leclerc et Sainteny :

Dans mon message C.I. 132, j'ai spécifié que la publication d'un accord avec Hô Chi Minh devait être différée jusqu'à nouvel avis de ma part. Je tiens à vous en préciser le motif. Nos pourparlers avec la Chine sont actuellement très avancés et vont aboutir incessamment à la signature d'un accord. Il me paraît désirable à tous égards que la diffusion de ces deux accords ait lieu simultanément. En effet, les autorités chinoises auraient pu prendre ombrage que publicité soit donnée à une entente qui implique le retrait des troupes chinoises du Nord-Indochine alors que conversations engagées à ce sujet ne sont pas encore terminées. Amiral d'Argenlieu [1].

Quelques minutes après, l'ordre décisif est radiodiffusé à Leclerc :

Tous contacts pris ici et informations reçues de Chungking et Hanoi créent climat favorable. Accord sur programme H. Je dis H. Pouvez passer à exécution. Amiral d'Argenlieu [2].

Le programme H ?

Il s'agit de la mise en route progressive et très prochaine - comme prévu - vers la baie d'Along de notre petite armada.

Ces affaires graves réglées ou en bonne voie de l'être invitent à jeter un nouveau regard sur le vaste théâtre qui retenait et fixait notre attention au précédent chapitre.

A Paris, « premier et principal acte » du grand jeu d'où dépend le devenir de la Fédération indochinoise, la partie approche de son terme dans de bonnes conditions.

A Chungking, les débats - que nous disions former le second acte - s'achèvent favorablement. L'accord diplomatique franco-chinois va être signé le 28 février.

A Saigon - « plaque tournante où tout arrive et d'où tout part » - la réponse encourageante du Gouvernement Hô Chi Minh à mes propositions du 12 février est parvenue sans nul délai. La décision satisfaisante que je viens d'obtenir du Gouvernement de la République, mes mandataires au Tonkin la connaissent depuis le 22 février.

A Hanoi, où se poursuivent les négociations franco-vietnamiennes que je nommais « troisième et dernier acte de l'affaire décisive », les dés ultimes sont jetés.

Je viens enfin de faire usage, ici même, du *mot clé* prévu : « Accord sur programme H. » La petite armada s'ébranle.

Visites et... surprises de fin de séjour

Dans ces dispositions favorables, je saisis ma présence à Paris pour arrêter le choix et régler la désignation de deux conseillers fédéraux. M. Gonon, comme conseiller financier, remplacera Bloch-Lainé appelé à d'autres fonctions rue de Rivoli.

M. Bayen, professeur à la Sorbonne et volontaire, succédera avantageusement à Ner à la tête de l'Instruction publique où je tiens à améliorer beaucoup la situation.

1. Télégr. CI, n° 133.
2. Télégr. CI, n° 134.

Par ailleurs, j'envisage d'associer à ma mission l'un ou l'autre des commissaires de la République métropolitaine, discernés par le président de Gaulle. Quelques noms s'offrent à ma pensée, tels Clozon à Lille, Savary à Angers, Bourgès-Maunoury, Courtin, Cuzin.

N'est-il pas question présentement, avec le nouveau cabinet, très Troisième République, de supprimer ces hauts fonctionnaires et d'en revenir aux simples préfectures. Pour ce faire, je ne pose qu'un jalon. La rue Oudinot, bien sûr, jouera l'opposition. Quant aux personnalités visées, il en est dont le oui s'accompagne de beaucoup de réserve. Partir en Indochine ? Peut-être ! Mais... Quand ? En cette fin d'hiver 45-46, ne serait-ce pas courir de grands risques ? Ceux de la Libération d'hier ne suffisent-ils pas ? J'écoute avec attention, pose quelques questions, réfléchis et me tais.

Avant même de m'éloigner d'Indochine, le 13 février, j'avais prévu dans mon programme une conférence de presse et prié François de Langlade de l'organiser. Maintenant que la tournure des affaires d'Indochine est à l'avantage du Haut-commissariat, des échanges de vues avec les journaux parisiens n'en sont que plus opportuns.

A côté d'articles objectifs très valables, j'ai sous les yeux d'autres communiqués ou reportages tendancieux, singuliers, parfois malveillants. Payés ou non par les Viets de France et du Tonkin, ils ne se lassent pas de redire que ces derniers sont les seuls guides sérieux, les seuls sûrs à suivre par le Gouvernement provisoire et non ses délégués dans la Péninsule, trop gaullistes malheureusement. Trop gaullistes ? Un exemple typique s'offre à la mémoire.

Peu après le départ du pouvoir de Charles de Gaulle, le 21 janvier, n'avait-on pas surpris le général Leclerc, revenu incognito d'Indochine pour lui rendre visite dans la région parisienne. De là, le plumitif se hâte de flairer un relent de coup d'État en herbe. Afin de valoriser ses trouvailles, il renchérit. Ne découvre-t-il pas que le Haut-commissaire d'Argenlieu, en visite officielle dans la capitale, s'est permis d'aller saluer de Gaulle à Marly avant de rendre la visite due - il va de soi - au président Félix Gouin, chef du Gouvernement provisoire de la République. C'est intolérable !

Oui. toutefois, l'épithète ne vaut que pour le reporter, et lui seul. A l'époque, tout informateur honnête sait que Leclerc, parti du Bourget pour Kandy puis Tokyo, le 18 août 1945, n'a jamais remis le pied en France depuis lors. Tout honnête journaliste ne peut ignorer comme ses collègues que l'amiral d'Argenlieu, ayant débarqué le dimanche 16 février, vers 5 heures du soir à Orly, s'est présenté 14, rue Saint-Dominique, le lundi 17, à 11 heures, a déjeuné le même jour chez Marius Moutet, ministre de la France d'outremer, et que, le lendemain seulement, se rendant à l'invitation du général de Gaulle, il déjeunait avec lui au pavillon de Marly.

Dans les salles de rédaction du même journal - et de vrai, c'est merveille - en une même semaine, le mardi précède le lundi et, le même jour, la fin de la matinée précède dans le temps, son début. Grâce à quoi, la bonne foi du plumitif est sauve.

Ce qui n'est pour moi ni surprise ni émoi de la part de l'une ou l'autre feuille publique, le devient en écoutant ce propos de Moutet : « Il ne convient pas, amiral, que vous teniez une conférence de presse. » J'en avais tenu fin d'août 1945, à Paris, avant mon départ pour l'Extrême-Orient. Je réplique donc : « Cette décision, monsieur le ministre, n'est pas de votre ressort, puisque le Haut-commissaire de France, représentant du Gouvernement, relève directement de son président Félix Gouin qui ne cesse de m'assurer de sa confiance entière. » Alors, Moutet d'ajouter : « C'est de sa part que je me suis permis de vous le dire. » M. Moutet avait raison. Dès la première rencontre, le président Gouin tient à me confirmer la chose. Il m'offre, ainsi, l'opportunité de lui en exprimer mon mécontentement. Je pense au bien-fondé de mes prévisions quand le général de Gaulle quitta la présidence : « Ce n'était pas crise de cabinet ministériel, mais changement de régime. »

Autre surprise, rue de Varenne cette fois, à l'hôtel Matignon. Là réside Maurice Thorez, vice-président du Conseil. Schlumberger m'a facilement préparé une audience avec lui dans la soirée du vendredi 22 février. L'accueil est fort aimable, comme je l'ai remarqué lors des visites aux autres ministres du même parti.

Thorez est là, je le vois, pour me recevoir et m'entendre lui parler librement de la situation en Indochine. Sur sa table nul amas de dossiers à portée de main, tel un signal silencieux mais visible m'avisant que le maître du logis n'a qu'une parcelle de temps à m'accorder. Sa table est nette, il la quitte d'ailleurs et vient au-devant de son visiteur. Nous nous saluons. Il m'invite à m'asseoir au fauteuil le plus proche ; nous voici vis-à-vis sans nul bureau entre nous. Je prends la parole :

- La situation là-bas s'améliore. La relève de l'armée chinoise par nos troupes dans le Nord est proche ; nos relations avec le Gouvernement de Hanoi sont meilleures aujourd'hui.

Thorez m'écoute avec attention, sans m'interrompre. J'aurais pu prolonger l'audience ; je me contente de dire ce que je souhaitais, l'essentiel. Une vingtaine de minutes me suffisent. Je m'arrête. Alors, lui Thorez se dit satisfait, me remercie aimablement et conclut :

- Amiral, étant donné le parti auquel j'appartiens, je souhaite naturellement que tout se règle au mieux avec le Viêt-minh, mais enfin - *d'un ton convaincu* - nos couleurs avant tout ! Et donc s'il faut cogner, cognez et cognez dur.

Nous nous levons, je prends congé du vice-président du Conseil et me retire. Cet entretien reste fixé dans ma mémoire.

Si d'aventure à Saigon, je revois le groupe marxiste, les propos de Maurice Thorez se feront expédients.

Avec Langlade, je visite l'hôtel de la rue La Boétie où va s'installer l'Agence d'Indochine.

En fin d'après-midi, samedi 23, j'ai l'avantage de ma première rencontre avec le président Albert Sarraut, dont le rôle en Indochine reste marquant depuis 1912. Le président est heureux d'avoir des nouvelles directes et fraîches d'un immense territoire qu'il a gouverné longtemps et tant aimé. Il lui est pareillement agréable de recueillir par mon entremise quelques échos des siens, son fils Omer séjournant à Saigon et son gendre, Jean Sainteny, devenu mon proche collaborateur à Hanoi. Je lui décris la situation là-bas, lui exprime nos espoirs pour les lendemains de ma visite à Paris. Il se déclare satisfait. Je le remercie de sa démarche et lui dis mon regret de n'avoir pu le saluer avant mon départ en mission, en raison de son éloignement de la capitale. Il se lève pour prendre congé, et m'offre alors son bel ouvrage *Grandeur et Servitude coloniales* qu'il a pris soin de dédicacer.

Ajoutant un autre sincère merci, je l'accompagne jusqu'à la sortie de l'hôtel. De retour à mon bureau, j'ouvre *Grandeur et Servitude* et lis :

A Monsieur l'amiral Thierry d'Argenlieu
Haut-commissaire en Indochine
Ces propos d'un vieil Indochinois
avec mes vœux fervents pour
le succès de la mission du Chef éminent de notre France d'Asie.
A. Sarraut [1].

Pour moi quel meilleur souhait de bon voyage !

1. Albert Sarraut fut gouverneur de l'Indochine de 1911 à 1919.

Chapitre VII

LES ACCORDS DU 6 MARS 1946

Les dates correspondent au retour des troupes françaises. Les territoires hachurés indiquent les provinces arrachées en 1941 par le Siam au Cambodge et au Laos.

Lundi soir, 25 février 1946. 7 heures moins le quart : le *18 juin* prend son envol.

Tour à tour Malte, Le Caire, Bassorah, Karachi.

Mercredi 27, 21 h 35 : voici Tan So Nhut !

Schloessing m'annonce qu'avec son petit Ventura, il vient de battre le record mondial Orly-Saigon : les 11 800 kilomètres de distance ont été franchis en 27 heures 10 minutes de vol, à 435 km de moyenne horaire [1].

Leclerc m'accompagne au palais Norodom. Il s'y entretient un bon moment seul avec moi. Nous traitons du programme H, c'est-à-dire de la mise en route progressive de nos convois vers la baie d'Along. Je lui souligne ma surprise du paragraphe final de son ultime radiogramme reçu à Paris le 24 février après-midi.

De fait, il l'achevait par ces mots : « En outre, confirmez-moi ferme ordre de départ de façon à ce que je l'aie pour le 27 février, dernier délai. »

N'avait-il pas reçu, dès le 22 ou 23 février, cet ordre précis visant l'exécution du programme H ?

- Oui, me répond Leclerc, mais c'est une confirmation nouvelle qui m'a paru utile.

Je souris. Tout le début du radiogramme en cause manifeste à sa façon beaucoup d'énervement à l'égard du Gouvernement provisoire. Pour notre petite armada, elle vient de prendre le départ ; l'essentiel à mes yeux ! Le Génésuper me quitte.

Épisode...

Le directeur Longeaux lui succède céans. Il m'apprend que ce même soir, un certain nombre de militaires du Corps expéditionnaire ont manifesté avec force bruit dans le centre de la ville puis saccagé les locaux d'imprimerie de deux journaux bien connus et

1. Escales nocturnes au Caire et à Karachi.

enfin l'habitation de leurs gérants. Leclerc ne m'en ayant pas dit mot, nous en causons. Je prie le directeur de préparer un projet de télégramme à l'intention du Cominindo. Ne connais-je pas assez le cabinet de Félix Gouin pour prévoir que pareil incident, répercuté dans certaine presse, va s'offrir aux lecteurs sous le signe trop courant de la démesure. Je sais de Longeaux que si la tranquillité revient dans les rues, les appels téléphoniques des agents de presse saigonnais et autres se succèdent ! Calme, calme... restons calme !

Le lendemain, Leclerc m'explique que l'initiative... un peu trop vive des militaires servira de leçon aux politicards. Je le sens ennuyé. Des ordres sont donnés qui empêcheront le retour d'incidents entre troupes et citadins.

Un message « à l'intention de Marius Moutet » rend compte de cette affaire :

Avant de quitter Paris, j'ai entretenu le ministre du télégramme envoyé par une trentaine de Français appartenant pour la plupart au Groupe culturel marxiste et pour certains au groupe S.F.I.O. Il en était destinataire ainsi que les présidents Gouin et Auriol [1]. L'on peut mesurer à tous égards l'inopportunité de cette initiative, puisqu'elle apportait au gouvernement de Hanoi d'excellents motifs d'abandonner la position où quatre mois d'efforts l'avaient amenée. Non contents de ce faire - que les principaux signataires savaient en contradiction avec la politique du Gouvernement, comme j'avais eu l'occasion de leur expliquer avant mon départ pour la France - ils ont réussi, compte tenu de la liberté de presse actuelle, à publier cette motion dans un supplément en français de la presse annamite. Grâce à quoi cette déclaration - en faveur de l'indépendance immédiate à concéder au G.R.A. [2] - est venue à la connaissance du Gouvernement de Hanoi provoquant de sa part une attitude plus intransigeante. Le commissaire de la République Sainteny me rend compte en effet que Hô Chi Minh paraît escompter maintenant qu'un événement fortuit viendra obliger la France à une conciliation plus complète et que tous les prétextes lui sont bons aujourd'hui pour gagner du temps [3].

Parallèlement, le journal de la section saigonnaise du parti S.F.I.O., *Justice,* a cru bon de mettre en cause l'attitude de certains militaires du corps expéditionnaire pour qui - déclare-t-il - « l'affaire avec un peu de veine et quelques mauvais moments à passer peut se traduire par honneurs et profits ». S'estimant provoqués par cette double campagne de presse, un certain nombre de militaires ont manifesté bruyamment dans les rues de Saigon dans la soirée du mercredi 27 et ont saccagé les locaux d'imprimerie des deux journaux en cause ainsi que l'habitation de leurs gérants. Mon cabinet m'a rendu compte de ces faits dès mon arrivée le 27 à 22 heures.

1. Vincent Auriol est président de l'Assemblée constituante.
2. Gouvernement révolutionnaire annamite.
3. Le dernier message de Hanoi indique que Hô Chi Minh, s'il reçoit maintenant Sainteny chaque jour, devient plus exigeant, soulève des « si » et des « mais » à tout propos. Rien de surprenant de la part d'un pareil argumentateur.

Je fais enquêter et prends les mesures nécessaires pour éviter le retour de pareils incidents. J'applique les sanctions requises [1].

Cependant, je dois attirer votre attention, comme je l'ai fait devant le Comité interministériel du 20 février dernier, sur l'injustice essentielle qui consiste à chercher à discréditer devant l'opinion publique des troupes qui ont si activement participé à la libération de la France et qui maintenant, à titre de volontaires, nous permettent de rétablir l'autorité française en Indochine conformément à la volonté unanime du Gouvernement provisoire, ainsi que l'assurance vient de m'en être donnée à Paris.

Également, pour éviter le retour de ces incidents déplorables qui risquent de nuire à notre prestige et de compromettre le succès espéré, je serai vraisemblablement conduit à prendre à titre temporaire quelques mesures imposées par la situation, tel le rétablissement provisoire de la censure préalable. Je tiens à en aviser le Gouvernement dont j'attends l'appui pour l'heureux achèvement de cette phase décisive de ma mission [2].

L'après-midi du même jour, le commissaire Cédile m'informe que l'agitation se calme. C'est de lui que j'apprends le rôle maladroit, dans le journal annamite *Tai Lai,* de Ngho Dinh Luyen, le benjamin des Ngho Dinh, grand ami de l'ingénieur Girod : sous le vocable « Vol des chauves-souris », il a produit un article des plus violents et des plus « vietminhiens », jusqu'à provoquer une panique.

Au Conseil fédéral, j'aborde la question de la liberté de la presse. Les procédés du Groupe culturel marxiste et du parti S.F.I.O. furent un abus de confiance ; les uns et les autres savaient que notre politique à l'égard du G.R.A. n'était autre que celle voulue par le Gouvernement provisoire de la République. Leur motion est donc inacceptable et je me propose de les en informer. A nous d'étudier les mesures efficaces aux fins de prévenir la répétition de tels abus.

Suit un échange de vues entre le Génésuper, le conseiller politique de Raymond et M. Jeannin, conseiller pour l'Information, sur la nécessité d'établissement d'une censure politique et militaire. Dans ce domaine les difficultés sont sérieuses.

A mes yeux ces troubles appartiennent au passé, et en voilà dit assez sur cet épisode de quartier. Le reste, y compris les réactions littéraires et autres émotions feintes de Paris est matière secondaire. Reprenons la trame sérieuse des événements [3].

1. L'enquête aboutira le 5 mars à un rapport détaillé des événements dont se sont rendus coupables des militaires, évalués au début à une centaine puis rapidement rejoints par d'autres, jusqu'à environ 400 personnes, civils et militaires.

2. Télégr. 375 F de Haussaire Indo à Cominindo Paris - le 28 février 1946.

3. Le 2 mars, le Haut-commissaire précise au Cominindo (télégr. 388 F) que « le calme est très rapidement revenu. Des sanctions ont été prises contre les officiers qui ont fait preuve d'une insuffisante vigilance dans le maintien de l'ordre des troupes en ville. Les quartiers ont été consignés. Il est certain que la récente arrivée, après longue et pénible traversée maritime, de troupes nombreuses dans Saigon surpeuplée et actuellement torride, fut un facteur d'énervement non négligeable dans l'appréciation des faits. Fâcheux sans doute, ils restent bien minimes dans ce Sud asiatique.

Je crois pouvoir maintenant surseoir à l'application des mesures de censure que j'avais d'abord envisagées.

La mise au point du programme

Dès mon retour, ainsi que je le disais à Leclerc, l'essentiel pour moi reste l'arrivée de nos forces au Tonkin, aux fins d'y assurer la relève des Chinois. Tel est l'objet de la visite de l'amiral Auboyneau, ce 28 février :

Les préparatifs en vue du débarquement du corps expéditionnaire sont au point. Il espère se bien tirer de sa mission, en me remerciant d'avoir maintenu la tradition. Dans notre Marine comme dans la *Navy* britannique, la mise à terre des troupes est affaire de commandement naval. Auboyneau, selon mes ordres généraux, est, en effet, responsable vis-à-vis de son commandant en chef. L'état d'esprit des états-majors et équipages est excellent.

Je m'adresserai à eux vendredi 1er mars en inspectant les croiseurs *Tourville* et *Duquesne,* puis en recevant les commandants. A la veille de l'appareillage, il importe que leur chef leur rappelle le rare honneur qu'ils ont d'être si prochainement et, à leur tour, acteurs dynamiques d'une noble page de nos annales maritimes qui se poursuit en Extrême-Orient depuis tantôt un siècle ! Je compte sur eux pour l'enrichir encore.

Ils me comprennent au mieux. Tous sont fin prêts à gagner le théâtre d'opérations : golfe du Tonkin et baie d'Along.

Voici le commissaire Cédile. Quand s'apprête une conciliation avec le Gouvernement de Hanoi, j'ai besoin de respirer à plein un bol d'air cochinchinois.

Cédile vient justement de circuler dans l'ensemble de ce vaste fief : d'après lui, le fond de la population appelle le retour de l'ordre français. Les notables reviennent tous, peu à peu. Parmi eux, les victimes des massacres ne sont pas trop nombreuses. Encore devons-nous assurer aujourd'hui la sécurité des villages et de ces notables : des « traîtres » pour le Viêt-minh.

Dans ma réponse, ma pensée s'arrête sur le proche tournant de la Fédération :

- Vous, Cédile, votre rôle reste le même. Il s'agit d'aider le Conseil consultatif à se fortifier dans l'action quotidienne et à se former comme rouage politique de la colonie en vue de sa métamorphose au sein de la Fédération et, demain, en qualité d'État membre de l'Union française. C'est à quoi nous travaillons depuis mon arrivée à Saigon. Nous continuons.

Au Conseil fédéral de ce même 28 février, j'informe les conseillers des résultats de mon séjour d'une semaine dans la capitale et de l'approbation entière par le Gouvernement de la politique adoptée par le Haut-commissariat.

Ma réponse officielle au Gouvernement de Hanoi engage donc la responsabilité du Conseil des ministres de M. Félix Gouin.

La commission constituée en vue d'établir le futur statut des territoires de l'Empire dans le cadre de l'Union française a fait choix d'un certain nombre de principes généraux. Mais ceux-ci ne préjugent pas de la situation ultérieure de la Fédération indochinoise.

J'insiste sur ce fait et souligne que l'Indochine, n'étant liée sous ce rapport aujourd'hui par nulle décision de la Métropole, demeure libre de procéder elle-même à l'élaboration de son organisation politique de demain.

Je donne la parole au Génésuper pour son exposé de la situation militaire. Il est entendu avec lui que le plan H reste secret et ne doit pas être évoqué, même au Conseil.

Avec précision, Leclerc nous parle de la résistance des rebelles de Cochinchine qui se présentent sous la forme de bandes se déplaçant sans cesse à l'intérieur des provinces. Leur réduction est subordonnée aux disponibilités en effectifs militaires. Elle sera assurée, dit-il, lorsque les troupes de relève auront reçu leur dotation complète en armements et moyens de transport. Ayant décidé de choisir la 9e D.I.C. pour l'envoyer avec le général de brigade Valluy au Tonkin, c'est le général de division Nyo avec sa troisième division coloniale qui assure la relève. Valluy commençait à se familiariser avec le terrain et son adversaire difficile : les Viets de la guérilla révolutionnaire. Il faut donc tout un nouvel apprentissage de la 3e D.I.C. à peine débarquée. Pauvre en bâtiments de charge, notre Marine nationale n'a pu assurer le transfert de tout le matériel divisionnaire parallèlement au personnel. Il y a donc comme à l'accoutumée du « pour » et du « contre » dans ce changement de théâtre. Il s'accompagne aujourd'hui d'un changement radical dans l'emploi des troupes, selon toute probabilité, car au Tonkin rien n'est sûr. Si singulière que puisse devenir la relève des armées chinoises d'occupation au nord du 16e parallèle, elle reste autre chose que la lutte jour et nuit en Cochinchine contre les bandes révolutionnaires du Viêtminh.

Au Laos, reprend Leclerc, « la progression française vers le nord se poursuit. Sa vitesse est limitée par la nécessité où nous sommes de ménager les susceptibilités quasi maladives du commandement chinois ».

Le conseiller diplomatique Clarac, à son tour, fait le point sur les négociations franco-chinoises. L'accord s'est fait sur les bases que voici : la France renonce à ses droits extraterritoriaux en Chine ; elle lui cède le tronçon chinois du chemin de fer du Yunnan, à titre de compensation pour les dommages subis à la suite de la fermeture du port de Haiphong, le surplus étant imputé sur les biens japonais en Indochine du Nord. Le gouvernement de Chungking n'a pas maintenu ses demandes initiales pour une réforme du statut des Congrégations fixées en Indochine ; des modifications ont cependant été apportées à la situation antérieure en matière de transactions immobilières et de taxes. La question du port de Haiphong a été réglée par l'attribution d'une zone franche.

D'autre part, un accord a été élaboré en ce qui concerne l'évacuation des territoires indochinois au nord du 16e parallèle par les troupes chinoises ; cette évacuation commencerait entre le 1er et le 15 mars et serait terminée le 31 mars.

D'après Clarac, le gouvernement de Chungking fait preuve d'un grand esprit de compréhension pour les intérêts français en Indochine et souhaite le développement des rapports économiques entre les deux pays.

Il nous sera précieux de savoir le lendemain qu'au moment même où à Saigon Clarac faisait son rapport, à Chungking le ministre Wang Shi Chieh, chef du Wai Kiao Pou, et notre ambassadeur René Meyrier signaient les textes de cet accord important tant désiré par le Haut-commissariat. Officiellement, ce n'est que le 1er mars au soir que nous en serons informés.

Ce Conseil fédéral - le premier depuis le 11 février - ayant fait approximativement le point de la situation de la Fédération, il est amusant d'y apprendre de M. de Raymond le va-et-vient de l'opinion française et annamite au fil de mes huit jours de passage à Paris. Le départ du Haut-commissaire est d'abord considéré comme l'indice d'une victoire politique du Viêt-minh ; d'où le changement d'attitude d'une partie de la presse, d'où la motion des trente signataires mi-marxistes, mi-socialistes, d'où l'apparition d'affiches pro-Viêt-minh à Saigon.

En début d'après-midi, le 2 mars, je reçois Leclerc, avant son départ avec Auboyneau. Dans les conjectures encore incertaines - vu les psychologies partisanes du Sud-Est asiatique - le plan général d'intervention au Tonkin pour la relève des forces d'occupation prévoit pour l'heure :

- Dans une première phase, le débarquement simultané de nos troupes à Haiphong et à Hongay, le 6 mars à 8 heures, heure locale. Toutes précautions sont prises pour que ces opérations se déroulent aussi pacifiquement que possible.

- Au cours d'une deuxième phase, le groupement de marche de la 2e D.B., renforcé par de l'infanterie et appuyé par l'action du régiment blindé de fusiliers-marins, sera poussé de Haiphong sur Hanoi par la route coloniale no 5. Cette action est combinée avec une opération aérienne sur Hanoi, comprenant la mise à terre d'un détachement aéroporté et le transport des armes et munitions destinées au réarmement des troupes françaises de la citadelle.

- Les deux opérations de la deuxième phase seront également conduites, dans toute la mesure du possible, sous forme de relève. Elles ne seront déclenchées par le Génésuper qu'après contact avec les autorités chinoises et suivant les renseignements sur l'état des négociations avec le gouvernement de Hanoi, compte tenu des avis et garanties qui seront donnés par Sainteny et Salan.

Ce programme mis au point, il est prudent d'envisager des aléas avec nos grands alliés chinois et les Annamites devenus en principe des partenaires. D'où l'importance de liaisons sûres. Le colonel de Guillebon, chef d'état-major de Leclerc, doit rester pour ce faire à Saigon. Au point de vue naval, Auboyneau va garder le contact par l'entremise du capitaine de vaisseau Le Chuiton, chef d'état-major particulier.

Les mêmes aléas - avec Chinois ou Annamites - au moment du débarquement de nos forces, me font remettre au général Leclerc une lettre attendue de lui, dont voici la teneur :

Instructions pour le général, commandant supérieur.

Saigon, le 2 mars 1946. - Pendant la durée de sa mission au nord du 16e parallèle, outre ses attributions propres de Commandant supérieur des Troupes et celles qui découlent de la direction générale des opérations militaires dont il a la charge, le général Leclerc, vice-président du Conseil du gouvernement fédéral, en mon absence du théâtre nord, reçoit autorité pour donner au commissaire de la République à Hanoi et à ses subordonnés les directives utiles à l'accomplissement de ses tâches dans le cadre de la politique fixée par le Haut-commissaire.

Il maintiendra au mieux ses liaisons avec ce dernier.

Il est aussi chargé d'apporter aux populations françaises, annamites et chinoises et à leurs chefs respectifs, mon salut cordial et mes vœux.

Leclerc prend alors congé en me remerciant.

Négociation à Hanoi

Où en sommes-nous des pourparlers hanoiens et du dialogue qui se poursuit entre Sainteny et moi-même ? Les messages sans-filaires deviennent presque quotidiens comme le sont les échanges de vues avec Hô Chi Minh.

Dès l'arrivée à Saigon, je prends connaissance des télégrammes urgents des 21, 26, 27 février qui m'attendent. Que disent-ils ?

A Hanoi, situation évolue favorablement. Hô Chi Minh, sur ma demande, cherche à élargir sa majorité afin de parler au nom de tous les partis annamites. En conséquence, il faut prévoir un remaniement et un élargissement du gouvernement. Hô Chi Minh ainsi qu'il me l'avait laissé prévoir, étant peut-être obligé de partager le pouvoir avec personnalité non encore connue mais qui pourrait être Vinh Thuy ex-Bao Dai.

J'ajoute que depuis deux jours le ton de radio Bach Mai est devenu très calme.

Le télégramme du 26 m'annonce :

1. Conversations avec Hô Chi Minh se sont poursuivies hier et seront maintenant quotidiennes. Bien que décidé à défendre pied à pied chacun des différents points de l'accord à intervenir, il semble que le G.R.A. soit résolu à céder et reste principalement préoccupé par l'opinion publique qu'il veut amener progressivement à abandonner, après lui-même, le mot indépendance. C'est à travers cette préoccupation que nous devons accueillir les différentes informations annamites à prévoir ces jours-ci.

2. Information comme celle de l'Agence française de presse, dans la nuit du 25 au 26, relative à l'amnistie des partis d'extrême gauche, est de nature à torpiller complètement les résultats de six mois d'efforts. Je vous prie de tout faire pour interdire provisoirement toutes informations de cet ordre.

Si vous le jugez nécessaire, je puis m'adresser à Caput, leader des partis de gauche en Indochine Nord, qui suit toutes nos négociations et serait prêt à calmer les initiatives de ses camarades du Sud.

Je vous tiendrai quotidiennement au courant des résultats de chaque conférence.

Dans la nuit du 25 au 26, j'étais en vol dans les ciels méditerranéens et me posais au Caire à 6 heures du matin, le 26. De cette information de l'A.F.P., Sainteny est le premier et le seul à me parler.

Dernier des trois télégrammes, celui du 27 après-midi :

Au cours d'un entretien de ce jour, Hô s'est montré encore plus intransigeant qu'au cours des conversations précédentes. Il semble que cette tactique consiste à discuter point par point jusqu'au dernier pouce. Je continue à espérer qu'il lâchera à l'ultime minute. Cependant, il n'est pas exclu que Hô attende jusqu'à ce moment un événement fortuit venant obliger la France à une conciliation plus complète, car tous les prétextes lui sont bons pour gagner du temps et il n'hésite pas à revenir sur sa propre parole.

Il sait cependant notre arrivée imminente.

Ce soir, si la question de représentation diplomatique ne constitue plus l'obstacle majeur, les principaux points litigieux sont :

1. La Cochinchine doit être sans discussion, ni référendum, partie intégrante du Viêt-nam.

2. Si le G.R.A. accepte la relève des troupes chinoises par les Français, il demande à fixer lui-même les effectifs et leurs cantonnements.

Il se réfère ce soir à l'occupation de Hanoi.

Malgré ce marchandage systématique basé sur une mauvaise foi éclatante, je persiste à espérer conclusion prochaine.

Quoi qu'il en soit, la population sait qu'il y a négociation. Elle espère une issue favorable et rapide créant ainsi une détente incontestable. L'opposition y trouve sa principale arme contre Hô et reste très violente.

Avant de répondre de façon objective et pertinente à ces messages, il me faut non l'espoir, mais la certitude que l'accord militaire de Chungking est signé. Je ne le sais pas encore officiellement.

Avec le télégramme suivant du 2 mars, je rentre dans la joute sans-filaire et secrète :

J'ai bien reçu vos messages des 26 et 27 courant et mesure vos difficultés sans m'étonner des atermoiements provoqués par le président Hô Chi Minh. Mais :

1. L'accord d'ensemble franco-chinois est maintenant signé. La signature d'état-major est attendue d'un jour à l'autre [1]. Notre position en Indochine s'en trouve internationalement clarifiée et fortifiée. L'accord militaire facilite singulièrement la venue de nos forces. Toute opposition aux troupes sino-françaises serait vouée à un échec certain et la responsabilité incomberait totalement au Gouvernement annamite de Hanoi.

2. En communiquant ces renseignements officiels à Hô Chi Minh, vous en profiterez pour donner à votre action déjà heureusement conduite un caractère plus pressant encore mais toujours aussi courtois. Il ne saurait lui échapper combien une occasion opportune se présente à lui de grandir la position de son Gouvernement et de sa personne sur le plan international puisque c'est en déférant à l'accord franco-chinois qu'il obtient en droit à son peuple la liberté politique d'un *self government* sans le priver du concours amical de la France et des relations de bon voisinage avec la Chine.

Revenant de Paris, je puis vous donner l'assurance qu'aucune maladresse ou campagne de presse ne feront dévier de sa position le Gouvernement de la République. Il est unanime dans la déclaration qu'il vient d'approuver et que je viens de vous communiquer en son nom. C'est là l'énoncé officiel de sa politique vis-à-vis du Viêt-nam, politique empreinte d'un large libéralisme et d'une affection sincère pour le peuple annamite.

3. La réserve faite sur la date de la publication de l'éventuel accord se trouve maintenant levée. Dès la signature acquise, informez-moi ; Hanoi et Saigon pourraient diffuser simultanément le texte de l'accord [2].

4. Dans l'hypothèse d'un départ ou d'une démission de Hô Chi Minh, son successeur à la présidence serait à nos yeux qualifié pour signer l'agrément.

5. L'accord franco-chinois est une victoire diplomatique dont mieux que personne vous apprécierez la valeur. Soyez remercié des résultats acquis sur l'autre plan ; je vous fais confiance ainsi qu'à vos collaborateurs pour les transformer en un plein succès. Amicalement. d'Argenlieu [3].

Un peu plus tard, je lui fais part de mes préoccupations :

Je vous demande premièrement de mettre en œuvre toute votre autorité et celle de vos collaborateurs pour prévenir l'agitation dont pourraient faire preuve certains Français au moment des événements décisifs. Recommandez à tous le plus grand calme dans leurs rapports avec les autorités et la population annamites. Des maladresses à cet égard pourraient avoir de fâcheux effets.

Secondement, je vous prie instamment aussi de veiller aux bonnes rela-

1. Ce fut une illusion comme, hélas ! nous le verrons.
2. Je reprécise, à la fin de ce 3e point, la teneur de l'accord à diffuser simultanément. (Déjà cité chapitre 6, p. 160, « Directive pour un accord »).
3. Télégr. 183 E.

tions entre Chinois et Français. La plus grande cordialité doit être de règle en toutes circonstances. Quelles qu'aient été les difficultés dans les relations antérieures, l'attitude d'un chacun doit se subordonner aux nécessités de la situation présente à l'égard de ceux avec lesquels le Gouvernement français a passé des accords.

Se croisant avec ce dernier message, un nouveau télégramme de Jean Sainteny m'arrive dans la soirée du même samedi 2 mars :

L'entretien de ce jour (vendredi) avec Hô Chi Minh a permis de trouver un terrain d'entente sur la question diplomatique. L'accord semble également pouvoir se faire rapidement sur l'installation des troupes françaises en zone nord. Les détails seront examinés demain (samedi). L'obstacle majeur reste donc la question de la Cochinchine. Est-ce une question qu'il faut réserver coûte que coûte, ou peut-on envisager de céder en ultime concession ?

La conversation a été très cordiale, en contradiction avec les journaux annamites qui se sont montrés très violents. Cette violence est très probablement voulue et orchestrée ainsi que le sont ostensiblement les préparatifs de combats de rues. La population très nerveuse commence à évacuer la ville.

Un grand Conseil consacrant le nouveau Gouvernement d'union doit se tenir demain (samedi). Hô Chi Minh m'a indiqué qu'il abandonnait les Affaires étrangères au profit de Nguyen Tuong Tam [1] qu'il me présenterait à la prochaine entrevue. Il m'a également fait rapidement allusion à l'espoir qu'il conservait de vous rencontrer prochainement.

Ma réponse est transmise le lendemain dimanche 3 :

Je ne puis que maintenir les termes de mon télégramme de base et les rappelle : la Cochinchine décidera librement elle-même de sa position vis-à-vis du Viêt-nam.

1. Vous devez faire ressortir à votre interlocuteur qu'il serait absolument contraire aux principes démocratiques de refuser aux populations intéressées de faire connaître leur sentiment sur ce point en toute indépendance. Nous entendons d'ailleurs procéder à une consultation absolument libre ; si donc Hô Chi Minh est certain du sentiment des populations, il n'a rien à craindre d'une telle consultation.

2. Une grande partie de la population cochinchinoise qui, depuis plusieurs mois, apporte son concours à la France, est inquiète de l'attitude conciliante de celle-ci à l'égard du Viêt-minh. Elle doit avoir l'assurance qu'elle ne sera ni abandonnée ni trahie, et il serait indigne de la France qui a rétabli l'ordre et la paix en Cochinchine de ne prendre actuellement aucune mesure protectrice et réservatrice des intérêts de celle-ci.

3. Du point de vue juridique, j'ajoute que la Cochinchine faisant partie du territoire national, il n'en peut être disposé sans une loi et je répète que le Gouvernement français a été unanime à l'égard des propositions contenues dans mon télégramme de base.

4. Vous pouvez enfin rappeler à Hô Chi Minh que plusieurs fois j'ai déclaré publiquement notre volonté de ne préjuger en rien de l'avenir des trois

1. Nguyen Tuong Tam est un des leaders du V.N.Q.D.D. (parti prochinois) qui participe au nouveau gouvernement.

Ky. C'est un problème entre Annamites à terminer à l'amiable selon les règles du droit et les principes de la Conférence de San Francisco.

Attentif à mesurer dans les télégrammes de Jean Sainteny les tendances du président du G.R.A. à s'écarter de ses positions initiales du 16 février, je note avec soin les jugements de Sainteny sur la moralité de l'oncle Hô pour lequel il a plutôt de la sympathie, Quelques exemples. Le 27 février, nous relevons ces propos dans le texte du premier : « Tous les prétextes lui [Hô Chi Minh] sont bons... et il n'hésite pas à revenir sur sa propre parole. » Peu après : « Malgré ce marchandage systématique basé sur une mauvaise foi éclatante... » Le Haut-commissaire a l'obligation d'en tenir compte, d'où la nette et ferme précision de sa réponse quand le devenir de la Cochinchine est à nouveau sur la sellette.

Continuant le dialogue, un télégramme d'Hanoi m'arrive le 5 :

Les conversations ce soir (le 4) avec Hô Chi Minh confirment que seule la question de Cochinchine s'oppose encore à l'accord préliminaire. Dans l'esprit de votre message du 2 mars, j'ai proposé que le Gouvernement français s'engage à entériner décision que proposeront populations des trois Ky vis-à-vis Viêt-nam. G.R.A. est resté ferme sur exigence de nous voir reconnaître explicitement intégration de la Cochinchine dans vocable Viêt-nam. Mais il est possible qu'il cède demain et accepte ma proposition. Il reste à craindre que dans son désir de ne céder qu'à la dernière minute, Hô Chi Minh n'ait pas signé avant débarquement. J'estime que ceci, bien regrettable, ne doit pas faire oublier qu'essentiel sera acquis puisque : Premièrement, population sait qu'il y a négociations et fonde sur celles-ci de grands espoirs. Secondement, ces négociations auront été poursuivies sans rupture jusqu'à l'arrivée des forces françaises. Troisièmement, toutes les preuves flagrantes, que notre bonne volonté est complète et atteint le maximum dans les concessions, subsisteront.

La presse annamite dans sa vanité insiste sur le fait que ce sont les représentants français qui cherchent l'accord pour éviter une effusion de sang, nous constituant pour l'avenir une éclatante justification.

Sans avoir la naïveté d'espérer que les données initiales de base d'un accord avec le Gouvernement de Hanoi vont être toutes souscrites par lui, comment ne pas noter que la proposition faite à Hô Chi Minh s'écarte fort du texte que je viens de rappeler fermement à Sainteny, au sujet du sort de la Cochinchine...

En relisant exactement ce dernier télégramme de Hanoi, comment ne pas augurer que l'ambiance se durcit là où se prolonge le débat avec le G.R.A.

Durcissement d'autant plus assuré que le Gouvernement de Hanoi a dû vite apprendre ce dont j'ai eu connaissance le 2 mars, en pleine joute sans-filaire :

Après l'accord diplomatique du 28 février...

La brutale volte-face de l'État-major chinois concernant l'accord pour la relève des troupes.

En bref, pas de relève au nord du 16e parallèle.

Pour nous, Français, pas de débarquement à la date prévue, à Haiphong.

Le traité de Paris-Chungking signé, les généraux chinois en peuvent prendre localement à leur aise avec nous. Le président Hô le sent. Il le sait mieux que personne. A lui d'en profiter. Aux Français, le Chinois avance : « Pas de relève sans entente préalable avec le Gouvernement révolutionnaire annamite. » A ce dernier : « Ne vous hâtez pas de conclure avec les délégués civils ou militaires du Haut-commissaire de France. » En clair, traduction : « Sans relève, le pillage par nos troupes d'occupation se poursuit. C'est la règle du jeu. Avec la relève, la part du butin s'anémie. Ne hâtons rien. »

Le jeu chinois - même au temps de Chang Kai-Chek dont nous avons traité longuement à propos des deux congrès de Liéou Tchéou [1] - est pour nous, Latins, une inénarrable tragi-comédie. Le secrétariat du président Chang est une chose ; le Kouomintang, une autre ; le Wai Kiao Pou, une troisième ; l'État-major général et le ministère de la Guerre, une quatrième ; les grands chefs d'armée avec leurs comportements divers selon les provinces et les résidences sont maintes choses à la fois sur un même problème. Gardons-nous d'omettre le Général en charge des millions de Chinois d'outre-mer si spéciaux.

Au tournant du devenir indochinois dont je suis témoin, les activités desdites autorités civiles ou militaires sont incessantes. Aux Français que nous sommes, elles sont surtout insaisissables, impénétrables.

De plus, puisqu'il s'agit d'abord d'affaires du Tonkin et d'Annam, mentionnons au milieu des acteurs notoires de la même tragi-comédie, les Vietnamiens qu'ils soient nationalistes sinisants ou marxistes.

Et soulignons enfin le rôle d'Américains de tout acabit pour penser une chose qu'ils disent ou ne disent pas mais désirent. Nous, Français, devrions vider la Péninsule où désormais n'avons que faire. Ce que furent, dans ce théâtre, les premières semaines de mars 46, ne se peut guère imaginer.

Face à d'interminables disputes d'états-majors avec les généraux chinois dont le seul trait commun est la stérilité, je ne perds pas de vue nos tractations avec le Gouvernement annamite. Elles se font épuisantes pour les Sainteny, Pignon, Salan. L'avantage, à mon échelon, est d'y pouvoir conserver - dans la pleine bagarre entre Asiatiques - l'esprit lucide, le sens ferme des intérêts supérieurs de la France et de la Fédération indochinoise.

1. Voir annexe 5, chapitre II.

Projet d'accord et incident

Malgré une séquelle de fièvre, en cette soirée du mardi 5 mars, je reçois Longeaux sur sa demande. Il me remet un télégramme réservé du Comrep Hanoi. Je lis :

Devant le danger de la situation créée par la volte-face de Chungking j'ai, sur demande pressante de l'E.M. (français), proposé un texte d'accord préliminaire qui rencontre accord de Hô et sera soumis demain matin 6 mars au Conseil des ministres du G.R.A.

Citation : Entre les hautes parties, etc.

Primo : Le Gouvernement français reconnaît la République du Viêt-nam comme un État libre, ayant son Gouvernement, son parlement, son armée et ses finances, faisant partie de la Fédération indochinoise et de l'Union française. En ce qui concerne la réunion des trois Ky, le Gouvernement français s'engage à entériner les décisions prises par les populations consultées par référendum.

Secundo : Le Gouvernement du Viêt-nam se déclare prêt à accueillir amicalement l'armée française lorsque conformément aux accords internationaux, elle relèvera les troupes chinoises. Les forces de relève se composeront de 25 000 hommes dont 15 000 Français et 10 000 Vietnamiens placés sous le commandement supérieur français par le Gouvernement du Viêt-nam. La progression, l'implantation et l'utilisation de ces forces seront définies au cours d'une conférence d'état-major entre les représentants des commandements français et vietnamiens, laquelle se tiendra dès le débarquement des unités françaises.

Tertio : Les stipulations ci-dessus formulées entreront immédiatement en vigueur. Aussitôt après l'échange des signatures, chacune des parties contractantes prendra toutes mesures nécessaires pour faire cesser sur-le-champ les hostilités et créer le climat favorable nécessaire à l'ouverture immédiate de négociations amicales et franches. Hanoi, Saigon ou Paris pourront être choisis comme siège de la conférence. *Fin de citation.*

PS : Espère pouvoir dans le courant de la journée du 6 mars vous faire savoir si un accord a pu se faire sur ce texte et avant le débarquement des troupes françaises.

Surprise de voir apparaître à l'alinéa second un programme militaire d'effectifs. Impression fâcheuse de la mise en vedette de la capitale de la France. Elle n'est qu'hypothétique à vrai dire aujourd'hui. Très tardivement, je saurai de Sainteny, et de lui seul un jour, la forme adoptée par la demande pressante de l'État-major [1].

Dans l'ambiance nocturne, tout est calme au palais fédéral. N'y pas perdre de vue qu'il en est autrement à Chungking, à Hanoi, Haiphong, aux approches du delta. Par grâce spéciale de nos grands alliés asiatiques, avec leurs tête à queue, pirouette, volte-face, l'air est plutôt là-bas à la précipitation, ennemie-née de prudence et sa-

1. Voir annexe 11, page 439.

gesse. Imaginons le déroulement à Hanoi des conciliabules autour des généraux chinois, auprès du Gouvernement de la République démocratique du Viêt-nam et même de l'oncle Hô. Mes représentants y sont aussi. Ils font de leur mieux, j'en suis sûr, mais l'épuisement a des limites, cependant qu'en baie d'Along, notre convoi approche des accès de Haiphong. C'est dans la matinée du mercredi 6 mars que nos bâtiments légers doivent se présenter.

Ayant mûri toutes choses, j'attends les télégrammes loin du double théâtre, la sagesse inspire de faire confiance aux mandataires. Quand j'aurai les cartes en main, et alors seulement, nous pourrons mesurer le pour et le contre... agir.

Midi trente. Un télégramme n° 409 arrive d'Hanoi :

Accord verbal sur texte que je vous ai soumis cette nuit m'a été donné ce matin à 8 heures. Signature pourra probablement être effective au début de l'après-midi. Je vous demande votre accord par prochaine vacation, bateaux se présentant à 10 heures à l'entrée de la rivière d'Haiphong.

Ma réponse n° 204 E part à 14 heures vers Sainteny :

Vous donne mon agrément sur texte accord préliminaire communiqué par votre message n° 404 du 5 mars et vous donne pouvoir signer par délégation. Câblez toute urgence dès signature effective, prévenez général Leclerc.

A 15 h 15 : séance du Gouvernement fédéral afin de le mettre à jour de la situation et de recueillir ses observations. Elle a sérieusement évolué depuis la réunion du 28 février à mon retour de Paris.

Le traité franco-chinois portant « renonciation de la France à l'exterritorialité en Chine et aux droits y relatifs » puis, « l'accord sur les relations sino-indochinoises », sont de fait signés. Il reste à préciser les modalités de « la relève des troupes chinoises par les troupes françaises en Indochine du Nord ».

Dès le 28 février, le principe en est admis au plan diplomatique par échange de lettres entre notre ambassadeur R. Meyrier et le ministre Wang Shi Chieh. C'est sur pareille donnée suivie des premières discussions à Chungking entre états-majors respectifs, que le général Leclerc se fonde pour un débarquement rapide du corps expéditionnaire.

A mes yeux, beaucoup demeure à faire aux fins de passer de ce préalable à la relève effective. Nous sommes aux prises avec les Chinois ; qui plus est : des généraux chinois. Un propos du général de Gaulle en août dernier me revient à l'esprit : « En Chine, Amiral, rien n'est jamais fini. »

Sans entrer dans les détails au Conseil, j'en viens au projet d'entente avec le Gouvernement du président Hô Chi Minh. D'un instant à l'autre, j'attends la confirmation officielle.

Je garde, il va de soi, la pleine responsabilité du texte auquel j'ai donné agrément, non sans mûre réflexion.

J'ignore certes encore la teneur finale de la convention préliminaire qu'ils vont souscrire à Hanoi au terme d'un ultime débat...

A 20 heures, la confirmation sans-filaire de l'échange des signatures m'est remise :

Commissaire de la République à Hanoi à Haut-commissaire pour l'Indochine.

Accord signé ce jour à 17 heures. Malgré quelques concessions de forme exigées en dernière minute et que les incidents d'Haiphong m'ont incité à accepter, texte reste sensiblement conforme à celui qui vous a été soumis. Délégation franco-annamite est partie à 17 h 30 pour Haiphong. Une délégation franco-sino-annamite conduite par Pignon se rendra à Vinh, Than Hoa, et Hué... dès demain pour faire connaître accord et prévenir incidents possibles. Vous adresse texte définitif complet par prochaine vacation.

« Les incidents d'Haiphong ? » De quoi s'agit-il ? Je me pose à peine la question que m'arrive la réponse. Elle ouvre le dialogue avec le Génésuper :

Compte-rendu de la journée du 6 mars.

Comme prévu, une partie de la flotte s'est portée vers Haiphong avec ordre de se présenter au port et de ne commencer le débarquement qu'après accord chinois. Interdiction à tous de tirer. Le commandement chinois d'Haiphong, apparemment prévenu par mission de liaison et commandement chinois d'Hanoi, avait donné assurance de ne pas créer d'incidents.

Arrivés à environ 2 km de Haiphong, Landing Craft Infantry (L.C.I.) et *Triomphant* ont reçu des coups de feu et ont continué sans répondre, atteignant ainsi le port de Haiphong.

Le feu de toutes armes devenant alors très violent, j'ai autorisé le général Valluy à répondre et celui-ci s'est retiré à environ 5 km en aval de Haiphong. Le général Valluy a ensuite réussi à atteindre le général chinois, discussion stérile comme d'ordinaire. Actuellement, l'amiral Auboyneau est chez le général chinois. Les Chinois se sont engagés formellement à ne plus rouvrir le feu. Je laisse dispositif en place estimant que le débarquement pourra se faire après environ 24 heures de discussions supplémentaires.

Nos pertes, profondément regrettables, montent environ à 20 tués et 40 blessés. Les pertes chinoises sont inconnues. En cas de protestations des Chinois, vous demande de protester énergiquement.

J'insiste encore sur le fait que nos unités sont restées plus d'une demi-heure sous le feu sans répondre, ce qui ne peut être discuté.

Dans la nuit du 6 au 7 mars, un message du vice-amiral Auboyneau rendait compte de son entretien avec le général Wang, qui exerce le commandement de la place :

Après négociation longue et difficile, l'accord suivant a été conclu avec le général Wang : les navires français mouillés dans le Cua Cam (bras de rivière sur lequel est établi le port d'Haiphong) seront placés dans la journée du 7 et mouillés dans le Cua Nam Trieu (autre bras de rivière formant en aval la partie du chenal d'entrée à Haiphong). Les bâtiments de guerre français ne feront plus usage de leurs armes contre les troupes chinoises auxquelles Wang donne l'ordre de ne plus attaquer les bâtiments français. Il continue en outre à assurer la sécurité des Français à Haiphong. Le général Wang, tout en affirmant qu'il n'a reçu aucun ordre d'Hanoi et ne peut donc rien décider de ferme au sujet du débarquement de nos troupes, se déclare prêt à continuer dès demain matin (c.à.d. le 7) les négociations en cours avec le général Valluy ou son représentant. L'entretien s'est terminé par manifestations amicales [1].

Je vois clair à présent.

Même avec les Chinois de l'heure, nous en finirons quant à la mise à terre de nos troupes et quant à la relève à condition d'user de patience et ferme ténacité.

Une convention, d'autre part, est signée avec le Gouvernement de Hanoi. Je n'en connais qu'une première version. Que vont être les « quelques concessions de forme exigées à la dernière minute », compte tenu des épisodes de la matinée à l'entrée du port d'Haiphong ?

L'accord : convention et annexe...

La version définitive m'arrive enfin :

CONVENTION PRÉLIMINAIRE

Entre les hautes parties ci-après désignées :

- Le Gouvernement de la République française, représenté par M. Sainteny, délégué du Haut-commissaire de France, régulièrement mandaté par le vice-amiral d'escadre Georges Thierry d'Argenlieu, Haut-commissaire de France, dépositaire des pouvoirs de la République française d'une part,

- et le Gouvernement de la République du Viêt-nam, représenté par son président, M. Hô Chi Minh, et le délégué spécial du Conseil des ministres, M. Vu Hong Khang [2], d'autre part.

il est convenu ce qui suit :

1. Le Gouvernement français reconnaît la République du Viêt-nam comme un État libre ayant son Gouvernement, son parlement, son armée et ses finances, faisant partie de la Fédération indochinoise et de l'Union française. En ce qui concerne la réunion des trois « Ky », le Gouvernement français s'engage à entériner les décisions prises par les populations consultées par référendum.

2. Le Gouvernement du Viêt-nam se déclare prêt à accueillir amicalement l'armée française lorsque, conformément aux accords internationaux, elle relèvera les troupes chinoises. Un accord annexe joint à la présente Convention préliminaire fixera les modalités selon lesquelles s'effectueront les opérations de relève.

1. Voir carte de Haïphong, photo hors texte n° 26.
2. Leader du V.N.Q.D.D.

3. Les stipulations ci-dessus formulées entreront immédiatement en vigueur. Aussitôt après l'échange des signatures chacune des hautes parties contractantes prendra toutes mesures nécessaires, pour faire cesser sur-le-champ les hostilités, maintenir les troupes sur leurs positions respectives et créer le climat favorable nécessaire à l'ouverture immédiate de négociations amicales et franches. Ces négociations porteront notamment sur :

a. les relations diplomatiques du Viêt-nam avec les États étrangers,

b. le statut futur de l'Indochine,

c. les intérêts économiques et culturels français au Viêt-nam.

Hanoi, Saigon ou Paris pourront être choisis comme siège de la Conférence.

Fait à Hanoi, le 6 mars 1946.

Signé : Hô Chi Minh et Vu Hong Khanh. Signé : Sainteny

ACCORD ANNEXE

à la Convention préliminaire intervenue entre le Gouvernement de la République française et le Gouvernement du Viêt-nam.

Entre les hautes parties contractantes désignées à la Convention préliminaire, il est convenu ce qui suit :

1. Les forces de relève se composeront :

a. de dix mille Vietnamiens, avec leurs cadres vietnamiens, relevant des autorités militaires du Viêt-nam.

b. de quinze mille Français, y compris les forces françaises résidant actuellement dans le territoire du Viêt-nam au nord du 16e parallèle. Lesdits éléments devront être composés uniquement de Français d'origine métropolitaine, à l'exception des troupes chargées de la garde des prisonniers japonais.

L'ensemble de ces forces sera placé sous le commandement supérieur français, assisté de délégués vietnamiens. La progression, l'implantation et l'utilisation de ces forces seront définies au cours d'une conférence d'état-major entre les représentants des commandements français et vietnamiens, laquelle se tiendra dès le débarquement des unités françaises.

Des commissions mixtes seront créées à tous les échelons, pour assurer dans un esprit d'amicale collaboration, la liaison entre les troupes françaises et les troupes vietnamiennes.

2. Les éléments français des forces de relève seront répartis en trois catégories :

a. Les unités chargées d'assurer la garde des prisonniers de guerre japonais. Ces unités seront rapatriées dès que leur mission sera devenue sans objet par suite de l'évacution des prisonniers japonais, en tout cas dans le délai maximum de dix mois.

b. Les unités chargées d'assurer, en collaboration avec l'armée vietnamienne, le maintien de l'ordre public et de la sécurité du territoire vietnamien. Ces unités seront relevées, par cinquième, chaque année, par l'armée vietnamienne, cette relève étant donc effectivement réalisée dans un délai de cinq ans.

c. Les unités chargées de la défense des bases navales et aériennes. La durée de la mission confiée à ces unités sera définie dans les conférences ultérieures.

3. Dans les places où les troupes françaises et vietnamiennes tiendront garnison, des zones de cantonnement, nettement délimitées, leur seront assignées.

4. Le Gouvernement français s'engage à ne pas utiliser les prisonniers japonais à des fins militaires.

Fait à Hanoi, le 6 mars 1946.
Signé : Hô Chi Minh et Vu Hong Khanh. Signé : Sainteny

Non sans application, je lis... puis médite la teneur. Ce sont deux documents distincts : Convention préliminaire ; accord annexe.

Le premier, sobre et net avec trois paragraphes, s'accorde bien à son titre. Il énonce les principes majeurs qui serviront de base pour un pacte neuf entre France et Viêt-nam à discuter en commun. Cette convention répond en somme aux directives télégraphiées à Sainteny, le 20 février dernier, de Paris. Plusieurs points, non réglés, sont au moins retenus et serviront de thème aux négociations prochaines.

Comme il se doit, la Convention, instrument diplomatique à sa façon, n'entre point dans les détails. Elle s'attache aux faits qui la motivent. Vraiment, bonne impression :

Sous le vocable d'*État libre,* faisant partie de la Fédération indochinoise et de l'Union française, nous retrouvons le *self government* consenti officiellement par le Gouvernement provisoire.

En ce qui concerne la réunion des trois « Ky » annamites, nous n'acceptions pas arbitrairement la position de principe du G.R.A. les fondant en une seule unité territoriale et politique. Je regrette notre position claire, issue de la déclaration du 24 mars. Mais avec le texte nouvellement adopté dans la Convention préliminaire et l'appel au référendum, il n'est pas question d'abandon par nous de la Cochinchine. Quelques possibilités s'ouvrent même pour le devenir de l'Annam, en se référant à la déclaration précitée de mars 1945.

Le deuxième paragraphe serait satisfaisant, si « un accord annexe » visé dans la phrase finale n'allait pas, au courrier suivant, nous mettre devant un texte parfois des plus singuliers...

Revenons à la Convention.

Au paragraphe troisième, le dernier, une décision gouvernementale, importante et commune, est annoncée : *la cessation des hostilités.* « Les hautes parties contractantes s'engagent à prendre toutes mesures nécessaires » à cet effet.

Nous sommes au terme :

« Hanoi, Saigon ou Paris pourront être choisis comme siège de la conférence. » Elle est souhaitée dans un proche avenir.

C'est là que seront examinés notamment : le problème des relations diplomatiques du Viêt-nam, les intérêts économiques et culturels français au Viêt-nam.

Pour Paris, mis en vedette, nulle surprise, vu l'information nocturne du commissaire Sainteny en la nuit du 5 mars. Ma sensation fâcheuse persiste. Cependant, toutes choses pesées, je n'ai pas voulu opposer de veto sur l'emploi de ce nom dans ma réponse officielle autorisant la signature.

L'autre document s'intitule « *Accord annexe* ».

Dans son libellé, il n'est ni sobre ni net... ni opportun surtout.

Le premier paragraphe sans doute traite de la relève des forces chinoises sous la forme soumise hâtivement à mon examen dans la soirée du 5 mars. A cette date, la proposition faisait bloc avec la déclaration politique. Mon assentiment avait été donné. Or, aujourd'hui, sans raison valable, les second, troisième et quatrième paragraphes de l'accord annexe se mêlent de nombreux détails militaires réservés antérieurement à une conférence mixte, entre états-majors français et vietnamien, à tenir dès le débarquement de nos troupes. C'était la solution normale, celle du bon sens.

Voilà le devenir de l'ensemble des forces françaises de terre, de mer, de l'air prématurément engagé. Le texte semble s'inspirer des idées du Gouvernement annamite d'Hanoi sur sa propre armée nationale... future. De vrai, inexistante encore. L'on paraît y perdre de vue qu'au plan international, la relève, dont il est traité et décidé à Chungking, est à régler entre Chine et France sans truchement vietnamien.

Calmement, je suis en quête, à travers les lignes de ladite annexe, des « quelques concessions de forme exigées en dernière minute... » dont me télégraphiait Jean Sainteny, tous les accords déjà signés. Hélas. Je cherche en vain. Cet accord, arrivé le dernier, je le juge lourd de servitudes militaires pour la France au profit du jeune « État libre ». Mais il est contresigné. Nous sommes devant le fait accompli. Comment en sommes-nous arrivés là ?

La chose est fort sérieuse. Ainsi pensent Clarac, de Guillebon, Le Chuiton, Longeaux. Ma décision est prise :

1. La Convention préliminaire, visant l'essentiel des problèmes politiques entre France et Viêt-nam, sera intégralement et sans atermoiement portée à la connaissance du Gouvernement provisoire de la République.

2. L'accord annexe, pièce militaire, simple transaction d'états-majors, appelle une prompte enquête, avant sa diffusion.

L'état-major particulier me prépare, fin matinée du 7 mars, un message pour Sainteny. Le voici :

1. Vous prie me préciser d'extrême urgence dans quelles conditions et par qui a été préparé, rédigé et décidé projet du texte de l'accord annexe à Convention préliminaire. 2. Aucune allusion antérieure à sa signature ne

m'a été faite et cependant sa seconde partie engage l'avenir militaire de la France vis-à-vis du Gouvernement de Hanoi. Ceci était matière entièrement distincte de la question *relève,* et aurait dû être réservé. 3. Veuillez me faire connaître rôle du général Salan, mon délégué militaire, en cette affaire. 4. J'apprécierai que le Gouvernement de Hanoi, selon la procédure habituelle, et s'il en est temps encore, ne livre pas à la publicité le texte de l'accord annexe, document strictement militaire. 5. Veuillez communiquer sans délai ce télégramme à Leclerc en même temps que les textes de Convention préliminaire et de l'accord annexe. Cordialement [1].

Parallèlement, part en priorité absolue sous repère 410 F à 10 h 30 - heure locale - le libellé de la Convention préliminaire à destination du président Félix Gouin. Ayant en outre calculé d'avance soigneusement les répercussions probables - publicitaires et autres - du document, tant dans la capitale, la Métropole, la France d'outre-mer qu'à l'étranger, je fais suivre la teneur de la Convention de mon appréciation personnelle.

Malgré la volte-face finale de l'état-major de Chungking qui s'est répercutée localement en dernière heure et a entraîné des pertes d'hommes inutiles qui restent imputables à nos alliés, effet d'un malentendu qui ne doit pas se renouveler, nous avons conclu avec le Gouvernement de Hanoi, dans le souci de ne pas laisser passer un instant favorable, un accord préparé depuis quatre mois et devenu de plus en plus désirable.

Tout bien pesé, j'estime cette Convention être une bonne convention si elle est appréciée comme il se doit du triple point de vue : Primo - *International,* c'est-à-dire dans le cadre de la Charte des Nations unies de San Francisco. Secondo - *Régional,* du Sud-Est asiatique au milieu des Indes, Birmanie, Malaisie, Indonésie sans oublier en Afrique situation égyptienne. Tertio - *National,* en ce sens qu'après avoir frôlé la menace de sécession définitive de l'Annam-Tonkin, cet accord les garde librement dans le double cadre de la Fédération indochinoise et de l'Union française.

Cet accord réserve la question de la fusion des trois Ky selon les principes démocratiques, assure l'accueil amical de nos forces et prévient ainsi tout reproche d'ouverture d'hostilités aux fins de reconquête et assure la sauvegarde présente et future des intérêts économiques et culturels français.

Je rappelle qu'en septembre 1945, il n'y avait plus nulle part aucun vestige de l'Autorité française. Fin.

Le même jour, j'informe le Conseil fédéral en insistant sur les avantages de la Convention :

Elle apporte la preuve que la France reste fidèle à l'esprit et à la lettre de l'O.N.U.

Elle devient le premier exemple d'un accord librement débattu entre une puissance coloniale et un peuple du Sud-Est asiatique.

Elle évite toute effusion de sang entre Annamites et nous, et nous met à couvert du reproche d'un recours à la force pour rétablir l'autorité de la France.

1. Télégr. 216 E.M.

D'autre part, le statut futur de la Cochinchine n'est pas préjugé dans une Convention avec le Gouvernement de Hanoi, comme il se doit. Quant au résultat du référendum populaire dans le Sud, quel qu'il soit, il ne peut être valable que ratifié par le Parlement métropolitain.

Un peu tard, dans la soirée de ce même mercredi 7 mars, m'arrive la réponse de Comrep Hanoi à mon questionnaire de la matinée au sujet de l'accord annexe :

Primo - Projet texte accord annexe a été discuté et rédigé par Pignon et moi-même d'une façon générale et en accord complet avec général Salan en ce qui concerne les questions militaires.

Secundo - Principe de la relève n'a été admis par Hô Chi Minh le dernier jour que contre mise au point de certains détails. Le G.R.A. exigeait de les faire figurer dans le *secundo* du texte préliminaire. Avons obtenu que ces détails soient reportés sur un additif annexé. Il était impossible de revoir cette question sans remettre en cause signature de l'ensemble. Il était aussi matériellement impossible de vous demander votre accord.

Tertio - Le général Salan était présent aux conversations militaires. Toutes dispositions ont eu son approbation. Notre collaboration a d'ailleurs été complète et étendue à l'ensemble des questions. Il assistait à la cérémonie des signatures.

Quarto - Ainsi que vous le prévoyez le G.R.A. prétextant obligation pour le calme de la population et la liberté de la presse a livré le texte de l'accord annexe à la publicité. Je fais tous efforts pour lutter contre interprétations tendancieuses.

Ultérieurement, j'apprendrai qu'un Tchao Pei Tchang [1] vint se mêler auxdits pourparlers jusqu'à faire irruption, sans préavis, dans le bureau du président Hô Chi Minh, le 5 mars au soir tardivement ; jusqu'à le secouer vivement, quoique verbalement, pour qu'il s'accorde incontinent avec le commissaire français : « Flotte et corps expéditionnaire arrivent, sont presque là... il faut en finir. » Le tout avec les meilleures intentions, oui, mais de l'homme d'action, du Mongol qu'est le général Tchao. Épisode typique.

La sagesse est de ne rien ajouter, quitte à me servir de pareils incidents auprès du Cominindo, sis 14 *bis*, rue Saint-Dominique, Paris VIIe, à l'avantage de mes mandataires qui, eux, sont à Hanoi et... sur le tas !

Nuance géographique qui a son importance !

1. Général chinois. Cf. chapitre V, page 140 et annexe 11, page 442.

Chapitre VIII

RÉACTIONS ET COMMENTAIRES

Premières réactions à Hanoi

Le dialogue avec Sainteny et le Génésuper m'impose de vivre au jour le jour afin d'en tirer posément le meilleur parti :

Rapport de Sainteny :

Situation à Hanoi le 7 mars, matinée calme. Nos drapeaux français, flottant sur le commissariat de la République et divers immeubles, n'ont pas entraîné de notable réaction. Je me suis rendu officiellement chez Hô Chi Minh qui m'a reçu, entouré de Vinh Thuy, des ministres des Affaires étrangères et de la Guerre. La foule devant le G.R.A. fut simplement curieuse. Je crains plus la réaction des éléments français qui souhaitaient et souhaitent encore une revanche. Hô désire envoyer dès demain à Saigon des délégués chargés de porter l'ordre de cesser le feu à tous les groupes de partisans encore en action dans le Sud. J'ai demandé l'accord au général Leclerc.

Au cours de la visite de cet après-midi, Hô Chi Minh me signale qu'il va proposer à son gouvernement que le lieu choisi pour les négociations prochaines soit Paris. Il souhaite, pour donner la preuve à la population que l'accord préliminaire n'est pas un piège des Français pour faciliter le retour de nos troupes, que ces négociations soient entreprises aussi rapidement que possible. Il se propose de conduire lui-même la délégation annamite et souhaite, bien entendu, votre présence. Il tient également à vous rencontrer très prochainement et suggère que cette rencontre ait lieu à Saigon sur sa route vers Paris. Je n'ai pris que l'engagement de vous transmettre les propositions ci-dessus. Mon opinion partagée par Salan et Pignon et tous ceux qui ont suivi les conversations et connaissent l'atmosphère d'Hanoi, est qu'il ne faut pas se laisser entraîner à entamer des négociations à Hanoi ou le G.R.A. conserve à sa disposition de nombreux moyens de pression et où l'influence chinoise reste toute-puissante.

Un tel rapport de Sainteny me vaut l'avantage de mieux déceler peu à peu la mentalité de notre récent allié : l'oncle Hô. Achevons le rapport :

Grand meeting en fin d'après-midi au théâtre municipal. Le Président et certains de ses principaux ministres ont expliqué à la population le sens des accords préliminaires. Il semble que commencée dans une atmosphère nerveuse, la réunion se soit achevée par un nouveau plébiscite de la politique suivie par Hô Chi Minh.

Presque à la même heure, un télégramme de Leclerc m'arrive du croiseur *Émile Bertin.* Suite aux désirs d'Hô Chin Minh d'expédier dès le 8 au matin ses envoyés en vue de la cessation du feu dans le Sud, il reproduit le texte de sa réponse négative à Hanoi. Ma manière de voir étant identique à la sienne, mon message personnel à Comrep Hanoi s'en trouvera simplifié :

Réservé pour Sainteny.

Je suis d'accord avec la réponse faite hier par le général Leclerc pour les délégués dont nous n'avons que faire en Cochinchine. L'autorité *de fait* du gouvernement de Hanoi ne s'exerce jusqu'à présent qu'au nord du 16e parallèle. *En droit,* désormais, elle n'est d'ailleurs que provisoire en Annam. Je vous envoie l'un des membres du Conseil du gouvernement fédéral pour prendre contact avec vous et saluer de ma part le président Hô Chi Minh et son gouvernement. La visite du Président à Saigon ne s'impose pas immédiatement. Cependant, je serai très heureux de le rencontrer et vous ferai connaître d'ici peu le lieu qui me paraît le plus proche. Ce ne sera certainement pas Hanoi. La conférence prévue n'aura d'ailleurs de signification que lorsque les accords préliminaires seront entrés en exécution.

Sans en dire mot à personne ici, j'ai déjà fait choix du lieu. Sainteny et son équipe ont d'instinct écarté Hanoi, je les approuve. Saigon ne peut convenir. Le devenir de notre Cochinchine en serait compromis et cinq mois d'action militaire, administrative et politique jetés bas.

Paris ? Ce fut sérieuse erreur d'avoir à la légère disposé de la capitale. Le prétexte ? Faire plaisir au président Hô Chi Minh, hier chef du Viêt-minh et rebelle enthousiaste. Il me faut des semaines de calme opiniâtreté et de manœuvres aux fins d'en atténuer le mécompte, sans préjudice moral pour nos mandataires.

Informons sans tarder le Gouvernement provisoire des premières intentions du jeune État libre tonkinois. Elles sont à mes yeux révélatrices d'un esprit.

Le vendredi 8 mars au soir, je signale donc à l'attention du président Gouin et du ministre Moutet que le jeu d'Hô Chi Minh s'affirme dès la signature de la Convention préliminaire :

Il prétend envoyer sur-le-champ des délégués en Cochinchine pour y faire déposer les armes aux gens du Viêt-minh. Il est évident que c'était pour lui un habile moyen de propagande en vue du référendum qui intéresse l'avenir de la Cochinchine. Il lui est répondu, conformément aux faits, que presque toutes les bandes encore en action dans le Sud sont des bandes de pillards et non des troupes régulières. Nous avons aussitôt commencé à agir pacifiquement auprès des rares formations viêt-minh. Nous ferons déposer les armes aux autres sans le concours des envoyés de Hô. Ce dernier a déjà fort à faire dans le Nord pour exécuter dans leurs esprit et lettre les accords signés.

Autre manœuvre. Il ambitionne de voir à très bref délai s'ouvrir à Paris la conférence prévue. Ce serait une erreur grave à tous égards. Puisque son gouvernement a résolu avec lui de faire partie de la Fédération indochinoise, il est indispensable de le maintenir dans ce cadre durant toute cette période préliminaire. Ce serait injustice flagrante vis-à-vis des souverains du Cambodge et du Laos. Le premier vient d'un cœur sincère de nous rendre de si bons offices depuis des mois et attend toujours une réponse favorable pour son voyage à Paris. Le second souffre encore de se désister dans une sorte d'incarcération imputable avant tout à une collusion Viêt-nam-Chinois. Il ne peut vous échapper d'ailleurs que c'est une tentative plus accusée d'éliminer l'autorité du Haut-commissaire, représentant du Gouvernement. Enfin, le prestige qu'il en recevrait lui servirait aussitôt à durcir ses prétentions au point de vue représentation diplomatique.

Je vous demande votre agrément pour répondre d'urgence que le gouvernement de la République, en se félicitant de la Convention préliminaire intervenue à Hanoi, estime, compte tenu de toutes choses, que le lieu le plus favorable à la conférence est la ville de Dalat. Je crois, en effet, que Dalat offre seul l'ensemble d'avantages requis pour mener la conférence à bien. Dalat n'est ni en Cochinchine objet d'un référendum, ni au Tonkin proprement dit. La conférence pourra travailler dans une atmosphère calme et sereine à l'abri de toute manifestation spontanée ou organisée de foule.

Le président du Comité d'Indochine ainsi informé des inévitables complexités et embarras qui vont éclore de la mise en application des accords du 6 mars, je m'en tiens désormais à la règle d'or du respect des engagements souscrits par la France. Je dis bien : la France, car un message - 213 C.I. du 9 mars signé Marius Moutet - m'informe que les clauses de la Convention préliminaire viennent d'être ratifiées par le Gouvernement.

Notre situation de fait en la Péninsule, pour devenir meilleure requiert que les stipulations des Convention et accord annexé soient honnêtement adoptées de part et d'autre. Qu'il en soit ainsi, tel est notre profond désir de Français. La sagesse m'invite à rester sur mes gardes, attentif à voir si Hô Chi Minh et ses ministres agissent pareillement.

A côté des problèmes du Viêt-nam pour longtemps à l'ordre du jour, mon programme appelle examen et préparation d'autres affaires sérieuses.

Le 9 mars 1946 est le premier anniversaire du coup de force japonais avec ses conséquences dramatiques. Un discours le soulignera.

Le 15, j'accueille et reçois au palais fédéral lord Louis et lady Mountbatten qu'accompagne leur fille lady Patricia, visite de haute courtoisie à la veille de leur départ du Sud-Est asiatique.

Le 19 doit arriver à son tour en séjour officiel à Saigon Sa Majesté Norodom Sihanouk. C'est la réponse promise à mon voyage au Cambodge de fin janvier dernier.

Le 20, j'ai décidé d'assister à l'audience de rentrée de la cour d'appel à Saigon. Cérémonie marquante de la pacification du Sud.

Le 21 au soir, après visite à Nhatrang - la première - appareillage à bord du *Duquesne* pour la baie d'Along où, le 24, je compte sur la visite officielle du président Hô Chi Minh.

Itinéraires, horaires, programmes détaillés, allocutions, toasts, discours se doivent soigneusement préparer.

Le 9 mars, en Conseil fédéral, avec Maurice Gonon, nouveau conseiller financier, Torel signale avec satisfaction que le 22 février 1946, le *Journal officiel* a publié le décret de ratification d'une ordonnance fédérale du Haut-commissaire de France pour l'Indochine. Cependant que l'un ou l'autre juriste dans le calme de la rue Oudinot commence à s'agiter fort contre nos ordonnances fédérales, indispensables à la reprise en main des affaires dans une Indochine saccagée par les occupants japonais, cette ratification nous vaut la paix provisoire, pour un temps appréciable.

Trait symptomatique, le colonel de Guillebon mentionne qu'à la date du 9, soit trois jours après la signature des accords avec Hô, une recrudescence d'activité des bandes rebelles s'accuse.

Concordance avec Leclerc

Dans la soirée, le lieutenant-colonel Mirambeau, chef du cabinet de Leclerc, porteur d'un pli de ce dernier, m'arrive au palais. Nous causons de la situation d'Haiphong : les troupes commencent à débarquer, mais péniblement, vu les froids et silences du commandement chinois.

Leclerc m'écrivait dans son message d'hier : « Ai vu texte des accords. J'estime que l'accord annexe militaire entre dans beaucoup trop de détails engageant trop l'avenir. » Sa première réaction est identique, je le vois, à la mienne. Que dit le pli ?

Je vous envoie Mirambeau qui vous renseignera mieux que tous les télégrammes. Il vous exposera la suite des événements. La situation est la suivante :

- *Du côté chinois.* Toujours les mêmes difficultés, à savoir que les échelons subordonnés n'exécutent pas - ou avec un retard voulu - les ordres des échelons supérieurs. Cela surprend *a priori,* mais est facilement explicable, car les véritables motifs sont les raisons de butin et de pillage. Par exemple, la région de Hongay est actuellement en coupe réglée, le commandement chinois évacuant par tous les moyens, sur la Chine, tout ce qui peut être récupéré. [...]

En outre, les troupes chinoises que nous avons devant nous sont de véritables brutes. Exemple : ils ont tué, il y a quelques jours, l'un de leurs propres généraux qui n'obéissait pas assez rapidement à un ordre sur un terrain d'aviation. Les sentinelles sont par groupes de 3 ou 4, toujours prêtes à faire feu.

Ceci vous représente les difficultés que nous aurons pour éviter les incidents, d'autant plus que nos propres troupes ont été nettement écœurées par le guet-apens du 6. Je prends toutes dispositions en conséquence.

- *Du côté annamite.* J'ai vu arriver hier soir Répiton [1], porteur des accords signés à Hanoi, que vous avez évidemment depuis plusieurs jours. Je ne parle pas de la Convention préliminaire *qui ne me concerne pas.*

Par contre, l'accord annexe traitant des questions militaires n'est évidemment pas parfait. Mais, après réflexion, je crois qu'il peut servir de base de discussion utile, et que l'avenir est réservé du fait que les Indochinois conservent la possibilité de s'engager dans les forces françaises ; l'existence de « bases » permet toutes les interventions nécessaires à la défense des intérêts français.

Je reproche cependant à cet accord d'avoir mélangé, d'une part, les problèmes immédiats - à savoir : relève des troupes chinoises et utilisation des troupes viêt-minh au rétablissement de l'ordre - d'autre part, les problèmes d'organisation définitive, à beaucoup plus longue échéance, de l'armée vietnamienne, qui ne peuvent évidemment se traiter ainsi d'un trait de plume.

Mais c'est déjà un beau résultat, étant donné les difficultés à résoudre. [...]

- Il est permis de dire qu'un grand pas est fait avec le début du débarquement de nos troupes.

Si nous savons garder le riz et le caoutchouc de Cochinchine, le port de Saigon et ceux du Tonkin, les révolutionnaires de l'Annam sont forcément obligés de se calmer progressivement.

Dernière heure : 21 heures.

Je rentre à l'instant du port d'Haiphong. Ce soir nous devons avoir deux bataillons et une bonne partie du groupement Massu débarqués. Débarquement lent, les Chinois refusant de nous donner des postes à quai. Contact de nos officiers très bienveillant avec les populations annamites.

Pendant que j'étais sur le bateau servant de P.C. à Valluy, Sainteny est arrivé d'Hanoi, accompagné de Giap. Là-bas aussi grosse détente avec les Annamites. J'ai vu Giap. Conversations très cordiales, sans entrer dans les détails naturellement. *Mais* en même temps nous apprenions qu'un officier chinois arrivait de Chungking à Hanoi pour s'opposer au débarquement. Sainteny et Salan ont immédiatement réagi, mais il faut s'attendre à une crise avec les Chinois centraux qui, paraît-il, ont tout fait pour nous empêcher d'arriver, alors que les Yunnanais sont actuellement bien disposés.

De toute façon, ils ne nous empêcheront plus de débarquer à Haiphong, mais ils peuvent rendre notre débarquement très lent en bloquant les postes à quai et nous interdire ensuite le débouché d'Haiphong. Je vous tiendrai au courant dès demain. Si le renseignement est confirmé et l'obstacle sérieux, il faudra de nouveau intervenir vigoureusement à Chungking.

Tout compte fait, il est très heureux que nous ayons pu arriver il y a trois jours.

Quant à l'accord militaire, je crois possible, de plus en plus, à l'usage, d'en atténuer les inconvénients.

En résumé, aujourd'hui, c'est le problème chinois qui se pose.

Le lendemain, dimanche 10, ma réponse part avec Mirambeau :

... De loin, j'ai mesuré ce qu'offrait d'odieux et d'inouï l'imbroglio monté

1. Colonel Répiton-Preneuf de l'état-major de Leclerc.

par nos alliés. Bravo d'avoir malgré tout réalisé sans délai l'implantation solide dont vous me rendez compte.

Pour les Annamites, j'ai apprécié les choses comme vous. L'accord annexe traitant des questions militaires, en sa deuxième partie, m'a fait la plus fâcheuse impression. J'en ai totalement ignoré le contenu avant la signature. Causant avec Guillebon, nous avions aussi conclu que, la chose étant faite, il nous restait à en tirer le meilleur parti.

Grâce aux bonnes dispositions des Vietnamiens dont vous faites état, l'on peut espérer que nos nationaux ne pâtiront pas trop de l'intermède prolongé que fait appréhender le comportement chinois.

Mon intention est de ne rien hâter.

Il ne peut être question d'une conférence franco-vietnamienne avant que vous ayez réalisé l'opération de relève et largement étendu notre implantation au Tonkin-Annam.

Paris est naturellement écarté comme lieu de conférence. Je l'ai obtenu sur-le-champ du Gouvernement. Ce dernier a décidé de ratifier la Convention préliminaire, seul document d'État le comportant. Il déclare aussi et nettement sa satisfaction et renouvelle l'expression de sa confiance. Veuillez le faire savoir à vos grands subordonnés. J'en informe officiellement Sainteny.

Vous estimerez, comme moi, que notre vigilance doit redoubler afin que, sous prétexte des accords, nos nouveaux partenaires n'essayent point de gagner à la main et de se lancer dans une propagande intéressée là où elle n'a pas sa place. Internationalement, nous sommes seuls responsables du Sud et le serons demain du Nord. Faire partie de la Fédération implique le respect de l'autorité fédérale. A cet égard, je suis particulièrement satisfait que l'échange des signatures se soit fait entre Sainteny - autorité locale - et Hô Chi Minh, président de la République du Viêt-nam. Cela situe les plans.

Veuillez recevoir l'expression de ma sympathie douloureuse et émue à l'occasion des pertes cruelles que nos forces de terre et de mer fraternellement associées ont subies du fait des Chinois.

Je vous prie d'en faire part à vos grands subordonnés plus directement atteints par ces deuils.

Cet échange de sentiments entre Leclerc et moi au sujet du comportement des Chinois, des Annamites et de l'accord militaire annexé à la Convention préliminaire montre notre convergence de vues sur les problèmes du jour.

Une phrase m'étonne... Dans quel sens la Convention préliminaire *« ne concerne-t-elle pas »* Leclerc ? Nous y reviendrons.

Fort donc, à présent, de notre bonne intelligence quant à l'essentiel, je décide la transmission à la Défense nationale et au Comité d'Indochine de l'accord annexe militaire. Au texte de l'accord déjà cité j'ajoute un commentaire sur les circonstances de sa signature et notre point de vue commun :

[...] Il ne vous échappera pas que le secundo de l'accord comporte engagements que j'aurais voulu éviter. Renseignements pris, le général Salan, qui a pris part aux négociations avec Sainteny, s'est trouvé dans l'obligation de donner satisfaction sur ce point sous risque de tout remettre en question.

Mes informations confirment que si texte n'avait pas été signé le 6 mars, soir, de graves conséquences auraient pu résulter de l'incident Haiphong.

Général Leclerc a eu même réaction que moi, mais tout bien pesé, sommes d'accord pour juger que nous pouvons nous accommoder des bases de l'accord pour organiser au mieux forces de l'Indochine.

d'Argenlieu [1].

Réactions de Paris

Ce même dimanche 10 mars, de bonne heure, nous recevions opportunément du Comité d'Indochine, ce télégramme secret [2] :

Le Gouvernement a décidé de ratifier les accords que vous avez passés le 6 mars avec le gouvernement du Viêt-nam. Il m'a chargé de vous exprimer toute sa satisfaction de l'heureuse conclusion des pourparlers poursuivis dans des circonstances difficiles.

Avant l'établissement du Statut définitif, je vous demanderai d'examiner la possibilité de la création éventuelle d'un territoire autonome moï. Cette création est à mon sens très souhaitable du point de vue sauvegarde et évolution des tribus moïs. [...] Signé : Moutet.

A peine assuré par le ministre de la ratification par l'État, j'apprends très vite les autres impressions produites à Paris.

Ainsi celle de Barjot, Langlade et Messmer, respectivement vice-président de l'état-major de la Défense nationale, secrétaire général du Cominindo et membre du cabinet du ministre de la France d'outre-mer.

Vous adressons nos très vives et très respectueuses félicitations pour l'heureux aboutissement de votre effort et de votre patience. Commencée le 18 juin 1940, la libération de toutes parties de l'Union française est un fait accompli le 7 mars 1946. Vous êtes prié de transmettre également à Sainteny notre amitié et reconnaissance [3].

Alexandre Varenne, longtemps gouverneur général de l'Indochine, me câble :

Je vous remercie de m'avoir informé de la Convention que vous venez de passer. Mettant ainsi fin à une situation tragique et pleine de périls, vous avez sauvegardé l'essentiel. Venant après l'heureuse conclusion du traité franco-chinois, elle devrait ouvrir de larges perspectives pour une collaboration féconde dans la paix et la réconciliation avec les populations indochinoises. Si elle est loyalement observée, elle contribuera à effacer le mauvais souvenir d'une période douloureusement marquée par d'indignes violences. Elle nous rassure enfin sur le sort de nos compatriotes au Tonkin et dans le Nord-Annam.

1. Télégr. nº 234 EMHC de H. Com. Saigon à Déf. nat., 11 mars 1946.
2. Télégr. CI 213, signé Marius Moutet.
3. Télégr. CI 950.

Permettez-moi de vous exprimer mes chaleureuses félicitations en mon nom personnel et au nom de l'Association nationale pour l'Indochine française. Amicalement.

Le samedi 9 mars se tenait en outre une réunion préparatoire à la séance du Cominindo fixée au mercredi suivant :

Le compte rendu de cette réunion nous parvient, en priorité absolue, à Saigon, le 11 mars au matin :

[...] il y aurait intérêt à ce que vous renseigniez le Gouvernement sur les délais nécessaires à l'installation de vos dispositifs de sécurité, compte tenu des incertitudes sur le pouvoir effectif du gouvernement annamite de Hanoi.

Votre proposition sur le siège de la conférence à Dalat ne semble pas respecter le texte de l'accord où il est question de Saigon, Hanoi ou Paris.

1. Il y aurait lieu de prévoir deux paliers dans les négociations : [...]

Des négociations aussi proches que possible qui auraient lieu à Hanoi et poseraient le problème purement annamite.

Des négociations plus lointaines dont le siège pourrait être Dalat où serait envisagé le problème sous son aspect européen.

2. Aux divers stades des négociations, le Haut-commissaire pourrait être appuyé par des délégués des départements ministériels envoyés à cet effet de Paris.

3. Il semble qu'il y aurait lieu de créer une commission chargée d'étudier à Paris auprès du Comité interministériel le problème fédéral et diplomatique [1]. [...]

Nette surprise à la lecture de ce factum.

Il s'associe peu à la forme obligeante de l'annonce de ratification de l'accord préliminaire et aux louanges qui l'étiraient.

Réflexion pesée, une délibération des conseillers fédéraux est fixée, ce lundi 11 mars, fin d'après-midi, à titre exceptionnel et confidentiel pour prendre acte de ces derniers documents de Paris et essayer que notre réponse y parvienne avant le 13 mars. Elle précéderait ainsi les décisions du Comité prévues à pareille date et pourrait influer sur elles avantageusement.

Conseil fédéral du 11 mars à 18 h 15.

Sauf Leclerc et de Lacharrière, absents de Saigon, nous sommes au complet.

J'expose mon opinion :

Ce qui frappe dans ce factum, c'est le gauchissement extrême de la perspective du problème indochinois.

Tout tend, en effet, à coiffer ce problème par des organismes métropolitains, irresponsables vis-à-vis des populations indochinoises.

Ce comportement est contraire à l'esprit de la déclaration du

1. Télégr. nº 958, 959, 960 C/I. L'ordre du jour de la séance du 13 mars du Cominindo prévoit de reprendre la discussion sur les trois points.

24 mars et à tout le travail accompli depuis six mois pour rétablir notre autorité disparue et ramener les dissidents au sein de la Fédération indochinoise et de l'Union française.

A l'heure où ce résultat est obtenu, les mesures envisagées par Paris tendent à faciliter aux pays membres de la Fédération, de sortir de ce cadre, *sans lequel il n'y aura plus d'Indochine.*

Tout doit être mis en œuvre au contraire pour ramener chaque discussion ou conférence dans le plan fédéral. Ainsi en fut-il du Cambodge, puis du gouvernement de Hanoi. C'est un commissaire de la République du Tonkin qui signe avec le président Hô, ce qui le maintient à son rang d'État fédéré.

Il est indispensable que le représentant du gouvernement de la République voie son autorité s'accroître ainsi que celle du gouvernement fédéral... Lorsque les matières l'exigeront, le gouvernement de la République sera expressément consulté, ce qui vient d'être fait.

Que le Gouvernement m'envoie les collaborateurs que je demande, quand j'en ai besoin et ne songe pas à m'imposer ses agents ! Ce serait un désordre de plus.

Il est frappant que le comportement reflété par ces messages aille aussi directement contre les intérêts de la France en faveur d'Hô Chi Minh ! Personne n'est venu troubler les négociations franco-khmères.

Or, il s'agit juridiquement du strict homologue. La conférence prévue devra donc réunir une commission franco-vietnamienne, avec dignité et simplicité. Le contraire provoquerait l'indignation légitime du Cambodge et de la Cochinchine...

Il faut - et c'est là le problème du jour - *maintenir sous un juste boisseau* les prétentions exorbitantes de ces messieurs de Hanoi. Nous traitons avec un Gouvernement et non avec un parti.

Le texte de la réponse approuvé sans réserve part le 12 mars, en priorité absolue sous le n° 442 F à Présidence Paris :

Je tiens, avant tout, à bien préciser le caractère que revêt la Convention préliminaire du 6 mars 1946.

Primo : L'objet essentiel de ce document est de créer le climat favorable à l'ouverture de pourparlers conduisant à une entente définitive et de prévenir, autant que possible, une opposition armée de la part des Annamites à la relève des forces chinoises par nos troupes. *Secundo :* Cet accord, limité dans le temps, l'est également dans l'espace. Il a un caractère local. Signé par le commissaire de la République pour le Tonkin avec le gouvernement annamite de fait siégeant à Hanoi, il réserve expressément la décision des populations de la Cochinchine et de l'Annam touchant la fusion éventuelle des trois « Ky ». Par sa nature, il ne diffère donc pas de celui qui est intervenu avec le Cambodge, lorsque les lettres échangées avec le Haut-commissaire et Sa Majesté Sihanouk ont établi les bases de négociations ultérieures avec ce pays.

Ceci posé, j'estime qu'il importe de ne rien précipiter.

Aussi longtemps que la mise en place de nos troupes n'aura pas garanti la protection de nos nationaux et de nos intérêts au Tonkin et en Annam, le Gouvernement de Hanoi disposera d'un facile moyen de pression et nous ne pourrions négocier que dans des conditions inégales. Mes préoccupations semblent ici rejoindre celles du Comité interministériel, qui s'inquiète à juste titre des délais nécessaires à l'installation de nos dispositifs de sécurité et de l'incertitude qui plane encore sur la capacité effective du gouvernement de Hanoi à maintenir l'ordre public. Si j'avais eu le moindre doute sur l'attitude à adopter à cet égard, *la hâte* que le président Hô Chi Minh manifeste déjà à passer à la phase des négociations proprement dites aurait suffi à m'éclairer.

Je crois, en second lieu, devoir attirer tout spécialement l'attention du gouvernement français sur la nécessité d'éviter tout ce qui, aux yeux d'une opinion locale insuffisamment avertie, paraîtrait donner à l'accord du 6 mars et aux négociations consécutives une portée qu'ils n'ont pas. L'intérêt évident des partis qui forment le gouvernement de Hanoi est de tirer de ces pourparlers tout le prestige possible et d'en profiter pour étendre leur emprise en se posant en champion des trois pays annamites et de leur population tout entière.

En entrant dans leur jeu, en prêtant à nos conversations avec le gouvernement de Hanoi une ampleur et un caractère que nous n'avons pas attribués à celles que nous avons menées avec le Cambodge, nous indisposerions ce dernier pays et, plus tard, le Laos, et nous nous donnerions l'apparence de préjuger de la solution du problème posé par la réunion des trois « Ky ». La Cochinchine, dont le ralliement à la France s'accentue de jour en jour, aurait l'impression que le libre arbitre qui lui est laissé n'est que de pure forme. Il en serait de même de l'Annam où les aspirations réelles de la population nous sont encore mal connues.

J'ajoute que notre action au Tonkin au cours de ces derniers mois a eu pour objet essentiel d'obtenir que le gouvernement de Hanoi accepte de faire partie de la Fédération indochinoise. Le succès incontestable que nous avons obtenu en l'espèce serait remis en question si ce Gouvernement avait le sentiment qu'il est dorénavant admis à traiter directement avec les délégués des départements ministériels envoyés par le gouvernement métropolitain.

Pour tous ces motifs, je me permets d'insister pour que l'initiative me soit laissée de fixer la date d'ouverture des pourparlers avec le gouvernement de Hanoi et de les conduire, restant bien entendu que je ne prendrai aucun engagement nouveau sans l'agrément préalable du gouvernement français. En vue de mener ces pourparlers, je compte provoquer la constitution d'une commission mixte analogue à la commission franco-khmère.

Le choix de Dalat comme lieu de ces négociations me paraît souhaitable, précisément parce que cette localité est destinée à devenir la capitale fédérale. J'espère qu'il sera possible d'obtenir sur ce point particulier l'assentiment du gouvernement de Hanoi et je suis persuadé que celui-ci accueillerait plus facilement ma proposition si vous m'autorisez à la présenter comme une suggestion émanant du gouvernement français. La réunion de la commission à Hanoi ou à Saigon présenterait des inconvénients sur lesquels je n'ai pas besoin d'insister et le choix de Paris serait contre-indiqué pour les raisons que j'ai déjà exposées. Ces raisons ont d'ailleurs paru concluantes à

M. le ministre de la France d'outre-mer ainsi qu'il ressort de votre télégramme n° CI/954 du 9 mars.

L'accord du 6 mars n'est qu'une étape. Il marque un progrès incontestable dans la voie d'une entente pacifique, conçue dans un esprit dont le libéralisme ne peut être mis en doute. Mais cet accord qui nous permet de sauvegarder les intérêts majeurs de la France, laisse encore devant lui des difficultés considérables dont la solution exigera de la patience, de la fermeté et du temps. Je demande au gouvernement français de me continuer la confiance qu'il a bien voulu m'accorder jusqu'à présent et qui m'est plus que jamais indispensable.

J'ai tenu à consulter le Conseil du gouvernement fédéral sur les diverses questions traitées dans le présent télégramme dont il a approuvé sans réserve la teneur.

Dans ma pensée, il est nettement procédé de la sorte à une première mise au point sérieuse.

Autour de l'accord annexe...

Ce jeudi 14 mars, voici venir hâtivement la réaction de Paris sur l'accord annexe militaire :

... Votre télégramme donnant les accords annexes du 6 mars nous parvient seulement le 12 mars. Le Gouvernement est maintenant mis en présence d'un fait accompli concernant des points sur lesquels il n'a jamais été consulté. Je vous prie à l'avenir de ne conclure aucun accord de quelque nature que ce soit, sans que le texte ait été au préalable soumis à l'accord du Gouvernement. Faites des réserves pour la relève des troupes...

Prière d'indiquer si vous avez stipulé qui supportera la charge financière des troupes du Viêt-nam...

On me signale qu'il serait possible d'organiser avec des personnes connaissant bien la Cochinchine toute une propagande pour empêcher sa réunion avec le Tonkin, sous le slogan « La Cochinchine aux Cochinchinois ». Nous pourrions remporter à cet égard un grand succès politique.

Pour le Comité d'Indochine : Marius Moutet [1]

Dans ces lignes, sous la signature « Marius Moutet », je retrouve, comme à l'accoutumée, un alliage de bonne volonté, de précipitation, de quiproquos. Le tout difficilement recevable !

Aussi, le 15 mars, en guise de réponse, mon câble 467 F part à Paris. Dûment pesé, il est ferme et courtois :

Votre message appelle de ma part les réflexions suivantes :

Il ne semble pas qu'il ait été distingué, ainsi que je m'étais appliqué à le marquer, la différence qui existe entre la Convention préliminaire, document de portée politique, et l'accord annexe de portée spécifiquement militaire.

1. Télégr. Présidence Paris, n° 237 CI du 13 mars 1946.

Dans mon télégramme du 6 mars, je vous ai mis au courant des circonstances qui me conduisaient à donner mon accord à la signature d'un texte... [qui] n'a subi que de légères modifications au moment de sa signature effective et [qui] constitue seul la Convention que le Gouvernement a bien voulu ratifier.

Mais ce texte effectivement signé s'accompagnait d'un autre document nettement distinct et que, *comme vous, je n'ai pas connu avant qu'il ait été signé.* Il a fait l'objet de mon télégramme du 11 mars. Fâcheusement surpris par sa rédaction mais conscient de son caractère d'accord purement militaire, j'ai tenu à demander aussitôt par télégramme des explications à Hanoi. Ces explications vous ont été brièvement résumées dans ce même message du 11 mars [1]. Hier mes envoyés à Hanoi sont rentrés et m'ont apporté de nouveaux éclaircissements sur les circonstances invraisemblables dans lesquelles Hô Chi Minh s'est décidé à une conclusion et dans lesquelles nos délégués ont été eux-mêmes amenés à conclure. Les événements qui se déroulaient à la même heure à Haiphong et dont le récit parvenait à Hanoi plus ou moins déformé continuaient à accroître la nervosité générale.

Je suppose qu'à Paris vous n'avez pu réaliser exactement ce climat, puisqu'à Saigon même, avant ce compte rendu, il m'eût été impossible de le faire.

Vu qu'à plusieurs reprises vous avez bien voulu m'assurer de votre confiance, il m'eût été précieux qu'avant de me juger et de me condamner, comme le fait votre message, vous ayez pris soin de me demander quelques éclaircissements sur les circonstances de ces engagements ainsi que j'ai tenu à le faire moi-même en interrogeant le commissaire de la République à Hanoi avant de le juger et de le blâmer.

J'estime enfin que l'appréciation simultanément portée à grande distance l'un de l'autre par le général Leclerc et par moi sur la possibilité où nous sommes de pallier largement les inconvénients de cet accord militaire doit vous apporter les apaisements suffisants.

Aucune stipulation n'a été faite au sujet des charges financières des troupes du Viêt-nam et je pense que, lorsque s'ouvriront les conversations pour passer du préliminaire au durable, nous aurons en main un argument solide pour atténuer effectivement quelques inconvénients de ce texte hâtif.

En ce qui concerne la Cochinchine, vos informations sont exactes et mes télégrammes doivent vous apporter la preuve que l'intérêt de ce facteur ne m'a pas échappé.

Cette nouvelle mise au point avec le Comité interministériel s'impose, particulièrement avec Marius Moutet. Celui-ci, vu l'effacement volontaire du président Gouin, son ami, savoure d'avoir à diriger désormais en personne le Comité. Les beaux jours du ministre des Colonies qu'il fut en 1936, lors choisi par Léon Blum, vont peut-être revivre ! Mise au point d'autant plus opportune que le secrétaire général de Langlade est sur le point de se démettre de fonctions qu'il exerce au mieux. Quel sera son successeur ? Je l'ignore aujourd'hui. Serons-nous même consultés à Saigon ?

1. Voir pages 202-203.

Saigon ! Ce n'est plus là pour le Haut-commissariat situation claire, position nette.

Le dialogue Rue Oudinot-Boulevard Norodom rarement interrompu depuis le 7 mars se révèle complexe. Mais... la patience tout obtient.

Du général Salan parviennent enfin d'utiles précisions quant aux manigances des militaires chinois, hostiles à la relève et donc au débarquement à Haiphong. J'en fais part au Comité et à la Défense nationale.

A force d'insister et faire insister auprès du gouvernement chinois, la rédaction des accords d'états-majors arrive à son terme.

Après entente sur les principes généraux de la relève, le 13 mars, la signature, le 28 mars, du procès-verbal de la conférence tenue à Hanoi entre le général Ma Ying, chef d'état-major chinois au Tonkin et le général Salan, délégué militaire pour l'Indochine du Nord, couronnera la patience d'un chacun. Il apportera, avec ses trois annexes, la conclusion d'un grand mois d'échanges de vues.

Dans l'intervalle du 13 au 28 mars, la situation commence à s'améliorer entre états-majors français et chinois.

Parallèlement, la situation reste viable au Tonkin entre les commandements français et vietnamien. Un accord militaire sera signé le 3 avril 1946 à Hanoi par mon délégué, le général Salan, et MM. Vo Nguyen Giap et Vu Hong Khanh, président et vice-président du Conseil supérieur de la Défense nationale de la République du Viêt-nam.

Une gerbe de messages

La Convention du 6 mars, comme les clauses militaires de l'annexe, n'en finissent pas de provoquer de toute part une gerbe de messages, conseils ou directives. Une solide mémoire d'officier canonnier me rappelle à propos que : de pointeurs, si bons soient-ils, point trop n'en faut. Pour atteindre le but, l'indispensable est l'heureuse conduite du tir. Elle demande, elle exige, avec le calme, exactitude et rigueur.

Ayant déjà déclaré notre surprise de lire sous la plume du général Leclerc dans sa missive du 8 mars : « Je ne parle pas de la Convention préliminaire qui ne me concerne pas », la surprise ne cesse de croître au fil des jours suivants. Il insiste en effet pour obtenir à tout prix du Haut-commissaire que la conférence ait lieu sans délai à Paris. Or seule la finale de la Convention y fait allusion à titre hypothétique.

Dès le 10 mars, ne sais-je pas que le gouvernement français, d'accord avec le Haut-commissaire, en écarte résolument l'idée. Leclerc l'apprend aussitôt par mes soins.

Or le 13 mars après-midi, Leclerc câble d'Haiphong :

> Au moment de la relève chinoise, indispensable de composer avec Annamites et éviter toute friction. J'estime nécessaire de leur accorder satisfaction sur conférence à Paris, de jouer franc-jeu avec eux [1].

Le 15, nouveau télégramme du même :

> ... Notre progression sur Hanoi risque de provoquer la fuite du gouvernement du Viêt-nam et le déclenchement des hostilités. Les Chinois semblent le souhaiter... je ne pourrais déjouer la manœuvre qu'en rompant la collusion sino-annamite... En conséquence, intérêt convoquer le gouvernement du Viêt-nam immédiatement à conversations hors du territoire indochinois, notamment Paris [2].

Le 16 encore :

> Une des satisfactions essentielles à donner est qu'Hô Chi Minh va discuter à Paris le statut de son pays. Sainteny s'y est engagé formellement en signant l'accord au nom de la France[3]...

Cela ne paraît pas conforme à la réalité. Les termes mêmes de la convention disent que Hanoi, Saigon ou Paris pourront être choisis...

La signature de Sainteny ne vise Paris qu'à titre conditionnel.

Ce même 16 mars, Leclerc « insiste encore très fortement pour que Hô Chi Minh soit autorisé à se rendre à Paris. Sainteny, Salan, Valluy sont de cet avis ».

Gardons notre sang-froid et qui mieux est, notre bonne humeur.

Reprenons le dialogue Paris-Saigon :

Ces messieurs du Comité interministériel d'Indochine, croyant qu'avec les accords du 6 mars une grosse épine leur a été tirée du pied, tendent à se mêler de tout. L'on y prend goût là-bas et l'on continue à me harceler de câbles. C'est en vérité un tir peu meurtrier.

Ainsi m'arrive le compte rendu des décisions prises par le Comindo dans sa séance du 13 mars :

> ... Le Comité exprime sa surprise que l'accord annexe ait pu être passé.
>
> Mais ne pouvant désavouer ses plénipotentiaires, il a décidé de l'admettre comme base de départ en vue d'un règlement plus favorable.
>
> En conséquence, le Comité demandera au Haut-commissaire de s'efforcer de redresser dans l'immédiat la situation qu'entraîne l'accord annexe du 6 mars 1946, et notamment de ne pas limiter à ses 15 000 hommes les

1. Télégr. nº 31 CAB/A.
2. Télégr. nº 33 CAB/A.
3. Télégr. nº 35 CAB/A.

effectifs pour le nord du 16e parallèle. [En outre], le Comité précisera les mesures à prendre pour que l'autorité militaire ne soit pas éliminée des pays annamites au nord du 16e parallèle au bout de cinq ans. Ces mesures envisagent notamment la création et le maintien permanent des bases aériennes et navales prévues dans la Convention préliminaire Hô Chi Minh-Sainteny et leur protection par des bases terrestres permanentes...

Le Comité estime que le choix d'un lieu de négociation tel que Dalat serait préférable à tout autre centre. Mais que Hanoi, loin de présenter des inconvénients, peut prêter aux négociations dans le cadre du gouvernement du Nord...

Dans tous les cas il faut exclure Saigon et Paris.

Le Comité décide que la délégation française sera placée sous la haute autorité du Haut-commissaire et que cette délégation sera assistée des délégués experts des départements intéressés [1]...

Des prémisses de ce long câble, que dire ? Elles s'inspirent vis-à-vis du Haut-commissaire des sentiments qui furent les siens en prenant connaissance de l'accord annexe militaire. Or, il n'avait ni jugé ni blâmé son plénipotentiaire avant un complément d'information. A Paris, l'on commence par faire le contraire... puis, le temps de la réflexion aidant, l'on répugne à désavouer les plénipotentiaires. L'on octroie d'admettre le texte dudit accord comme base de départ. Ayant d'instinct, comme il sied, défendu mes représentants à Hanoi, j'obtiens selon mon désir que l'on cherche à tirer le meilleur parti de ce texte hâtivement signé.

Sur ce point, les instructions gouvernementales se font très précises, sous la signature de M. Moutet :

10 h 30, 15 mars.

[...]

Pour permettre que repose sur une base territoriale l'autorité indispensable de la France, il est nécessaire... de se réserver :

a) Au nord du 16e parallèle la base de Hongay avec la possibilité d'aérodrome ainsi qu'une zone en pays thaï.

b) Au sud du 16e parallèle, les bases de Cam-Ranh et Saigon-Cap Saint-Jacques avec aérodrome.

c) Dans l'ensemble, le plateau moï avec aérodrome [2].

Non sans quelque apparence de laisser-aller, suit un télégramme daté du même jour, 10 h 50 [3] :

Efforcez-vous de redresser la situation créée par l'accord annexe du 6 mars tel qu'il nous a été communiqué par votre télégramme...

Une seule réflexion utile, dans la suite du message dont j'ai fait état précédemment : la relève des troupes chinoises par les nôtres

1. Référence 263 / CI / 1005.
2. Télégr. no 264 / CI / 1006.
3. Télégr. no 265 / CI / 1007.

est une question à régler entre Chine et France, sans intervention du Viêt-nam. Sainteny et Salan ne l'ont-ils pas perdu de vue ?

Dans la ferveur du même zèle, à 11 heures part du Cominindo, sous le paraphe de Marius Moutet, la finale du discours :

> ... Je vous demande de nous communiquer d'urgence les explications du général Salan au sujet de l'accord annexe du 6 mars et de l'engagement signé par lui dans la nuit du 4 au 5 mars de faire incomber aux autorités françaises toutes les responsabilités des incidents que pourrait entraîner le débarquement des troupes françaises au Tonkin.
>
> En raison de la gravité de ces engagements, vous voudrez bien le cas échéant mettre le général Salan à même de venir à Paris fournir lui-même les explications au Gouvernement. Cette solution permettrait au Comité interministériel de recevoir de la bouche même d'un témoin des indications sur les difficiles négociations de Hanoi.

Me voici donc renseigné par cette suite de messages sur les intentions et desseins du Gouvernement. Il faut en tenir compte dans la mesure du possible, mais réclamer incontinent quelques précisions indispensables pour le Haut-commissaire, lui, responsable sur les lieux.

Hanoi est nerveux : mes représentants ont pris de virtuels engagements sur des questions qui ne sont pas de leur compétence.

La Cochinchine - au moins Saigon - est nerveuse aussi à cause de l'image du référendum, imprévu avant le 6 mars.

Si la visite de lord Louis et de lady Mountbatten à Saigon aujourd'hui 15 mars a fait plaisir aux Cochinchinois, la visite officielle de S.M. Norodom Sihanouk, fin matinée du 19, vient apporter un facteur de rivalité entre Annamites et Khmers.

Chinois et Tonkinois, enfin, sont en collusion contre nous dans le Nord.

L'heure est venue pourtant d'y mettre sans tarder les choses au point avec le Génésuper - dont j'attends d'un jour à l'autre l'arrivée à Hanoi avec nos premières troupes - puis avec Jean Sainteny. Par l'entremise du dernier, je dois organiser au mieux et vite une première rencontre avec le président Hô Chi Minh.

L'action... dans la confiance

Dans le calme de la nuit du 16, je réfléchis.

Le 17 mars, j'adresse, en priorité absolue, un message important vers la France d'outre-mer :

> 1. Je crains que le Comité interministériel ne se fasse pas une image exacte de notre situation dans le Nord. Elle est encore nécessairement très

précaire et difficile. Bien sûr, notre premier échelon de troupes est maintenant débarqué, mais le commandement local chinois est toujours fort hostile. Hier, aucun quai n'avait été mis à notre disposition bien que tous soient libres.

Mais un bateau américain étant arrivé, il fut aussitôt amarré à quai face à nos barges débarquant péniblement notre matériel. Les Annamites sont témoins de ces choses et notre prestige n'en est pas rehaussé. Les Chinois s'efforcent de les détourner de nous en multipliant calomnies et mauvais procédés.

2. La situation s'est à ce point tendue à Hanoi et la position de Hô est si peu affermie que l'on me presse d'obtenir comme diversion indispensable l'annonce que la conférence aura lieu à Paris prochainement : Sainteny se serait à ce sujet beaucoup trop avancé. Ceci reste toujours pour moi absolument contre-indiqué, mais il me serait très utile de pouvoir dire que au terme des délibérations à mener en Indochine avec le concours prévu de délégués des départements ministériels, le gouvernement de la République envisage très volontiers d'inviter à Paris le président Hô.

Puisque cela urge, je vous demande de me répondre d'extrême urgence par l'envoi d'un mot convenu. *Citation :* votre n° 472 F entendu. *Fin de citation.*

3. En ce qui concerne l'envoi de délégués des départements ministériels pour les prochaines négociations avec le gouvernement de Hanoi (sans avoir sollicité cet envoi), je discerne cependant plusieurs avantages à leur venue sous réserve des considérations dont je ne doute pas que vous apprécierez le bien-fondé :

Il est indispensable qu'au sein de cette délégation, composée des délégués des départements ministériels et des membres du gouvernement fédéral, désignés pour entamer ces négociations, il y ait communauté de vue sur les points essentiels.

Dans le cas contraire, nos partenaires, fort psychologues, exploiteraient la moindre fissure, le moindre manque de cohésion.

Pour adoucir la déconvenue que le gouvernement de Hanoi peut éprouver de ne pas voir ses représentants partir immédiatement pour Paris, la venue de ces délégués placés sous mon autorité même apporte un facteur important. Je désire toutefois que le choix de ces délégués ne soit pas fait sans un mutuel accord sur leur nombre, leurs technicités respectives et sur leurs noms [1]. [...]

Ce câble parti, il me semble utile de faire part à Michelet, ministre des Forces armées, de l'une ou l'autre réflexion majeure que vient de m'inspirer la dernière série des messages de la rue Oudinot.

Monsieur le Ministre,

[...] Le Gouvernement m'avait assuré de façon non équivoque de sa confiance. Confiance sans laquelle il deviendrait impossible d'agir efficacement, plus encore maintenant. Car sous la lettre de la Convention prélimi-

1. Télégr. n° 472 F.

naire et de l'accord annexe, il y a l'esprit qui animait nos cosignataires. Or, cet esprit est sujet à caution.

Devinez ma surprise, quand j'ai reçu de Paris maints messages accusant un changement d'attitude. Sans me demander un complément d'informations, la simple lecture de l'accord annexe (question militaire) arrivé le 11, provoquant jugement et condamnation, sans consulter le Haut-commissaire, représentant officiel et personnel du gouvernement de la République, l'on décide l'envoi de délégués des départements ministériels pour la conférence faisant suite à la Convention. Puis, sous forme d'inspiration, il m'est interdit de faire ceci, de faire cela, et de nombreuses suggestions ou ordres, qui révèlent une appréciation des réalités locales incomplète, font suite.

Seuls, peuvent mesurer ces réalités les témoins de l'immense métamorphose qui s'est accomplie depuis le 9 mars 1945. A Paris, j'avais déjà senti les effets de ce hiatus. Des hommes de grosse expérience, qui ont quitté l'Indochine en 1943, hommes de la Résistance en particulier, projettent sans hésiter, dans le présent, des ébauches ou des études faites avant la métamorphose.

Naturellement, je suis très attentif à toutes les décisions ou suggestions venues du Comité, c'est mon devoir. Je suis disposé à retenir toutes celles qui ne risquent pas de compromettre l'essentiel.

Mais il m'est impossible de perdre de vue ce que sont mes attributions fixées par décret d'État en août 1945, décret contresigné par les ministres du Comité pour l'Indochine.

Il suffirait, en effet, que transpirât ici cette limitation progressive de la confiance du Gouvernement à mon égard, pour rendre mes efforts vains.

J'ai déjà dû signaler, avec la plus grande déférence d'ailleurs, ma crainte que la vision des choses indochinoises que l'on se fait en France, ne soit pas entièrement juste.

En m'excusant de ce préambule un peu long, j'en viens à l'objet principal de cette lettre.

Vous êtes membre du Gouvernement et membre des Comités interministériels, enfin comme ministre des Armées vous êtes ministre de l'amiral d'Argenlieu, commandant en chef. Si le Gouvernement me retire sa confiance ou *s'il décide de substituer en fait son autorité à celle de son représentant officiel,* puis-je vous demander de me le faire savoir très franchement.

Dans la confiance, et elle m'avait été largement faite depuis 1940, je crois avoir servi utilement le pays. Dans la confiance, je suis prêt à me consacrer jusqu'au bout à cette mission qui, je le réalise chaque jour davantage, est semée d'écueils visibles et imprévisibles : le mystère de l'Asie. Encore me faut-il un point d'appui : le gouvernement français.

Ici, nous formons un bloc solide. C'est ma satisfaction de sentir dans l'ensemble la cohésion de mes collaborateurs et la confiance des populations [...].

Signé : d'Argenlieu.
18 mars 1946

Je lui écris ce lundi 18 après-midi, à l'instant même où nous parvient l'information de l'officielle entrée de nos troupes à Hanoi, entrée sans le moindre incident ni départ du gouvernement vietnamien. Un message immédiat l'annonce à Paris, un autre transmet au Comrep nos chaleureux compliments pour le Génésuper et Sainteny.

Le lendemain, non sans diligence, la réponse à mon message prioritaire du 17 mars m'arrive de la rue Oudinot :

J'ai télégraphié à mon ami l'ambassadeur de Chine pour qu'on mette fin aux mauvais procédés dont vous êtes l'objet de la part des autorités locales chinoises.

Pour votre *message 472 F, entendu* [1], d'autant plus que je suis convaincu qu'ici nous pourrions facilement obtenir davantage, le principal personnage étant soustrait aux influences de son milieu. De telle sorte tout étant préparé par vous et les délégués des départements ministériels, la solution définitive pourrait être envisagée ici.

Nous avons chacun nos difficultés particulières et il est difficile d'avoir le même point de vue à Paris et à Hanoi.

Au Comité interministériel, c'est le ministre des Affaires étrangères qui a vivement protesté contre l'accord militaire. En ce qui me concerne, je prends toute la responsabilité de vos accords et je défendrai devant l'Assemblée tout ce que vous avez fait, dont je suis entièrement solidaire.

Nous apprenons avec plaisir l'entrée des troupes à Hanoi. Fin [2].

Signé : M. Moutet.

Constatons dans la teneur de la réponse du ministre de la France d'outre-mer une note de courtoisie, un accent de bienveillance dont l'usage avait disparu au fil des dernières semaines de mars. Note et accent me rappellent les déclarations initiales de confiance à l'heure des prémisses du cabinet Félix Gouin, fin janvier 1946.

Un peu plus tard, datée du 30 mars, m'arrivera la réponse du ministre des Armées, Edmond Michelet :

Votre lettre du 18 mars me donne l'occasion de vous renouveler la ferme assurance de la confiance totale que le Gouvernement place en vous. Le Gouvernement est unanime à approuver votre action et à estimer que vous êtes seul qualifié pour la poursuivre : ni votre action ni votre personne n'ont jamais été mises en question. Naturellement, si un jour vous deviez avoir besoin d'un soutien au sein du Gouvernement, vous n'en auriez pas de plus ferme que le mien et celui de mes amis.

Nous estimons, en effet, que dans les circonstances présentes, votre maintien au poste que vous occupez est une des questions capitales qui conditionnent notre propre comportement. C'est donc en toute liberté d'esprit que vous pouvez poursuivre votre tâche, et c'est en vous exprimant à nouveau la satisfaction du Gouvernement que je vous prie de croire à mes sentiments très amicalement dévoués.

Signé : Edmond Michelet.

1. Invitation de Hô à Paris.
2. Télégr. 289 / CI / 1042.
Le ministre des Affaires étrangères est M. Georges Bidault.

Chapitre IX

L'ENTREVUE DE LA BAIE D'ALONG

Nanti de ce retour à la confiance, manifesté par le Gouvernement, réaffirmé par le ministre des Armées, je peux poursuivre ma mission.

L'objectif de l'heure est de mener à bien un élément nouveau, tendant à apaiser la déception d'un voyage à Paris repoussé à plus tard : engager mes premiers entretiens directs avec Hô Chi Minh. Le 17 mars j'avais transmis à Leclerc et Sainteny mes décisions de circonstance :

Ces décisions sont résumées dans le mémorandum ci-joint... Veuillez sans délai en porter la teneur, de vive voix, à la connaissance du président Hô.

Je prie de manière formelle Comrep Hanoi de ne prendre désormais, même oralement, le moindre nouvel engagement vis-à-vis du G.R.A. ou de toute autre autorité alliée.

La réponse doit me parvenir sans faute à Saigon, au plus tard, soirée du mardi 19.

Si accord obtenu, êtes autorisé à exploiter pour la publicité française et annamite tout ce qui, dans le mémorandum, vous paraîtra utile à servir notre cause.

Mémorandum. Saigon, le 17 mars 1946

Dès la signature de la convention préliminaire du 6 mars, le Haut-commissaire de France a tenu à faire apporter, par un envoyé spécial, ses compliments et ses vœux au président Hô Chi Minh.

Mais il souhaite marquer de façon plus solennelle le caractère des relations qui viennent de s'établir entre la République démocratique du Viêtnam et la République française. Dans ce but, il serait heureux de rencontrer personnellement le président Hô Chi Minh en donnant à cette entrevue officielle tout l'éclat désirable.

A cet effet, il se rendrait sur le croiseur amiral *Émile Bertin* aussi près que possible du port de Haiphong, pour accueillir à bord le Président et les membres de son gouvernement. Il va de soi que le Président serait reçu avec tous honneurs dus à son rang, salves d'artillerie, équipage à la bande, hurras, etc...

Ainsi se trouveraient consacrées aux yeux de tous l'importance que la

France attribue à la convention préliminaire du 6 mars et la loyauté qu'elle entend mettre dans ses rapports avec le gouvernement de Hanoi.

Le Haut-commissaire attache un très grand prix pour le présent et pour l'avenir à cette prise de contacts directs avec le président Hô Chi Minh que les événements ne lui ont pas permis de rencontrer plus tôt comme il en avait eu le désir.

Il ne perd pas de vue le vœu exprimé par Son Excellence de se rendre à Paris. Le gouvernement de la République, informé, s'y est montré très sensible. Il estime toutefois que, conformément à la tradition suivie en une telle matière, la visite du président Hô Chi Minh doit être préalablement préparée avec tout le soin requis et qu'il est, à ces fins, préférable que s'ouvrent en Indochine les premières négociations prévues par la Convention préliminaire.

Mais, soucieux de prévenir tout malentendu sur ses intentions, il précise que dans sa pensée, ces négociations doivent donner lieu à des échanges de vues complets. Il a donc décidé d'y faire participer des délégués des principaux départements ministériels français qui seront envoyés de Paris dans ce but.

Au terme de ces pourparlers (dont le calendrier et le programme seraient établis sans délai) le gouvernement français sera heureux d'inviter lui-même le président Hô Chi Minh à se rendre officiellement à Paris, afin d'asseoir sur des bases fermes ses relations d'amitié avec le gouvernement de la République du Viêt-nam, relations dont il sent tout le prix et dont il attend les plus grands avantages pour les deux pays.

Le Haut-commissaire se propose naturellement de développer tous ces points dans ses entretiens prochains avec le président Hô Chi Minh.

Le jour le plus favorable et le plus proche possible pour cette entrevue serait le dimanche 24 mars. Le programme détaillé en sera soumis à Son Excellence dès que l'accord de celui-ci aura été obtenu [1].

Quant à l'invitation de Hô à Paris, la réponse du gouvernement, que je présageais favorable, m'arrive, comme on l'a vu, par télégramme codé, le 19 mars.

Obtenir la rencontre

Ce même 19 mars doit arriver à Saigon S.M. le roi Sihanouk pour une visite officielle de trois jours.

J'attends toujours la réponse d'Hanoi à mon mémorandum du 17.

Le premier écho me parvient par simple allusion de Valluy et Pignon dépêchés en avion vers le Haut-commissaire à l'initiative de Leclerc-Sainteny. Ils sont au palais ce samedi 19 mars après-midi. Quelle allusion ?

1. Messages n° 239 E et 239 *bis* E.

Le mémorandum n'a pas encore été porté à la connaissance du président Hô Chi Minh.

Fait confirmé directement le soir même, par une lettre de Leclerc que m'apporte le chef de cabinet Mirambeau :

Hanoi, le 18 mars 1946.

Amiral... Un point qui vous surprendra, c'est que, d'accord avec Sainteny, nous n'avons pas encore remis le mémorandum, car il nous semblait dépassé par les événements. Étant donné l'ambiance chez Hô Chi Minh, si on ne lui donnait pas l'assurance de Paris, on risquait une rupture définitive. Au cours de la journée de demain, ce mémorandum lui sera remis, d'une manière indirecte, ce qui nous permettra de le sonder, mais il nous répondra certainement : « D'accord mais à condition que nous obtenions d'aller à Paris. »

Le texte de la pièce en cause présent à la mémoire... je lis, non sans surprise certes, en apposant en marge quelques mots au crayon... « Calme, calme, reste calme ! »

Ce même soir, un dîner officiel est prévu vers 20 heures en la vaste salle à manger du rez-de-chaussée. Il s'y faut préparer.

Tout se déroule bien.

Nous remontons vers 21 h 30 dans les salons du premier étage. L'heure et l'emplacement ont été choisis pour une remise de décorations à quelques personnalités françaises par S.M. Norodom Sihanouk.

Le roi se retire assez tôt. La première audience est prévue le 20 à 9 heures. Nos invités l'imitent.

Une fois seul, crayonnons sans délai, l'un ou l'autre trait de circonstance :

Les colonels Répiton-Préneuf et Lecomte, puis Leclerc se sont eux-mêmes trop avancés dans la question du voyage à Paris, plus que Sainteny. Tel l'avis de Pignon. Ils se seraient *engagés* à obtenir l'envoi à Paris de la délégation vietnamienne. En quoi ils se sont arrogé des pouvoirs excessifs. Quant à Sainteny, j'apprendrai de sa part : « Dans l'allégresse d'en avoir fini... et heureusement... avec ces débats épuisants, je n'y ai pas pensé. Comme nous devisions, au même lieu, en la même ambiance entre signataires et témoins, M. Hô Chi Minh, gracieusement tourné vers moi, m'a déclaré : *Mon cher commissaire, je choisis Paris.* A quoi je répondis sans réfléchir davantage : *Monsieur le Président, je n'y vois pas d'inconvénient.* »

L'épisode un tantinet fâcheux, c'est clair, ne saurait altérer la teneur protocolaire de la convention diplomatique.

- Ce qui frappe - pour qui connaît l'ensemble de l'affaire des accords du 6 mars - c'est que, du projet établi à Paris le 20 février à l'échange des signatures le 6 mars et, pour des motifs militaires, nous, Français, avons été d'une concession à une autre concession. Celle qui m'est suggérée, non sans grande insistance, le fameux et hâtif départ pour la capitale de Hô et de sa délégation, en vue d'y tenir - en marge de la Fédération - une conférence, *la première,* après les signatures, je la tiens pour inadmissible. A sa façon, ce serait un petit Munich !

La nuit porte conseil, dit le vieil adage.

Depuis longtemps, c'est vérité pour moi. Ruminons donc en le calme du palais endormi, la mise au point nouvelle qui s'impose avec nos deux principaux mandataires de Hanoi, où flottent largement enfin, nos couleurs. Ne le perdre jamais de vue !

Ainsi que le programme le prévoit, le roi du Cambodge m'accueille à 9 heures le mercredi matin 20 mars. Je le sens satisfait d'être l'hôte de la France au palais fédéral face au boulevard Norodom, en plein Saigon. La cité est pleine pour lui de souvenirs de jeunesse. N'y a-t-il pas fait ses humanités comme élève du lycée Chasseloup-Laubat ? Accompagné par le commissaire de la République Cédile, il a commencé de visiter maintes choses et continue ce jour même. Je fais écho à ses préoccupations en précisant brièvement le sens et la portée de la Convention préliminaire du 6 mars.

Quant à notre position touchant le présent et le devenir de la Cochinchine, qu'il se rassure. « La France n'oublie pas la signification initiale du Protectorat établi avec elle, au temps des amiraux ratifié par Votre Auguste Aïeul, le roi Norodom, le 11 août 1863, lors de la visite de l'amiral de la Grandière à Udong. » Sa Majesté, satisfaite, me remercie. Je me retire.

Je reçois le général Valluy à 11 h 15.

Il ne m'apprend rien de neuf. Mais je réfléchis tout en l'écoutant.

Dès le premier alinéa de sa lettre du 18, le Génésuper venant de Haiphong avec le groupement Massu, fait allusion à son arrivée, ce même jour vers 14 heures, à Hanoi. Il ajoute : « Le général Valluy vous décrira l'accueil délirant de la population française. »

Par contraste, le manque d'optimisme militaire de Valluy sur la situation me frappe au point de m'inspirer la réflexion nette : « En bref, si je vous comprends, nous sommes plus faibles aujourd'hui, le débarquement des troupes opéré. »

Mon propos n'amène aucune réaction.

Vers midi, enfin seul, je rédige le message de mise au point, élaboré la nuit dernière :

20 mars 1946

Réservé - Pour Sainteny et Génésuper.

1. ... J'ai eu un long entretien avec vos envoyés qui ne m'ont apporté aucun facteur décisif susceptible de modifier un jugement longuement délibéré. Je n'ai par ailleurs aucune réponse à la communication que vous deviez faire. Vos envoyés me disent que le mémorandum a dû être remis plus tard et indirectement. Étant donné le caractère officiel et quasi solennel du document, seuls le Comrep ou le Génésuper étaient qualifiés pour en faire la communication verbale prescrite.

2. De concession en concession, nous aboutissons finalement à une impasse. Cette manière de faire introduit un désordre fâcheux et me place dans une situation de plus en plus difficile pour continuer de défendre mes mandataires vis-à-vis du Gouvernement comme je l'ai fait jusqu'ici.

J'avais souligné cependant clairement que j'avais atteint l'extrême limite de ce qui pouvait être envisagé en ajustant au mieux à la situation les directives de Paris.

3. Le but que nous avons visé pendant cinq mois était de raffermir notre autorité dans le Nord et pour ce faire d'y introduire nos troupes dans les meilleures conditions. Mais cette heureuse arrivée de nos troupes n'est pas une fin en soi si elle s'accompagne politiquement d'un renoncement progressif aux instruments indispensables à l'exercice de cette autorité.

Le cadre de la Fédération en est l'instrument essentiel. C'est à en sortir sans délai que tend l'attitude du G.R.A.

4. J'attends la réponse faite aux propositions de mon mémorandum. Si négative, je vous ferai part après nouveau compte rendu à Paris de la décision du Gouvernement.

5. J'ai demandé qu'une nouvelle action diplomatique aussi énergique que possible soit entreprise pour ramener le commandement chinois à tous échelons à l'observation des accords d'E.M. désormais conclus.

d'Argenlieu

Comme le directeur Longeaux achève de faire taper la pièce, un télégramme de Sainteny nous parvient :

Au cours entretien avec Hô Chi Minh, celui-ci s'est montré favorable au projet d'une entrevue avec vous-même à bord de l'*Émile Bertin*. Avons proposé le 24 mars. Hô Chi Minh, dans la journée, donnera sa réponse définitive que nous transmettrons aussitôt. D'une façon générale, il a pris attitude consistant à subordonner tous projets de ce genre à réponse concernant voyage à Paris [1].

Un tant soit peu d'expérience psychologique m'incline à sourire à la lecture finale du télégramme. L'emploi de l'expression « tous projets de ce genre » en y classant mon *mémorandum* n'est-elle pas dérisoire ?

A Longeaux, je prescris de surseoir à l'envoi du projet de télégramme à Comrep Hanoi.

En attendant la confirmation annoncée, il importe de mettre au courant de l'ensemble mes proches collaborateurs. L'adhésion du gouvernement fédéral est de prix à mes yeux.

En dépit de la visite du roi Sihanouk, la séance du Conseil fédéral est maintenue ce même mercredi 20 mars, à 18 h 30. Donnons-en le procès-verbal.

Le colonel Pichon remplace le général Leclerc.

Il signale la présence de nombreux éléments japonais dans les bandes rebelles qui continuent leurs activités, malgré la conclusion des accords du

1. Télégr. 519 du 20 mars, 13 h 25 heure locale.

6 mars. Les opérations en Cochinchine ont permis la destruction de P.C. viêt-minh importants ; deux délégués du Gouvernement de Hanoi, venus récemment à Nhatrang, en vue d'assurer l'exécution des accords, semblent avoir obtenu peu de succès auprès de la population annamite.

L'Amiral remarque que l'existence des ex-internés de Poulo-Condor et d'éléments japonais parmi les groupes rebelles fausse totalement la situation. Notre publicité doit s'appuyer sur ces faits et montrer que les combats actuels n'ont pas lieu contre les troupes régulières du Viêt-nam, mais contre des bandes qui échappent au contrôle du G.R.A.

Le Haut-commissaire rappelle alors les conditions dans lesquelles s'est conclu l'accord du 6 mars et l'approbation récente du Gouvernement à la politique adoptée. [...] Si la convention préliminaire est dans l'ensemble satisfaisante, l'accord militaire est plus désavantageux. Tout d'abord, la clause relative à la garde des troupes japonaises dépasse le cadre d'un accord local... D'autre part, le point le plus grave est constitué par l'obligation pour la France d'évacuer progressivement ses troupes du Tonkin. Cette clause est un obstacle à notre autorité et une gêne à notre propagande. Elle risque, en effet, de semer le doute et la crainte dans l'esprit des Annamites qui restèrent toujours fidèles à la cause française. Ne pourraient-ils pas devenir le sujet de représailles le jour où la France n'appuierait plus son autorité sur une force militaire suffisante. Le maintien de forces aéronavales et de forces chargées de la défense extérieure des territoires indochinois est cependant prévu.

Tels sont les faits qui témoignent que la limite des concessions est atteinte et ne peut être dépassée sans compromettre gravement la position de la France en Indochine. Telle serait la suite si, en particulier, le gouvernement français admettait le choix de Paris comme siège des prochaines négociations. Ce serait, en effet, la négation du principe hiérarchique et l'abandon de l'idée de Fédération ; c'est également ce qui explique l'insistance du gouvernement annamite pour traiter à Paris. Une entrevue d'Hô Chi Minh avec le Haut-commissaire s'avère donc nécessaire afin de prévenir toute initiative qui discréditerait la situation du gouvernement fédéral...

Afin de préparer un terrain favorable aux futures négociations, de donner au gouvernement annamite une satisfaction d'amour-propre, de s'assurer de ses intentions, le Haut-commissaire a proposé cette entrevue au président du gouvernement annamite en rade de Haiphong. Dans la journée est parvenue la réponse à ce mémorandum. Le président Hô Chi Minh aurait accepté le principe d'une rencontre avec le Haut-commissaire [1]...

Vers 19 h 30, m'est présenté le message de Sainteny :

Accord définitif pour entrevue à bord *Émile Bertin* dimanche 24 mars [2]...

1. Ce même Conseil fédéral du 20 mars aborde d'autres thèmes ; ainsi « l'Amiral informe que les planteurs d'hévéas ont fait une demande d'aide financière et matérielle qui serait justifiée à leurs yeux, compte tenu des destructions opérées par les Viets sur leurs plantations et du manque de main-d'œuvre. Le conseiller financier Gonon souligne que les planteurs possèdent suffisamment aujourd'hui de fonds de réserve pour remettre leurs entreprises en marche sans avoir besoin d'une aide financière. La question de la main-d'œuvre sera résolue lorsque l'émigration tonkinoise redeviendra possible. »

2. Message n° 523.

Au petit matin du 21 mars, nouveau message d'Hanoi :

Hô Chi Minh accepte définitivement entrevue dimanche 24 à bord *Émile Bertin.*
Extrêmement sensible à proposition revue navale préférerait cependant que rencontre conserve caractère simplicité et se borne à réception à bord croiseur amiral.
Général Leclerc se propose vous y rejoindre samedi 23 [1].

Tout est bien, l'essentiel est réglé.
Ordre est donné de suspendre définitivement l'envoi du message de mise au point. Il ne s'impose plus.
Il me reste à présider au départ du palais de S.M. Norodom Sihanouk, visite officielle terminée.
Au moment de prendre congé ce matin, Sa Majesté est de belle humeur. Le roi ne vient-il pas de revoir le Saigon de son adolescence, et qui mieux est, l'acclamant aujourd'hui ! De plus, il a reçu du Haut-commissaire en personne l'assurance que la Convention préliminaire franco-vietnamienne du 6 mars ne porte nul ombrage au devenir du royaume. En pleine liberté, la commission franco-khmère poursuit son travail dans le cadre amical du modus vivendi en vue de la réforme constitutionnelle de demain. Norodom Sihanouk, gracieusement fier de son jeune âge, est pareillement enchanté d'apprendre à Saigon - de moi-même - que son vœu de visite officielle et... prochaine à Paris est reçu, non sans vive sympathie, par le président Félix Gouin et le Gouvernement provisoire.
Accompagné de sa suite protocolaire, le roi quitte le parc puis le cortège gagne l'aéroport d'où S.M. Sihanouk va regagner Pnom-Penh.
Nous voici libres, prêts à nous mettre en route vers Along par air et par mer.

En route pour Along

Compte tenu du programme, ne vais-je pas une première fois franchir le fameux 16e parallèle et rencontrer le président Hô Chi Minh ? Ce peut être une page décisive qui s'ouvre. Vont s'éloigner de Saigon vers Along avec moi quelques membres du gouvernement fédéral, le directeur du cabinet, l'aide de camp Bureau.
A 16 heures, nous décollons de Tan So Nhut pour Nhatrang. De là, nous roulons vers le commissariat de la République où m'attend l'administrateur en chef Vallat. Dans le jardin proche de la rade,

1. Message nº 524.

une partie de la population s'est groupée. Profitons-en pour dire à tous quelques mots de sympathie et d'encouragement, après cinq mois d'action ininterrompue sur les terrains politique, administratif, militaire, économique et social. Nhatrang en porte témoignage.

Comme tombe le crépuscule, nous prenons congé et roulons vers l'embarcadère.

La vedette du croiseur *Duquesne* m'y attend.

Je gagne la passerelle de commandement. A 19 h 30, le *Duquesne* est en route. Nous voici cap au nord. Avec joie, je prolonge ce moment de repos, véritable délassement.

Après tant de vols au-dessus des continents... tant de raids en voiture à travers routes... La mer enfin ! La mer... ni trop calme, ni trop agitée. Elle nous vaut un bercement léger... régulier. Flot inlassablement vivant !

Très vite, c'est le silence... sur ponts, entreponts, coursives et passerelles.

La mer, la mer toujours recommencée !
Masse de calme et visible réserve,
O mon silence !

Le Cimetière marin de Paul Valéry revient à la mémoire.

Après ce large bol d'air, opportune évasion, rallions mes appartements afin d'y réfléchir. Ai-je utilement précisé la tâche d'un chacun durant ma brève fugue ?

Tout est réglé pour la retransmission des câbles en provenance de Paris.

Tout est pareillement réglé pour l'information... et pour la publicité éventuelle à donner à cette visite que me rend M. Hô Chi Minh à bord de l'*Émile Bertin.*

Fait nouveau, imprévisible hier pour la plupart !

Le lendemain matin, vendredi 22 mars, vers 8 heures, notre *Duquesne* longe la côte à dix milles environ au parallèle du cap Batangan.

Nous abattons légèrement à droite pour éviter l'île Cham, puis nous inclinons à gauche, cap sur Tourane. J'ai décidé d'en visiter la baie. Nous sommes d'ailleurs ici chez nous. Le port et ses entours, centre important du transit de l'Annam, ne sont-ils pas concession française depuis octobre 1888 ? A 14 heures, pavillon haut, nous pénétrons dans la baie. Des sampans épars çà et là... s'éloignent du croiseur, puis gagnent la rive intérieure en direction des appontements.

Vers 15 heures, nous reprenons le large. Très légère brise toujours, ciel sans nuages, mer très belle. Pivotant sur le Culao Han, le *Duquesne* met le cap au nord un moment puis au 350. Grâce au recul, l'aspect de la zone côtière devient intéressant.

Très proche, voici le massif montagneux de Haï que franchit au col des Nuages la route mandarine invisible à nos yeux. Le littoral très bas s'étire ensuite en direction de Hué. A la jumelle, je peux distinguer la lagune de Vung-Dam...

Nous faisons route maintenant vers l'archipel fort dense des Faï-Tsi-Long ou Griffes du Dragon qui flanquent dans l'est la baie d'Along. Seule, la passe Henriette les sépare.

La traversée m'offre des loisirs utiles à la préparation de ma prochaine mission, prévue sur le *Bertin* en baie d'Along : première rencontre, premiers colloques face à face, entre le président Hô Chi Minh et le Haut-commissaire de France. Je relis, je médite les accords du 6 mars dernier signés à Hanoi.

A retenir dans le texte de la Convention préliminaire, au dernier paragraphe, ces phrases : « Faire cesser sur-le-champ les hostilités... et créer le climat favorable nécessaire à l'ouverture immédiate de négociations amicales et franches. »

« Sur-le-champ »... « ouverture *immédiate* »... Je souris à nouveau.

Chez ce peuple annamite, d'antique souche sinisante, il est plaisant de voir l'oncle Hô user à foison d'adjectifs et adverbes exprimant l'ardent désir et, comme le besoin de précipiter toutes choses, soient-elles aussi sérieuses qu'une convention politique entre France et Viêt-nam d'où peut dépendre le devenir de la République démocratique naissante, à Hanoi.

J'apprends que des émissaires de ladite République viennent d'arriver à Nhatrang. Ils n'ont rien obtenu de leurs propres combattants quant à la cessation des hostilités mais ont fait un grand discours politique, vrai plaidoyer *pro domo sua.*

Autant de facteurs qui s'ajoutent et m'aident à mieux discerner les manigances variées de l'oncle Hô. Les jours suivants, d'ailleurs, un message de Paris m'est retransmis par l'État-major particulier ! Il relate un épisode significatif [1] :

Le président du Gouvernement provisoire reçoit du président Hô Chi Minh le télégramme suivant daté de Hanoi le 16 mars, 11 h 30 :

J'ai l'honneur d'attirer votre haute attention sur le fait que contrairement à la clause d'armistice de la Convention du 6 mars 1946 entre nos deux gouvernements, les troupes françaises continuent à attaquer par surprise les troupes vietnamiennes qui ont reçu l'ordre de cesser le feu en plusieurs points de la Cochinchine et du Sud-Annam, Rach Gia Camau, Gexhon, Pharang, et Radio Saigon confirme les faits susdits, prétextant des opérations de nettoyage de rebelles. Cette allégation sans fondement soulève l'indignation du peuple. L'État-major vietnamien a protesté auprès de l'État-major français de l'Extrême-Orient, sachant que le peuple et le gouvernement de France prêchent l'exemple de la loyauté et de la fidélité aux promesses. Je vous prie de donner l'ordre de faire cesser immédiatement ces actes de pro-

1. Télégr. 61 EMHC.

vocation, faire respecter scrupuleusement les clauses de la Convention préliminaire et de l'accord annexe, seule condition pour créer un climat favorable pour la suite des négociations.

Ce petit chef-d'œuvre de duplicité - à base de faux, de malveillance vis-à-vis du Haut-commissaire, de ses grands subordonnés militaires, mais par contre d'adroite flagornerie à l'égard du Gouvernement provisoire - m'apporte en fin de traversée un réel divertissement. Dans le calme, attendons la réplique de Paris. La capitale vient d'être informée de mon souci de tirer le parti le plus favorable, dans le sens des directives du Gouvernement, des engagements souscrits dans l'accord annexe du 6 mars :

> Pour le point délicat concernant la relève de nos troupes en cinq ans par l'armée du Viêt-nam, au nord du 16e parallèle, tout sera fait évidemment pour limiter les conséquences de cet engagement.
>
> En résumé, toute décision précipitée sera évitée, aucun engagement ne sera pris dans les conversations préliminaires [1].

Le samedi matin 23 mars à 7 h 30, nous découvrons la baie d'Along. Étonnant spectacle vraiment ! Il me fait penser à des alignements de Carnac, géants et tumultueux en pleine eau.

A 8 h 29, nous mouillons à la Noix, à 400 mètres dans le 340, très proche de notre gracieux *Émile Bertin.* Je laisse le commandant Quédec et son *Duquesne* et gagne en vedette le petit croiseur amiral. Le vice-amiral Auboyneau et son capitaine de pavillon Durand de Saint-Front m'y reçoivent.

Au niveau de la plage arrière, le cabinet de travail que prolonge l'appartement à bâbord, symétriques de ceux d'Auboyneau à tribord, s'ouvre sur le salon-salle à manger, seule pièce de réception utilisable.

Les visites commencent cependant que télégrammes et dépêches pour le Haut-commissaire sont remis à M. Longeaux.

Au sujet de la situation politique, au soir du 23 mars je reçois tour à tour, de 14 h 30 à 20 heures, sur le *Bertin,* les généraux Leclerc, Salan, MM. Pignon, Caput, Caussot, puis les conseillers fédéraux Torel, Gonon, Ner, le directeur de cabinet Longeaux. Tous interrogés et écoutés, je me retire, réfléchis. Alors, le clair moyen de dénouer l'imbroglio entre les vues de Hanoi et du Haut-commissariat de Saigon s'offre à notre esprit.

Hô Chi Minh, m'a-t-on dit... répété, en reste toujours à son leitmotiv : un départ immédiat pour Paris. Or, il a dans son jeu - et ne l'ignore pas - ceux qui eurent l'imprudence d'avancer des promesses hâtives, sans qualification pour le faire.

Ils s'obstinent à soutenir ce « dada » du président Hô, en contradiction avec la pensée de leur chef, seul responsable. Chef qu'ils

1. Télégr. nº 290 / EMHC du 23.3.46 au ministre de la FOM-Cominindo.

savent en plein accord avec le Comité d'Indochine et... donc avec le gouvernement de Paris.

Sans rien céder d'essentiel à mon sens, l'on peut en arriver - un brin d'imagination aidant - à une transaction honorable. Elle sauvera la face d'Hô Chi Minh... celle aussi, et... j'y tiens, de l'un ou l'autre de mes grands subordonnés.

N'en parlons à personne maintenant.

L'entrevue avec Hô Chi Minh

Le lendemain, mer très belle, légère brise d'est et sous un ciel voilé s'ouvre le dimanche 24 mars 1946.

Ce jour du Seigneur est liturgiquement une heureuse fête de Notre-Dame, celle de l'Annonciation. L'office religieux se déroule à 8 heures du matin sur la plage arrière dans un ordre parfait. J'y assiste au premier rang bien sûr. A mes côtés, une partie de l'état-major, de nombreux officiers mariniers, quartiers-maîtres et marins, bérets au pompon rouge à la main. Il m'est agréable et... précieux même d'inscrire ces minutes graves, importantes quant à l'avenir de l'Indochine française sous le symbole de la prière.

A 9 h 20, le Président qu'accompagne Sainteny se pose en Catalina sur rade non loin du croiseur amiral et rejoint aussitôt la coupée, tribord arrière. L'*Émile Bertin* salue M. Hô Chi Minh de 21 coups de canon. Il monte à bord à 9 h 35.

Le vice-amiral Auboyneau, le commandant du *Bertin,* l'état-major au garde-à-vous l'y reçoivent. Honneurs rendus, ils le conduisent au salon.

J'y suis seul et l'accueille. Nous nous saluons, puis faisons connaissance. Faute de place disponible, nous entrons dans mon cabinet de travail, nous asseyons et, porte close, y devisons. Le contact psychologique et moral s'établit. C'est la période du charme réciproque. Lorsque je dis ma satisfaction de voir la traditionnelle amitié entre France et Viêt-nam se rétablir, Hô Chi Minh de répliquer aussitôt : *« Relations amicales entre nos peuples, monsieur le Haut-commissaire, oui, mais c'est fraternelles qu'elles doivent devenir !...* »

Aimablement, je m'incline et souris.

Ce premier et bref entretien cesse au moment où le *Bertin* lève l'ancre, appareille afin de passer la revue de l'escadre à 10 heures selon le programme. Laissant le bureau de travail, nous gagnons la passerelle inférieure, vers la place d'honneur prévue pour notre hôte et moi-même. Cette place n'est autre que la plate-forme de la tourelle 2 dans l'axe même du croiseur. De ce poste, le tableau s'étend largement au-delà de la plage avant, sur la rade de la Noix et les deux rangs parallèles de notre force navale.

Membres des équipages et états-majors en tenue d'inspection, pantalons blancs, vareuses et vestons bleu marine, chacun à sa place, au garde-à-vous, le long des bastingages ont fière allure.

Le président fort sensible à tant d'égards rendus pour lui, s'en défend et s'excuse de les provoquer. Ce faisant, il est sincère dans ses remerciements. Comme tout Annamite investi d'une fonction d'autorité, il tient à la face, alors même qu'il affecte l'indifférence. Or, notre hôte, le voici, lui, hier simple partisan, à la tête aujourd'hui de la République du Viêt-nam, solennellement reconnu, fêté comme tel par la France. Conscient de toutes ces choses, j'explique à M. Hô Chi Minh qu'elles dépassent sa personne et vont, d'abord, à l'importance admise des nouveaux et valables accords entre nos pays et nos peuples.

La revue achève de se dérouler au mieux.

L'*Émile Bertin* sortant par la passe Henriette fait route au sud des îles Norway et ira mouiller à 12 h 57 à 10 025 mètres dans le 96 du feu de Hon Dau.

Sitôt l'inspection navale close, nous rejoignons ensemble le bureau de travail et y reprenons notre dialogue vers 11 heures. Nous disposons d'un seul à seul d'une très grande heure pour ce deuxième entretien.

J'en viens aussitôt à la Convention préliminaire et aborde les questions de la Fédération indochinoise et de l'Union française dont traite le premier paragraphe. Cette fédération, je le sens, Hô Chi Minh l'appréhende comme un piège.

Pourquoi ?

Un vieux relent d'anticolonialisme... rafraîchi, fortifié par des thèmes marxistes et... moscoutaires ne permet plus à mon interlocuteur, autrefois Nguyen Aï Quoc, chef du Parti communiste indochinois, devenu sous le nom d'Hô Chi Minh, président de la République démocratique du Viêt-nam, ce vieux relent, dis-je, ne lui permet plus de discerner le passé, proche encore, de la Péninsule avec son administration directe coloniale, du présent. Présent qui annonce, prépare et peu à peu réalise une très large autonomie, soit un *self government,* dans chacun des États de la Fédération, au sein de l'Union française.

Un minimum de confiance de sa part vis-à-vis des autorités issues de la France nouvelle eût mieux servi le président Hô Chi Minh pour le bien du Viêt-nam et de son peuple que sa défiance innée. Elle l'eût aidé à pressentir qu'après le passé, le présent prépare l'avenir sous les espèces d'un État libre en vue de l'indépendance ultérieure. Il doit se montrer compréhensif et digne de celle-ci dès aujourd'hui.

Vu l'opportunité de notre causerie, j'évoque la teneur du mémorandum du 17 mars dernier. Qu'en ont fait finalement mes fidéicommis ? Je le résume et insiste sur la perpective d'une invitation officielle à se rendre dans la capitale à la prière du président Félix Gouin qui ne saurait tarder. Le mémorandum retient l'attention et l'intérêt de M. Hô Chi Minh dont l'attitude laisse entrevoir surprise et satisfaction. Qu'en a-t-il connu à Hanoi ?

Un voyage officiel à Paris ? Quel avantage pour l'invité de demain de pouvoir revenir immédiatement à son projet personnel qui, je le constate, tourne à l'obsession. Prêtons-lui une oreille vigilante :

- Monsieur le Haut-commissaire, vu les difficultés que j'ai avec nos populations, divisées comme elles sont, et travaillées aussi par les on-dit sous l'influence des agents du Kouomintang et autres Chinois partisans, il me faut une image frappante, une preuve éclatante de manière à rallier les esprits : mon départ sans délai pour Paris avec la délégation du Viêt-nam pour la conclusion définitive des accords.

Et voici ma réplique :

- Que vous connaissiez des difficultés, monsieur le Président, je le crois. Cependant, des difficultés vous en aurez toujours, et proportionnées au poids de vos grandes responsabilités.

« Que nos alliés et amis chinois les décuplent, ne saurait m'étonner. Puis-je me permettre d'ajouter, compte tenu de cette situation locale si difficile et si confuse selon vos dires, ma surprise, ma crainte même de vous voir désirer - et sans délai - un départ de Hanoi vers Paris, à si grande distance de votre gouvernement, vous, président de la République démocratique du Viêt-nam.

« C'est simplement, loyalement que je vous fais part de mes appréhensions, d'autant que votre dessein se heurte, vous ne l'ignorez pas, aux instructions fort nettes de mon gouvernement. Paris tient à ce qu'une conférence préparatoire se tienne sans atermoiements en Indochine. Fâcheuse impasse ! Il sied d'en sortir. Or, ma proposition de rencontre en baie d'Along, aimablement agréée par Votre Excellence, devient épisode historique aujourd'hui. Comment accepter que ce premier dialogue fort désiré de part et d'autre, s'inscrive sous le signe d'un échec ? Ne serait-ce pas pour nos deux pays une regrettable perte de face ? Réfléchissons, je vous prie, cher Président... Pour l'éviter...

« A l'heure - que vous souhaitez prochaine - où pourrait s'ouvrir une conférence franco-vietnamienne, conférence que mon gouvernement désire lui-même prochaine mais, en Indochine, ne serait-il pas expédient qu'une délégation de parlementaires vietnamiens parte pour Paris afin de porter à l'Assemblée constituante française le salut amical de l'Assemblée nationale de la République démocratique du Viêt-nam ? Cette démarche dans la capitale soulignerait opportunément au plan national et au plan international l'importance que Hanoi et Paris attachent à nos récents accords et leur volonté réciproque d'en venir à une Convention définitive.

A peine ai-je achevé mon exposé que les propos de M. Hô Chi Minh marquent d'emblée son agréable surprise et sa sincère satisfaction. Je me hâte d'ajouter que ce programme soumis à mon gouvernement au lendemain de notre rencontre en baie d'Along a toute chance d'être pleinement accepté.

Sur cette conclusion de sens commun et satisfaisante à notre long entretien, nous nous rendons à l'annonce du maître d'hôtel et passons dans la salle à manger. Nous sommes dix-huit au repas, que je préside avec M. Hô Chi Minh, mon vis-à-vis. Leclerc et Auboyneau l'encadrent. M. Nguyen-Tuong-Tam, ministre des Affaires étrangères, est à ma droite et M. Hoang Minh Giam, sous-secrétaire d'État à l'Intérieur, à ma gauche.

Le déjeuner se déroule dans une ambiance de cordiale animation et de contentement mesuré.

Le moment des toasts arrivé, je prends la parole :

En vous exprimant, monsieur le Président, la satisfaction des Français pour cette rencontre sympathique longtemps souhaitée, et par nous-même, le premier, comment ne pas nous féliciter ensemble des accords récemment signés entre la République démocratique du Viêt-nam et la République française. Ils ne constituent que des mesures préliminaires, bien sûr, mais forment un utile et bon point de départ. Maints obstacles étaient à franchir, certes, aux lendemains de la guerre mondiale en voie de s'achever, et dont le Sud asiatique a durement pâti.

Je me félicite et, si vous le permettez, Président, vous félicite d'avoir ratifié de votre haute autorité cette nouvelle Convention. Pour tout homme clairvoyant, sachant s'élever au-delà de soucis terre à terre, notre Convention fait figure d'heureuse et bonne Convention.

Que dit-elle ? La République démocratique du Viêt-nam est reconnue par notre gouvernement de Paris comme un État libre, faisant partie de la Fédération indochinoise et de l'Union française. Elle a son gouvernement propre, son parlement, son armée, ses finances.

En ce qui touche la réunion des trois Ky, la France s'engage à faire siennes les décisions prises par les populations consultées par voie de référendum.

Elle ajoute que votre gouvernement, monsieur le Président, se déclare prêt à accueillir les troupes françaises, lorsque, selon les accords internationaux, elles relèveront les troupes chinoises. N'est-ce pas virtuellement accompli déjà ? Oui ! Et c'est par un vrai bravo qu'il sied de le souligner, ici même.

Je suis convaincu, je l'ai déclaré et écrit plusieurs fois, que ladite Convention est *louable* du point de vue international, du point de vue régional comme une pierre d'angle à la pacification de ce vaste théâtre du Sud asiatique, du point de vue national et fédéral enfin ! Elle nous vaut, comme base à la reprise de conversations amicales, un programme large et souple dans tous les secteurs essentiels, soit politique, soit administratif, soit économique, culturel et social.

Nous, Français, nous croyons que notre amitié avec les Asiatiques, avec vous, chères populations annamites, nous est précieuse au-delà de ce qui peut se dire.

En ce jour faste, je loue le gouvernement de Hanoi et la République naissante de l'avoir senti parallèlement.

Cette Convention est un acte de sagesse politique et d'humanisme éclairé.

Dans ce sentiment, je lève ma coupe à la santé du président Hô Chi Minh, de son gouvernement dignement représenté à cette table en union avec le peuple vietnamien au noble et courageux passé !

Peu après, M. Hô Chi Minh se lève... le silence se fait. Le Président répond aimablement et chaleureusement en français à ma brève allocution, me remerciant du parfait accueil et des honneurs reçus dont il est le bénéficiaire. Puis il porte le toast à M. Félix Gouin, président du gouvernement de la République française et de son peuple, avec un dernier mot courtois pour le Haut-commissaire de France et l'avenir de nos deux pays.

Comme vient de s'achever le repas, nous rejoignons nos postes respectifs en traversant le pont supérieur. L'équipage est déjà aligné prêt au garde-à-vous. Je dirige notre hôte vers nos places d'honneur, celles de la matinée.

A 14 heures, nous voyons l'escadre au complet le cap sur nous et la voici qui défile dans un ordre parfait devant l'*Émile Bertin,* le croiseur *Tourville* en tête, battant la marque du contre-amiral Battet, passant à moins de cent mètres de notre proue, coquetterie de fin manœuvrier digne du chef d'escadre. Ordre harmonieux dans l'ensemble, impeccable tenue des équipages sur chaque unité. Honneurs rendus, l'escadre rallie le mouillage initial par la passe Henriette.

Les dernières unités s'éloignent. C'en est fini de la parade navale.

Vers 15 heures, notre *Émile Bertin* lève l'ancre et fait route au nord des îles Norway. Il rentre en baie d'Along par l'entrée profonde. Je profite des premiers instants libres pour faire la visite du croiseur sur le pont supérieur en compagnie de nos hôtes annamites et français.

Cette petite promenade au grand air nous mène vers 15 h 30 au bureau de travail pour la troisième conférence. Le Président et moi-même avons décidé au fil de nos causeries d'étoffer un peu cette dernière séance. Prenant avec lui son ministre des Affaires étrangères, N.T. Tam, un sinisant convaincu et son homme lige Giam, sous-secrétaire d'État à l'Intérieur, j'invite parallèlement à me suivre le commissaire Jean Sainteny et le directeur de cabinet Longeaux [1].

A la prière du président Hô, j'esquisse un résumé de notre échange de vues durant la matinée. Puis explique comment je fus

1. L'initiative proposée - mission de *good will* à Paris - souligne mon souci de sortir Leclerc de l'impasse où il s'est engagé. Pour ce faire, toutes dispositions ont été prises afin que le Génésuper n'assiste à nul de mes colloques avec Hô Chi Minh.

conduit à lui suggérer une initiative nouvelle, opportune à mes yeux pour le bien-aller des relations entre nos pays dans le présent et le proche devenir : ne serait-il pas utile qu'une délégation de parlementaires vietnamiens parte pour Paris afin de porter à l'Assemblée constituante française le salut amical de l'Assemblée nationale de la République démocratique du Viêt-nam ? Pareille démarche accuserait aux plans national et international l'importance que Hanoi et Paris attribuent aux récents accords.

Le principal est dit. Je m'arrête. La place est libre. Chacun peut y aller de son point de vue.

Le président Hô se réserve d'abord. Son ministre Tuong-Tam intervient non sans loquacité. Giam riposte d'autant mieux qu'il est, lui, un fervent du parti des Viets et s'applique à faciliter l'intervention personnelle du Président, son ami.

L'entretien se poursuit. Il se fait révélateur des psychologies de nos interlocuteurs annamites. Ce sont des dialecticiens infatigables... et... inépuisables !

A mon initiative l'on suspend la séance afin de faciliter la rédaction d'un texte ; il sera une manière de procès-verbal, assez bref, des entretiens du jour. Si besoin, il sera transmis à Hanoi. Longeaux, Sainteny et Giam font un projet de texte.

Dernière causerie avec le président Hô Chi Minh, soucieux de rentrer à l'heure dite à Hanoi.

A 16 h 50, états-majors et équipages à leurs postes pour rendre les honneurs. Notre hôte quitte l'*Émile Bertin* à 17 heures, salué d'une salve de 21 coups de canon.

Cette journée en baie d'Along ?

Si je l'ai voulue pour y rencontrer enfin Hô Chi Minh, elle se devait d'être aussi la journée de nos marins. Ceux-ci, habiles et courageux exécutants du débarquement de nos troupes en rivière d'Haiphong, ont subi le feu sévère des Chinois dont le tir fut organisé systématiquement d'avance sur les quais.

Or... nos marins n'ont rien vu dans Hanoi l'après-midi du 18 mars de l'allégresse de nos compatriotes lors de l'arrivée tant attendue par eux des troupes de Leclerc. Cette revue navale, ce défilé de la flotte étaient à mes yeux une digne récompense pour eux. Les *si* et les *mais* de maints collaborateurs civils ou militaires du Tonkin et autres - qui ne pouvaient présumer ou sentir ce qu'éprouvent des marins à la mer - ne m'ont pas fait dévier de ma ligne de conduite.

Le programme fixé s'achève, et s'achève bien, en rade de la Noix le 24 au soir. Rencontre et revue sont autant de facteurs nouveaux et imprévus. Ils raffermissent entre Hanoi et Saigon un climat vraiment neuf et propice.

Un écho m'en arrive :

De retour après l'entretien d'hier dans la baie d'Along, m'écrit le président Hô Chi Minh, je tiens à vous dire en toute simplicité que j'ai été très sensible à l'accueil chaleureux que vous nous avez réservé et à l'atmosphère de cordialité et de collaboration dans laquelle s'est déroulée notre rencontre. Cette rencontre à mon sens doit être le prélude à de nouvelles relations toutes empreintes d'amitié entre la France et le Viêt-nam.

Je vous en exprime mes sincères remerciements et formule des vœux ardents pour une rapide réalisation du but que nous poursuivons, à savoir la prospérité pour nos deux pays dans une union étroite et loyale. Je vous prie de transmettre également mes remerciements à MM. les officiers et aux équipages des unités stationnées hier en baie d'Along.

Je vous prie, monsieur le Haut-commissaire, d'agréer l'expression de mes sentiments de très haute considération.

Le président de la République du Viêt-nam
Signé : Hô Chi Minh

Le texte de cette lettre est retransmis dès le 26 mars au Comité d'Indochine. Au président du Cominindo, j'ajoute que je lui serais obligé de donner aux termes de cette lettre la plus large diffusion possible.

La patience tout obtient, dit le livre de la Sagesse !

Par un sans-fil un peu tardif de la Marine, nous enregistrons enfin à bord la réponse envoyée par M. Félix Gouin à la protestation d'Hô Chi Minh datée du 16 mars dont le thème m'avait distrait et amusé en mer les jours précédents :

Monsieur le président Hô Chi Minh,

Le Président, sensible à votre message, me prie de porter à votre connaissance que le Haut-commissaire de France a mission d'exécuter dans toutes les conséquences l'accord passé avec la République du Viêt-nam. Il a reçu à cette fin du Gouvernement les instructions les plus nettes. Je ne saurais mieux faire que de vous suggérer de lui signaler les incidents qui viendraient à se produire. C'est le plus sûr et le plus rapide moyen d'y mettre fin et de régler les différends dans une atmosphère franche et loyale.

Je vous assure de toute ma considération.

Signé : Marius Moutet

Réaction des plus opportunes et discrète leçon à l'oncle Hô, dont je me félicite.

Un message au Cominindo rend compte de la situation toujours difficile du fait de la mauvaise volonté chinoise au Tonkin (le GRV associe depuis le 2 mars des représentants viêt-minh et des éléments prochinois du DMH et du VNQDD). Le télégramme résume le fil des entretiens avec Hô Chi Minh, indiquant le compromis réalisé sur la mission de *good will* de dix parlementaires vietnamiens, sous réserve de confirmation [1].

1. Télégr. 501 *bis* du 25.3.46, pour Cominindo.

Entretien avec Lou Han

Le lendemain 25 mars est réservé à la réception du général en chef Lou Han ainsi que ses collaborateurs chinois et alliés. J'ai le temps de recevoir auparavant MM. Sainteny et Caput.

Le premier, satisfait du bien-aller des choses, hier, me laisse entendre son désir de garder son titre et peut-être son poste ! J'enregistre avec soin cette ouverture car c'est là un facteur nouveau, en nette opposition avec un message du même Sainteny, trop récent pour que je l'aie perdu de vue. Que me disait-il le 14 mars dernier ?

> J'estime que ma tâche à Hanoi est terminée et que ma présence ne s'y justifie plus, l'autorité dans la période qui s'ouvre devant être principalement militaire. Vous rappelant mon désir de rentrer en France dans les délais les plus rapides, je me permets de vous demander l'autorisation de venir à Saigon dès que possible pour soumettre à votre approbation les dispositions devant être prises en conséquence.

A la date, je jugeais ce dire singulier. Sainteny, il est vrai, ne pouvait présumer la rencontre en baie d'Along non plus que sa réussite. Sa dernière requête est donc à revoir.

Caput, fort honoré de l'invitation, heureux d'avoir été témoin de la journée à bord du croiseur amiral, me remercie chaleureusement. Il se déclare plein de confiance dans l'avenir et ajoute : « Lorsque j'évoque, monsieur le Haut-Commissaire, les mois très sombres, très complexes et si durs de l'automne et l'hiver derniers, j'ai le sentiment que la journée d'Along est comme un nouveau et heureux départ. »

A 10 h 30, nos invités arrivent à la coupée de l'*Émile Bertin.* Voici tour à tour pour les Chinois : le général en chef Lou Han, les majors généraux Ing Ki Houn et Tsen, le conseiller politique Tchang Tchang, le colonel Tchou ; pour les Britanniques : le lieutenant-commander Simpson Johnes et le colonel Trever Wilson ; pour les Américains, deux observateurs, le colonel Lowler et le captain Farris.

Présentations, congratulations puis appareillage immédiat.

La visite du bâtiment et spécialement de ses tourelles triples de 152, retient l'attention du général. Après le déjeuner, le *Bertin* sort de la baie par la passe Henriette pour un exercice de tir. A 7 milles, droit au sud, le feu des Norway. C'est dans le noroît à lui à 5 milles environ que l'on découvre le Rocher du large choisi comme but et cible. A 13 h 50, commence le tir de 152 ; 14 h 02, fin du tir, 63 coups. A 14 h 17, commence le tir de 90 ; 14 h 51, fin du tir, 64 coups.

A mes côtés, sur la passerelle de commandement, Lou Han, à mon exemple, se coiffe du bonnet parasouffle réglementaire, s'arme de jumelles et suit le tir avec grand intérêt. C'est l'affaire d'une heure.

Au cours de nos entretiens, je vais au-devant de ses désirs et lui offre, sa mission dans le Nord terminée, de le recevoir dans le Sud qu'il voudrait bien visiter. A son tour, Lou Han m'exprime son vif désir de voir s'établir des relations amicales entre nos colons et officiels du Tonkin et sa province voisine du Yunnan. Sans la moindre hésitation, il agrée le vœu que je lui exprime de m'installer au palais Puginier, à Hanoi, dès qu'il l'aura quitté lui-même.

Les excellentes dispositions de mon hôte ne me font pas perdre de vue les difficultés que nous continuerons à rencontrer de la part de certains de ses subordonnés et tout spécialement à Haiphong du dénommé Wang, général de la 130e division de la 53e armée. En toute occasion, il adopte une politique de mauvais vouloir sinon d'hostilité ouverte. Il a un rival du même nom en la personne du commandant de la 93e division sise au Laos.

Je tiens à signaler maints détails de ce genre au Comité d'Indochine à Paris, en le priant d'en instruire le Quai d'Orsay. Celui-ci charmé d'heureuses signatures diplomatiques échangées à Chungking, le 23 février dernier, se soucie peu de l'attitude des généraux chinois avec lesquels nous avons, nous, affaire « sur le tas », puis-je dire [1].

Après l'école à feu, le *Bertin* rallie le mouillage de la Noix. Les entretiens se poursuivent en toute cordialité.

A 17 heures, le général Lou Han et sa suite quittent le bord ; vient le tour des missions alliées. Le vice-amiral Auboyneau et Jean Sainteny restent un moment avec moi, avant de rejoindre ensemble Hanoi. De vrai, Auboyneau n'a pas encore pu y mettre le pied depuis le débarquement de nos troupes, il me ralliera le 26 à la fin de la matinée. Je rappelle à Sainteny que j'attends sans délai la réponse d'Hô Chi Minh au projet de programme rédigé la veille au soir.

Projet et contre-projet

Ce projet, le voici :

1. Le Haut-commissariat demandera l'agrément du gouvernement français à la proposition suivante qui exprime l'ultime satifaction demandée par le président Hô Chi Minh, avant l'ouverture de la conférence préparatoire :

A une date aussi prochaine que le permettront les formalités de transit, c'est-à-dire dans la première quinzaine d'avril, une mission d'amitié (*good will*) formée de dix parlementaires partirait pour Paris porter à l'Assemblée constituante française le salut fraternel de l'Assemblée nationale de la République du Viêt-nam.

1. Voir annexe, page 425.

2. A la même date s'ouvrirait en Indochine une conférence préparatoire, réunissant en une commission mixte une délégation française de 12 membres placée sous l'autorité du Haut-commissaire de France (et composée de 6 délégués envoyés par les ministères intéressés et de 6 délégués désignés par le Haut-commissaire) et une délégation de douze membres de la République démocratique du Viêt-nam.

3. Cette conférence préparatoire devrait conduire rapidement ses travaux de telle sorte que l'accord définitif soit conclu à Paris dans le plus bref délai possible. (Réservé : en principe dans la deuxième quinzaine de mai.)

4. Dès maintenant une commission mixte de liaison administrative fonctionnera à Hanoi en vue de régler amicalement les problèmes de la vie courante.

Baie d'Along sur l' *Émile Bertin*,
ce 24 mars 1946

Le lendemain, 26 mars, je tiens à passer une fois encore devant l'île du cimetière pour saluer nos grands morts, soldats et marins qui y reposent en paix, d'aucuns depuis longtemps.

Emouvant cimetière marin que ce lopin de terre recouvert de sable, baigné dans la solitude et le silence au bord des eaux du golfe du Tonkin !

L'amiral Auboyneau retour d'Hanoi me rejoint comme prévu. Les informations recueillies au cours de sa fugue sont en partie satisfaisantes. A Hanoi, les accords franco-annamites se déroulent bien. A Haiphong, aujourd'hui 26 mars, nous prenons la responsabilité de l'ordre public en lieu et place des forces chinoises.

Auboyneau me remet en outre de la part de Sainteny la réponse attendue du gouvernement de la République du Viêt-nam. Cette réponse est typiquement nommée contre-projet.

Ce contre-projet, tel quel, je le juge inacceptable :

- Il ne fait mention ni de « l'agrément du gouvernement française » nécessaire pour la mission de *good will*, ni du caractère d'« ultime satisfaction » demandée par le président Hô Chi Min.
- Il supprime les références au gouvernement fédéral et à la présidence du Haut-commissariat.

De tels amendements suffisent à marquer l'attitude du GRV à l'égard de la Fédération... Il s'agit à mon avis d'une épreuve de résistance dans laquelle nous sommes assez bien placés.

J'en aviserai le Cominindo dès mon retour à Saigon.

Ce contre-projet permet au moins de profiter d'un certain temps. C'est à la date du 31 mars que la Chine s'est engagée à terminer la relève. Celle-ci faite, que de simplifications pour nous Français dans l'existence courante au nord du 16e parallèle.

Rappelons qu'à en croire mes fidéicommis du Tonkin, il fallait, du 15 au 19 mars, céder à tout prix quant au voyage à Paris de M. Hô Chi Minh, sans quoi des catastrophes pouvaient... devaient arriver. Nous sommes au 26 mars, nous n'avons rien cédé, mais pris des initiatives et la situation reste calme.

A 16 h 30, l'*Émile Bertin* quitte la rade de la Noix et fait route vers Nhatrang. Très beau temps.

Heures excellentes certes pour la réflexion, la rédaction des pages du mémento :

Hô Chi Minh

En mer, mercredi 27 mars :

Qui est Hô ? Non pas du point de vue biographique, mais au terme de cette biographie, en 1946. Né en 1889, il a 56 ans. *Il ne changera plus.*

Il n'est pas présentement un homme d'État mais un chef communiste révolutionnaire. C'est un pur, moralement : ni concussion ni dérèglement de mœurs à lui reprocher.

Intellectuellement, il a beaucoup acquis ; il sait se faire petit, modeste et... flatteur. Il fait du charme. Il reste sensible aux égards. Sa réception solennelle à Along, la revue navale l'ont flagorné. Quand il en remercie, il le fait sincèrement.

Il use volontiers de termes sentimentaux : amitié, fraternité, loyauté, franchise... « L'amitié entre France et Annam ne suffit pas, il faut la fraternité. »

Mais, il sait ce qu'il veut. Il veut, avant comme après la Convention, un statut assimilant le grand Annam (unifié) à un dominion, au degré de leur évolution actuelle. Doctrinaire et idéaliste, il ne mesure pas si - oui ou non - la maturité politique des siens le permet.

Sa grande force est la sincérité successive.

Peut-on le modérer sans qu'il y voie une trahison ? Il n'a pas confiance en nos intentions, même s'il estime et reconnaît la droiture de tel ou tel des nôtres.

Il n'a confiance qu'en celui qui sert ses desseins. *Il sait ruser.* Remettre tout en cause quand l'on croit être arrivé à un accord. Il ne peut, il ne veut renoncer aux avantages de la Convention signée et de l'accord annexe, mais il a signé, réluctant. Il voudrait en tirer plus : retenir ce qui lui plaît..., oublier le reste. Il a su arracher habilement à des personnalités non qualifiées et non responsables des promesses de conférence à Paris. Il s'y cramponne.

Le 24 mars au soir, l'on semblait d'accord pour un dispositif complet de négociations :

a) délégation de *good will* par parlementaires ;

b) conférence préparatoire à...

c) conclusion à Paris.

Le contre-projet change, supprime, ajoute, modifie, etc.

Hô Chi Minh a promis en termes pathétiques que c'était la dernière concession qu'il demandait au Haut-commissaire, sous la pression des événements. Il ne pouvait le faire droitement. Aussi refuse-t-il de s'engager sur un texte.

Son rêve est d'escamoter l'organisation fédérale et de traiter directement de Hanoi avec Paris. C'est l'orgueil asiatique. N'ayant pu obtenir le mot indépendance, il veut la chose dans le plus court délai.

J'estime donc, au terme de ce séjour en baie d'Along, que la position exposée au Conseil fédéral, le mercredi 20 mars, reste la bonne.

Je veux bien la petite mission de *good will* des dix membres de leur Assemblée parlementaire, sans Hô Chi Minh naturellement, mais rien de plus, maintenant. Ainsi nous tirons d'embarras nos amis du Nord, avec leurs promesses hâtives de voyage à Paris, mais rien au-delà.

Quand le président Hô Chi Minh veut aller à Paris, c'est qu'il croit avec les siens *pouvoir agir puissamment sur les milieux politiques de gauche et faire ainsi pression sur le Gouvernement provisoire.* C'est toujours un chef de parti qui manœuvre.

Deux jours plus tard, de retour à Saigon, un message au Comindo reprendra l'essentiel de ces réflexions :

Je tiens à compléter vos informations et à dégager les vues d'ensemble résultant de mes entretiens.

Le président Hô Chi Minh a une personnalité accusée et s'est entouré d'une équipe de collaborateurs dont plusieurs fort intelligents.

Il sait ce qu'il veut et conduit son action avec opiniâtreté.

Il n'est pas douteux que l'indépendance - dont la revendication fut durant des mois le thème de sa propagande - reste son but final. En signant les accords du 6 mars, il a cependant obéi d'une part au même souci que nous d'éviter au peuple annamite les funestes conséquences d'opérations de guerre, d'autre part à la volonté de consolider l'emprise du parti qu'il dirige sur le gouvernement de Hanoi et si possible sur celui de tous les pays annamites.

Sa position est donc une position tactique.

Le président possède la technique d'un chef révolutionnaire, la même que celle du parti à l'école duquel il a été formé.

Sa politique va consister maintenant à éluder les dispositions qui distinguent le statut fixé par la Convention du 6 mars : « État libre faisant partie de la Fédération indochinoise et de l'Union française » de l'indépendance tout court.

Le premier engagement qu'il veut éliminer est celui qui le lie à la Fédération indochinoise. Il a sur ce point non seulement une position idéologique mais la crainte objective de voir rétablir sous ce vocable un instrument de mainmise de la France sur les États fédérés, crainte que je me suis efforcé de dissiper.

Sa méthode tactique est de ne plus vouloir négocier en Indochine mais aller au plus tôt dans ce but à Paris.

Il espère en y arrivant avec une équipe solide de compagnons être l'objet de la curiosité et l'attention générales, soulever l'intérêt des partis et arriver à faire pression sur le Gouvernement lui-même.

J'ai dû tenir compte (des risques pour lui) de débordements extrémistes et du fait que des promesses verbales imprudentes quant au voyage à Paris avaient été faites par des personnalités civiles et militaires au moment de la crise, en vue de favoriser l'implantation de nos forces dans le Nord. C'est pourquoi j'ai mis en avant la solution de compromis mentionnée par mon télégramme précédent. Cette solution fut accompagnée de la remise d'un projet de protocole que le commissaire Sainteny présenta le lendemain à Hanoi.

[Suivent les textes des projet et contre-projet...]

J'ai [...fait] connaître au GRV que ce contre-projet était de nature à faire finalement échouer une négociation... où je n'avais cessé d'ajuster au mieux les désirs du GRV aux instructions très fermes... de mon gouvernement. Le Président porterait donc seul la responsabilité du retard et même d'un insuccès probable.

J'attends les réactions.

En conclusion, il me serait appréciable de recueillir votre accord :

- sur l'acceptation par le gouvernement français de l'envoi par l'assemblée de Hanoi d'une mission de *good will* de dix membres. C'est sur ce seul point... que je propose d'aller au-delà des dispositions que vous avez antérieurement agréées,
- sur notre refus d'accepter le contre-projet de Hanoi.

Ce refus doit signifier que le projet du Haut-Commissaire est l'extrême limite de ce que peut accepter le Gouvernement français et que celui-ci refuse toute invitation à la mission de parlementaires de *good will* s'il n'obtient pas satisfaction sur les autres points [1].

1. Télégr. 532 F du 29 mars.

Chapitre X

PREMIÈRE CONFÉRENCE DE DALAT

Organiser la conférence

Le 29 mars, en même temps que mes réflexions sur Hô et sur le contre-projet, le Comité interministériel est informé de ma position sur la conférence préparatoire :

J'ai déjà souligné l'intérêt capital d'un mutuel accord sur le nombre, les technicités respectives et les noms des délégués ministériels. (...)

J'estime que nous ne pouvons pas actuellement aborder dans des conditions satisfaisantes l'étude de détail de l'organisation fédérale et des compétences respectives des États et de la Fédération...

Deux raisons à cela :

... - notre position dans le Nord ne sera vraiment établie de manière stable qu'après le départ complet des Chinois, le désarmement effectif et le départ des Japonais.

... - la position pleine de réticence adoptée par le Gouvernement de Hanoi à l'égard de la Fédération.

La conférence préparatoire, comme l'accord à conclure à Paris, tout en soulignant le principe de l'inclusion de l'État libre dans la Fédération, doivent régler les questions relatives à la participation à l'Union française sous forme d'un nouveau pacte se substituant aux traités antérieurs.

Ainsi seraient réglés : les problèmes de la représentation diplomatique, de la protection des Français et étrangers, de la sécurité et des bases militaires, navales et aériennes, du maintien et du développement des avantages économiques reconnus à la France.

C'est seulement, ces points fixés, notre position fortifiée et les esprits calmés, que nous pourrons utilement aborder ensuite en Indochine le statut fédéral propre à rendre effectifs sur place les principes posés.

d'Argenlieu [1].

En attendant la réponse du Comité d'Indochine, j'insiste auprès de Sainteny pour connaître les réactions d'Hanoi :

Depuis le 26 mars, je suis sans nouvelles aucunes de l'accueil fait par le président Hô Chi Minh à la communication envoyée en réponse au contre-projet.

J'attache beaucoup de prix à être tenu régulièrement au courant... Sans préjuger la réponse de Paris qui ne m'est pas encore parvenue mais que

1. Télégr. 532 F du 29 mars.

j'espère favorable, je vous prie de m'envoyer tous renseignements nécessaires à l'obtention des dix visas de transit pour ne pas accroître les délais.

Faisant suite au contre-projet du Président et à mon télégramme, je vous adresse ci-dessous une nouvelle rédaction destinée à être publiée.

J'y joins une deuxième partie servant de glose à ce nouveau texte et sur laquelle je désirerais recevoir également l'accord du G.R.V., mais qui ne serait pas publiée.

La première partie reprend les termes du projet d'accord, sauf le caractère d'« ultime satisfaction » renvoyé dans la deuxième partie. Celle-ci précise encore :

L'invitation à venir à Paris est chose acquise et je pense obtenir accord pour la mission parlementaire de *good will*.

Je vous confie que le gouvernement de la République avait écarté résolument toute idée de négociations à Paris, ce sont donc des satisfactions substantielles qu'a obtenues le Haut-commissaire.

Les soulignant d'une part et faisant état des dispositions amicales du président Hô, j'attends de sa part un agrément rapide au choix de Dalat pour la conférence préparatoire.

Ce lieu est suggéré par Paris comme le plus favorable.

Sans doute ce nom n'avait-il pas été suggéré comme l'un des lieux possibles par la Convention du 6 mars, mais compte tenu du paragraphe précédent le Gouvernement français n'est-il pas en droit d'attendre un minimum de satisfaction.

A ces motifs s'en ajoute un d'ordre personnel.

Pour des raisons de santé, un séjour à Dalat a été ordonné au Haut-commissaire. Il fait appel aux sentiments amicaux dont le Président l'a assuré et attend donc son accord sur ce point.

D'après les dernières informations reçues du Gouvernement français, six membres de la délégation française seront envoyés par les divers ministères intéressés, les autres étant choisis par le Haut-commissaire.

Une réponse favorable faciliterait la progression des affaires.

Outre le départ prochain de la mission de *good will* à Paris, cela permettrait au Président de partir à Paris dans des délais que nous avions envisagés.

Troisième partie (pour Sainteny) :

Ceci dit en raison de son importance, je vous prie de vous rendre en personne auprès du Président, accompagné de votre conseiller politique pour lui développer ce point de vue dans les termes mêmes de ce message et dans l'esprit des relations amicales et franches ouvertes par la Convention préliminaire.

Il convient de faire ressortir combien de temps est actuellement perdu, en vue du départ de la mission parlementaire et que cette nouvelle marque de bon vouloir est une manière de conclusion [1].

Quant à la réponse attendue du Cominindo, elle nous parvient le 3 avril :

1. Télégr. 284 E de H.C. à Comrep du 30 mars 1946.

Nous vous donnons l'accord du Gouvernement sur vos contre-propositions.

Nous estimons qu'il faut retarder autant que faire se peut le départ de la mission du Viêt-nam pour Paris. En tout cas, attendre, pour décider la date de départ, l'arrivée de nos délégués, munis d'instructions pour les négociations... Vous vous mettrez d'accord avec eux sur la date et les conditions de la délégation.

Nous suggérons possibilité délégations cambodgienne et laotienne simultanément.

Bien entendu la délégation aura caractère d'une mission de *good will*, elle viendra rendre visite au gouvernement de la République et à l'Assemblée ; elle évitera toute manifestation et déclaration pouvant porter atteinte à votre autorité, comme la personne devant diriger les négociations préparatoires.

Nous pensons que celles-ci devront aboutir à un accord sur le principe général de l'organisation de la Fédération et de l'intégration dans l'Union française, sans qu'il soit possible de fixer la date limite des négociations qui pourront s'achever.

Bien faire connaître qu'il y aura impossibilité de consulter les populations tant que l'ordre ne sera pas rétabli, que des bandes armées subsisteront dans les pays et les provinces et que les actes de terrorisme continueront. Il sera nécessaire de remettre préalablement en place les organisations locales, communales et cantonales.
Signé : Moutet [1].

A quelques détails près, cette réponse me satisfait.

Avec l'agrément du gouvernement d'Hanoi, la conférence préparatoire va pouvoir s'ouvrir dans les délais prévus.

Paris a fait paraître dans le *Journal officiel,* dès le 29 mars, l'arrêté [2]

1. Télégr. 370 / CI / 1146.
2. Acte du gouvernement de la République
Art. 1. Il est institué une délégation chargée de négocier avec le gouvernement provisoire du Viêt-nam conformément aux stipulations de la convention préliminaire conclue le 6 mars 1946...
Art. 2. La composition de cette délégation est arrêtée comme suit :
- *Président :*
le vice-amiral d'escadre Thierry d'Argenlieu, Haut-commissaire de France pour l'Indochine.
- *Membres :*
M.M. Bloch Lainé, chef de la mission financière en Extrême-Orient,
Bourgoin, chargé de mission au cabinet du ministre de l'Économie nationale et des Finances,
Bousquet, de la direction des Affaires économiques du ministère de la France d'Outremer,
Gourou, professeur à la faculté des Lettres de Bordeaux,
Max André, chargé de mission au cabinet du ministre des Armées,
Messmer, chef de cabinet du ministre de la France d'Outre-mer.
- *Six membres* à désigner par le Haut-commissaire de France en Indochine.
Fait à Paris, le 29 mars 1946
le président du Gouvernement provisoire, ministre de la Défense nationale, Félix Gouin
le ministre de la F.O.M., Marius Moutet
le ministre de l'Économie nationale et des Finances, André Philip
le ministre des Affaires étrangères, Georges Bidault
le ministre des Armées, Edmond Michelet.

portant institution d'une délégation chargée de négocier avec le Gouvernement provisoire du Viêt-nam et en en fixant la composition.

J'ai parallèlement réfléchi à choisir les six membres à désigner par le Haut-commissaire de France en Indochine [1].

A Hanoi, Sainteny partant pour Paris, je confie l'intérim de commissaire de la République au général Valluy [2]. Satisfait de la tâche difficile de Pignon à Hanoi, je l'ai choisi comme conseiller politique du Gouvernement fédéral à Saigon [3] et l'en informe le 4 avril. Je sens Pignon touché du choix et reconnaissant. Je sais qu'à ce poste, il sera très à son affaire.

Le 7 avril, j'attends l'arrivée à Tan-So-Nhut des envoyés des départements ministériels : un brin de savoir-faire m'invite à recevoir au mieux les *fidéicommis* de la capitale... Je les connais pour la plupart et les estime dans la souvenance des services qu'ils m'ont rendus lors de missions antérieures. Le professeur Pierre Gourou de la faculté des Lettres de Bordeaux est une figure nouvelle pour moi. Par contre, il est des mieux informés sur la péninsule ayant beaucoup écrit - non sans talent - au centre d'Études de politique étrangère.

Dès la soirée du dimanche 7, contacts, voisinages et relations offrent... un caractère bien vivant aux équipes jointes des délégués ministériels et des représentants du Haut-commissariat pour l'Indochine...

A souligner aussi, comme à l'accoutumée, les visites surprises de quelques personnalités... Ainsi le commandant Silbert, qui revient du Tonkin. Il y a rendu visite à Hô Chi Minh. A l'écouter, Silbert augure que le Haut-commissaire inspire confiance à l'oncle Hô. Je souris.

La semaine va être mise à profit pour assurer la parfaite unité d'action de la délégation française. A cet effet, plusieurs sous-commissions ont été constituées et leurs rapports examinés en séance plénière.

A Dalat, il me faut une équipe solide et bien préparée.

1. Le Haut-commissaire de France pour l'Indochine,
Arrêté :
Sont nommés membres de la délégation française...
M.M. Clarac, conseiller fédéral chargé des affaires diplomatiques,
Gonon, conseiller fédéral chargé des affaires financières,
Guillanton, conseiller fédéral chargé des affaires économiques,
Pignon, conseiller fédéral chargé des affaires politiques,
Général Salan, délégué militaire,
Torel, conseiller fédéral chargé des affaires juridiques.
Fait à Saigon, le 6 avril 1946.

2. Commandant les troupes françaises du Nord Indochine.

3. Il y remplacera de Raymond, nommé commissaire de la République pour le Laos, M. Imfeld étant appelé à d'autres fonctions.

Nous n'avons pas pour le moment de données précises sur le futur statut fédéral ; les différents problèmes doivent être abordés dans un esprit libéral et non avec des principes intangibles qui amèneraient en quelque sorte la cristallisation de la position française et rendraient difficile toute tentative de conciliation....

L'appartenance du Viêt-nam à l'Union française demeure le point capital ; dans le mouvement planétaire des peuples vers l'indépendance, il est nécessaire de créeer et d'affermir ce lien.

La convention préliminaire du 6 mars prévoit que les conversations porteront sur les relations diplomatiques du Viêt-nam, le statut futur de l'Indochine - la fédération -, les intérêts économiques et culturels français. C'est sur ces divers sujets constituant l'ossature des discussions ultérieures que nos positions ont été arrêtées en commun. Il y a lieu d'y ajouter les problèmes d'organisation des référendums, de la protection des minorités, de l'aménagement des territoires à majorité ethnique spéciale et enfin la question quasi majeure des bases militaires que nous avons attentivement examinées.

L'ensemble de tels travaux fort avancés déjà, ma décision est prise de me rendre à Dalat le samedi 13 avril dans l'après-midi. Je prie les délégués de m'y rejoindre, le lendemain, dimanche 14.

Avant le départ pour Dalat, je récapitule le programme mis sur pied :

- La date du 15 avril sied approximativement à l'envol vers Paris de la mission d'amitié - *good will* - des députés de l'Assemblée nationale vietnamienne à notre Assemblée constituante [1].

- Entre les 15 et 20, je compte ouvrir la conférence mixte préparatoire de Dalat

- Vers le même moment, la délégation officielle de Cochinchine pourrait prendre l'air à Tan-So-Nuht à destination d'Orly et des berges de la Seine. C'est justice qu'elle y puisse faire entendre sa voix. Ici, l'examen de l'important, sinon essentiel, problème de l'autonomie du Sud-Viêt-nam doit être soigneusement poussé vers le but arrêté dès le Têt, 1er février 1946, dans l'esprit même de la déclaration du 24 mars 1945.

La conférence à Dalat étant close le 11 mai selon mes conjectures, le 14 mai, répondant à l'appel des montagnards des plateaux du Sud, je ferai route en convoi afin de gagner Ban-Me-Thuot où je présiderai l'émouvante cérémonie de la prestation du Grand Serment par les cantons moïs du Sud. Vu l'intérêt officiellement porté par le Cominindo, il convient, sans musarder, d'établir sous la direction du Haut-commissariat, une organisation libérale et neuve, res-

1. La mission sera accueillie à Paris par le commissaire Sainteny et M. Caput, secrétaire du groupe SFIO tonkinois qui n'a cessé de jouer un rôle très efficace lors des négociations à Hanoi.

pectueuse de leurs coutumes, de leurs traditions pittoresques. Cette cérémonie solennelle à Ban-Me-Thuot peut et doit servir de précédent utile.

Le 17 mai, je me propose d'aller visiter en avion Vientiane ou Vieng Chan, devenue la capitale administrative du Laos avec le siège de la Résidence supérieure.

Après quoi, je veux faire connaissance avec le Tonkin, son delta et sa capitale au prestigieux passé : Hanoi ! Le motif est notoire. La courtoisie diplomatique m'invite à rendre au président Hô Chi Minh la visite qu'il me fit en baie d'Along sur l'*Emile Bertin*, à mon invitation, le 24 mars dernier.

Nous serons alors au lendemain des conversations de Dalat, à la veille d'une visite officielle du président de la République démocratique du Viêt-nam à Paris. Une conférence décisive suivra, à Compiègne ou Fontainebleau selon mes suggestions au Comité interministériel d'Indochine.

Tel est l'ample dessein qui embrasse cordialement la fédération péninsulaire et le devenir du Viêt-nam.

Pour l'heure, toutefois, il faut encore veiller à la relève par nos troupes des armées chinoises, en principe sous les ordres de Lou Han. Elles sont en fait fort lentes à démarrer, bien qu'un départ rapide ait été monnayé fort cher par personnes interposées. Avec nos grands alliés jaunes, même sous le Kouo-min-tang tout se paye, sans tenir compte en rien des décisions de l'État-major combiné ni des accords des trois Grands.

Ultimes réflexions

Où en sommes-nous à la veille de la rencontre franco-vietnamienne à Dalat ?

En ce début d'avril 46, un mois après les signatures à Chungking et peu après, à Hanoi, nos rapports avec la Chine et le Viêt-nam sont en somme valables. La certitude parallèle du proche retour des prisonniers japonais dans leurs îles sous contrôle de MacArthur et, par transports américains, est en outre un facteur pour nous avantageux.

Je ne perds pas de vue la visite d'amitié, décidée par le Quai et le Wai Kiao Pou, du général Juin au président Chang Kai-Chek... Je verrai grand avantage à ce qu'il passe par Saigon avant de se rendre à Chungking où il doit établir la réalité des faits avec tout le poids de son autorité.

Les conditions présentes en toute la Péninsule requièrent une politique souple et ferme à la fois.

Sous l'autorité d'un oncle Hô, la République démocratique du Viêt-nam ne sera jamais sincère avec la France. Il est donc nécessaire de tirer le meilleur parti des textes de la Convention préliminaire et de l'accord annexe du 6 mars. Notre implantation militaire au Tonkin, que va-t-elle devenir ? Un accord d'état-major vient d'être signé entre Français et Annamites [1]. C'est bien. Mais notre souci vient de sa mise en application. Avec quelle vigilance devrons-nous agir aux fins de prévenir de la part des Chinois lents à se retirer, des Japonais encore présents, des Annamites fraîchement nantis de leur autonomie, je dis bien *prévenir*, des incidents de rue, des provocations allant jusqu'à de capricieux et cuisants désordres.

Le Nord-Annam, au-delà du 16e parallèle, dont une notable partie de la population est loin d'avoir admis l'autorité du Viêt-minh, pose un cas épineux quant à son avenir, dépendant du référendum.

Une question vient normalement à la pensée.

Quand serons-nous prêts à pouvoir dire *Non* raisonnablement, au cours d'autres négociations ?

Grande est la diversité de méthodes entre nous et les gens de Hanoi. En bref : méthodes occidentales, pour nous Français bien souvent cartésiennes, et méthodes marxistes. Ces dernières furent longtemps totalement étrangères à la tradition annamite. Elles sont basées sur l'interprétation matérialiste de l'Histoire et une tactique propre : la lutte des classes...

Il y a là le point à faire en vue de dégager ce qui formerait un dénominateur commun. Sans cela, nous ne ferons rien d'utile...

Où en sommes-nous arrivés ? Le Viêt-nam est devenu un État libre, faisant partie de la Fédération indochinoise et de l'Union française.

Le premier point garantit *la loyauté de la France*. Elle agrée *la liberté* de la République du Viêt-nam.

Le second point est la marque de notre *sagesse politique* avec l'idée de *fédération* et d'*union*.

Ne pourrions-nous pas envisager le statut futur de la Péninsule sur les bases que voici :

- Laos, Cambodge, Cochinchine devenus autonomes seraient liés par un libre et mutuel accord comme riverains du Mékong. Ils grouperaient ainsi plus de neuf millions d'habitants.
- Tonkin, Annam parallèlement liés sous une libre convention réciproque, *vestige* d'un long et lointain passé, maintiendrait à Hué, proche cité des tombes impériales, quelque chose de son prestige ancien, en riverain du golfe du Tonkin et de la mer de Chine.
- Le Sud-Annam, quant à lui, pourrait à propos, semble-t-il, s'unifier au Namky, comme l'assise géographique de cette zone et la présence séculaire de sa minorité Cham inclinent à le penser.
- Il me vient à l'esprit, en cette période de guerre mondiale 1939-1945, qui se prolonge, d'examiner ce qu'est devenue en Indochine la légitimité du pouvoir.

1. Accord Salan-Giap du 3 avril, voir chapitre VIII, page 209.

Légitime est le pouvoir gouvernemental agréé de longue date par l'unanimité des populations ou leur simple majorité.

Avant la guerre 39-45, était légitime le pouvoir impérial sur les populations annamites du Tonkin, de l'Annam, le pouvoir royal sur les populations khmères ou laotiennes, tenant pour capitales : Hué, Pnom-Penh, Luang-Prabang, tous États sous protectorat légitime de la République française. La Cochinchine au régime colonial nanti d'un pouvoir direct relevait de l'autorité légitime du gouvernement de la République française succédant à celle du Second Empire.

Septembre 1945, le Tonkin et une partie de l'Annam sont *de fait* sous le pouvoir du gouvernement de la République démocratique du Viêt-nam, président Hô Chi Minh. Pouvoir né en pleine aventure, après défaite et capitulation de la France en juin 1940 et l'occupation militaire des forces japonaises, devenues les alliées du Reich hitlérien le 8 décembre 1941. Cette occupation vient de s'achever, après la capitulation inconditionnelle de l'Empire du Soleil-Levant face aux grands alliés occidentaux - dont la France présidée par le général de Gaulle.

L'empereur d'Annam Bao Dai, à l'invitation autoritaire de l'aventurier Hô Chi Minh, vient d'abdiquer. Après son départ de Hué et son ralliement à la République démocratique du Viêt-nam, capitale Hanoi, disparaît la légimité du pouvoir en Annam et Tonkin.

La source en est recueillie pour l'Indochine par le Gouvernement provisoire de la France nouvelle.

Et me voici à Dalat, Haut-commissaire de cette France, détenteur de ce reliquat de pouvoir légitime en voie de s'exercer de plus en plus au Namky, au Royaume khmer, au Laos méridional, au Sud-Annam.

Sous des vocables divers (modus vivendi, convention préliminaire), des accords réguliers orientent peu à peu les pouvoirs gouvernementaux des cinq pays vers la légitimité. Nous allons œuvrer en ce sens à la conférence préparatoire de Dalat. Autres motifs de réflexion : l'expérience d'un État fédéral en Suisse helvétique, aux États-Unis d'Amérique, en Russie soviétique ou, si proche de nous, dans le Commonwealth des peuples britanniques.

L'heure est venue de réaliser en toute opportunité le paragraphe, essentiel pour moi dès le 16 août 1945 : « Le statut de l'Indochine, tel qu'il vient d'être ainsi examiné, sera mis au point après consultation des organismes qualifiés de l'Indochine libérée. »

Ici s'achève la partie rédigée de la main même de l'amiral d'Argenlieu.

La suite de la chronique se compose de notes, réflexions et commentaires provenant de son journal régulièrement tenu ainsi que de documents officiels (télégrammes, procès-verbaux, rapports, etc.).

L'ensemble de ces documents avaient été rassemblés par l'Amiral lui-même en vue d'une rédaction. La maladie et la mort l'ont empêché d'y mettre un terme.

Nous avons simplement présenté les documents et fait ici ou là telles liaisons utiles.

Lorsque le journal lui-même est cité, nous avons mentionné le jour et la date, sans autre indication.

14 avril

J'entre en relation avec le Comité d'Indochine à Paris : n'est-il pas fort soucieux d'être avisé de tout détail et... sans délai :

Les mandataires du G.R.V. ne sont pas présidés par Hô Chi Minh mais par Nguyen Tuong Tam du V.N.Q.D.D., ministre des Affaires étrangères [1]. Dans ces conditions, tout en conservant la haute direction de la délégation française que je réunirai quotidiennement, je m'abstiendrai d'assister personnellement à la Conférence... J'ai confié la présidence effective de la délégation française à M. Max André.

Au contraire de la mission pour Paris, la délégation du G.R.V. à Dalat fait large part aux éléments d'opposition.

Je pense que la conférence s'ouvrira effectivement le 17 ou 18 avril au plus tard.

Ce même jour, dimanche 14 avril, un message m'arrive de Hanoi. Hô Chi Minh, fort tardivement, demande à être logé à la résidence personnelle de Bao Dai, éventuellement avec son chef de mission. Je ne peux répondre que négativement car, dans ce Sud-Annam que nous occupons depuis des mois, ladite villa est le poste d'autorité du commandant d'armes Brébisson. C'est sous cette forme et la première fois, que l'oncle Hô fait allusion à sa venue à la conférence préparatoire de Dalat.

1. Les autres membres de la délégation sont :

Vo Nguyen Giap, V.M., président du Comité de la Défense nationale,

Vu Hong Khanh, V.N.Q.D.D., vice-président dudit comité et cosignataire de la convention du 6 mars,

Hoang Xuan Han, polytechnicien, et Vu Van Minh, avocat, anciens ministres du gouvernement de Hué, constitué après le 9 mars,

Tran Dang Khoa, « démocrate », actuel ministre des Travaux publics,

Duong Bach Mai, publiciste, et Pham Ngoc Thach, leaders cochinchinois du Viêt-minh qui ne seront regardés par nous que comme délégués du gouvernement de Hanoi,

le Dr Nguyen Van Luyen, Viêt-minh, l'avocat Nguyen Manh Tuong, Cu Huy Can, ingénieur agronome, Buy Cung Trung, professeur, et Trinh Van Binh, directeur des douanes.

Qui sont les membres de la délégation vietnamienne[1] ?

Ce sont à peu près tous des hommes jeunes, entre trente et quarante-cinq ans. Ils sortent de la bourgeoisie ou de la petite bourgeoisie formée par la France. On y compte peu de révolutionnaires purs et sincères (D. Bach Mai, V.N. Giap, B.C. Trung). Ce sont généralement des intellectuels de culture purement occidentale, très peu imprégnés d'influence chinoise, à la différence des anciens leaders à l'école de la Chine, comme N.T. Tam, ou de culture mixte, comme Hô Chi Minh.

La délégation ne présente aucune homogénéité politique. Ce n'est pas l'émanation du parti Viêt-minh au pouvoir, mais plutôt un choix... représentatif des élites vietnamiennes.

Leurs idéologies et leurs caractères politiques sont ainsi très divers, nationalistes essentiellement autochtones, pro-japonais authentiques, militants du Parti communiste indochinois.

Parmi les plus marquants : Vo Nguyen Giap, vice-président.

Originaire du Nord-Annam, né en 1912 d'une famille de petits agriculteurs, docteur de la faculté de droit de Hanoi en 1937. Il se lance dans l'enseignement libre et noue de nombreuses relations avec les socialistes français. Il disparaît à la déclaration de guerre pour se rendre en U.R.S.S. où il suit les cours de diverses écoles spécialisées dans l'agitation révolutionnaire. Revenu en Chine, il rencontre Hô Chi Minh et... se rallie définitivement au Viêt-minh. Il revient en Indochine en 1944, comme chef des guérillas d'un secteur du Haut-Tonkin (Caobang). Il suit Hô Chi Minh à Hanoi en août et se voit attribuer le portefeuille de l'Intérieur. Il dirige actuellement le Comité d'organisation militaire, qui supplante en réalité le ministère de la Défense nationale ; à ce titre, il contrôle en fait toutes les forces armées du Viêt-nam, police et armée. Intelligent, sincère, habile, profondément convaincu, Vo Nguyen Giap est un homme redoutable par ses convictions, sa volonté et sa sincérité. Passionné de l'idéal révolutionnaire, très dur pour lui-même comme pour les autres (sa femme et sa belle-sœur, militantes révolutionnaires... qui servaient d'agents de liaison des organisations clandestines, sont toutes deux mortes en prison), Giap est certainement, après Hô Chi Minh, la personnalité la plus marquante du parti dont il constitue un élément très vivement anti-français. Il ne s'avouera jamais vaincu dans le combat pour l'indépendance de son pays.

Duong Bach Mai :

Originaire de la Cochinchine, c'est un des dirigeants les plus anciens et les plus en vue du Parti communiste indochinois dans le Sud de la Fédération... Il a suivi les cours de l'Institution des travailleurs de Moscou, après avoir émigré à la suite de ses activités politiques. Revenu en Indochine, il fut condamné et envoyé à Poulo-Condor, puis libéré en 1936. Membre du Comité populaire du Nam Bo (Cochinchine), il est chargé des fonctions de commissaire à la Sûreté... A partir de septembre 1945, il mène la lutte contre les Français, puis se réfugie au Tonkin.

[...]

1. Nous reprenons ici l'essentiel d'une note établie par les services du Haut-commissariat le 11 avril 1946.

Ouverture de la conférence : l'impasse ?

19 avril

La conférence s'ouvre à 9 heures. Tam, président de la délégation vietnamienne, fait un discours d'ouverture et conclut habilement : « La Conférence de Dalat est ouverte ».

Max André manque d'à-propos dans sa réponse.

Vient ensuite l'organisation des commissions. D'après le rapport qui m'est envoyé le soir, on sent de la raideur (complexe d'infériorité) et de l'opiniâtreté. Il faut que les délégués français tiennent le coup [1].

Le 20 avril, en réunion plénière, le Haut-commissaire s'adresse aux délégués du Viêt-nam :

Messieurs les délégués,

(...) Nous voici donc réunis à Dalat. Il m'a été agréable de voir le gouvernement de Hanoi consulté, agréer le choix de ce lieu. Cette conférence préparatoire souligne fortement combien les rapports de la France et du Viêt-nam se sont améliorés depuis août 1945...

L'amitié entre nos peuples risquait d'être emportée, balayée à jamais dans la tourmente asiatique.

Pour la sauver et la revigorer, que restait-il ? Votre désir de ne pas lier nécessairement l'exercice de votre liberté politique à une rupture complète avec la France. De notre côté, la volonté réfléchie de ne pas lier la protection de nos nationaux et la sauvegarde de nos grands intérêts culturels et économiques d'Extrême-Orient à l'emploi de la force...

De plein gré, le gouvernement de Hanoi a décidé, en accord avec la France, d'appartenir à la Fédération indochinoise et à l'Union française. Un lien vivant et souple s'est ainsi établi entre peuples amis.

Nous n'ignorons pas que le vocable Fédération indochinoise vous inquiète. « Ce bloc... enfariné ne me dit rien qui vaille », suggéreriez-vous aisément. Eh bien, non, ce bloc suspect n'est point une invention colonialiste, un succédané de gouvernement général et d'administration directe.

Au moment d'ouvrir des discussions où ce vocable est à l'ordre du jour, cherchons à nous réconcilier objectivement, franchement avec le fédéralisme.

Le fédéralisme est chose fort ancienne dans le monde. Qu'est-il essentiellement ?

Un système politique dans lequel un certain nombre d'États autonomes ou de cités indépendantes consentent à sacrifier librement, dans un intérêt commun, une parcelle de leur souveraineté.

Cet intérêt commun fut et demeure souvent la sécurité contre de trop puissants voisins. Cet intérêt commun s'affirme de plus en plus être la sécurité économique face à des menaces habituelles. Cet intérêt commun peut être la sauvegarde d'un idéal politique, social ou même religieux [...].

Au reste, notons-le bien, le fédéralisme naît d'un libre et mutuel accord entre les États membres posés devant des problèmes analogues. Il n'est point

1. Journal du 19 avril.

un carcan, pas même un casque sorti d'une vile officine et destiné à coiffer des partenaires surpris ou apeurés.

Le fédéralisme est l'une des formes les plus raisonnables et les plus hautes de l'exercice de la liberté des peuples

Fédéralisme du Commonwealth britannique, fédéralisme des États-Unis en sont des exemplaires remarquables et éprouvés.

L'Union française le sera demain [...].

La conférence s'organise au sein des quatre commissions mises en place : politique, économique et financière, militaire et culturelle. Dès la première réunion de la commission politique, les travaux sont interrompus par les délégués d'Hanoi :

Prétextant leur souci de créer le climat favorable prévu par la Convention du 6 mars, ils demandèrent d'inscrire en tête de l'ordre du jour, l'examen des mesures à prendre pour la cessation immédiate des hostilités dans le Nam Bo.

La manœuvre était évidente. En détournant la conférence de Dalat de son véritable objet... elle visait à la transformer en une sorte de commission d'armistice. Elle faisait peser sur ses travaux l'hypothèque d'un débat irritant, qui pouvait à tout moment dégénérer en conflit [1].

Le 26 avril, la commission politique est toujours au point mort...

La question de Cochinchine a pris maintenant la tournure d'obsession que revêtait il y a un mois la question des pourparlers à Paris...

Tout révèle par ailleurs que l'idée d'indépendance totale et absolue forme toujours le fond de la pensée politique du gouvernement de Hanoi.

Toutes les mesures proposées en conférence... marquent une volonté d'élimination de la France [2].

Dès le 22, le Haut-commissaire a souligné à la délégation française : « Nous sommes solidement installés en Cochinchine, il ne faut pas aliéner de notre autorité dans ce pays, pour remporter un avantage problématique sur des territoires (Tonkin et Nord-Annam) qui temporairement nous échappent encore. Il faut également se bien pénétrer de ce que nos adversaires veulent nous chasser de ce pays. Il ne faut pas oublier enfin que nous devons, moralement, défendre les intérêts des Cochinchinois qui se sont ralliés à notre cause...

« La conférence n'a pas qualité pour créer un climat favorable dans le sens où l'entendent les délégués vietnamiens... [3] »

Dans un souci d'apaisement, il est proposé une commission mixte en marge de la conférence :

Ce Comité mixte siégerait « d'abord à Dalat puis à Hanoi et serait compétent pour étudier tous les incidents susceptibles de nuire aux négociations aussi bien au Tonkin, en Annam et au Laos qu'en Cochinchine [3].

1. Rapport de M. Torel, commissaire fédéral aux questions juridiques, membre de la délégation française, en date du 21 mai 1946.

2. Compte rendu de la séance plénière de la délégation française en présence du Haut-commissaire tenue le 26 avril 1946 - 5 / SC.

3. Compte rendu de la réunion du 22.4.46 - 3 / SC / CR.

Ainsi sera évitée la rupture, car dans cette éventualité, le gouvernement de Hanoi a plus à perdre qu'à gagner [1].

Cette solution sera finalement acceptée par le gouvernement viêtnamien. A partir de ce moment, la conférence peut reprendre dans une atmosphère détendue, voire même cordiale.

28 avril - 20 heures

Un court voyage à Saigon permet à l'Amiral de recevoir le général Juin en route pour Chungking. Ainsi se réalise la mission de *good will* prévue auprès de Chang Kai-Chek.

Au cours du dîner officiel, le général Juin loue avec conviction l'œuvre accomplie ici contre toute espérance. Il m'assure de la confiance unanime du Gouvernement, remercie le général Leclerc et mes collaborateurs.

Le Viêt-nam dans la Fédération

Il s'agit du point fondamental, comme le rappellent les instructions du gouvernement :

Le but est d'obtenir du gouvernement provisoire du Viêt-nam son assentiment à l'intégration du Viêt-nam (quelle que soit la définition géographique qui en sera donnée), dans la Fédération indochinoise et dans l'Union française...

Le 8 mai, la commission politique enregistrait l'accord des deux délégations :

Le Viêt-nam fait partie de l'Union française comme État associé.
L'adhésion du Viêt-nam à la Déclaration des droits et sa participation au Conseil supérieur de l'Union française feront l'objet de conversations ultérieures. Le gouvernement vietnamien n'a pas d'objection de principe à faire valoir sur ces deux points [2].

Un point de divergence majeure tient en la demande vietnamienne d'une représentation indépendante à l'ONU et en pays étranger.
Pour la France :

La liberté pour l'un quelconque des pays de la Fédération d'établir des relations diplomatiques propres avec des États étrangers, même limitrophes, serait contraire au principe fédératif même. Il ne saurait donc être question d'accorder cette liberté au Viêt-nam.

1. Compte rendu du 22.4.46.
2. Compte rendu de la séance du 8 mai 1946, n° 5 / CR / CP.

La demande d'admission à l'ONU, incompatible avec l'idée d'une Fédération indochinoise, doit être fermement écartée [1].

La délégation propose par contre, comme l'envisageait le ministère, « la participation de représentants indochinois dans le personnel diplomatique [2] ».

Quelques jours avant la conférence, le ministre de la France d'outre-mer s'est étonné d'une initiative de Hô Chi Minh signalée par le Haut-commissaire :

Certaines démarches auraient été faites auprès de l'Angleterre, tandis que Bao Daï, devenu le député Vin Tuy, serait parti pour Chungking. Nous ne suspectons la loyauté de personne, mais nous entendons que le gouvernement annamite respecte notre accord comme nous le respectons [3].

La façon de procéder de l'oncle Hô auprès de l'Angleterre n'est-elle pas typique ?... Que pour nous, Français, l'accord du 6 mars soit un accord de bonne foi est vérité certaine, sans ombre. Mais espérer officiellement que le chef du Viêt-nam au long passé marxiste, devenu président du gouvernement de Hanoi, se comportera de même est attitude naïve. Rappelons les dires de Jean Sainteny : « Tous les prétextes sont bons à Hô Chi Minh... et il n'hésite pas à revenir sur sa propre parole », ou encore du même : « Malgré ce marchandage systématique basé sur une mauvaise foi éclatante... » N'ai-je pas, moi-même, écrit en mer sur l'*Emile Bertin :* « Sa grande force est la sincérité successive [4].

1. Instruction du ministre des Affaires étrangères, M. Georges Bidault, du 29 mars 1946.

2. Tableau synoptique des résultats de la Commission politique de la Conférence préparatoire de Dalat, 11 mai 1946. HC / 3 / CP / OF.

3. A l'origine de cette déclaration de M. Moutet citée par M. de Langlade, télégramme 43 CI / 0/ 227, ce télégramme de « Hô Chi Minh, président de la République du Viêt-nam à Hanoi au premier ministre de Grande-Bretagne à Londres » :

« J'ai l'honneur d'informer Votre Excellence que le 6 mars 1946, une convention préliminaire a été signée entre les représentants de la France et du Viêt-nam. Dans cette convention, la France reconnaît la République démocratique du Viêt-nam comme un État libre. Des négociations amicales et sincères ont commencé aussitôt après la signature de cette convention.

« De la part du peuple et du gouvernement du Viêt-nam, je sollicite respectueusement le gouvernement de la Grande-Bretagne de reconnaître la République démocratique du Viêt-nam comme un État libre.

« Respectueusement : Hô Chi Min. »

Réponse non officielle :

« Votre message a été reçu par le gouvernement de Sa Majesté mais il ne peut en prendre connaissance officielle tant que le statut de la République du Viêt-nam reste à être défini dans des négociations que le gouvernement de Sa Majesté comprend devoir être prochainement engagées entre les représentants de la France et du Viêt-nam. »

4. Extrait d'une première rédaction prévue pour la Chronique.

En définitive, la Commission politique indique au chapitre « Accords réalisés » :

La délégation vietnamienne maintient son point de vue de représentation diplomatique indépendante... Elle admet cependant qu'une procédure de consultation adéquate pourrait amener la coordination de l'activité des missions vietnamiennes à l'étranger avec celle des représentations françaises [1] ».

Quant aux points plus précis concernant l'organisation de la Fédération - pouvoir des États et du gouvernement fédéral, administration, question des minorités - chaque délégation se borne à prendre : « acte des propositions... et à les transmettre pour examen à son gouvernement. Le problème de la Fédération sera examiné à nouveau au cours des négociations qui seront ouvertes ultérieurement à Paris [2] ».

Dans les autres commissions se retrouve la même alternance entre points d'accord réalisés et positions contraires :

La commission économique et financière s'accorde sur : « la nécessité d'une union douanière, la libre circulation des marchandises et des personnes entre pays de la Fédération, la coordination et l'uniformisation de la politique douanière », le désaccord subsistant quant à l'attribution des recettes de douane [3].

Sur la question monétaire, « aucun accord n'a pu être enregistré... cependant la délégation vietnamienne a déclaré... qu'elle n'était pas absolument hostile au système de l'unité monétaire pourvu qu'il s'accompagne de certaines garanties [4] ».

Quant aux entreprises françaises existant au Viêt-nam, « la discussion n'a pas permis de rapprocher les deux points de vue [5] ». Par contre, « la délégation vietnamienne a favorablement accueilli les propositions françaises de participation au développement économique du Viêt-nam [6] ».

La commission militaire, où se remarque le rôle dominant de Giap, ne s'accorde :

- ni sur l'encadrement des Forces armées vietnamiennes (le Viêt-nam n'envisageant qu'une simple « préférence d'instructeurs et techniciens français »),
- ni sur l'unité de commandement,
- ni sur les forces de l'Union française au Viêt-nam,
- ni sur les bases stratégiques et leur durée d'occupation (même si le principe de leur utilisation temporaire par la France est reconnu par le Viêt-nam) [7].

1. Séance du 6.5.46 de la Com. pol. (compte rendu nº 3 / CR / CP).
2. Compte rendu nº 5 / CR / CP du 10 mai.
3. Procès-verbal du 29 avril 1946 (CEF / 11).
4. 4 mai 1946 (CEF / 16).
5. 13 mai (CEF / 13).
6. 10 mai (CEF / 122).
7. 4/C.mil/CR 11 mai.

Dans la commission culturelle, l'accord s'est fait sur un certain nombre de points de détail : la liberté pour la France de créer des établissements scolaires et l'organisation des échanges culturels entre la France et le Viêt-nam.

L'opposition des deux délégations est apparue spécialement irréductible sur trois points :

- le principe du bi-linguisme au Viêt-nam, en raison du caractère politique de cette proposition : le français « langue officielle »,
- la rétrocession des bâtiments à usage scolaire et scientifique (École française d'Extrême-Orient, Institut Pasteur, Université de Hanoi, etc.),
- la nomination d'un conseiller universitaire français auprès du gouvernement vietnamien [1].

Au sein de cette commission culturelle, le rapport de conclusion de la délégation française est assez désabusé :

La délégation vietnamienne est apparemment arrivée à la conférence préparatoire de Dalat sans programme de travail et sans volonté de conclure...

Cette attitude essentiellement négative de la délégation peut s'expliquer comme une marque de l'esprit annamite qui raisonne en termes d'opposition et se pose en s'opposant...

Elle a également et surtout adopté cette attitude pour des motifs politiques :

Faire que Dalat ne soit rien pour que Paris soit tout dans les négociations franco-vietnamiennes finales (pour une question de face et dans l'espoir d'y rencontrer un climat politique meilleur) [2].

M. Torel estime pour sa part :

Le gouvernement de Hanoi semble avoir eu pour principal souci de réserver sa liberté d'action en vue des négociations qui s'ouvriront prochainement à Paris. C'est la raison pour laquelle ils ne se sont pas cru autorisés à abandonner leur position initiale sur la plupart des points importants tout en déclarant que la discussion pourrait être reprise en France. Il ne faut donc pas s'étonner du nombre relativement restreint des accords réalisés [3].

Le samedi 11 mai, la conférence de Dalat ayant achevé ses travaux, le Haut-commissaire prononce le discours de clôture :

...La conférence ouverte le 18 avril a travaillé dans l'ordre, la franchise et la cordialité.

Nous ne nous attendions pas - certes - à tomber d'accord sur l'ensemble des questions évoquées. Ces questions étaient trop sérieuses, trop nombreuses, trop complexes aussi pour, qu'à pied levé, fût donné réponse uniforme à tout.

N'est-ce pas déjà beaucoup que d'emblée l'on se mît d'accord - et vite - sur le programme et la méthode de travail...

1. 9 C. Cul CR 24.4.46.
2. Compte rendu de la commission culturelle, 9 / C. Cul. / CR du 29 avril.
3. Rapport de M. Torel, 21.5.46.

La conférence de Dalat a permis parallèlement de préciser les points - nombreux d'ailleurs - où les positions respectives paraissent encore contraires. Je dis contraires et non contradictoires. Il serait en effet imprudent de conclure que ces désaccords ne pourront être quelque jour aplanis. C'est affaire de bonne volonté, de patience et de temps.

Les personnalités appelées à conduire les négociations définitives officielles sauront ainsi exactement et dès le principe, à quoi s'en tenir. Pour ce motif, je souhaite que le plus grand nombre d'entre vous, Messieurs, se retrouvent ensemble à Paris. Ils y perfectionneront l'œuvre heureusement entreprise ici [...]

Parmi les « positions contraires » exprimées à Dalat, l'une d'entre elles est revenue constamment au cours des débats, quoiqu'en marge de la conférence elle-même. Elle concerne ce qui faillit marquer « le point d'arrêt de la conférence : le Nam Bo [1] ».

Ce problème de la Cochinchine, son importance, ses rebondissements successifs, imposent d'y consacrer un chapitre particulier.

1. Journal du 22 avril 1946.

Chapitre XI

LA COCHINCHINE

Les trois Ky

L'union des trois Ky est avec l'indépendance immédiate, la revendication première du gouvernement de Hanoi.

La délégation française a prévu l'offensive sur ce point à travers l'organisation du référendum.

Le gouvernement du Viêt-nam aurait l'intention de réclamer un référendum unique selon lequel le Tonkin et la Cochinchine seraient appelés à se prononcer en bloc sur la fusion éventuelle des trois Ky. Cette prétention ne saurait être acceptée.

Il appartient aux populations de l'Annam et de la Cochinchine de décider séparément du rattachement ou du non-rattachement de leur pays respectif au Viêt-nam [1].

La nuance est importante lorsqu'on sait que pour près de dix millions de Tonkinois et de Nord-Annamites, la Cochinchine ne comprend qu'environ cinq millions d'habitants.

Le problème est soulevé le 11 mai en commission politique [2] :

M. BACH MAI :

La Cochinchine ne formerait pas avec les autres Ky une nation, un État. La réalité, pourtant, met en évidence le contraire. N'y a-t-il pas une unité géographique du Viêt-nam ? N'y a-t-il donc pas pour les populations des trois Ky, unité de race et unité de langue ?

Il s'agit en effet du même peuple, du peuple vietnamien, qui dans son mouvement millénaire vers le sud a fondé une nation, qui forme une réalité politique consistante depuis des siècles. Qui, en 1787, a cédé à Louis XVI Poulo-Condor, à l'autre confin de notre Nation ? N'est-ce pas le seigneur de Hué, qui allait bientôt s'établir en Cochinchine et qui, de là, rentrant en possession de tout le pays Cochinchine-Annam-Tonkin, allait lui donner le nom officiel de Viêt-nam ? [...]

Ainsi, à l'avènement de la République, le gouvernement du Viêt-nam n'a vu dans la réunion des trois Ky qu'une consécration de la réalité de toujours.

1. Compte rendu de la séance préparatoire à la conférence de Dalat tenue le 12-4-46 par la délégation française.

2. Compte rendu de la séance de la Commission politique du 11 mai 1946. Sur Bach Mai, voir chapitre X, page 254.

La même démocratie, le même régime administratif s'appliquent du nord au sud, et aujourd'hui, encore, les comités administratifs du Nam Ky ne cessent de relever de notre gouvernement central.

Enfin, les signataires de la Convention du 6 mars ont cru devoir, dans le même paragraphe, parler de la République du Viêt-nam et de la réunion des trois Ky. Ils ont reconnu par là une signification, la signification de tout le monde d'ailleurs, au terme de Viêt-nam. [...]

Messieurs, je n'ai pu maîtriser ma foi, je m'en excuse ; en démontrant aux yeux du monde que le Nam Bo fait partie du Viêt-nam, que le Viêt-nam comprend les trois Ky, j'éprouve exactement le même sentiment de révolte et de douleur que vous éprouveriez si vous aviez à démontrer que l'Alsace ou la Lorraine font partie de votre beau pays de France. [...]

M. PIGNON rappelle alors la position française :

La Cochinchine décidera librement elle-même de sa position future vis-à-vis du Viêt-nam. [...]

Il n'y a absolument aucune équivoque sur la position française qui a toujours été claire. Lors des négociations des accords du 6 mars, il ne s'est jamais agi d'un problème administratif mais d'un problème politique au premier chef [1].

M. GIAP :

[...] Lors des négociations, il n'était dans l'esprit de personne de contester la signification courante, la seule d'ailleurs juste, au mot Viêt-nam. Il était question tout simplement de la fusion administrative, ou d'un autre régime administratif à apporter aux deux autres Ky. Nous soutenons donc que le Viêt-nam comprend territorialement les trois Ky, que, par conséquent, la question de notre souveraineté n'a jamais été mise en jeu dans la Convention, et que le référendum ne peut porter que sur les questions administratives.

[...] Notre délégation ne se départira pas de sa position qui est la seule juste.

M. MESSMER :

[...] Une Nation est la réunion d'hommes qui veulent vivre ensemble, et dans notre esprit, le référendum n'a pas d'autre but que celui de démontrer cette volonté. Les autres critères auxquels on peut faire appel dans une occasion comme celle-ci, sont des critères de race, de langue, de religion ou même de géographie, ce sont des critères que je connais bien : je les ai entendu répéter souvent par un homme qui a fait parler de lui, c'était Hitler. [...]

M. Bach Mai, dont je comprends très bien la situation dans cette affaire puisqu'il est lui-même cochinchinois, nous disait tout à l'heure : "Quelle serait votre réaction si on vous demandait de faire un référendum en Touraine ?" Je vous avoue simplement que je dirais : Cela ne me gêne pas beaucoup, parce que j'en sais d'avance le résultat. Il en serait de même pour l'Alsace et la Bretagne...

1. Pour la délégation vietnamienne : « ... la question se pose seulement de savoir si le même régime administratif devra être appliqué par le gouvernement central vietnamien au Nam Ky ». (Note de la délégation vietnamienne n° 7 - ARCP - 11 / CP / N du 10.5.46).

Les discussions ne pourront qu'aboutir à réaffirmer des positions divergentes.

Pour Giap :

... Si le Nam Bo doit être ravi au Viêt-nam, les cœurs vietnamiens ne cesseront de pleurer sa destinée et les énergies vietnamiennes ne cesseront de se raidir pour le ravoir au sein de la Nation et à partir de ce jour, la « Terre Irredente » commence et ce ne sera dans l'intérêt d'aucun de nos deux pays [1].

Déjà, au lendemain du 6 mars, Giap n'avait-il pas pris clairement position devant un rassemblement de 100 000 personnes :

Sur la question de l'unification des trois Ky, les discussions entre le gouvernement et les représentants de la France ont été assez agitées. La France veut garder la Cochinchine, mais le gouvernement l'a fermement déclaré : Si on sépare Cochinchine, Annam et Tonkin, nous sommes résolus à résister jusqu'au bout. En fin de compte, le représentant de la France a dû céder pour reconnaître l'unification des trois Ky après référendum de tout le peuple du Viêt-nam. Le résultat de ce référendum, nous le connaissons d'avance. Est-ce qu'il y a des gens au Viêt-nam qui ne désirent pas qu'Annam, Cochinchine et Tonkin soient un seul pays ?

Bientôt les trois Ky seront réunis. Le riz de Cochinchine pourra monter au Tonkin, le spectre de la famine s'évanouira [2].

Face aux interventions de Bach Mai et de Giap sur l'union des trois Ky, quels sont les sentiments des représentants du Cambodge et de la Cochinchine ? La deuxième conférence de Dalat qui se tiendra trois mois plus tard rappellera leurs positions [3].

M. TY (délégué cochinchinois) :

[...] Il est inadmissible que les Vietnamiens aient le droit de disposer d'eux-mêmes, de choisir leur système de gouvernement parce qu'ils étaient dissidents, alors que nous sommes restés sous l'égide de la France, nous restons ses amis sincères et nous lui apporterons une collaboration loyale parce que nous estimons que nos intérêts sont liés. [...] J'estime que la France a dépassé quelque peu ses pouvoirs en nous imposant un référendum que rien ne pouvait permettre de nous imposer. [...]

Il n'y a pas de raison qu'il y ait deux poids deux mesures.

S.E. TIOU LONG (délégué du Cambodge) :

Vous savez que la terre de Cochinchine est terre cambodgienne, cédée par le roi du Cambodge à l'empereur d'Annam, mais aucun texte diplomatique ne l'avait sanctionné. Or la France est arrivée. Elle a entrepris une guerre de

1. Cette citation, comme les précédentes, est extraite du compte rendu de la Commission politique, séance du 11 mai 1946.

2. Cité par P. Devillers, *Histoire du Viêt-nam*, Seuil, 1962.

3. Cette conférence réunira les autres États de la Fédération, Cambodge, Laos, Cochinchine, du 1er au 13 août 1946. Voir chapitre XII. Les citations qui suivent sont extraites du compte rendu de la commission politique du 5 août 1946.

conquête et toute la Cochinchine a été pacifiée. La Cochinchine est devenue française. Le gouvernement du Cambodge n'a pu que consentir à cette nouvelle situation de fait, parce qu'entre-temps il s'est mis sous le protectorat de la France. Implicitement, il reconnaît la possession française d'une terre qu'il avait perdue et qui, juridiquement, n'avait jamais appartenu à l'Annam.

[...] Il n'y a pas de problème de référendum, parce que la Cochinchine est une et indivisible et n'a jamais appartenu à l'Annam.

Directives contradictoires

3 avril 1946

Le devenir de la Cochinchine est un problème majeur. Or, simple hier avant la convention hanoienne du 6 mars, il se complique... avec l'hypothèque imprévue d'un référendum, applicable à la Cochinchine comme à l'Annam.

Par son télégramme du 13 mars le ministre de la F.O.M. indiquait [1] :

[...] il serait possible d'organiser avec les personnes connaissant bien la Cochinchine toute une propagande pour empêcher sa réunion avec le Tonkin sous le slogan : la Cochinchine aux Cochinchinois.

En réponse, le 3 avril, le Haut-commissaire rappelle la ligne suivie depuis cinq mois et le programme prévu pour la poursuivre : formation du gouvernement provisoire de Cochinchine [2] :

[...] Dès le rétablissement de l'autorité française, nous nous sommes attachés à faire connaître la déclaration du 24 mars et notre résolution de l'appliquer sans délai dans l'esprit le plus libéral.

Le statut colonial de la Cochinchine ne nous permettait pas comme au Cambodge ou au Laos, ni même comme pour l'Annam-Tonkin, d'avoir en face de nous un gouvernement avec qui traiter.

La tâche primordiale du rétablissement de l'ordre dans la ville de Saigon d'abord, puis dans tout le pays - avec la dispersion des populations et surtout des élites, qui était résultée des troubles initiaux et du terrorisme -, ne facilitait guère la constitution d'un organisme représentatif.

Nous avons cependant marqué plusieurs étapes décisives par la nomination rapide de plusieurs chefs de province annamites, puis par la constitution d'une assemblée consultative de douze membres.

Cette assemblée consultative peut être rapprochée d'une manière frappante de l'assemblée consultative française, constituée à la Libération, en attendant la possibilité d'élections.

1. Télégr. n° 237 / CI. (Cité chapitre VIII, p. 207).
2. Télégr. n° 556 F du 3 avril 1946 du Haut-commissariat à l'attention du ministre de la F.O.M.

Il ne pouvait être question de réunir l'ancien Conseil colonial, comme il n'avait pu être question de réunir l'ancien parlement français.

Par mes déclarations publiques des 9 décembre 1945, 1er février et 9 mars 1946, j'ai souligné que la Cochinchine aurait à se prononcer sur son statut politique futur.

Ces déclarations ont été communiquées au département.

[...] Nous sommes maintenant sur le point d'aboutir à Saigon et un gouvernement pour la Cochinchine est prêt à être constitué.

Un attentat avorté et un autre attentat réussi [1] contre deux des membres les plus distingués de l'Assemblée consultative ont renforcé la résolution de toute une partie de l'opinion cochinchinoise à l'égard de l'autonomie de ce pays.

Ces attentats ne me surprennent pas et je vous avais annoncé dès le 20 mars [2] : "Le gouvernement révolutionnaire du Viêt-nam veut la fusion. Il fera campagne violente à cette fin."

Notre principale difficulté pour en venir à la réalisation effective provient de la réaction violente quasi certaine du gouvernement de Hanoi.

Il y a donc à choisir le moment opportun pour passer à exécution, ce moment étant celui où ces réactions auront le moins d'effet.

J'envisage pour l'instant comme moment le plus favorable celui du départ de la délégation du Viêt-nam pour Paris.

J'envisage aussi le départ d'une délégation cochinchinoise pour Paris à la même époque.

Le dessein ci-dessus exposé ne contredit d'ailleurs en rien l'engagement pris par nous de faire régler par référendum l'avenir définitif de la Cochinchine - référendum à organiser par les Cochinchinois eux-mêmes et non les agents de Hanoi.

Il convient enfin de noter à ce sujet que la Cochinchine faisant partie du territoire national français, la ratification de son éventuel rattachement au Viêt-nam ne pourrait être faite que par l'Assemblée.

d'Argenlieu.

Comme le Haut-commissaire le rappelle dans ce dernier message du 3 avril, le ministre M. Moutet venait d'insister sur la propagande à mener pour empêcher la réunion de la Cochinchine au Tonkin.

Or, les directives de la FOM qui s'échelonnent entre le 15 avril et le 24 mai manquent singulièrement de cohérence. C'est ce que souligne l'Amiral [3] :

Première surprise :

Le *13 mars,* le Ministre suggère non sans vigueur d'organiser toute une propagande pour faire avorter d'avance le résultat d'un référendum que le gouvernement français s'est officiellement engagé à entériner quel qu'il soit et ainsi "empêcher la réunion de la

1. Le 29 mars, le Dr Tran Van Phat est assassiné.
2. Télégr. nº 496 F.
3. Le texte qui suit est une première rédaction prévue par l'Amiral pour la *Chronique.*

Cochinchine avec le Tonkin". Or le *15 avril* le même Ministre estime :

> évident que nous devons nous garder d'apparaître comme les auteurs d'une propagande pour l'autonomie de la Cochinchine et que celle-ci doit émaner des Cochinchinois eux-mêmes [1].

C'est en réponse à mon dernier message du 3 avril que pareilles réflexions sont commises. Ledit message est un résumé précis de l'action politique de notre Haut-commissariat cinq mois durant quant au devenir de la Cochinchine. C'est l'affaire des Cochinchinois et donc... demain de leur gouvernement provisoire.

« C'est à vous de prendre vos responsabilités », disais-je à la population de Saigon le 1er février 1946, jour du Têt.

La décision fut ainsi prise, Comité interministériel d'Indochine instruit, pour que l'on ne puisse blâmer les Français de s'être substitués aux Cochinchinois.

Ces considérations si nettes dans mon message du 3 avril, M. Moutet en a-t-il pris connaissance ? Un lecteur attentif du faisceau des télégrammes du 15 avril au 24 mai a le droit d'en douter.

Deuxième surprise :

Les messages des 15 et 21 avril [2] exigent des réflexions sérieuses :

Rédacteurs et signataires paraissent méconnaître les directives politiques officielles du Gouvernement provisoire de la République française.

Le Haut-commissaire n'a-t-il pas été envoyé en Indochine dans les plus courts délais possibles... Premièrement, pour y rétablir notre souveraineté. Deuxièmement, pour... donner réalité et vie à la déclaration du 24 mars 1945, prévoyant une fédération comportant *cinq* États membres, soit : Tonkin, Annam, Cochinchine, Cambodge, Laos.

Toutefois, à la date du 15 avril seulement, M. Marius Moutet, dans son télégramme, paraît le découvrir : « Il nous est apparu que l'intérêt de la France était de constituer une fédération avec le plus grand nombre possible d'États intéressés[1]. » C'est à le réaliser que le Haut-commissariat s'emploie depuis mi-septembre 45 à Chandernagor, et ce en dépit de la présence de forces britanniques et chinoises d'occupation.

Le Cambodge renaît aussitôt, lui, simple protectorat, en royaume quasi autonome et, de plein gré, membre de la Fédération indochinoise.

1. « Étant donné que les renseignements qui nous sont parvenus prouvent que le Cambodge et le Laos hésitent à entrer dans la fédération dans laquelle ils se sentent encerclés par le bloc de la population plus extensif des Annamites. » (Télégr. du 15 avril 1946 nº 442 / CI / 2165.)

2. Le message du 21 avril est cité page suivante. (N.d.E.)

Nous œuvrons parallèlement à la constitution d'un « gouvernement provisoire autonome en Cochinchine ».

Puis quand s'amorce le départ des armées chinoises, nous commençons à agir de même au royaume du Laos, lui aussi protégé de la France et combien fidèle.

Ces faits sont notoires bien avant la Convention du 6 mars. Aussi l'on pouvait lire dans le projet d'accord du 20 février 1946 pleinement approuvé par le Comindo, sous la présidence du ministre Marius Moutet :

La Cochinchine décidera librement elle-même de sa position future vis-à-vis du Viêt-nam.

Telle est la doctrine du Gouvernement français.

Depuis la Convention du 6 mars nous avons dû accepter une rédaction et donc une obligation différente : nous nous sommes engagés à « entériner les décisions prises par la population consultée par référendum ».

Or six jours après le message du 15 avril m'arrive le *message du 21 avril.*

« Je ne vous cache pas que la question cochinchinoise est actuellement un des soucis du département. Il est hors de doute que la réunion des trois Ky est une revendication essentielle du Viêt-nam[1] ».

Plus qu'un quiproquo, c'est une contradiction manifeste.

La suite de ce singulier télégramme n'a qu'un souci : découvrir dans le programme du Haut-commissariat qui, lui ne change pas, les mesures qui vont peut-être déplaire à l'oncle Hô :

... Nous nous sommes engagés le 6 mars à « entériner les décisions prises par la population consultée par référendum ». Toute initiative officielle postérieure à cette date pouvant apparaître comme de la propagande pour l'autonomie cochinchinoise est à éviter. Nous devons dominer le débat et servir d'arbitre. C'est dans ce sens que par mon télégramme du 15 avril, je préconisais les contacts entre les éléments responsables cochinchinois et Hô Chi Minh pour discuter directement entre eux de leurs affaires intérieures.

La constitution d'un gouvernement cochinchinois nécessairement neutre ne manquera pas actuellement de paraître comme une manœuvre, d'autant que ce gouvernement aura à organiser le référendum prévu.

L'envoi d'une délégation cochinchinoise attirera également les protestations du Viêt-nam et sans doute des réactions qui peuvent nous mettre dans une situation difficile. Je ne pense pas que les Cochinchinois puissent concevoir de notre position une juste amertume ; le référendum leur laisse la possibilité d'exprimer leur véritable désir et c'est à la juste expression de leur

1. Télégr. nº 502 / CI / 1343 du 21 avril 1946.

volonté que nous devons limiter notre action. Nous ne devons apparaître comme tenants d'aucune tendance.

Toute prise de position nous mettrait dans une situation où serait mis en cause ou notre loyauté, ou notre sens politique, suivant les résultats de la consultation populaire.

Labrouquère.

Hélas, cette manière de faire va se poursuivre dans la série des télégrammes à venir jusqu'au 24 mai. Tous concernent l'avenir de la Cochinchine.

Télégramme du 15 mai 1946 [1]

Je vous transmets le télégramme ci-après sur le désir du colonel Xuan [2].

« Suite entrevue ministre et personnalités du monde politique et de la presse, nous croyons avoir réussi à redresser opinion jusqu'ici touchée par seule propagande adverse. Sommes encouragés par hautes personnalités à poursuivre action en faveur rapide installation gouvernement provisoire de Cochinchine autonome.

« Xuan. »

Le point de vue exposé est strictement personnel et la constitution d'un gouvernement provisoire Cochinchine autonome ne rentre pas dans l'intention du gouvernement qui a décidé de s'en tenir à la clause de la convention du 6 mars disposant qu'un référendum fixerait le statut de la Cochinchine.

Labrouquère.

Télégramme du 15 mai 1946 [3]

Je vous transmets le télégramme suivant, qui n'engage que la responsabilité de son auteur, me réservant d'en exprimer ultérieurement mon opinion.

« J'ai reçu de la délégation du Comité annamite de Cochinchine des arguments rejoignant mon opinion personnelle sur points suivants :

« 1° Remettre référendum jusqu'à rétablissement complet de la situation.

« 2° Constituer sans retard un gouvernement provisoire annamite en Cochinchine ayant un prestige comparable à celui du Viêt-nam.

« Amicalement, Alexandre Varenne. »

Marius Moutet - Labrouquère.

Télégramme du 24 mai 1946 [4]

1. N° 714 / CI / 1599.
2. Membre du Conseil consultatif de Cochinchine, présidant la délégation cochinchinoise à Paris.
3. N° 722 / CI / 01613.
4. N° 823 / CI / 01748.

La délégation cochinchinoise a été reçue par le président du Gouvernement et par les dirigeants des principaux partis politiques : communiste, socialiste, M.R.P. et P.R.L. [1].

Faisant suite à la propagande des parlementaires vietnamiens, ces contacts ont permis aux différents partis d'entendre les deux thèses en présence sur le problème cochinchinois.

Il est encore prématuré de tirer conclusion de cette activité. Mais la question cochinchinoise a été ainsi nettement posée. Des contacts analogues ont été pris avec les milieux économiques.

La délégation cochinchinoise a diffusé, la veille de son départ, un communiqué résumant les revendications cochinchinoises. Mais la presse n'a pas encore donné à cette thèse la publicité accordée aux déclarations des parlementaires vietnamiens.

L'activité de la mission cochinchinoise a donc gardé un caractère de discrétion, recherchant plus les contacts avec les futurs dirigeants responsables que la publicité.

Affirmant à leur arrivée leur résolution d'obtenir la complète autonomie de la Cochinchine, les délégués cochinchinois ont paru, la veille de leur départ, abandonner leur première position intransigeante et s'orienter vers une solution de compromis, tenant compte de la situation politique générale, tout en sauvegardant les droits particuliers de la Cochinchine.

France outre-mer - Labrouquère.

Une autre influence que celle du gouverneur de Langlade n'agirait-elle pas sur le ministre de la France d'outre-mer ? [...]

Au contreseing du gouverneur de Langlade vient de se substituer une signature unique, celle d'un certain Labrouquère.

Il vaut d'en tenir compte.

François de Langlade devait quitter son poste de secrétaire général du Comité pour l'Indochine à la mi-avril 1946. Choisi, puis nommé par décret confidentiel du président de Gaulle, le 27 février 1945, il en fut le premier titulaire. Pleinement au courant de l'affaire d'Indochine comme de la manière de traiter chaque problème - du ressort de ce dit Comité - il apportait à l'accomplissement de son mandat un ensemble de dons appréciés : intelligence, autorité, distinction, désintéressement et dévouement.

Avisé de la date de son départ, dès les premiers jours de 1946, c'est non sans inquiétude que je la voyais venir. Son ultime signature officielle conjointe à celle du ministre Moutet est du 15 avril à Paris.

Quel est donc ce M. Labrouquère qui va lui succéder ?

Sans avertissement préalable de Marius Moutet, en fait président du Comité pour l'Indochine, le télégramme du 21 avril 1946, dont il vient d'être parlé, m'en informait fortuitement. [...]

M. Labrouquère était ancien chargé de cours à la faculté de droit

1. Parti républicain de la liberté, de droite, et disposant à l'Assemblée d'une trentaine de députés.

de Lyon, devenu professeur titulaire de première classe de l'enseignement supérieur en Indochine.

Les jours prochains à Paris, je dois constater au cours d'éventuels colloques à trois que l'influence de Labrouquère, brusquement élevé à ce poste marquant, à l'initiative même du ministre Moutet, est précieuse aux yeux de ce dernier. N'est-il pas au reste un très fidèle S.F.I.O.

Tournant politique en Indochine

Devant les contradictions des directives de Paris, l'amiral d'Argenlieu décide l'envoi, le 26 avril, d'un rapport qu'il juge fondamental. Il y analyse clairement les choix possibles de la France et précise quel est le plus conforme à sa mission.

Ce mémorandum qu'il intitule « Tournant politique en Indochine » appelle de Paris une prise de position sans équivoque [1].

A l'heure où se déroulent les travaux de la conférence de Dalat, il est important de situer la question du devenir de la Cochinchine dans l'ensemble du problème indochinois.

Le but de notre politique, objet premier et bien défini de ma mission, était de rétablir la souveraineté française.

Cette souveraineté - appelons-la autorité - existe désormais.

- au Laos : nous sommes aux portes de Vientiane et de Luang-Prabang.

- au Cambodge : la situation s'y développe favorablement, sous notre contrôle.

- au Sud-Annam : jusqu'au parallèle Ben-Me-Thuot - Van Gia.

- en Cochinchine : là se trouvent le gouvernement fédéral et le Commissariat régional. Notre autorité s'y est établie dans l'esprit libéral de la déclaration du 24 mars 1945, bien accueillie de tous.

- au Tonkin et Nord-Annam : nos forces sont maintenant implantées et notre autorité politique luit faiblement à la mesure de l'interprétation étroite que donne le gouvernement de Hanoi à la lettre de la Convention du 6 mars. La présence de forces chinoises encore importantes et nettement hostiles nous oblige à une extrême réserve pour un certain temps.

Enfin, la France seule exerce en Indochine la maîtrise de la mer et de l'air. Seule elle dispose de bâtiments marchands.

Sans se prononcer sur les conséquences ultérieures de la convention préliminaire et des accords annexes du 6 mars, il est raisonnable d'augurer que, même après la conférence préparatoire de Dalat et les négociations définitives officielles de Paris, notre position au Tonkin et dans le Nord-Annam, restera difficile.

1. Vu son importance, ce texte est retransmis dans les mêmes caractères que celui de l'Amiral. (N.d.E.)

La teneur de la convention n'exprime qu'imparfaitement les aspirations foncières du gouvernement de Hanoi. Notre interprétation de ce texte et la sienne sont loin de coïncider.

Il faudra une résolution ferme, un grand esprit de suite, une raison froide, une inaltérable patience pour en tirer un pacte durable satisfaisant.

La première obligation qui s'impose donc à nous est de maintenir et consolider notre autorité là où notre action de huit mois l'a rétablie avec l'ordre public, le respect de la loi, la liberté du travail. Cette action eût été vaine sans l'effort et le succès de nos armes, sans les lourds sacrifices qu'ils ont entraînés.

Pour le Cambodge et le Laos, il n'y a pas présentement d'incertitude d'avenir fondée.

Sur la Cochinchine, pèse la menace du référendum.

La part de chances d'une forte majorité en faveur de l'autonomie dépend principalement en ce pays de la clarté de notre politique. Elle existait jusqu'au 6 mars. La transformation des institutions de cette colonie, dans l'esprit libéral de la déclaration du 24 mars, entreprise depuis le mois de décembre 1945, se poursuivait grâce à la création de l'Assemblée consultative. Un gouvernement provisoire allait se constituer librement et la Cochinchine devenir un État autonome au sein de la Fédération indochinoise et de l'Union française.

Depuis le 6 mars, cette clarté n'existe plus. Les textes finalement signés ont introduit, en toute dernière heure, la clause de l'union possible des trois Ky après référendum.

Nous sommes donc aujourd'hui tenus à ce processus. Il n'est pas sans aléas. Le plus normal est de continuer notre action entreprise bien longtemps avant la signature de la convention. Un gouvernement est prêt à se déclarer. Ce serait à lui de guider la Cochinchine vers son destin, par la préparation du référendum. Le travail d'établissement du système électoral est en cours depuis bien des semaines déjà et sera terminé dans le courant de juin.

Sans se mêler directement à la campagne électorale, la France, vu la nature des intérêts engagés, doit avoir une pensée politique. Elle peut favoriser l'autonomie de la Cochinchine, au vif mécontentement du gouvernement de Hanoi. Elle peut au contraire favoriser la réunion des trois Ky au détriment de l'autorité française.

Elle peut aussi agir en Annam dans un sens ou dans l'autre. Elle peut s'abstenir.

Seule une position idéologique et doctrinaire incline à favoriser la réunion des trois Ky et à nous faire emboîter le pas derrière le gouvernement de Hanoi.

Ni géographiquement, ni historiquement, ni économiquement la conception de la réunion des trois Ky ne s'impose, bien au contraire.

Ni géographiquement, car c'est le bassin du Mékong qui soude solidement Laos, Cambodge et Cochinchine. La chaîne annamitique complète l'isolement vis-à-vis de l'Annam.

Ni historiquement, car l'implantation des Annamites venus du Nord se substituait à des siècles d'occupation de ces terres par le vieux peuple khmer. Cette implantation fut accidentelle et brève. Celle de la France y succéda près d'un siècle durant [1].

Ni économiquement, puisque c'est le Mékong avec son delta qui lie Laos, Cambodge et Cochinchine. C'est la France, et la France seule, qui a fait de la Cochinchine la pièce maîtresse de l'économie indochinoise (riz, caoutchouc, etc.) [2].

Quant à l'argument tiré de l'unité de langue, il est ou puéril ou vicié par un relent raciste.

L'argument de l'unité linguistique ne fut-il pas celui du Führer pour contraindre les minorités germaniques à se dissoudre dans le grand Reich...

Or, en Indochine, la mission de la France fut et reste de protéger les minorités ethniques contre la tendance impérialiste annamite. Cette tendance a été fortifiée par la croisade du parti viêt-minh maintenant installé au pouvoir. Là où s'établira ce pouvoir, la technique et la tactique partisanes régneront longtemps avec leur cortège de terreur et de haine.

Pour tirer quelque avantage passager de l'union des trois Ky, il eût fallu que la France l'offrît libéralement le 6 mars 1946, au profit du seul gouvernement de Hanoi. Ce faisant, elle eût commis une notoire injustice contre les plus fidèles des nôtres, au Laos, au Cambodge, en Cochinchine surtout.

Si, à la suite d'un référendum non préparé par une politique claire et nette, l'autorité française était éliminée de Cochinchine, c'en serait fait de la Fédération indochinoise et de l'Indochine tout court. Un peu plus tôt, un peu plus tard, le grand Annam pénétrerait et absorberait Laos et Cambodge.

1. Une colonisation progressive vers le sud aboutit à la prise de Saigon par les Annamites en 1698 (terres cambodgiennes et Champa) ; Khmers et colons du Nord vont peu à peu se mêler pour former une population originale.

L'extension annamite se poursuit au XVIIIe siècle dans le delta du Mékong (jusqu'aux frontières du Cambodge), le Cambodge n'ayant jamais reconnu l'annexion de ses terres de Cochinchine.

Dès avant le début du XVIIe, pourtant, l'unité de la dynastie Lê n'est qu'un mythe. La réalité du pouvoir est divisée entre les Trinh (à Hanoi) et les Nguyen (à Hué). Le « grand Viêt-nam » n'existe - avec l'aide de la France - qu'à partir de 1802 (Nguyen Cahn, empereur). Au milieu du siècle, il tente de dominer l'ensemble de la péninsule.

En 1862, la prise de Saigon et de l'Est cochinchinois par la France marque la fin de ces 60 ans d'unité politique. La Cochinchine est colonie française en 1864 ; l'Ouest sera occupé trois ans plus tard. (N.d.E.)

2. Un régime d'administration directe est exercé par la France de 1862 au 9 mars 1945, transformant cette terre en pays riche : la superficie des rizières passe de 380 000 hectares en 1868 à 2 650 000 hectares en 1938, grâce aux travaux d'irrigation.

L'hévéa implanté après 1900 devient la deuxième production du pays (60 000 tonnes de caoutchouc exportées en 1939). (N.d.E.)

Mais jusqu'à nouvel ordre, nous tenons solidement la Cochinchine et ce sera l'une de nos meilleures cartes à l'heure des négociations à Paris, vers la fin de mai-début juin. Car l'expérience de ces journées de Dalat nous donne le sentiment que nos partenaires du Nord n'ont pas envie de rompre les débats.

Si cependant nos négociations à Paris avec la délégation vietnamienne n'aboutissaient pas, comment devrait être apprécié cet échec dans la balance des intérêts de l'Union française ?

Peut-être cet échec, en rendant au Laos, Cambodge, Cochinchine, Sud-Annam et à la France leur pleine liberté d'action, simplifierait-il les choses. Cet échec n'entraînerait pas nécessairement rupture violente et retrait de nos troupes du Nord.

Nous poursuivrions simplement la tâche commencée.

Au premier temps, le Tonkin et le Nord-Annam pourraient rester un État libre au sein de l'Union française en amenuisant à l'extrême ce lien. Nous achèverions, en marge de cet État libre, l'organisation fédérative des autres États, sans esprit d'hostilité envers le Nord.

Au deuxième temps, l'État libre du Nord, où règnent les partis, reviendrait vraisemblablement à la Fédération, au moins sur les plans militaire, économique et culturel.

Ce serait là, avec sa part inévitable de risque, une grande politique au service de la grandeur française.

Il n'appartient qu'au gouvernement de la République de prendre ses responsabilités propres et de décider sans retard de sa politique dans un sens ou dans l'autre.

C'est chose indispensable ici pour un travail efficace [1].

Six mois plus tard, l'Amiral ajoutait la mention suivante :

Aucune réponse n'est encore faite par le Gouvernement à la date du 20 octobre 1946.

Autonomie et terrorisme

De la fin mars au début juin 1946, l'action du Haut-commissaire se poursuit dans le droit fil de sa mission : souveraineté française et ordre public à rétablir, liberté propre des États de la Fédération et mise en place d'institutions représentatives.

Dès le 30 mars, lors du conseil fédéral [2] :

Le Haut-commissaire informe le Conseil du projet de création d'un gouvernement provisoire en Cochinchine qui serait constitué avec des éléments autochtones.

1. Mémorandum du 26 avril 1946. Destinataires : le ministre de la F.O.M., le ministre des Armées ; copies : Génésuper, général Juin, général de Gaulle.
2. Compte rendu du Conseil fédéral du 30 mars 1946.

Pour M. de Raymond, « l'opinion semble assez divisée sur la question du rattachement de la Cochinchine aux deux autres Ky ; les propriétaires, la majorité des fermiers, les minorités ethniques, voteront pour l'autonomie, la plus grande partie des intellectuels et les Annamites ayant acquis des avantages à la faveur de l'insurrection du Viêt-minh, demeurent partisans de l'unité ; dans l'ensemble, l'opinion cochinchinoise est donc favorable à la France, mais hésite à s'exprimer en raison de l'insécurité qui se traduit par des attentats...

Le général Leclerc précise que :

de nombreux agents du Viêt-minh sont envoyés du Tonkin en Cochinchine ; la surveillance côtière devrait être renforcée, afin d'éviter cette immigration clandestine.

La veille, le Dr Tran Van Phat, personnalité influente et respectée, membre du Conseil consultatif de Cochinchine, a été assassiné à Saigon.

8 avril : Le Haut-commissaire sort de la conférence des chefs de cabinet :

Une série de fortes détonations fixe la surprise et l'attention. Leur origine paraît voisine du nouveau quartier général du Génésuper qui, pour lors, est absent de la ville.

Mon horaire du jour comporte... une visite au croiseur léger *Triomphant*. ... Je décide de ne rien différer. Témoin dans ma carrière d'officier du grand corps, et plusieurs fois, de sévères explosions tant à terre qu'à bord, je n'ignore pas que le premier devoir du chef est de prévenir agitation, émoi, trouble dans le secteur voisin du drame. Militaires ou civils doivent se garder du plus minime désordre.

Après mon bref passage sur le *Triomphant* où la cérémonie se fait avec les sifflets et sonneries réglementaires qu'accompagnent en rehaut assez proche, les explosions de la Pyrotechnie, j'en rejoins en voiture les abords...

Bientôt, nous apprendrons que les Viets ont fait usage, la nuit venue, de l'arroyo de l'Avalanche, en sa partie proche de l'enceinte de la Pyrotechnie, se sont glissés à l'intérieur. En artificiers entraînés, ils ont d'avance adroitement préparé leur mauvais coup.

Ces actes terroristes des agents viêt-minh, facteur d'insécurité pour les Cochinchinois, sont une pression permanente contre toute idée d'autonomie pour arracher l'union des trois Ky. Ils témoignent du double langage de Hanoi. La chose est nette, pour le Haut-commissaire. Elle est réaffirmée par le Gouvernement dans une déclaration transmise le 11 avril :

Notre accord [du 6 mars] est un accord de bonne foi. C'est pourquoi nous attendons de pouvoir consulter les populations intéressées pour savoir quelles seront les modalités de cet accord, notamment en ce qui concerne le problème des trois Ky, c'est-à-dire des trois pays de l'Union indochinoise, Tonkin, Annam, Cochinchine.

Or cette consultation ne pourra avoir lieu que lorsque l'ordre sera rétabli, quand les attentats terroristes, aussi regrettables que celui qui vient de se produire à Saigon sur la personne d'un des chefs du parti autonomiste cochinchinois, auront cessé.

La décision sera alors prise à la suite d'un référendum pour lequel aucune pression ne s'exercera bien entendu, ni celle des troupes, ni celles des terroristes.

En Cochinchine, le terrorisme s'amplifie. Tandis que se tient la conférence de Dalat, l'Amiral note dans son journal du 30 avril :

l'existence d'un rapport secret sur la complicité de Hô, Nguyen Binh et consorts au terrorisme et attentats.

Entretien quelques instants avec Giap. Allusion sous forme interrogative aux continuelles diatribes de Radio Bac-Maï [1]. Il est fort embarrassé.

1er mai

A Saigon : manifestation pour l'autonomie de la Cochinchine, 10 000 personnes.

2 mai

Que fait-on au point de vue information pour souligner la sottise criminelle des destructions d'hévéa ?

3 mai

Nguyen Van Thach, membre du Conseil consultatif de Cochinchine, est assassiné à son tour.

4 mai

En Cochinchine :
- L'opinion montre un désir ou même une volonté d'autonomie.
- Les notables sont découragés vis-à-vis de la France : ils craignent que nous n'ayons fait que des promesses. Il faut que Pignon fasse sans retard une tournée en Cochinchine afin de se rendre compte du sérieux du mouvement autonomiste.

Du 14 au 21 mai, l'Amiral quitte Saigon pour une tournée dans le Nord indochinois. Le voyage est marqué par sa première visite à Hanoi.

Suivant le programme établi, le Haut-commissaire est à Ban Me Thuot, en territoire Moï, le 14 mai, pour la cérémonie du Grand Serment :

1. Bac-Maï est un faubourg de Hanoi où se trouve la radio vietnamienne.

Elle donne base de notre programme et au vœu de Paris exprimé en mars.

Puis visite au Laos le 17 :

A Vientiane, réception traditionnelle et tour de ville. Très endommagée par un incendie stupide et dégâts graves.

Entretien à Hanoi avec Hô Chi Minh

18 mai

14 h 30. Nous nous posons à l'aérodrome de Gialam. Les troupes sont impeccables. Présence d'un détachement armé vietnamien. Reçu par le général Valluy ; l'accompagnent : le général Lou Han et son conseiller, le consul américain, le consul de Suisse, six ministres du Viêt-nam dont celui des Affaires étrangères Than et le ministre de la Guerre Giap, et Giam.

Nous gagnons la résidence du général Valluy. La traversée de l'aérodrome à Hanoi est symptomatique du peu de tenue de la voirie. En traversant le quartier français au contraire cela s'améliore. Les Français sont très accueillants, saluant, souriant et applaudissent.

Il y a politiquement une détente marquée.

19 mai

Très belle prise d'armes avec en tête un détachement vietnamien.

Des entretiens avec Lou Han, il ressort que les choses vont assez bien. Les troupes chinoises partent réellement... encore que lentement.

Entretiens avec Hô Chi Minh : ils ont fait un gros effort pour me recevoir dignement. La foule même est venue devant la Résidence supérieure devenue Résidence présidentielle.

Multiples assurances d'amitié, abus de terminologie sentimentale, fraternité, sentiments d'humanité, etc., mais toujours en garde contre les demandes précises.

Le président Hô croit toujours qu'il peut se réfugier dans une prétendue ignorance des faits, au sujet des derniers crimes accomplis contre des membres du Comité consultatif de Cochinchine, tel le docteur-pharmacien Thach [1].

Je lui signale que les assassinats qui se sont produits en Cochinchine engagent sa responsabilité, indignent le Comité consultatif et qu'il ne devra pas s'étonner si dans un avenir prochain un gouvernement provisoire se constitue à Saigon.

Hô Chi Minh proteste : « M. le Haut-commissaire, l'on nous ac-

1. Journal du 3 mai.

cuse souvent de vilaines choses dont nous ne sommes pas responsables... »

Moi : « M. le Président, si je vous tiens ce langage à regret, c'est parce que mes informations sont sérieuses et mêmes sûres... »

Hô Chi Minh plus hésitant : « L'on nous accuse souvent à tort... »

Moi : « Mon cher Président, je ne vous mets pas en cause personnellement, mais si je fais état de télégrammes décryptés [1] émanant de membres de votre gouvernement, à qui puis-je en parler et de qui puis-je attirer l'attention sur les graves conséquences de ces faits ? »

Hô Chi Minh ne dit plus rien[2].

20 mai

Dans les cantonnements je constate un manque extrême de confort à tous égards. J'en conçois pour nos troupes plus de sympathie et d'estime encore.

Je rencontre pour la première fois le colonel Massu : sous des dehors ingrats, personnalité accusée et sympathique.

Le soir, entretien chez Hô en présence de Than, Giap et Giam. Ce dernier, vraie « éminence grise » de Hô, est le plus âpre et le plus hostile. Il cherche l'incident.

Je donne au Président mes impressions : « J'espère que les populations vietnamienne et française fusionneront davantage, que les barrières tomberont. »

A propos du « serment de Ban Me Thuot » et de la requête des montagnards moï, la France ne peut refuser d'y satisfaire ; qu'il ne s'étonne pas que nous nous étendions sur le plateau de Darlac où n'avait jamais existé que l'administration française.

Objection (de Hô) : « Il s'agit du grave problème des minorités. »

Réponse : « Ce problème a été évoqué à Dalat et sera repris à Paris. Il s'agit des hauts plateaux de Darlac seulement. »

Ce voyage s'achève par la visite d'Haiphong puis par Tourane, Hué et Dalat.

21 mai

En bref, ce voyage a eu une grande et satisfaisante portée politique. Ces contacts tendent à améliorer le présent et préparer l'avenir.

25 mai

Arrivé à Saigon. Reçu par Génésuper et Comrep. J'invite Leclerc à monter avec moi. Nous continuons la conversation au Palais fédé-

1. Télégrammes interceptés et traduits en clair par les services français de renseignement qui avaient reconstitué le code utilisé par Hanoi.

2. Compte rendu extrait d'une première rédaction prévue par l'Amiral pour la *Chronique.*

ral. Le Génésuper me parle de son départ prochain et de son remplacement éventuel : 1er juillet ? Je lui suggère de rester pour assurer l'intérim pendant mon voyage à Paris le 15 juin. Il paraît accepter en principe.

Le général Revers aurait été envisagé pour le remplacer.

Bien qu'il ait prévenu Hô Chi Minh de la probable création d'un gouvernement provisoire à Saigon, le Haut-commissaire sait que les réactions d'Hanoi seront vives.

Dès le 7 avril, il précisait l'attitude à tenir à son représentant à Hanoi, le général Valluy.

Dans un avenir prochain, un gouvernement provisoire de la Cochinchine sera constitué. Je n'entrerai pas pour l'instant dans les détails : en bref, une délégation de Cochinchinois, conduite par les membres du Conseil consultatif, demandera à l'autorité française, au cours d'une manifestation, la désignation d'un gouvernement provisoire dont elle proposera en même temps les titulaires.

L'autorité française, d'accord avec le gouvernement de Paris, acceptera la constitution du nouveau gouvernement et délimitera ses attributions temporaires tant qu'une ratification par la voie du suffrage universel n'aura pu intervenir.

Je prévois le déchaînement de l'opinion publique au Tonkin, déchaînement que le gouvernement vietnamien orchestrera lui-même.

L'accusation de manquer à la foi des traités sera inévitablement portée contre nous. Vous pourrez évidemment soutenir que la Convention préliminaire du 6 mars nous engage seulement à soumettre au référendum la question du rattachement ou de la séparation du Nam Ky et qu'elle ne nous engage nullement au-delà. Il est toutefois peu probable que cet argument, bien que fondé en droit, emporte la conviction d'interlocuteurs aveuglés par la passion. Vous pouvez ajouter qu'il est impossible à la France de refuser plus longtemps aux Cochinchinois une formule qui, bien que provisoire, leur assure, dès à présent, l'exercice des libertés démocratiques les plus essentielles.

Je n'ai pas plus d'illusions sur la force de cet argument, fondé cependant sur le bon sens comme sur les engagements déjà proclamés à maintes reprises d'appliquer la déclaration du 24 mars 1945. Ce qui importera dans la crise que nous pouvons prévoir, c'est, d'une part, votre adresse à persuader le gouvernement vietnamien de l'imprudence qu'il commettrait et de la lourde responsabilité qu'il assumerait en perdant dans un coup d'éclat la situation avantageuse que lui confère la Convention du 6 mars, c'est d'autre part et surtout la fermeté des dispositions que vous prendrez si le différend menace de s'envenimer.

J'ai beaucoup réfléchi avant d'autoriser la manifestation que je vous ai annoncée. Elle correspond à la politique qui me paraît devoir être suivie dans ce pays. Elle rejoint également les indications que je viens de recevoir sur ce point précis du ministre de la France d'outre-mer. D'autre part, tous les observateurs que j'ai pu interroger me disent que le moment est venu de donner satisfaction à l'opinion cochinchinoise. Dans quelques semaines, il serait trop tard et le découragement, la méfiance à l'égard de nos intentions s'empareraient des autochtones. Il nous faut également le temps nécessaire pour organiser, à deux degrés, les élections sincères d'où sortira un gouvernement authentique : les délais qui nous sont ouverts avant le référendum sont limités.

Pour atténuer vos difficultés, je pense attendre la réunion à Dalat de la conférence préparatoire ou même le départ pour Paris des négociateurs pour autoriser la proclamation du gouvernement provisoire de Cochinchine. [...]

Vous comprendrez certainement que le moment vient de reprendre notre liberté d'action, notre faculté de manœuvre, notre volonté d'initiative. Dans la métropole, comme ici en Indochine, les Français seraient en droit de s'étonner qu'il en allât autrement, nos forces aujourd'hui solidement implantées.

Nous sommes résolument pacifiques, animés du plus sincère esprit de conciliation, et nous l'avons montré. Nous interdire, comme une règle, le recours à *l'ultima ratio* serait risquer la perte de l'Indochine française, et compromettre gravement le but premier de notre mission qui est d'y rétablir l'autorité de la France, non seulement en droit mais en fait.

Je connais votre sûreté de jugement, votre force de caractère.

Vous avez ma confiance.

Le Gouvernement provisoire de Cochinchine

Le 25 mai, le président du Conseil consultatif adresse une lettre pour demander officiellement la création d'un gouvernement provisoire de la République cochinchinoise.

Il va de soi que le référendum, pour avoir une signification valable, doit être organisé par les Cochinchinois et non par les autorités françaises. Ce sera la tâche de ce gouvernement.

Dans une réponse faite le 27, j'insiste sur le caractère essentiellement provisoire de ce gouvernement. La Cochinchine demeure une parcelle du patrimoine national. Seul le vote d'une assemblée nationale peut légaliser la chose. La France a accepté que le devenir de la Cochinchine s'oriente après consultation par voie de référendum et elle tiendra son engagement.

C'est ainsi que le 1er juin 1946 naît le gouvernement doublement provisoire de la République cochinchinoise, au lendemain du départ de Hô et de la délégation pour la France [1].

30 mai

Ce gouvernement provisoire est contre le terrorisme, la violence, la délation et l'arbitraire, il est contre toute forme de dictature car il admet l'opposition sans s'arroger le droit de l'annihiler par la force.

1. Extrait d'une note d'information établie à la demande du général Koenig, ministre de la Défense nationale, le 22 juillet 1954.

L'autonomie de la Cochinchine n'est pas dirigée contre le Tonkin et l'Annam, mais découle du droit imprescriptible du peuple à disposer de lui-même ; l'on distingue chaque État, mais pour qu'ils restent unis au sein de l'organisation fédérale.

La fusion est une vue idéologique brillante et attractive, elle ne s'impose pas à la raison : ni à la raison géographique, ni historique, ni économique. Le point de vue racial et linguistique procède d'une idéologie dangereuse et perverse [1].

Des télégrammes au Cominindo ainsi qu'aux ambassadeurs et consuls généraux rappelleront les raisons de la création du gouvernement de Cochinchine :

- Simple aboutissement de la politique libérale de la France, objet de la déclaration du 24 mars 1945.
- Rien contre le gouvernement de Hanoi puisque les trois Ky restent dans la Fédération et l'Union française.

Principe démocratique : libre disposition par le suffrage universel pour avoir un gouvernement autonome et par référendum pour vérification.

Le 3 juin, la Convention est signée par le Dr Nguyen Van Thinh et par M. Cédile, commissaire de la République. Le Dr Thinh prend la présidence du Gouvernement provisoire de Cochinchine.

Le même jour, l'amiral d'Argenlieu informe Hô Chi Minh en route pour Paris, par télégramme adressé par l'intermédiaire de la délégation de France au Caire :

Vous serai reconnaissant de remettre à Général Salan lors escale au Caire prévue le 6 juin le message suivant. Veuillez, après l'avoir communiqué à M. d'Arcy, remettre à président Hô communication suivante [2].

De Haut-commissaire de France à président Hô.

Lors de nos entretiens de Hanoi le dimanche 19 mai, j'avais cru devoir attirer votre attention sur l'effet déplorable produit dans les populations de Cochinchine par la campagne de violence et de terrorisme qui y sévissait. Nous n'ignorons pas, avais-je précisé, que le gouvernement de Hanoi a engagé sa responsabilité en cette matière. Des documents nombreux, irréfutables et concordants en notre possession établissent que des directives précises ont été données dans ce sens par les autorités locales relevant directement de votre gouvernement. Votre Excellence se souvient qu'en concluant cet exposé je lui avais déclaré : si le Nam Bo un jour prochain revendique son autonomie vis-à-vis de la République démocratique du Viêt-nam, j'estime que l'un des facteurs décisifs en aura été l'action de terreur accompagnée d'attentats précis dont votre gouvernement retient la responsabilité.

1. Journal du 30 mai 1946 : compte rendu d'un entretien avec le Dr Thinh.
2. Télégr. de Haussaire Indo Saigon à Léga France Le Caire et l'intention de M. Lécuyer, n° 79 SEC / PART.
Le général Salan a déclaré que le président Hô et lui-même avaient appris par radio la création de ce gouvernement.

Dès mon retour à Saigon, j'ai appris avec tristesse que l'action militaire des bandes qui se réclament de votre haute autorité avait repris avec plus de vigueur. En outre, de nouvelles preuves étaient recueillies confirmant le point de vue développé dans le paragraphe précédent. Ma tristesse et mon regret se trouvaient accrus en voyant le contraste étrange entre ces faits dûment établis et les multiples marques de considération, d'égards et de courtoisie que Votre Excellence, son gouvernement et ses représentants m'avaient prodiguées à Hanoi, Haiphong, Tourane, Hué. J'ai tenu à porter un témoignage public de la parfaite urbanité dont le représentant de la France avait été l'objet dès le dimanche 19 mai.

Si je rappelle ces faits récents, c'est pour qu'ils projettent leur lumière sur la cérémonie du samedi 1er juin où fut proclamée à Saigon la constitution d'un gouvernement provisoire de la République cochinchinoise. L'un des buts que se propose ce gouvernement est de rassembler les Cochinchinois dans un effort vigoureux pour libérer la population des méfaits d'un terrorisme qui, loin de l'effrayer, la rassemble pour cette œuvre de salut public.

Votre Excellence n'ayant absolument pas voulu différer son départ, il s'est trouvé coïncider de peu avec cette proclamation et je tiens à lui préciser que ce serait une erreur d'y voir une manifestation d'hostilité à l'égard du gouvernement de Hanoi.

Quoi qu'il advienne dans l'avenir du référendum prévu par la convention du 6 mars, Tonkin, Annam, Cochinchine se retrouvent fraternellement associés au sein de la Fédération et sur les bancs de l'Assemblée des États pour y travailler au bien commun de l'Indochine avec leurs collègues cambodgiens, laotiens et français.

Votre Excellence estimera, j'en suis sûr, qu'il serait opportun de donner des directives dans ce sens à Hanoi afin que ce problème soit apprécié non sur le plan polémique et partisan, mais sur le plan politique de l'État.

Recevez à nouveau mes meilleurs vœux pour l'heureuse poursuite de votre grand voyage.

Le Quai d'Orsay consulté - je n'ai jamais compris à quel titre - décida de ne pas remettre ce radiogramme à son destinataire. Il avait été rédigé avec la plus cordiale courtoisie pour informer le Président de la cérémonie du 1er juin à Saigon. A noter qu'il s'était lui-même refusé à différer son départ pour Paris, malgré l'absence de gouvernement [en métropole] [1].

Le 5 juin 1946, M. Marius Moutet, ministre de la France d'outre-mer, approuve la création du Gouvernement autonome de Cochinchine.

Primo : Le Comité interministériel réuni le 4 juin approuve vos décisions concernant la politique cochinchinoise. Il désire vivement qu'un gouvernement cochinchinois autonome se constitue pour défendre les intérêts du peuple cochinchinois, mais il est nécessaire que ce gouvernement soit composé d'éléments très représentatifs des diverses classes des populations et en soit l'émanation.

En aucun cas il ne doit apparaître comme une création des autorités fran-

1. Extrait de la note d'info du 22-7-54 (voir note 1, page 283).

çaises et comme un paravent de celles-ci. J'appelle votre attention sur le devoir qui incombe aux autorités françaises de pratiquer une stricte neutralité dans le débat qui sépare le gouvernement de Hanoi et la Cochinchine, pour que nous ne puissions être accusés de violer la lettre et l'esprit des accords du 6 mars qui prévoient expressément un référendum sur la question des trois Ky. Liberté et sincérité du vote seront d'autant mieux assurées, que le gouvernement cochinchinois aura plus d'autorité comme représentant du peuple et que l'ordre et la sécurité seront totalement rétablis.

Secundo : Au cas où des réactions se feraient jour à Hanoi, le représentant de la France fera observer au gouvernement vietnamien que la situation de fait en Cochinchine ne préjuge en rien de la solution définitive. Qu'au surplus, les actes terroristes et la propagande nationaliste sont responsables de cette réaction du peuple cochinchinois, qui décidera lui-même et librement de son sort [1].

Les premiers pas du gouvernement Thinh sont jugés sévèrement par le Haut-commissaire :

17 juillet

Le départ du Gouvernement provisoire est médiocre. Bonne volonté, mais manque de savoir-faire. Le gouvernement ne forme pas une unité morale, une personne morale. Tendance dictatoriale ; décisions à la légère sans consulter.

Préoccupation de « la face ».

Pas d'entente avec le Commissaire de la République.

Résultat : où va la Cochinchine ?

Que veut le Gouvernement de Paris ?

Le 28 juillet, le président Thinh élargit la composition du Conseil consultatif [2].

Le 19 août, Marius Moutet précise à nouveau sa position sur la Cochinchine [3].

[...] Dès le premier jour, j'ai indiqué publiquement que, sur le point essentiel du référendum, je ne pourrais l'admettre que lorsque les populations pourront se prononcer en pleine liberté, c'est-à-dire quand l'ordre serait rétabli, que le terrorisme aurait cessé et que les autorités régulières auraient été remises en place. Je l'ai dit et j'y persiste. [...]

Je pense que le mieux c'est évidemment d'arriver à rétablir les autorités locales et à faire approuver le gouvernement de Cochinchine par la population cochinchinoise elle-même, c'est pourquoi je ne suis pas pressé de fixer une date au référendum, bien au contraire. Il faudra trouver la formule qui,

1. Télégr. n° 926 / CI / 1789 de Présidence Paris.

2. 21 conseillers cochinchinois élus par les conseils consultatifs provinciaux et les conseils de village des 21 provinces de Cochinchine, 4 conseillers cochinchinois dont un choisi par le conseil d'administration et les chefs de quartier, un par les représentants des professions libérales, le troisième par l'association des employés de commerce, le quatrième par l'association des commerçants et industriels.

3. Lettre de M. Moutet du 19 août 1946 adressée au Haut-commissaire.

sans abandon de souveraineté, donnera à cette population le sentiment qu'elle peut se prononcer en toute liberté, sans quoi je ne doute pas qu'elle ne se prononcerait pour son rattachement pur et simple au Viêt-nam.

Il y aura beaucoup à faire pour obtenir un référendum favorable à l'autonomie. Je crois qu'il faut donner des instructions précises pour que la propagande soit faite par d'authentiques Cochinchinois, que des groupes se forment dans chaque localité secrètement au début avec ce but d'autonomie. Mais il faut aussi un programme et ce programme doit être à base de réformes sociales et agraires.

C'est toujours un risque de prendre parti mais je doute que l'influence des propriétaires représentés dans le Gouvernement provisoire soit suffisante pour combattre la mystique vietnamienne. Il y faut des appâts substantiels qui constituent un attrait pour la masse populaire. C'est dans les réformes économiques et sociales que vous les trouverez.

Nous ne sommes pas revenus en Indochine pour restaurer le système colonial. Vos réalisations parlent d'elles-mêmes : création du Gouvernement provisoire de Cochinchine, élargissement récent du Conseil consultatif, etc.

Je n'ignore nullement les difficultés journalières que vous êtes appelé à vaincre et vous savez que vous pouvez compter sur mon appui pour vous aider à les résoudre. [...]

Le gouvernement de Cochinchine existe, il doit s'affirmer dans tous les domaines, mais il doit s'affirmer dans un sens de progrès social très net. Il appartient à la France de lui en donner les moyens. [...]

S'il ne paraît pas encore possible d'installer des fonctionnaires cochinchinois dans tous les postes où ce serait souhaitable, il convient de remettre dès maintenant entre les mains d'autochtones certains postes importants, éclatants même. L'administration directe... doit disparaître dans les faits.

Le 21 septembre 1946, le ministre précise :

[...] Le Gouvernement a acquis la conviction que la Cochinchine est le véritable pivot de toute notre politique indochinoise. Nous devons réussir vite en Cochinchine, car de nos succès ou de notre échec dépend presque exclusivement l'avenir de la présence française en Indochine [1].

L'Amiral note ici :

« C'est bien la conviction permanente du Haut-commissaire pour qui « la Cochinchine commande tout [2] ».

Le Ministre poursuit :

[Dans le Gouvernement de Cochinchine] le concours éventuel de personnalités qui ne cachent pas leur sympathie pour l'union des trois Ky n'est nullement à exclure.

Le gouvernement français ne redoute pas le développement en Cochinchine d'une démocratie sincère, même si un tel régime de liberté doit aboutir tôt ou tard à l'union des trois Ky sous une forme ou sous une autre.

1. Instructions politiques du ministre de la FOM au Haut-Commissaire du 21.9.46.
2. Journal du 1er octobre déjà cité, page 321.

En novembre et décembre 1946, le Gouvernement par la voix de M. Moutet reviendra sur la nécessité :

d'un gouvernement cochinchinois autonomiste s'appuyant sur une très large partie de la population. Si le gouvernement arrive à avoir ce caractère on peut même penser éviter l'épreuve du référendum par des négociations directes entre la Cochinchine et le Viêt-nam, la France jouant un rôle d'arbitre et de défenseur des intérêts légitimes des populations [1].

La poursuite du terrorisme en Cochinchine, la campagne de presse et les critiques en métropole concourent au découragement du président Thinh ; il se suicide le 10 novembre.

10 novembre

Le suicide pour un Annamite est un geste de suprême protestation contre l'injustice.

De fait, Thinh a été maltraité par ses compatriotes du Nord, par Hanoi, le Viêt-nam et les Français partisans du Groupe culturel marxiste, tout récemment encore.

Mon dernier entretien avait été si cordial suite à un dîner de famille. Je l'avais revu le 1er novembre à l'église et au momunent aux morts. [...]

Je vais à la maison mortuaire et m'y recueille longuement. J'embrasse au front le bon serviteur de la Cochinchine et cet ami fidèle de la France.

Le Dr Van Hoach remplacera le Dr Thinh comme président du Gouvernement provisoire. Ses pouvoirs seront accrus par l'ordonnance fédérale du 1er février 1947. Elle définira les domaines où s'exerce la compétence du gouvernement (administratif, judiciaire, économique et financier, police et armée, presse et information, Éducation nationale et culture) [2].

Le Gouvernement provisoire de Cochinchine s'engagera à « mettre en œuvre une politique résolument démocratique et promouvoir les réformes politiques et sociales souhaitées par la masse de la population [3] ».

Ce territoire de Cochinchine qui se constitue progressivement comme État responsable dans la Fédération, reste aux yeux des Annamites du Nord, la « terre irredente », le grenier à riz, la troisième composante de l'ensemble vietnamien.

Tout est fait pour le rappeler sans cesse aux autorités françaises :

– c'est le but des campagnes dans la presse et sur les ondes,

– c'est l'objectif des actes terroristes sur place,

– c'est l'ambition des négociateurs vietnamiens dans la péninsule comme à Paris.

Au moment où va s'ouvrir la conférence de Fontainebleau au début de

1. Lettre de M. Moutet du 3 novembre 1946.
2. Ordonnance fédérale 32 / 5 du 1er février 1947.
3. Lettre du 11.02.47 du Haut-commissaire au président du Conseil Paris.

l'été 46, le Haut-commissaire justifie à nouveau la politique suivie en Cochinchine et réfute par avance les arguments vietnamiens :

La création du Gouvernement provisoire de la Cochinchine constitue l'aboutissement normal et désiré de notre action dans ce pays. Elle consacre la volonté du Gouvernement français d'offrir à tous les peuples d'Indochine sans exception un ensemble de libertés politiques annoncées dans la déclaration du 24 mars 1945.

Elle s'avère indispensable au moment où les Cochinchinois vont être amenés à décider librement de leur sort.

On peut donc s'étonner de constater que le Gouvernement de la République démocratique du Viêt-nam, signataire de l'accord du 6 mars, qui invoque sans cesse les principes de la Charte de l'Atlantique, refuse violemment aux Cochinchinois la faculté de disposer eux-mêmes de leur avenir.

Je tiens à préciser à ce sujet les points suivants :

Le gouvernement de Hanoï était parfaitement au courant du déroulement de la situation en Cochinchine. La campagne de terreur déclenchée dans ce malheureux pays par le Viêt-minh a provoqué une réaction immédiate : la population s'est élevée unanime contre de semblables procédés d'oppression et a manifesté sa volonté ferme de ne pas se livrer, mains liées, au gouvernement du Nord. La politique du Haut-commissariat a donc consisté essentiellement non pas à susciter, mais à favoriser cette tendance vers l'autonomie qui sert évidemment l'intérêt de la France, mais surtout, je me permets d'insister, la Cochinchine elle-même.

Un fait illustre cette thèse : les bandes qui mettent à feu et à sang la Cochinchine sont composées de 80 à 90 % de Tonkinois. Le reste a été recruté parmi les bagnards de Poulo-Condor et les Japonais déserteurs. Nous ne pouvions donc admettre, sous aucun prétexte, une telle immixtion dans les affaires de la Cochinchine.

Le président Hô Chi Minh connaissait parfaitement notre position et je l'en avais personnellement entretenu lors de notre entrevue du 20 mai. La formation du Gouvernement provisoire de Cochinchine ne pouvait, dans ces conditions, revêtir le moindre caractère de provocation.

Désormais les faits sont là. Le Gouvernement provisoire cochinchinois a pris en main les destinées du pays et son action s'étend librement chaque jour. Ses dirigeants ont été choisis par les personnalités dont la probité et le patriotisme ne peuvent être mis en doute. On peut leur faire seulement un reproche facile : elles sont demeurées fidèles à l'amitié française. Peut-on leur en porter grief ?

Le Gouvernement provisoire de la République française a déjà répondu en recevant à Paris une délégation cochinchinoise et en donnant son approbation consécutivement à la formation du ministère du Dr Thinh.

Et une expérience de plus de huit mois me permet de conclure sur cette assurance absolue : le peuple de Cochinchine ne désire nullement être placé sous la botte des gouvernants de Hanoi et voir son pays devenir « la vache à lait » de révolutionnaires prévaricateurs. Seule une propagande terroriste, s'inspirant des pires méthodes totalitaires, a réussi jusqu'ici à imposer les vues vietnamiennes aux habitants de certaines régions encore isolées [1].

1. Lettre du 4 juillet au chef du Gouvernement provisoire, M. Georges Bidault.

Chapitre XII

FONTAINEBLEAU ET DALAT : LES CONFÉRENCES

Pour définir le statut de la Fédération nouvelle, des négociations sont prévues :

— avec le gouvernement vietnamien ; c'est l'objet de la conférence de Fontainebleau qui prolonge celle de Dalat ;

— avec les autres États membres de la Fédération, ce sera l'objet de la deuxième conférence de Dalat.

A Paris : préparer la conférence

Le Haut-commissaire se rend à Paris pour l'ouverture de la conférence de Fontainebleau. Parti de Saigon le 13 juin, il est à Orly le 14, à 17 heures.

Félix Gouin, dont le gouvernement a été renversé le 2 juin, doit être remplacé par Georges Bidault.

14 juin

19 h. Visite au président Gouin : insignifiante.

20 h. Vu M. Bidault au ministère des Affaires étrangères. Bon entretien, très confiant de sa part.

L'Amiral se rend à Bayeux deux jours plus tard et assiste au discours du général de Gaulle.

20 juin

A Colombey-les-deux-Églises, il traite avec le Général de différentes questions concernant l'ordre de la Libération [1] et prend son avis sur le choix de ses grands subordonnés pour l'Indochine, dont le successeur du général Leclerc comme commandant supérieur des troupes. L'Amiral note simplement dans son journal : « D'accord pour Valluy. »

La conversation s'oriente sur les choses de France : la crise politique intérieure au milieu d'un monde troublé et d'une Europe convulsionnée. Elle se continuera au fil des heures de promenades dans le parc et d'entretiens à l'intérieur. [...]

1. L'amiral d'Argenlieu est chancelier de l'ordre de la Libération depuis sa création en 1941.

Tout le problème présent du pays s'éclaire de rapprochements historiques : L'invasion des barbares avec ses destructions inouïes - pas une grande famille du patriarcat gallo-romain n'a survécu, pas une grande famille gauloise. La population des Gaules de 30 millions ramenée à une dizaine de millions. La forêt a repris son règne sur les vastes terrains cultivés. Surviennent les moines défricheurs pour la refouler et la rendre nourricière.

Ici, on découvre les tentacules prêts à se pousser à nouveau. Il suffirait d'une ère de désordres et de révolution pour que l'histoire recommence.

L'incroyable pauvreté d'hommes aptes aux grands emplois publics :

Les derniers vestiges remontent aux Waldeck-Rousseau, Clemenceau, Poincaré, Briand, Delcassé... qui, sans doute issus de partis, les dominèrent et s'imposèrent. Ils avaient auprès d'eux les grands commis de l'État étrangers à la conjoncture politique.

Ce n'est qu'après la guerre 14-18 que l'on vit l'action ou mieux l'agitation politique s'étendre à un Berthelot ou à un Alexis Léger.

Nous eûmes avant et au moment de cette guerre de vrais ambassadeurs, connaissant leur matière et la dominant - informant le gouvernement et suivant l'évolution des problèmes.

Présentement, personne ou à peu près.

Nul n'est apte à faire face aux extrêmes complexités de l'heure au-dedans et au-dehors.

La surenchère communiste se déclarant sur les salaires au moment où le M.R.P. accède au pouvoir - l'on va composer - la vie va augmenter et la surenchère va continuer. C'est la course infernale à la hausse des prix et des salaires. Personne n'a le pouvoir d'imposer les renoncements et les disciplines.

La mission Blum apporte de quoi subsister quelques mois [1]. Tout cela prépare la colère du pays qui veut survivre. Les communistes la voient monter et l'entretiennent mais cherchent à la faire dériver sur « la réaction » englobant catholiques et bourgeois.

Cela peut marquer l'heure où la France demandera au Général de la faire sortir de l'abîme : il n'y aura plus rien, comme en 40, sinon une poignée d'hommes résolus et sincères. Il n'y aura pas seulement opportunité de poser des conditions. Comme en 40, il n'y aura rien, les partis se seront évanouis d'eux-mêmes. L'on pourra tenter de rebâtir l'État.

La France est épuisée - elle ne pourrait subir une autre crise pareille à celle de 1918 et de 1940 sans tomber à un rang subalterne, enjeu entre les deux grosses masses antagonistes : Russie soviétique et monde anglo-saxon.

1. Envoyée aux USA par Félix Gouin, la mission dirigée par Léon Blum vient de rentrer en France. Elle a obtenu du gouvernement américain la liquidation des dettes de guerre et des prêts exceptionnels.

La guerre se prépare déjà - elle ne dépendra pas de la volonté d'un ou de quelques hommes mais des forces primitives déjà en action - ce sera le retour historique des mêmes effets avec les mêmes causes.

C'est le discours de Bayeux repris et explicité.

Le soir venu, nous reprenons la conversation. « Je vais vous dire, Amiral, le fond du problème ; ce n'est pas la lutte entre Russie et Amérique : c'est la lutte essentielle entre la conception *matérialiste* de la vie et la conception *spiritualiste*. Voilà ! »

Allusion à son entretien à Rome avec le Pape [1]. Son attention anxieuse se portait sur la Russie communiste et son aversion farouche pour le nazisme l'inclinait à s'apitoyer sur le peuple allemand : « Pauvre Allemagne... »

C'est la raison la plus haute de la France, qu'elle reste le vrai ferment spiritualiste du monde. Elle disparue...

La Chine. Nécessité de resserrer nos liens. L'importance de l'Indochine. Enjeu de la Russie à l'heure du combat. Hô l'inquiète comme la fissure où pourrait s'introduire le communisme russe. La position française y est capitale.

C'est pourquoi je dois repartir.

22 juin

Vu M. Thorez. Très flatté. J'ai pu lui exposer toute la situation de l'Indochine et insister sur notre actuelle *solidité* qu'il ne faut pas compromettre ici.

J'ai plaidé pour la non-participation des parlementaires français à la conférence.

Expliqué le problème de la Cochinchine et le rôle odieux du gouvernement de Hô dans les attentats.

Georges Bidault ayant formé son ministère le 19 juin, l'Amiral lui a écrit le lendemain au sujet de l'équipe des négociateurs de Fontainebleau :

Monsieur le Président,

[...] L'occasion nous est offerte d'établir sur des bases nouvelles nos rapports avec des populations hier encore assujetties à un statut colonial, d'affirmer notre capacité de les conduire à la liberté, sans rompre le lien qui les rattache à la France. [...]

Les entretiens de Paris font partie d'un ensemble de tractations dont ils ne sauraient être détachés sans nuire à l'unité de la négociation. Ils sont l'aboutissement d'une longue suite de conversations qui ont commencé à Hanoi pour se poursuivre en baie d'Along, puis à Dalat, puis de nouveau à Hanoi.

A des partenaires dont la souplesse tactique n'exclut pas la persévérance dans les desseins, il me paraît indispensable que nous opposions la même continuité de vue.

1. Pie XII.

Malgré les circonstances peu favorables dans lesquelles a débuté la conférence de Dalat, des résultats satisfaisants ont pu être obtenus grâce à la parfaite cohésion et à l'esprit d'équipe qui n'ont jamais cessé de régner au sein de la délégation française. [...]

La méthode, la discipline et l'homogénéité de cette délégation à Dalat peuvent donc être tenues à bon droit comme les facteurs essentiels des succès obtenus dans la défense des intérêts supérieurs et permanents des populations autochtones.

Sans doute notre situation en Indochine est-elle bien meilleure actuellement qu'au moment où s'ouvrait la conférence de Dalat ; partout nos positions sont affermies, dans le Sud-Annam comme en Cochinchine, au Laos comme au Cambodge ; nos troupes sont maintenant solidement implantées et organisées avec tous leurs moyens au Tonkin où l'occupation chinoise a cessé de peser pour les restreindre, sur notre liberté d'action et notre faculté d'initiative.

Mais je pense que, dans un moment que l'on peut sans exagération oratoire qualifier d'historique puisque c'est... l'avenir de l'Indochine et, derrière l'Indochine, de tout l'Empire français que les négociations définitives officielles de Fontainebleau vont définir, nous devons nous assurer tous les moyens de remplir au mieux la haute mission que le gouvernement a bien voulu nous confier.

L'équipe française de Dalat était bonne : je crois devoir insister pour qu'elle soit intégralement conservée pour la phase des négociations qui va s'ouvrir. Assurons-nous devant des partenaires qui ont profondément remanié leur équipe, preuve des doutes qu'ils ont conçus de l'efficacité de leurs premiers négociateurs, le bénéfice de la continuité et de l'expérience acquise.

Je proposerai donc à la décision du gouvernement la composition ci-après de la délégation française [1], en tenant compte de la nécessité de nous rapprocher étroitement (quant à l'importance numérique) de la composition de la délégation vietnamienne.

[Je propose également Alexandre Varenne] qui, bien que n'ayant plus d'attaches avec l'Indochine, possède une grande expérience des hommes et des choses de ce pays. [...] Il possède toutes les qualités et toutes les qualifications pour faire un excellent négociateur [2].

[Quant aux experts jugés utiles par le gouvernement, je signale] le professeur Gourou dont j'ai apprécié à Dalat non seulement la haute compétence, mais aussi le profond respect dont l'entourent les délégués du Viêt-nam.

Certaines communications ont laissé à penser qu'il a été envisagé de compléter la délégation française par l'adjonction de parlementaires représentants les principaux partis.

Je voudrais marquer ici que la raison pour laquelle le Viêt-nam a tant

1. *Sous la haute autorité du Haut-commissaire de France :*
Délégués ministériels : MM. Max André président de fait, d'Arcy, amiral Barjot, Philippe Baudet, Bousquet, Bourgoin, Messmer.
Délégués fédéraux : MM. Bayen, Gonon, Pignon, général Salan, Torel.

2. M. Alexandre Varenne, ancien gouverneur de l'Indochine (1925-1928), s'était fait apprécier par sa politique humaine et libérale. Il fut rappelé à la suite d'une campagne de presse provoquée par certains milieux coloniaux. Il sera nommé ministre d'État chargé des questions de l'Union française dans le gouvernement Bidault.

insisté pour le choix de Paris comme siège de la conférence est précisément le désir d'exercer par tous les moyens une vive pression sur une opinion publique peu avertie des problèmes d'Extrême-Orient. Le Gouvernement a parfaitement compris ce point de vue en agréant ma proposition de réunir la conférence non à Paris même, mais dans une localité de la grande banlieue. Ne serait-il pas à craindre, si l'on introduisait dans la délégation française des représentants des partis politiques, de voir plus ou moins vite les négociations... portées sur la place publique comme le désirent sans aucun doute nos partenaires vietnamiens.

C'est là un problème de gouvernement. Mais il est de mon devoir de signaler cette difficulté et de faire connaître mon sentiment. Le gouvernement en décidera dans la plénitude de son autorité et de sa responsabilité.

L'Amiral écrit le 28 juin au ministre de la FOM au sujet de la Constitution de 1946 en cours de rédaction [1].

[J'attire votre attention] sur les inconvénients très sérieux qu'il y aurait à préfigurer dans des textes constitutionnels ou législatifs le statut futur de l'Indochine, avant l'aboutissement des négociations en cours avec la République démocratique du Viêt-nam, comme des négociations qui seront engagées ultérieurement avec les autres États, membres de la Fédération indochinoise.

Les délégués français à la conférence préparatoire de Dalat ont déjà constaté combien leur tâche se trouvait compliquée à partir du moment où nous est parvenu en Indochine le texte de la Constitution [2].

[...] Il est indispensable de laisser à nos négociateurs, dans la limite des instructions gouvernementales, une très grande liberté d'action et de manœuvre. Sans doute des contacts fréquents et aussi étroits que possible avec les services de votre département... doivent-ils permettre à la délégation française de respecter à tout moment l'esprit de la Constitution, en voie d'élaboration ; mais il serait singulièrement inopportun de les lier par un texte avant qu'ils aient terminé leur tâche.

Il est également un écueil que nous devons éviter, c'est celui qui consisterait à voir repousser par la République du Viêt-nam des dispositions de nature constitutionnelle. Le conflit qui ne manquerait pas de s'élever à cette occasion revêtirait une réelle gravité et en tout cas pourrait conduire à l'échec des négociations. [...]

Le 4 juillet, nouvelle intervention auprès de Georges Bidault, pour souligner

l'importance de certains problèmes à débattre et la nécessité de réaliser l'unité de vue de la délégation française à leurs propos. [...]

Nous ne pouvons oublier l'immense responsabilité qui nous incombe à l'égard de tout le peuple annamite. La France ne peut abandonner d'un trait de plume plus de vingt millions d'êtres, dont un nombre important et la grande majorité même dans certaines régions, répugnent à l'idéologie et aux

1. La Commission chargée de préparer un projet de Constitution se réunit du 3 juillet au 3 octobre 1946. La Constitution votée par la précédente Assemblée constituante avait été repoussée par référendum le 5 mai 1946. (N.d.E.)
2. Il s'agissait alors du premier projet de Constitution.

méthodes du parti au pouvoir, pour le seul souci de sauver ses intérêts économiques et financiers au Viêt-nam.

Notre mission en Indochine dépasse le cadre étroit de ces données matérielles, et il serait indigne de la part de la France d'engager un tel marchandage qui ne consisterait, en définitive, qu'en un marché de dupe.

Ces quelques considérations nous amènent maintenant à exposer brièvement trois problèmes auxquels l'actualité donne une particulière acuité.

Le Haut-commissaire insiste ici sur les raisons qui ont amené la France à trois initiatives critiquées par les Vietnamiens.

Dans un premier temps, il rappelle les raisons de la création du gouvernement de Cochinchine dont le président Hô était informé [1].

Il précise ensuite la position de la France au sujet des populations moïs des Hauts Plateaux et la réoccupation du palais fédéral de Hanoi [2].

Sous le nom générique et d'ailleurs impropre de Moïs, il faut entendre les groupements de race indonésienne et malayo-polynésienne qui peuplent les plateaux du centre et du sud de l'Indochine.

La France s'est efforcée de tout temps de faire entrer dans le circuit de la civilisation ces populations très attardées qui groupent plus d'un demi-million d'individus. La sécurité assurée par notre administration avait permis d'y jeter avant-guerre les bases d'un grand essor économique... [3] Ecartée momentanément par le coup de force japonais, notre action a repris désormais et s'étend à nouveau, depuis quelques jours, à l'ensemble des Hauts Plateaux.

Au moment où va s'édifier sur des bases entièrement neuves une Fédération, la France demeure consciente des responsabilités contractées envers ces peuplades et propose de confier leur administration à l'organisme fédéral. Il ne peut être question, en effet de laisser absorber par un quelconque des pays fédérés ces groupements ethniques au particularisme si prononcé et qui ont toujours manifesté leur volonté arrêtée de conserver leur autonomie.

La cérémonie du Grand Serment, le 14 mai, à Ban Me Thuot, au cours de laquelle 2 400 représentants montagnards exprimèrent solennellement leur attachement à la France et refusèrent de façon catégorique le principe de toute ingérence annamite, illustre assez cet état d'esprit. On peut dire, sans exagération, que la cérémonie du 14 mai avait la valeur d'un plébiscite.

J'ai également entretenu le président Hô Chi Minh de cette situation.

Je tiens à souligner enfin que d'autres groupements ethniques secondaires existent en Indochine (Thais du Laos, du Tonkin et du Nord-Annam ; Muongs du Tonkin et Nord-Annam ; Meos et Mans du Tonkin et du Laos ; Chams et Malais du Sud-Annam et du Cambodge ; Cambodgiens de Cochinchine), et que la France a toujours considéré qu'un ensemble de facteurs moraux, sociaux, historiques et juridiques lui imposaient des obligations extraordinaires vis-à-vis de ces populations minoritaires.

1. Cité chapitre XI, page 283.
2. Les Hauts Plateaux sont réoccupés par la France le 21 juin et le palais fédéral à titre provisoire après le départ des Chinois le 25 juin.
3. A Kontum, à Pleiku, à Ban Me Thuot et au Lang-Biang.

Les troupes françaises ont réoccupé le 25 juin le palais de l'ancien gouvernement général à Hanoi. Cette mesure fut prise en conformité des accords passés avec l'état-major chinois.

Ce palais présente tant aux yeux des Français que des Indochinois une valeur symbolique. Il était essentiel qu'au départ des Chinois, nous réaffirmions par ce geste que nous jouissions de la même autorité et des mêmes prérogatives que le précédent occupant.

Toutefois, j'estime qu'il serait bon, pour ménager les susceptibilités vietnamiennes, de profiter des prochaines négociations pour engager avec le gouvernement de la République du Viêt-nam un débat d'ensemble sur les bâtiments administratifs appartenant à l'ancien gouvernement général de l'Indochine. [...]

Les discussions afférentes à ces questions pèseront lourdement dans les débats. [...] Notre dessein n'est pas de satisfaire aux desiderata du gouvernement de Hanoi, mais de traiter avec lui dans un esprit de loyauté et d'équité pour le bien de la France et de l'Indochine tout entière. J'insiste sur ce dernier terme, car le gouvernement de M. Hô Chi Minh ne représente encore à l'heure actuelle qu'une partie de l'opinion annamite et son autorité demeure illusoire dans maintes provinces du Tonkin et de l'Annam. Cette considération doit être présente à notre esprit au moment où nous engageons des négociations qui intéressent l'avenir de l'ensemble des territoires indochinois.

Ces autres États de « l'Indochine tout entière » restent une préoccupation du Haut-commissaire :

21 juin

Ne vaudrait-il pas mieux faire le travail préparatoire (Laos, Cambodge, Cochinchine, Sud-Annam, Hauts Plateaux) d'abord en Indochine, à Dalat, pour le préparer ?

Cela permettrait d'opposer aux vues de Hanoi le barrage des autres États.

Si comme il est possible nous arrivions à une solution satisfaisante avec les autres États à Dalat nous pourrions en tirer parti pour l'idée maîtresse du bloc du Mékong... tout en ayant maintenu le lien du gouvernement de Hanoi avec l'Union française.

A la veille de l'ouverture de la conférence de Fontainebleau, le Haut-commissaire adresse de Paris un télégramme à Saigon pour organiser cette deuxième conférence de Dalat [1] :

[...] Si la question des rapports nouveaux entre le Viêt-nam et la France est à régler entre ces deux pays... tous les États membres doivent être appelés à collaborer sur un pied d'égalité [à] l'organisation de la Fédération indochinoise.

1. Télégr. du 4 juillet 1946 de Defnat Paris à Haussaire Indo Saigon. Réf. 2482 / CHA N° 29 / CAB / P. Signé d'Argenlieu.

C'est pourquoi j'envisage la réunion à Dalat d'une conférence préparatoire à laquelle seraient conviés les représentants des gouvernements du Cambodge, de Cochinchine, du Laos et éventuellement du Sud-Annam. L'objet serait de rechercher les bases des accords qui recevraient ensuite leur forme définitive à Paris.

L'économie de ces accords serait la suivante :

1°) Des conventions seraient conclues avec chacun des pays intéressés pour fixer les conditions particulières de l'intégration dans l'Union française.

2°) D'autres conventions distinctes (ou éventuellement déclaration collective) consacreraient l'adhésion de ces pays à la constitution fédérale.

Les propositions présentées à Dalat par la délégation vietnamienne doivent en principe être considérées comme des concessions maximum qui ne sauraient être dépassées.

L'adoption par ces gouvernements d'une solution saine et raisonnable du problème fédéral pourrait peser d'un grand poids dans nos négociations avec le Viêt-nam. Je pense que la bonne méthode de discussion serait de prendre comme point de départ les principes contenus dans le modus vivendi cambodgien et étudier [...] les modifications à y apporter pour aboutir au statut définitif.

La conférence de Fontainebleau

Le point de départ de la conférence de Fontainebleau est le terme de celle de Dalat [1].

La conférence s'ouvre le 6 juillet sous la présidence de M. ‰ac Anbdré, côté français, et de M. Phan Van Dong, côté vietnamien [2].

En réponse à l'allocution de bienvenue de M. Max André, M. Pham Van Dong, tout en proclamant son désir « d'entente définitive », accuse les troupes françaises de s'étendre hors de leurs positions et de s'être emparées « des riches plateaux de Pleiku et de Kontum » et de l'ancien palais du Gouvernement général à Hanoi. Certaines clauses de l'armistice du 6 mars n'ont pas été exécutées par les autorités françaises.

Mais par-dessus tout nous tenons à protester avec toute la force dont est capable un peuple de vingt millions d'hommes dressé dans un suprême élan de légitime défense contre la mutilation de notre patrie, contre la création d'un État libre de Cochinchine.

Dès le lendemain, le Haut-commissaire réagit dans un message à Georges Bidault :

Certaines parties du discours de M. Pham Van Dong revêtent, quant au fond et quant à la forme, compte tenu des circonstances, un caractère regrettable, je dirai plus, intolérable.

1. Journal du 24 juin.
2. Les délégations se composent du côté français de MM. Max André, d'Arcy, Bourgoin, Bousquet, Gonon, Messmer, Pignon, Torel, Salan ; trois parlementaires, Juglas M.R.P., Lozeray P.C., Rivet S.F.I.O. ; nouveaux experts, amiral Barjot, Boudet, Gayet.

Au lendemain de la réception officielle du président Hô Chi Minh et de sa délégation, de l'accueil ménagé par le gouvernement et la population, des toasts échangés, en bref de toutes les marques de déférente sympathie prodiguées par nous et reçues par eux, les critiques injustifiées et les attaques violentes dont a été l'objet toute la politique du gouvernement de la République en Indochine depuis l'origine jusqu'à ces derniers jours - et ceci en séance inaugurale publique - constituent en fait une insulte mal déguisée.

En signe de protestation, M. Max André a suspendu la séance dès la fin du discours. J'estime qu'il lui était difficile de faire plus sans provoquer un éclat.

Dès aujourd'hui, j'ai moi-même prié le commissaire Sainteny d'adresser au président Hô Chi Minh une protestation verbale très ferme selon la teneur d'un texte dont je joins la copie.

Tout bien pesé, j'estime qu'il faut appuyer davantage.

Il paraît indiqué que vous-même, monsieur le Président, fassiez intervenir le poids de votre suprême autorité afin d'obtenir du président Hô Chi Minh les redressements nécessaires.

Ou bien, en effet, sans plus attendre, le gouvernement marquera qu'en France il ne saurait souffrir de la part de ses hôtes nulle atteinte directe ou indirecte à son autorité et l'on pourra espérer encore de ces négociations des résultats satisfaisants, ou bien, nos partenaires (au fond des adversaires) s'en prévaudront aussitôt pour augmenter leurs exigences et réitérer leurs inconvenances. Les négociations, je l'affirme, en seraient dangereusement compromises.

Qu'il me soit permis de réaffirmer que notre autorité est à ce point rétablie en Indochine - un message du général Leclerc me le confirme ce matin même - que nous sommes en mesure de faire prévaloir en Indochine selon nos desseins la politique libérale et éclairée du gouvernement de la République.

Laisseriez-vous donc en plein cœur de la France, les représentants du Viêt-nam - de si peu de poids par eux-mêmes - se servir des légèretés d'une presse partisane pour hausser le ton et infliger un démenti aux propos officiels tenus par le président de la République du Viêt-nam, leur chef. Est-ce façon de créer un climat favorable aux négociations que d'agir avec pareille démesure ?

Le Haut-commissaire, au reste, s'inscrit vigoureusement en faux contre l'interprétation donnée unilatéralement et publiquement aux faits allégués par M. Dong. Il a présents à l'esprit les sacrifices consentis pour rétablir là-bas l'autorité française et le sang versé généreusement par nos fils. Ce sang vient de timbrer à nouveau ces terres du fait, hélas ! des procédés de terreur, de violence et de haine intronisés systématiquement par le gouvernement de Hanoi dès son coup d'État du 14 août 1945.

Ce faisant, il agissait contre le vœu de populations naturellement pacifiques, laborieuses et tolérantes. Dans l'ensemble, elles saluent notre retour comme l'annonce, après la tourmente, d'une ère de calme, d'ordre public, de respect de la loi et de sécurité [1].

1. Lettre du Haut-commissaire au président du Gouvernement provisoire du 7.7.46, n° 24 CAB / F.

Le Haut-commissaire note ses inquiétudes sur la conduite des négociations [1]. Le 9 juillet, il rencontre Georges Bidault

qui, dit-il, m'assure sa pleine confiance et promet son intervention auprès de Hô... Désignation de M. Messmer comme Secrétaire général du Comindo [2].

La conférence continue ses travaux en reprenant pour l'essentiel les conclusions de la conférence préparatoire de Dalat. Les opinions n'ont pas varié depuis. Comme à Dalat, la conférence se heurte aux problèmes de l'indépendance et surtout de la Cochinchine.

Ayant fait connaître clairement se position — et Hô Chi Minh ne présidant pas la conférence — le Haut-comissaire s'apprête à rejoindre l'Indochine pour entamer les négociations prévues avec les autres États.

Le 10 juillet, il quitte la capitale pour Saigon.

11 juillet

5 h 45 - escale de Delhi.

Achevé cet extraordinaire ouvrage traduit de Arthur Koestler : *Le Zéro et l'Infini.*

L'opposant de Roubachof, un nommé Ivanof, rivé encore au culte du Parti Infaillible, s'exprime ainsi : « Je n'approuve pas le mélange des idéologies... Il n'y a que deux conceptions de la morale humaine, et elles sont à deux pôles opposés. L'une d'elles est chrétienne et humanitaire, elle déclare l'individu sacré, et affirme que les règles de l'arithmétique ne doivent pas s'appliquer aux unités humaines - qui, dans notre équation, représentent soit zéro, soit l'infini. - L'autre conception part du principe fondamental qu'une fin collective justifie tous les moyens, et non seulement permet mais exige que l'individu soit en toute façon subordonné et sacrifié à la communauté - laquelle peut disposer de lui soit comme d'un cobaye qui sert à une expérience, soit comme de l'agneau qu'on offre en sacrifice... Quiconque porte le fardeau du pouvoir et de la responsabilité s'aperçoit du premier coup qu"il lui faut choisir et il est facilement conduit à choisir la seconde conception. »

Retour en Indochine : la seconde conférence de Dalat

Revenu à Saigon, le Haut-commissaire note la nécessité d'une

protestation énergique contre la tendance de la presse de Paris à préjuger de la fusion des trois Ky et à assimiler le nom Viêt-nam à

1. Journal du 8 juillet.
2. En remplacement de M. Labrouquère.

Viêt-minh et les deux à l'Indochine, ce qui est une coupable injustice [1].

Il règle le départ et la succession du général Leclerc qui vient d'être nommé inspecteur des Forces armées en Afrique du Nord.

Le 17 juillet il déclare à l'occasion du dîner d'adieu offert en son honneur :

Mon général,

Au terme de dix mois de labeurs ininterrompus et d'une action intense menée sans répit, vous allez quitter l'Indochine, appelé à de nouvelles et très hautes fonctions militaires.

L'Afrique du Nord, plate-forme sensible et nerveuse de nos terres d'outre-mer bénéficiera de vos activités inlassables au service de la grandeur française... et de son maintien s'il le faut. [...]

Nous nous associons tous certes à ce témoignage et j'ajoute ce que chacun pense et qu'il m'appartient d'exprimer ce soir : Tout ce qu'après l'Afrique, la Normandie, l'Ile-de-France et l'Alsace, l'Indochine doit au général Leclerc.

Au nom de l'Indochine dont tous les États membres sont ici représentés ce soir, soyez-en remercié.

Le Haut-commissaire se concentre sur l'organisation de la conférence réunissant les autres États de la Fédération.

Dès le 22 juillet, il confirme que cette « conférence préparatoire d'étude du statut de la Fédération » s'ouvrira le 1er août à Dalat.

Face aux protestations vietnamiennes qui se font jour à Paris, l'Amiral s'adresse au gouvernement le 30 juillet pour préciser :

Cette conférence est issue des instructions qui m'avaient été données dès le 3 avril dernier par le ministre de la FOM [2]. Dès qu'il fut question d'envoyer une délégation du gouvernement du Viêt-nam à Paris, il me fut en effet suggéré d'envoyer simultanément des délégations cambodgiennes et laotiennes.

Lorsque l'organisation de la conférence à Paris se précisa, [j'ai proposé] que lorsque sera abordée la discussion du problème capital de la Fédération, il y aurait lieu de transformer la conférence franco-vietnamienne en conférence fédérale, en associant aux travaux les représentants des autres États...

Lors de mon séjour à Paris, je me rendis compte [...] de la nécessité d'échelonner les prises de contact avec les délégations d'autres gouvernements.

Devant les résultats satisfaisants à de nombreux égards obtenus par la 1re conférence préparatoire [je proposais] de procéder de la même manière [...] C'est dans ces conditions que j'entretins le président du gouvernement, le ministre de la FOM et le ministre des Armées de mon projet de surseoir à l'envoi à Paris de ces délégations et de réunir en Indochine tous ceux qui [...] n'avaient pu jusque-là faire connaître leur sentiment propre. L'accord du

1. Journal du 17 juillet.
2. Télégr. 370 CI 1146 du 3.4.46 cité page 247.

Président et des ministres obtenu, j'envoyais par télégramme officiel à Saigon, dès le 4 juillet, les instructions nécessaires [1].

Je répète qu'il s'agit d'une conférence consultative et préparatoire destinée à permettre à des points de vue - d'autant plus respectables qu'ils émanent d'amis sincères de la France - de s'exprimer librement sur un point capital pour leur devenir politique. Rien de tout cela n'est contraire aux accords du 6 mars qui n'ont point réservé en Indochine au seul gouvernement de Hanoi, le droit de libre expression. [...]

Les populations d'Indochine [...] ressentent de plus en plus vivement l'impression que la France subordonnera tout leur devenir à ses pourparlers avec le seul gouvernement du Viêt-nam.

A ce seul point de vue, il était indispensable de leur offrir une occasion de s'exprimer. Il eût été inique de leur refuser simplement pour prévenir toute agitation des délégués du Viêt-nam à Paris, alors qu'à Hanoi l'annonce de la réunion de Dalat n'a provoqué à ma connaissance aucune espèce d'émotion [2].

Sous la présidence du général Alessandri, la conférence s'ouvre le 1er août. Elle réunit les délégations française, cambodgienne, cochinchinoise et laotienne [3].

Le 1er août, le Haut-commissaire s'adresse aux délégués :

Les travaux de la nouvelle conférence préparatoire de Dalat sont heureusement commencés. Réjouissons-nous.

Ils doivent apporter au gouvernement de la République un appoint nécessaire et décisif à l'heure où se construit l'Union française et où s'élaboreront à Fontainebleau comme ici les traits essentiels de ce que doit être un jour prochain au sein de cette union la Fédération indochinoise. [...]

En 1943, puis en 1945, la France offrait à la considération des États indochinois un programme libéral de reconstruction politique et administrative après la tourmente. Elle vous conviait à l'exercice de l'autonomie et de la liberté les plus larges en tout ce qui concerne vos nations respectives. Prêt naturellement à vous assister cordialement, le gouvernement français ne retenait en propre que le rôle de conseiller au plan national et de guide au plan fédéral.

C'est vous qui, par votre courage, vos initiatives, vos résolutions, vos labeurs, construisez librement et dignement vos Maisons. Elles doivent être vraiment votre œuvre et non celle d'une administration protectrice : « A vous de prendre vos responsabilités ». [...]

1. Cité page 299.
2. Télégr. Haussaire Indo Saigon pour Comindo Paris, n° 1149 F du 30.7.46.
3. Ephémérides : ces délégations sont présidées pour la France par M. de Lacharrière, commissaire fédéral à la Justice ; pour le Cambodge par S.E. Tiou Long, ministre des Finances ; pour la Cochinchine par le colonel Nguyen Van Xuan, ministre de la Défense nationale du Gouvernement autonome ; pour le Laos par S.A.R. le prince Tiao Savang, héritier du royaume. Les populations montagnardes du Sud indochinois et du Sud-Annam ont envoyé à la conférence trois représentants en qualité d'observateurs.

A la France incombe certes d'assurer avec votre concours la sécurité de vos territoires, comme celle de la Fédération, de défendre sur le plan international vos intérêts et vos droits, de promouvoir le progrès culturel et d'arbitrer si besoin les différends locaux, mais rien de cela ne s'oppose à l'épanouissement de vos libertés politiques propres, rien ne porte atteinte arbitrairement à vos souverainetés.

Puisque je parle de souveraineté, je veux ici rendre hommage à la remarquable sagacité du roi du Cambodge et du roi du Laos, comme à celle du président du premier Gouvernement provisoire de la République de la Cochinchine. Ils ont su et sauront magistralement orienter leurs peuples vers un destin nouveau, sans que soient altérées en rien les coutumes, les mœurs et les libertés d'un chacun.

Le problème de la Fédération est examiné au cours de la séance de la commission politique du 3 août 1946 :

COLONEL XUAN (Cochinchine) :

[...] La Cochinchine par ses richesses naturelles, son degré d'évolution politique, économique et culturel, pourrait au besoin se suffire à elle-même. [...] Le Siam a pu vivre indépendant, je pense que la Cochinchine pourrait vivre également indépendante. C'est pour faire acte de solidarité qu'elle accepte de s'unir avec les autres États pour faire une Fédération en se réservant tous les droits d'État libre.

S.E. TIOU LONG (Cambodge) :

[...] La délégation cambodgienne se rallie dans l'ensemble au point de vue cochinchinois. [...]

Avant 1863, le Cambodge était un État indépendant. Il a été en lutte au nord avec des voisins trop entreprenants et au sud des guerres ont amené la perte de plusieurs territoires. Le Cambodge a fait appel à la France, alors représentée par M. de Montigny à Singapour. Ensuite la France s'est installée en Cochinchine.

Puis arrive l'année 1863 où Sa Majesté Norodom a signé un traité avec l'empereur Napoléon III, plaçant le Cambodge sous le protectorat de la France. Par ce traité, le Cambodge avait pour but d'abord de se préserver contre les insécurités extérieures et ensuite d'essayer d'entrer en possession des territoires perdus, enfin d'entreprendre avec l'aide française la modernisation du royaume. [...]

[...] Dans ce traité, il n'était pas question du tout de fédération ni de l'Union indochinoise qui ont été créées par la suite pour des commodités administratives et pour défendre les intérêts économiques et financiers de l'ensemble des territoires qui se sont peu à peu placés sous l'autorité française : je veux parler en dehors de la Cochinchine et du Cambodge, du Tonkin, de l'Annam, du Laos. [...]

C'est la première fois que la France appelle les différents États de la Péninsule indochinoise à participer à une reconstitution, une mise au point de cette Fédération qui existait déjà en fait, et je tiens à rendre hommage à l'esprit libéral de la France. [...]

Nous sommes ici, représentants de la Cochinchine, du Laos, du Sud-Annam, des territoires moïs, du Cambodge qui en principe formeront la future fédération, mais je vois qu'éventuellement, l'Annam et le Tonkin en feront partie. [...]

Est-ce que cet organisme que nous voulons construire est viable sans participation du Viêt-nam ? Est-ce que nous pouvons nous suffire à nous-mêmes ? Supposez qu'ils n'adhèrent pas...

Je ne me plains pas de cette absence, je pose simplement la question : est-ce que la Fédération sera formée même sans participation du Viêt-nam ?

M. TY (Cochinchine) :

Le Viêt-nam est en avance sur nous, puisqu'il est à Paris. On discute peut-être en ce moment les mêmes questions.

S.A.R. PRINCE SAVANG (Laos) :

Le Laos est solidaire de la Cochinchine étant donné que nous n'avons pas de sortie sur la mer, et que nous en avons besoin. Nous sommes obligés de passer par le Cambodge et par la Cochinchine. Nous demandons votre solidarité.

7 août

La conférence de Dalat fait de l'excellent travail pendant que autour de Fontainebleau les palinodies se poursuivent.

La conférence s'achève le 13 août 1946 sur l'accord de tous pour :
- une capitale fédérale : Dalat,
- une langue officielle de la Fédération : le français [1],
- une assemblée des États avec participation égale de chaque État (dix représentants par État et dix représentants des intérêts français).
- une monnaie fédérale : la piastre,
- une armée nationale de chaque État qui affirme la souveraineté, assure la sécurité intérieure et concourt avec l'armée de l'Union française à la défense de la Fédération.

La conférence proteste solennellement contre la saisie par le gouvernement de Hanoi des biens culturels appartenant à l'ensemble de la Fédération (Université, archives, bibliothèques, etc.) ou mis au service de celle-ci par des organismes privés (Institut Pasteur) ou de la France (École française d'Extrême-Orient) [2].

Réactions et incidents

Le jour où s'ouvre à Dalat la deuxième conférence préparatoire, à Fontainebleau M. Pham Van Dong déclarait en séance plénière :

Nous nous trouvons dans l'alternative suivante : ou bien ce sont les autorités françaises en Cochinchine qui décident du sort de la Cochinchine, Sud-Annam et Hauts-Plateaux, du statut de la Fédération indochinoise ; dans ce cas la convention du 6 mars devient sans objet et notre conférence n'a plus

1. L'enseignement primaire doit garder un caractère national. La langue sera la langue propre de l'État intéressé ou celle des minorités autochtones.
2. Compte rendu de la Conférence.

de raison d'être - ou bien la convention du 6 mars doit recevoir application, auquel cas seule la conférence de Fontainebleau a qualité pour discuter ce problème.

Notre dignité à nous tous nous fait un devoir de sortir de cette situation équivoque et en conséquence de suspendre nos travaux jusqu'à ce que cette équivoque soit dissipée.

M. Bidault en informe aussitôt le Haut-commissaire [1] :

Ainsi que vous l'a déjà télégraphié le ministre de la France d'outre-mer, la convocation de la conférence de Dalat a produit un résultat malencontreux.

La délégation vietnamienne a saisi cette occasion de tenter de provoquer un désaveu du Gouvernement à votre égard.

Ceci n'est pas envisagé.

Pour permettre la reprise des travaux à Fontainebleau, il est nécessaire toutefois d'éclaircir la situation.

Il sera indiqué que la conférence de Dalat est préparatoire et que vous procédez ainsi à de larges consultations sur le problème de la Fédération, ce qui n'est pas contraire à l'accord du 6 mars.

Note manuscrite de l'Amiral sur le télégramme :

A-t-il jamais été question d'autre chose, dès le 22 juillet, le Haut-commissaire annonçait : Conférence préparatoire d'étude du statut de la Fédération.

Pour que cet argument soit convaincant, il convient d'éviter de majorer l'importance des travaux de la conférence de Dalat et, en conséquence, d'abréger le plus possible sa durée en maintenant un caractère consultatif aux résolutions ou vœux qui pourraient être présentés et dont la teneur devra faire l'objet de votre contrôle attentif.

Je répondrai dans ce sens à la déclaration de la délégation vietnamienne et je l'inviterai à reprendre ses travaux au plus vite.

L'assurance de la fin très prochaine des entretiens et des consultations d'information de Dalat favoriserait cette reprise.

31 juillet

Je n'ai pas l'intention de créer d'embarras dans l'opinion publique au gouvernement au moment des élections. Je l'ai déjà montré dans les dernières élections.

Mais ma mission essentielle demeure : rétablissement de notre souveraineté et devenir politique de l'Indochine.

Je suis au service de la France et non pas du gouvernement de Hanoi.

Le problème soulevé autour de la deuxième conférence de Dalat est le fruit d'une mauvaise foi de la part du Viêt-nam, les accords du 6 mars n'ont rien à voir dans la question. Continuité de mon action. Cambodge, Laos, Cochinchine.

1. Télégr. n° 2255 Z du 3.8.46.

Ces réflexions sont développées dans un mémorandum politique dans lequel l'Amiral suggère de suspendre la conférence de Fontainebleau [1].

Quatre jours plus tôt, dans une lettre au général de Gaulle, l'Amiral précisait ses inquiétudes sur l'état d'esprit en métropole :

Saigon, le 27 juillet 1946

[...] Lors de ma dernière visite, le 8 juillet, je vous faisais part de la fâcheuse impression causée par un séjour de trois grandes semaines à Paris. La crise d'autorité y sévissait au point de m'alarmer sérieusement quant à ses incidences sur le problème indochinois. Je dis sérieusement puisque, vraiment notre position est assez forte pour nous permettre de réaliser les desseins de la France sur le pays tout entier et au besoin de les imposer. Cela pourrait en trois mois se faire assez aisément pour l'essentiel en agissant avec constance, force et suavité.

Or depuis mon retour, les informations reçues de la conférence de Fontainebleau m'inquiètent chaque jour davantage. Le manque de considération et de prévision comme le défaut de caractère s'affirment dans les sphères supérieures. Aujourd'hui même, un télégramme m'expose un programme singulier relatif aux provinces volées par le Siam en 1941 et vient justifier mes craintes. On y envisage l'appel au tribunal de La Haye, à un contrôleur neutre à Battanbang, etc.

Allons-nous plier devant le Siam alors que, le droit pour nous, il nous est facile de réoccuper au besoin ces provinces par les armes ainsi que notre devoir de nation protectrice du Laos et du Cambodge nous presse de le faire ?

Allons-nous parler à quelques semaines d'intervalle un double langage aux rois du Cambodge et du Laos pour leur marquer la reconnaissance de la France à laquelle ils se sont ralliés amicalement et loyalement dès aussitôt ?

Il y a des besognes que l'on ne peut accepter de faire.

Si donc, ayant tout tenté pour prévenir ces graves bévues, je n'y réussis pas il est possible que je me refuse à obtempérer à de pareilles directives, si contraires à la dignité française, en bref à l'honneur et à la grandeur.

En vous quittant j'étais résolu à tenir le coup pendant les mois qui s'ouvrent. Il y a des limites à la patience, et nous les avons apprises sur vos pas.

[...]

Le général répondra le 10 août :

Cher Amiral,

Rien n'est accompli ici, ni dans le mauvais sens ni, d'ailleurs, dans le bon, en ce qui concerne les points essentiels dont vous m'entretenez. Je serais surpris que l'on decide quoi que ce soit car la marque du système actuel est un état de simple impuissance...

C'est vous dire qu'en dépit de tout il faut tenir et agir. Si les choses tournaient finalement du côté de la lâcheté et de l'abandon, alors évidemment vous ne sauriez vous en faire l'instrument d'exécution. Mais, dans cette

1. Voir annexe n° 12. « Incidences des conférences de Fontainebleau et Dalat sur le devenir de l'Indochine française, 2 août 1946 ».

hypothèse, soyez assuré qu'« on » ne compterait pas sur vous et qu'« on » vous choisirait à temps un remplaçant suffisamment servile.

Je vous envoie toute mon estime et toute mon amitié.

Face à la demande pressante de Paris d'écourter la conférence, le Haut-commissaire fait savoir le 5 août au Comindo :

[...] Pour répondre à vos préoccupations, je puis vous donner l'assurance que nos délégations auront terminé normalement leurs travaux le 10 ou 11 août.

Ces travaux se déroulent en effet dans une atmosphère excellente de compréhension et de cordialité réciproques.

Ce serait une injustice impardonnable et impardonnée de les bousculer sous prétexte de plaire au Viêt-nam. Ce serait un affront pour les rois du Laos et du Cambodge et un démenti au témoignage répété de la considération où les tient le gouvernement de la République [1].

Ce télégramme confirme une note de M. d'Arcy, chef du cabinet du ministre des Armées et membre de la délégation à Fontainebleau :

Il ne s'agit donc nullement d'une rupture de la conférence, mais uniquement d'une épreuve de force que tente la délégation vietnamienne suivant un scénario bien connu, déjà expérimenté à Dalat. Cette épreuve de force a été faite en prenant comme prétexte la conférence actuelle de Dalat. N'importe quel autre sujet aurait pu être pris.

Si cette occasion a pu être utilisée, c'est que l'attitude du gouvernement et en particulier de M. Moutet vis-à-vis d'Hô Chi Minh a pu laisser croire à une certaine hésitation. Il importe donc, d'une part, qu'on ne parle absolument pas de rupture. Il importe que le gouvernement soit extrêmement ferme et qu'au lieu de désavouer l'amiral d'Argenlieu, il fasse bloc en le couvrant habilement. [...]

L'occasion était apparemment assez bonne aux yeux d'une opinion publique française savamment remontée par [la délégation vietnamienne] mais aussi parce que d'après ce que l'on m'a rapporté, M. Moutet, en répondant avant-hier à une protestation du président Hô Chi Minh, a semblé faire comprendre qu'il n'était pas entièrement d'accord sur ce point avec l'amiral d'Argenlieu : cette réponse de M. Moutet cadre parfaitement avec son caractère, mais s'explique aussi par le fait que ce ministre est conscient des difficultés devant lesquelles à la veille des élections d'octobre peut se trouver un gouvernement attaqué sur la question d'Indochine par les représentants communistes et une bonne partie des représentants socialistes. [...]

Je crois que [la lutte] sera sévère au sein du Gouvernement sur la question de Cochinchine, et qu'il importe dès maintenant que la cohésion des ministres M.R.P. soit parfaite et qu'une entente soit recherchée avec les éléments socialistes les plus fermes du Gouvernement. [...]

Il faut que la délégation française qui l'a demandé depuis bien longtemps,

1. Télégr. 111 du 5.8.46 au Comindo.

soit fixée définitivement sur l'attitude qu'entend suivre le gouvernement français [1].

Avisé par M. Pignon d'une attaque du *Populaire* contre lui, l'Amiral note :

Ce qui importe, c'est l'heureux terminus atteint par la conférence de Dalat [2].

Il souligne dans son discours de clôture :

Tous les points essentiels intéressant le devenir de la Fédération indochinoise en elle-même, et au sein de l'Union française, ont été examinés, discutés avec entière liberté. J'insiste. Dans le monde singulier issu de tant de disputes et de luttes et de combats, dans le monde dur et âpre l'on en viendrait insensiblement à croire que la liberté d'expression n'existe pas, là où on se met d'accord sans propos ou actions passionnés. N'est-ce pas une haute obligation de s'inscrire en force contre pareille méthode qui tendrait ni plus ni moins à substituer des manières à peine dignes de la jungle aux mœurs policées dont s'honorent en Orient comme en Occident nos vieilles civilisations...

Vous avez en effet harmonieusement conjugué le respect des droits souverains de vos États respectifs avec les nécessités du bien commun. Si ces exigences librement analysées et reconnues imposent en apparence certaines limitations, en réalité ces limitations s'accompagnent de bénéfices certains pour chacun des membres de la Fédération. Ainsi en advient-il toujours dans les familles et collectivités bien ordonnées [3].

Quelques jours auparavant, un sérieux accrochage a eu lieu entre troupes françaises et vietnamiennes sur la route de Langson, poste militaire situé sur la frontière chinoise.

Plusieurs incidents avaient déjà marqué l'occupation de Langson, le passage de nos convois que saluaient des coups de feu.

Le 3 août un convoi d'une quarantaine de véhicules était pris à partie à son passage à Bac Ninh. Dès le début, la moitié de l'escorte était mise hors de combat. Le convoi fut pillé et les fonds destinés à la paye des troupes de Langson enlevés par les Vietnamiens. Des renforts envoyés de Phu Lan Thong et de Hanoi furent également attaqués et les combats ne cessèrent qu'en fin d'après-midi.

De part et d'autre les pertes étaient sévères [4].

1. Note de M. d'Arcy rédigée à Paris le 1er août à l'intention de M. Michelet, ministre des Armées.
2. Journal du 11 août.
3. Extraits du discours de clôture de la conférence par le Haut-commissaire le 11 août 1946.
4. Ephémérides indochinoises de l'Amiral du 3 août 1946.

Le 8 août 1946, le Haut-commissaire est averti par M. Pignon des réactions provoquées par l'incident :

Honneur vous rendre compte que le guet-apens de Bac Ninh a été largement commenté dans les journaux. La majorité de la presse stigmatise un tel procédé qui ne peut que compliquer les négociations franco-vietnamiennes.

A propos des incidents de Bac Ninh, Pham Van Dong a fait au journal *Paris-Matin* du 6 août la déclaration stupéfiante que je reproduis ci-joint :

« Selon toute vraisemblance, il s'agit d'une nouvelle provocation de l'amiral d'Argenlieu. Vous savez qu'un accord est intervenu en avril dernier entre l'État-major français et l'État-major vietnamien. Cet accord délimitait les points où l'armée française serait autorisée à tenir garnison. Langson situé sur l'important chemin de fer stratégique chinois n'était pas compris dans cette liste. Or, violant l'accord, les autorités françaises ont établi des troupes à Langson. Il est probable qu'elles ont essayé d'en faire autant à Bac Ninh qui est sur la route de Langson à 20 kilomètres de Hanoi. L'État-major du Viêt-nam était évidemment contraint de s'opposer à une telle violation des accords les plus formels. »

Interrogé sur le Haut-commissaire, Pham Van Dong a poursuivi :

En tant que résistant l'amiral d'Argenlieu a été magnifique, en tant que représentant de la France en Indochine il est néfaste. Je regrette que la France, puissance invitante à la conférence de la Paix, entretienne en même temps les hostilités dans ce coin de l'Extrême-Orient. La politique française en Indochine est essentiellement inconséquente, en apparence elle prêche l'amitié, en réalité elle fait tout pour saboter cette amitié.

L'incident de Bac Ninh en est un exemple, il s'agit d'ameuter l'opinion contre le Viêt-nam.

Je n'ai pas d'opinion sur M. Moutet. A côté de M. Moutet existe un Comité interministériel de l'Indochine. Les responsabilités ne sont pas définies. Chez vous, dès qu'il s'agit de prendre une décision qui engage l'avenir il n'y a plus personne.

M. Max André a fait savoir personnellement à M. Pham Van Dong qu'il considérait cette déclaration comme insultante pour le Gouvernement et l'armée française. [...]

Jusqu'à maintenant, Pham Van Dong s'est refusé à revenir sur les termes de sa déclaration.

Le gouvernement français saisi de l'affaire est décidé à prendre position (très digne) sur cet incident [1].

Le gouvernement adressa une « note verbale » au président Hô Chi Minh et ne retint pas le projet de lettre de protestation mis au point par les délégués français à la conférence.

Sur place, l'amiral d'Argenlieu exprime son indignation dans un message au général Valluy [2] :

Au lendemain de l'exécrable attaque par des troupes vietnamiennes du

1. Télégr. 1998 CI 26 CP du 8.8.46 de Prési Paris pour Haussaire Indo.
2. Télégr. 113 S.P. du 9 août au général Valluy.

convoi français traversant Bac Ninh, j'exprime au commandement et aux troupes du Nord mes sentiments de sympathie douloureuse et d'indignation réfléchie... mon indignation réfléchie car l'attentat fut prémédité froidement et qu'à l'heure où une délégation vietnamienne demande à Paris que confiance lui soit faite, il est odieux que ces troupes dites régulières se livrent à de tels crimes.

9 août (citant un article du journal *La Bataille* du 17 juillet)

Le goût de Munich, la drogue vietnamienne.

Voilà les thèmes de la chanson munichoise : « Cela ne nous regarde pas... Qu'avons-nous à faire si loin ? » Style Chamberlain.

« On peut s'entendre avec Hitler... Il faut savoir lui parler. Il ne faut pas le blesser... Ce qu'il demande n'est pas tellement déraisonnable. » Style Daladier.

L'histoire est un éternel recommencement.

Que ces réflexions s'adapteraient bien au cas Hô Chi Minh ! C'est le langage que je tenais vers le 10 mars à Saigon. La convention du 6 mars est un recul opéré à Hanoi par nos négociateurs par rapport à notre position de départ du 21 février.

Il n'est plus tolérable de reculer.

Le 19 août 1946, alors que la conférence de Fontainebleau est dans l'impasse, M. Marius Moutet reprend les grandes lignes de la politique française en Indochine :

Monsieur l'Amiral,

Je ne vous cache pas que l'ouverture de la conférence de Dalat dans les conditions où elle a été décidée a été pour nous tous une surprise et nous avons tout de suite vu les conséquences politiques qu'elle aurait ici soit auprès des délégués du Viêt-nam, soit auprès de leurs défenseurs ou partisans. La nouvelle a éclaté ici comme une sorte de bombe au moment de la conférence de Fontainebleau, entraînant d'innombrables commentaires de presse, fournissant le prétexte, je dis « le prétexe » à la suspension des négociations et enfin le dépôt d'une interpellation par M. Pierre Cot [1].

[...] Si la délégation du Viêt-nam n'avait pas eu ce prétexte, elle en aurait trouvé un autre ; et déjà quelques jours auparavant, des déclarations de Pham Van Dong et de Duong Bac Mai nous avaient fait pressentir que sur la question de Cochinchine, un pétard éclaterait et dès ce moment, ils pensaient incontestablement à la suspension des négociations. C'était dans tous les cas une manœuvre incontestable d'intimidation. Seulement, cela a fourni le thème de toutes ces polémiques de presse où on nous a opposés l'un à l'autre, les uns disant que vous aviez votre politique personnelle, les autres me taxant de faiblesse insigne parce que je n'avais pas une autorité suffisante pour me faire obéir, certains imaginant un conflit entre le président Bidault et moi, d'autres prenant textes d'articles de journaux de mon parti pour me mettre en contradiction avec mes propres amis, quand ils ne laissaient pas

1. Apparenté au groupe communiste de l'Assemblée.

entendre que j'aurais été l'inspirateur des attaques personnelles dirigées contre vous. On a parlé de violents conflits au sein du conseil des ministres, ce qui a été purement imaginaire.

Il n'est pas douteux que toutes ces conséquences auraient pu être prévenues si avant la réunion de la conférence vous nous aviez très exactement informés de vos intentions et si nous avions pu arrêter en commun les conditions et la date de cette conférence.

Ni le Président ni moi n'avons le souvenir que vous nous l'ayez présentée comme une éventualité proche et s'il a toujours été bien entendu que chacun des États pouvant devenir membre de la Fédération avait son mot à dire et serait consulté, nul de nous n'a le sentiment que vous nous ayez parlé d'une conférence solennelle et spectaculaire ayant le même caractère que la conférence poursuivie avec le Viêt-nam.

En note manuscrite l'Amiral a ajouté :

un télégramme a été envoyé de Paris à Saigon avant mon départ (pour l'organisation de la conférence) [1].

Si désaccord il y a entre nous, il n'existe pas sur le fond mais sur la forme. Il ne vous a pas échappé qu'à partir du moment où vous réunissiez cette conférence sans les représentants du Viêt-nam, elle prenait immédiatement l'apparence d'être dirigée contre eux.

En note manuscrite :

Mais non, je m'y refuse encore.

Votre câble du 22 juillet n'est arrivé ici que le 24 et n'a pu m'être communiqué que le 26 par suite des instances qui s'interposent entre vous et moi.

Il n'a jamais été dans mon esprit d'opposer vos affirmations ou votre parole à celle du président Hô Chi Minh et si je vous ai énuméré les éléments qu'il m'a allégué être une surprise pour lui, constitution du Gouvernement provisoire de Cochinchine, affaire des plateaux moïs et occupation du palais du Gouvernement, il me suffit que nous me déclariez l'en avoir informé pour que je le tienne pour acquis.

L'essentiel est que nous soyons bien d'accord sur le fond et le voici tel que je le conçois :

Vous avez le 6 mars dernier signé avec Hô Chi Minh un accord qui doit être la base de notre politique. Nous devons en exiger le respect scrupuleux comme nous devons nous-mêmes le respecter. [...]

Sans doute, la liste des violations innombrables de ce principe par les ressortissants du Viêt-nam, sinon par les dirigeants, pourrait être longue et il serait bon de la dresser avec un dossier bien constitué contenant toutes les preuves à l'appui. Mais il faut savoir si nous cherchons des raisons de rupture ou si nous croyons vraiment que la politique basée sur des accords amiables est celle que nous devons poursuivre.

1. Télégr. du 4.7.46, cité page 299.

Bien sûr, avec la modification dans le rapport des forces nous pourrions rétablir purement et simplement la souveraineté française dans sa totalité sur l'Indochine mais nous avons choisi une autre voie, et j'estime qu'il est de notre intérêt national et international d'y persister. La collaboration ne sera pas facile à mettre en train et à réaliser ; ces difficultés doivent être cependant moindres que celles résultant d'une reconquête longue, coûteuse à tous égards, comme des guérillas permanentes. On peut aussi concevoir la substitution d'un autre gouvernement. Cette solution ne serait pas moins dangereuse : le monde entier a appris par Hitler et les Japonais ce que valaient les gouvernements fantoches et les a discrédités à tout jamais. Nous avons choisi Hô Chi Minh pour traiter et je crois bien qu'il est le seul représentant une autorité qui, pour limitée qu'elle soit, n'en existe pas moins. Le jour où il sera bien convaincu qu'il tire de nous sa force essentielle, il sera bien obligé d'agir avec loyauté et correction.

Je ne doute pas que sur tous ces points nous ne soyons entièrement d'accord. Je n'ai jamais ajouté foi aux racontars de ceux qui, dans la presse ou ailleurs, vous accusent de poursuivre une politique personnelle. [...]

Aussitôt que j'ai su qu'à la conférence de Fontainebleau on préparait une manifestation spectaculaire j'ai réuni Messmer, Pignon, Labrouquère. Je leur ai demandé de me préparer les notes en réponse aux demandes de Hô Chi Minh à signer par le chef du gouvernement et j'ai moi-même préparé des notes que je suis allé porter au président Bidault pour lui montrer la nécessité de décisions urgentes et d'une prise de position très ferme et immédiate. Malheureusement, et surtout avec la Conférence de la Paix, le Président est surchargé de travail. Je devais le lendemain mercredi faire un exposé au conseil des Ministres pour une prise de position le jeudi à Fontainebleau. Le Président m'a prié de ne pas parler car il n'avait pas examiné les papiers, et le jeudi l'incident éclatait à la conférence. Si j'avais pu prendre des décisions immédiatement, sans doute toute cette affaire aurait été tuée dans l'œuf.

En fin de compte, à deux reprises différentes je me suis expliqué devant le Conseil et celui-ci a adopté la ligne de conduite que je lui ai proposée. J'en avais d'ailleurs parlé longuement avec le président Hô Chi Minh.

Je disais que le but poursuivi par le Viêt-nam en envoyant des délégués à Paris avait été à l'évidence de jouer des rivalités de partis et qu'à cet égard il avait pleinement réussi, mais que sur ce point on allait certainement à l'échec de la conférence de Fontainebleau, car les uns attaqueraient Hô Chi Minh et son gouvernement avec d'autant plus de violence que les autres le soutiendraient avec plus d'énergie, qu'ainsi l'affaire deviendrait presque une question de politique intérieure, ce qui rendrait la solution particulièrement ardue en l'absence d'une discipline nationale devant un problème aussi délicat.

Que les délégués vietnamiens enhardis, parce qu'ils se sentent soutenus par une partie de l'opinion, cherchent à nous imposer leurs solutions, c'est incontestable, et c'est alors qu'il faut montrer la limite de nos concessions et les mettre en quelque façon au pied du mur en leur montrant que nous ne sommes pas disposés à céder à leurs manœuvres pas plus qu'à une politique d'intimidation, dont les divers incidents de Cochinchine et du Tonkin pourraient être un des éléments. Cette politique-là ne peut aboutir qu'à la rupture et nous devons l'éviter.

Dans l'atmosphère ainsi créée est-il possible de penser à arriver à un accord total avec les délégués du Viêt-nam ? Je ne le pense pas, et il faut nous contenter de résultats plus modestes mais qui marquent une progression nette et sérieuse dans le développement des accords du 6 mars. Puis nous mettrons en marche la collaboration, nous laisserons le temps faire son œuvre et si elle fonctionne convenablement nous pourrons alors rédiger des accords définitifs. Mais il faut au préalable créer une atmosphère d'apaisement, c'est-à-dire faire cesser en France et surtout en Indochine les propagandes et les actes de violence ; le président Hô Chi Minh doit par des déclarations publiques montrer la nécessité de créer le climat rendant la collaboration possible, demandant la cessation de toute propagande anti-française et déclarant que tout acte de violence dirigé contre les Français ou leurs partisans et amis, devrait être considéré comme des actes de révolte contre le gouvernement du Viêt-nam lui-même.

Sur ces bases, le gouvernement a accepté le texte d'une déclaration qui doit être lue, peut-être par moi, à la conférence de Fontainebleau reprise, Hô Chi Minh devant de son côté lire une autre déclaration préalablement acceptée et les travaux devant reprendre sur la base d'un aide-mémoire qui fixerait à peu près nos positions.

Les deux pierres d'achoppement restent bien entendu la nécessité de prononcer le mot « indépendance » et d'autre part de fixer la date et les conditions dans lesquelles aurait lieu ce référendum.

Mais je ne conseille pas de jouer cette carte maîtresse en dehors des conditions fixées préalablement : rétablissement de l'ordre et des autorités légitimes, c'est-à-dire acceptées par la population cochinchinoise. Si au sein du gouvernement on a demandé que l'on pût introduire des clauses permettant au Viêt-nam de ne pas penser que nous reculions indéfiniment la date du référendum, j'ai indiqué d'autre part qu'il nous était impossible de solliciter du Parlement un vote qui ne ferait plus de la Cochinchine un territoire purement français contre de simples assurances de bonne volonté.

Je dois revoir le président Hô Chi Minh. Je sais que c'est sur ces deux points qu'il m'entreprendra à nouveau. Il voudrait une commission mixte de contrôle, ce qui à mon avis constituerait pour moitié l'abandon de notre souveraineté et ce que nous ne saurions pour le moment accepter. [...]

Le ministre termine sa lettre en rappelant sa position sur la Cochinchine [1] : un gouvernement cochinchinois progressiste ayant le soutien populaire et permettant ultérieurement un référendum favorable à l'autonomie.

19 août

Les préoccupations abondent car elles viennent de partout.

De Paris d'abord, il va de soi, car si les assurances officielles ne font tout de même pas défaut, il reste la presse et les faits. Hô et moi-même sommes en butte à la contradiction. Quel honneur ! La contradiction vient des camps opposés.

Plus grave celle qui vient de la Cochinchine. A travers les officiels, blancs et jaunes, que voit-on ? Des rivalités, cela oui. Mais le fond des choses ? En existe-t-il un ?

1. Voir chapitre XII.

Tous nos efforts au temps de L [Leclerc] n'ont abouti à presque rien pour le redressement de la conduite de tant de militaires, hommes de troupe, chefs subalternes, etc. Ces faiblesses propres à notre misérable nature ne peuvent indigner et préoccuper quand la proportion est faible. Elles restent des exceptions.

De très lourds problèmes se posent, notamment la clôture de la conférence de Fontainebleau.

L'échec de Fontainebleau

Les manœuvres dilatoires du président Hô visant à retarder le départ de France sont évidentes pour qui l'a fréquenté. Sa technique est simple : continuer à entretenir curiosité et agitation autour de sa personne, de son gouvernement et de sa délégation jusqu'au temps assez proche des élections. Au fond, il ne se soucie que peu du travail des délégations. Il redoute les précisions de nature à l'engager.

Tablant avant tout sur la dévotion non feinte de tel parti politique français, il escompte en sa faveur une forte pression sur l'opinion publique. Il en userait alors pour imposer ses prétentions ambitieuses et tenaces au gouvernement de la République. Je n'exagère rien.

Prenons un exemple : six mois d'efforts avaient abouti à la convention du 6 mars. Mes collaborateurs d'Hanoi fidèles à la pensée du gouvernement et à mes directives, refusèrent de céder sur l'octroi de l'indépendance. La Convention accordait certes la liberté gouvernementale intérieure mais mesurée et réglée par les nécessités de la Fédération et de l'Union. Le gouvernement de Paris y salua une victoire. C'en était une.

Or, depuis sa venue en France, habilement, subitement, sournoisement, le président Hô a usé du mot indépendance et aujourd'hui, dans les journaux parisiens, l'on parle couramment de l'indépendance accordée ou même reconnue par nous le 6 mars. Il en ira pareillement demain de la participation à la Fédération. Un message du commissaire Sainteny ce soir même le confirme.

Le peu de netteté dont il est fait preuve à Paris depuis le début de juillet a produit en Indochine des effets bien fâcheux. Chacun le voit, le sent ici. Nos amis sont déconcertés, troublés, découragés. Le rétablissement de notre autorité a coûté cher déjà à la France depuis un an : tant de sang jeune et généreux a timbré le sol, portion choisie de notre patrimoine et tant de Français ont été humiliés, bafoués, dépouillés, abattus arbitrairement...

Et voici que ce rétablissement qui s'affirmait résolument hier est partiellement compromis. Pourquoi ? Par la présence à Paris d'un Hô et par son habileté manœuvrière.

Le gouvernement doit intervenir de tout le poids de son autorité. Que Monsieur Hô, hôte du gouvernement depuis bientôt dix semaines, rentre sans plus de délais ! Son retour a été réclamé par télégramme deux fois.

Que la conférence reprenne, pour le principe, si l'on ne peut l'éviter sans nouvelle agitation grave. Soit. Mais elle doit alors se conclure sans atermoiement et maintenir notre position sur les bases de la convention du 6 mars.

La responsabilité du gouvernement, que j'ai l'honneur et la charge de représenter ici, y est directement engagée, mais non la mienne. il s'agit en vérité de ne pas compromettre l'œuvre des douze mois qui s'achèvent [1].

26 août

Distinction entre partisans des trois Ky avec Hô et sans Hô.

Reproches principaux contre Hô :

- son marxisme au-dessus du nationalisme,
- fait faire les frais aux Cochinchinois.

Signaler à Paris : le fossé entre les faits et les rapports télégraphiés du gouvernement de Hanoi au Président.

1er septembre

Quelques réflexions importantes :

- La Cochinchine est devenue le foyer de la lutte du gouvernement de la République du Viêt-nam contre la France,

en face : nous et nos forces

au milieu : a. la masse

b. le gouvernement naissant et le conseil de Cochinchine.

- Le Siam - hostile sert de refuge et de base à tous nos opposants : Japonais déserteurs, Khmers dissidents, et surtout Vietnamiens en mal de désordre et de destruction.
- Opposition larvée du gouvernement de la République du Viêt-nam partout où nous sommes.

Pour le gouvernement du Viêt-nam, nous avons de justes et graves griefs :

1. Politiquement : la lutte entretenue en Cochinchine, terrorisme membré et vertébré, avec de multiples attentats, sabotages, assassinats paralyse notre croissance politique et administrative. Cette action dans le Sud vise à obliger la France à établir avec Hanoi les bases de l'organisation politique de demain.
2. Socialement : *insécurité*, système étendu par réseaux dans les moindres villages. Elle atteint les personnes et leurs biens. Elle obscurcit l'avenir.
3. Economiquement : elle entrave ou paralyse la reprise de la vie économique.
4. Financièrement : dilapidation des biens de l'Indochine.

A Paris, la rupture de la conférence est enfin envisagée par M. Moutet :

En raison des incidents très sérieux qui se sont produits tant en Cochinchine qu'au Tonkin et aussi de l'opposition terroriste systématique à l'installation des notables, nous avons décidé de modifier notre position et de placer le Président [Hô Chi Minh] devant l'alternative suivante : ou un accord qui

1. Note d'information de l'amiral d'Argenlieu adressée à Georges Bidault le 24 août 1946.

marquera un pas en avant sur celui du 6 mars et préparera une collaboration franco-vietnamienne sur des bases nouvelles ; ou la rupture de la Conférence avec toutes les conséquences qui s'ensuivent.

Afin d'éviter une telle éventualité, je souhaiterais que nous puissions jusqu'au bout poursuivre la politique des accords inaugurée le 6 mars et que la conférence de Fontainebleau (dont je n'ai pas été l'initiateur, mais que j'ai toujours défendue) reprenne ses travaux. De plus, le Président me paraît toujours, malgré son appartenance politique, comme la personne la plus qualifiée pour diriger un gouvernement.

Nous avons chargé M. Pignon et M. Laurentie de négocier avec lui une note nouvelle que nous lui avons communiquée oralement.

Les conséquences d'une rupture pourraient être redoutables dans la conjoncture actuelle. Tous les renseignements m'indiquent que notre situation n'est pas tellement brillante. La tâche s'avère difficile, en particulier dans la zone des forêts située au nord de Saigon ; à ce sujet, vos dépêches font état d'une embuscade aux pertes sensibles, sur lesquelles je voudrais avoir des renseignements précis. Des bandes terroristes, organisées en profondeur, créent un climat d'insécurité totale après l'incursion et le retrait de nos troupes. Tout cela commande une politique de prudence.

Les troupes d'Indochine, 85 000 hommes dont pour la Cochinchine seulement, plus de 50 000 avec de nombreux partisans et 8 à 900 postes, me disait le Général [Leclerc], devraient être renforcées si la situation s'aggravait. Cela ne manquerait pas de susciter des difficultés au Conseil supérieur de la Défense nationale et à la commission de l'Armée.

Il est vraisemblable que le Viêt-nam spécule sur ces difficultés et sur celles - beaucoup plus illusoires - relativement à l'armement ou à la relève, par de jeunes recrues du contingent, de soldats déjà aguerris. Même si le Viêt-nam se fait illusion, je pense qu'il est sage de se maintenir sur la voie des accords.

En tout cas, fixez-moi avec précision sur la sécurité de votre situation dans l'éventualité d'une rupture. Nous ferons tout pour l'éviter et je n'ai pas le sentiment que le Viêt-nam la désire ; néanmoins, le Président peut être dépassé ou par son entourage ou par les événements [1].

A la suite de la suspension du 1er août, des contacts avaient été repris entre les délégations françaises et vietnamiennes à Fontainebleau.

Après de longs pourparlers, les deux délégations avaient convenu de rédiger un document résumant les points sur lesquels elles étaient arrivées à un accord.

Brusquement, le 10 septembre, au début de la séance plénière, M. Pham Van Dong revenant sur cet accord déclarait ne pouvoir signer le texte dont on était convenu. M. Max André levait aussitôt la séance [2].

Informé de la rupture, le Haut-commissaire s'interroge :

15 septembre

Notre action politique de demain après suspension des négociations en France.

1. Lettre de M. Moutet remise directement à l'Amiral le 7 septembre.
2. Ephémérides indochinoises du 10.9.46.

1. Assainir l'atmosphère à Paris où resteraient les Giam, Bach Maï, Hô, etc.

2. On ne s'appuie que sur ce qui résiste.

En Indochine, quelles sont ces plates-formes de résistance ?

En vérité :

- c'est le Viêt-minh car il est constitué du *noyau dynamique* qui, facteur centripète, attire les mous et les moins durs ;
- c'est la présence française avec à la tête quelques hommes de foi et de caractère et de vieux Français et Eurasiens attachés à ce pays, ayant des racines et des *intérêts* ;
- c'est le corps expéditionnaire : élément de force avec quelques têtes dures et résolues.

Et puis, il y a l'immense masse plus ou moins grégaire prête à miser sur le plus fort, et même à agir avec lui utilement quand elle aura fait ses mises : l'Indochine est une table à jeux.

Le modus vivendi du 14 septembre

[Après le départ de la délégation vietnamienne [1],] Hô Chi Minh qui ne voulait pas, semble-t-il, rentrer en Indochine « les mains vides » reprit personnellement les pourparlers avec M. Moutet, ministre de la France d'outre-mer [2].

Le 13 septembre, le gouvernement de Hanoi envoie au président Hô à Paris le message suivant :

[...] Nous proposons au Président les points suivants :

1. Si vous signez une convention avec les Français, il faut que cette convention soit un accord global à tous points de vue : politique, économique, financier, culturel...

2. Sur la question de la Cochinchine, la cessation des hostilités doit aller de pair avec l'application des libertés démocratiques, de la liberté d'opinion populaire et surtout avec la nomination sur place d'un délégué de notre gouvernement.

Si vous vous borniez à signer seulement la cessation des hostilités, nous aurions les mains liées alors que les Français continueraient à agir à leur guise.

Nos troupes ne peuvent pas non plus stationner longuement dans un même lieu, ce qui les exposerait à être attaquées à revers. Soyez prudent sur ce point. Si rien n'est sûr, il est préférable de ne rien signer.

3. Fixez spécialement votre attention sur la rédaction du texte de l'accord pour éviter des désaccords ultérieurs d'interprétation comme il en a été pour l'accord du 6 mars [3]. [...]

1. Elle quitte Paris le 13 et s'embarque à Toulon le 16 septembre.
2. Ephémérides indochinoises de l'Amiral.
3. Source Bureau fédéral de documentation. Etude sur les consignes secrètes du gouvernement vietnamien du 7.1.47.

Un modus vivendi est enfin signé le 10 septembre à la veille du jour fixé pour le départ du président vietnamien.

Il prévoit notamment la cessation des hostilités et doit entrer en vigueur le 30 octobre 1946.

Pour Marius Moutet, le modus vivendi [1]

constitue sans doute un progrès sensible sur la convention du 6 mars 46. Toutefois il ne nous est pas possible de considérer cet accord provisoire comme la base de départ permettant le règlement au fond du problème indochinois. [...]

Le modus vivendi confirme la convention du 6 mars par des « accords limités », entend « établir un climat de calme et de confiance permettant la poursuite prochaine des négociations au plus tard au mois de janvier 1947 ».

Le principe de l'unité monétaire et douanière pour la Fédération est stipulé de même que l'aide prioritaire de conseillers techniciens et experts français.

Des libertés et des garanties sont accordées aux entreprises et aux biens français. Français et Vietnamiens jouiront des mêmes droits dans les deux pays.

Les points litigieux sont renvoyés à des commissions mixtes.

Concernant la Cochinchine, le principe du référendum est réaffirmé, dates et modalités restant à fixer.

L'article IX visant à restaurer l'ordre public sera jugé sévèrement par le Haut-commissaire, nous en donnons le texte intégral :

Article IX

a. Il sera mis fin de part et d'autre à tous actes d'hostilité et de violence.

b. Des accords des états-majors français et vietnamiens régleront les conditions d'application et de contrôle des mesures décidées en commun.

c. Il est précisé que les prisonniers actuellement détenus pour des motifs politiques seront libérés à l'exception de ceux poursuivis pour crimes et délits de droit commun.

Il en sera de même pour les prisonniers faits au cours d'opérations. Le Viêt-nam garantit qu'aucune poursuite ne sera engagée et qu'aucun acte de violence ne sera toléré contre toute personne en raison de son attachement ou de sa fidélité à la France. Réciproquement, le gouvernement français garantit que nulle poursuite ne sera engagée et qu'aucun acte de violence ne sera toléré envers toute personne en raison de son attachement au Viêt-nam.

d. La jouissance des libertés démocratiques définies à l'article premier sera réciproquement garantie.

e. Il sera mis fin aux propagandes inamicales de part et d'autre.

f. Le gouvernement français et le gouvernement de la République démocratique du Viêt-nam collaboreront pour la mise hors d'état de nuire des ressortissants des puissances ennemies.

g. Une personnalité désignée par le gouvernement de la République démocratique du Viêt-nam et agréée par le gouvernement français sera accré-

1. Instructions politiques du ministre de la F.O.M. du 21.9.46. Réf. 12016.

17

18

18. Le lycée de Dalat au bord du lac, siège de la première conférence franco-vietnamienne.

17. **Le général Lou-Han, commandant les troupes chinoises du Nord Indochine, en compagnie du général Salan. -** ***19.*** **Les délégués à la conférence de Dalat sortent de séance : Giap, Salan, les deux présidents des délégations, Nguyen Tuong Tam et Max André, Pignon, Guillauton, Trin Van Binh, Bourgouin, X. et Bac Maï.** ***(Photos L'Illustration-Sygma.)***

19

20

20. L'offrande des œufs par les chefs des tribus Moïs lors de la cérémonie du Grand Serment à Ban Me Thuot, le 14 mai 1946. *(Photo A.F.P.)* - *21.* L'Amiral accueilli à Paris par Norodom Sihanouk, peu avant la conférence franco-vietnamienne de Fontainebleau. *(Photo Keystone.)* - *22.* Avant la conférence de Fontainebleau, dans l'attente de la formation du ministère, le président Hô visite la France : ici dans le parc du château de Versailles en compagnie du général Salan (à gauche) et de M. Sainteny (à droite). *(Photo L'Illustration-Sygma.)*

21

23

2

23. **Georges Bidault ayant formé son gouvernement reçoit officiellement le président Hô Chi Minh.** ***(Photo Keystone.)*** **-** ***24.*** **Réunion du Comité militaire à Dalat, le 7 août 1946... De gauche à droite, l'amiral Grazziani, le général Valluy, le général Nyo, l'amiral d'Argenlieu, l'amiral Auboyneau et le général Andrieu. -** ***25.*** **A Paris à l'issue de son entretien avec Léon Blum le 14 décembre 1946.** ***(Photo A.F.P.)***

24

26

26. **Haiphong, vue aérienne *(Photo A.F.P.)*; et carte d'Etat-major :**

××× : périmètre de sécurité initial dessiné par le général Morlière (prévoyant le désarmement des Vietnamiens);

////: périmètre étendu par le général Valluy.

27

27. 18 octobre 1946. Hô Chi Minh et l'Amiral à Cam Ranh. - *28.* Décembre 1946. L'un des «ouvrages de défense» établis par le gouvernement vietnamien dans les quartiers annamites d'Hanoi. *(Photos L'Illustration-Sygma.)* - *29.* A Tan So Nhut, l'aéroport de Saigon, le 15 janvier 1947. L'Amiral avec Marius Moutet, ministre de la France d'outre-mer, qui est venu sur place après les événements de Haiphong et d'Hanoi. *(Photo A.F.P.)*

28

29

30

31

30. **Orly, 24 février 1947, le retour à Paris.** ***(Photo Associated Press.) - 31.*** **Le 1er avril 1947, Paul Ramadier remet la médaille militaire à l'Amiral qu'il vient de relever de ses fonctions.** ***(Photo France Illustration.) - 32.*** **Le général Leclerc, l'amiral d'Argenlieu, le général Juin, le général de Lattre de Tassigny...** ***(Photo A.F.P./Havas.)***

32

33

34

35

33. ... En discussion amicale avec le général Leclerc lors de la remise de la médaille militaire à Winston Churchill. - *34.* Le 31 août 1947, après avoir remis au général de Gaulle le grand collier de l'Ordre de la Libération. *(Photo Keystone.)* - *35.* Avrechy-Argenlieu, le 11 septembre 1964. Le général de Gaulle lors des obsèques de l'Amiral. A droite, Jean Sainteny. *(Photo France-Soir.)*

ditée auprès du Haut-commissaire pour établir la coopération indispensable en vue de l'exécution des présents accords.

L'Amiral fait le point sur la conférence de Fontainebleau et le modus vivendi [1] :

28 septembre

Longs entretiens avec Pignon, Torel, Gonon de retour de Paris.

Trois phases des entretiens de Paris-Fontainebleau.

1. Nettement mauvaise : préliminaire, ouverture, travaux stériles jusqu'au 2 août : suspension à l'initiative de délégation du Viêt-nam.

2. Période floue : le gouvernement français raidit sa position, ce qui se confirme au Conseil du 14. Hô feint de ne pas comprendre et maintient son point de vue. L'on n'aboutit toujours pas.

3. Période saine : les contacts sont repris à l'initiative du Viêt-nam qui souhaite travailler avec mes délégués fédéraux. Nos partenaires ont compris qu'avec les autres l'on en restait toujours aux paroles. Mais à la dernière heure tout est remis en cause.

Epilogue : Conciliabules Moutet - Hô Chi Minh.
Signature modus vivendi.

Les directives politiques reçues : c'est un pendule doré.
Les directives militaires : attendues.

1er octobre

Le malaise indiscutable et généralisé provient avant tout de ce que à la question normale « Que veut la France ? », « Qu'a-t-elle décidé ? » il est devenu depuis la fin de mars et surtout durant la conférence de Fontainebleau très malaisé de répondre quant au fond.

On peut, si l'on veut rester loyal dire : des membres du gouvernement ont voulu se servir de l'Indochine et du gouvernement de Hanoi comme de pièces maîtresses sur l'échiquier électoral métropolitain.

D'où quasi-impossibilité de répondre... Il reste vrai que notre position est meilleure d'une certaine façon que celle d'il y a un an. Elle est moins bonne en Cochinchine qu'en fin février. Or la Cochinchine finalement commande tout.

Nous voici maintenant en face du modus vivendi.

Si les articles I à IX offrent certains avantages, l'article IX remet tout l'avenir de l'Indochine en cause. [Il fut] introduit en dehors des délégations (celle de Hanoi était déjà partie, celle de France n'a pas été consultée) - et sans que le Haut-commissaire en eut été saisi. Son vice fondamental est une prétérition systématique de la qualité

1. Instructions politiques du ministre de la FOM du 21.9.46. - Réf. 12016 ; déjà cité chapitre XI, p. 287.

même de nos rapports avec le gouvernement de Hanoi. A force de lui prodiguer des égards, beaucoup s'y sont laissé prendre. Ils font *comme si* ce gouvernement avait des traditions diplomatiques et donc certains scrupules d'honnêteté politique. Au lendemain de la convention préliminaire du 6 mars, on avait le devoir et donc le droit de lui accorder un certain crédit de temps. Ce gouvernement opérerait-il sa mue ? Du partisanat idéologique s'élèverait-il, au moins lentement, aux grandeurs et servitudes d'un État ? Tout objectivement concourt à montrer que cette ascension n'est pas encore sérieusement commencée. Procédés de chantage, de rouerie, de ruses estudiantines, de terrorisme...

Donc croire à la réalisation des clauses de l'article IX est, en conséquence, une simple et dangereuse utopie. L'expérience de mars et avril 1946 est là, présente à l'esprit de tous. Déjà la « fin des hostilités » fut inscrite au programme comme « la fin des propagandes inamicales ». La création des commissions mixtes (prévues par le modus vivendi) tend d'avance à la stérilisation de tout ou à peu près.

En bref, la confiance ne règne pas et ne peut pas régner. Ceci, au reste, n'empêche pas de bavarder cordialement.

Le but du Comité (mixte) militaire est donc, compte tenu de la conjoncture politique, mondiale, nationale, fédérale et locale, d'apprécier à sa valeur réelle le contenu du paragraphe IX. A sa valeur réelle, je veux dire :

a. dans la balance des intérêts supérieurs et permanents de la France en Indochine (et donc par ricochet dans la France d'outre-mer) ;

b. au regard de la solidité et de la consistance de notre autorité souveraine en Indochine, face aux grandes puissances qui, juridiquement, ne l'ont pas encore contestée et qui, politiquement, l'ont consacrée récemment encore [1].

Je note en outre qu'à la veille d'un changement possible de la politique intérieure de la France nous ne devons pas tenir pour un axiome que le pays a consenti le maximum pour l'Indochine [2]. La période électorale close, elle peut affermir ses desseins à la lumière de l'année écoulée et des résultats déjà obtenus. Elle peut accentuer en conséquence sa volonté d'aboutir sur tel ou tel point d'importance.

J'insiste sur tel passage des Instructions politiques du 21/9 : « C'est avant tout en vue de susciter une détente, à la faveur de laquelle il est indispensable de *reconsidérer l'ensemble de notre politique* », et

1. Le 17 novembre était signé à Washington l'accord franco-siamois qui restituait au Cambodge les quatre provinces qui lui avaient été enlevées sous l'occupation japonaise.

2. Elections législatives prévues en novembre 1946.

encore : « Le gouvernement a acquis la conviction que la Cochinchine est le véritable pivot de toute notre politique en Indochine. »

Je souligne que dans cette reconsidération, la France ne saurait oublier ni amenuiser ses engagements préliminaires avec le Viêt-nam mais moins encore les exagérer ou continuer à les hypertrophier. Elle doit surtout avoir présents à l'esprit :

1. ses devoirs et obligations envers ses amis fidèles, Cambodge, Laos où rien n'est préliminaire ;
2. ses droits juridiques et donc politiques sur la Cochinchine ;
3. les intérêts français de tous ordres dans toute l'Indochine ;
4. le fait que de sa solidité en Cochinchine et dans les Hauts Plateaux dépendent la sécurité et aussi la fidélité de nos alliances avec le Laos et le Cambodge.

Nos travaux doivent donc aboutir demain :

1. à fixer notre manière d'appliquer le modus vivendi ;
2. à l'élaboration d'un projet de nouvelle déclaration, améliorant et rajeunissant celle du 24 mars (1945) qui serait à proposer au nouveau gouvernement de la République [1].

Le 6 octobre, le Haut-commissaire fait part de ses appréhensions sur l'application de l'article IX par le Viêt-minh :

Après arrivée du texte authentique du modus vivendi du 14 septembre [et] des directives politiques du ministre... un message personnel du président du Gouvernement m'a apporté ses vœux pour l'heureuse mise en œuvre par mes soins de l'accord du 14 septembre [2]. Nous avons aussitôt examiné en Conseil les mesures à prendre pour faire honneur aux nouveaux engagements ainsi contractés à Paris vis-à-vis du gouvernement de Hanoi et plus que jamais nous essaierons d'en tirer le meilleur parti. Il ne saurait vous échapper que l'article 9 est de beaucoup celui qui exigera le plus de doigté. Il est clair déjà que la propagande de Hanoi d'une part et l'activité militaire déployée au sud du 16e parallèle par les troupes vietnamiennes sur ordre de Hanoi tendent manifestement et contrairement aux engagements de nos partenaires à renforcer un climat de terreur, de violence et d'arbitraire vis-à-vis des populations et d'offensive vis-à-vis de nos troupes. Par exemple, une grenade a été jetée par un Tonkinois hier matin sur le siège du journal français *Le Populaire*, occasionnant six blessés. Des concentrations importantes s'opèrent dans la région de Tay Ninh et des activités insolites se manifestent aux lisières du Cambodge. On me signale aujourd'hui même une attaque généralisée déclenchée dans le Sud-Annam au cap Varella et aux confins nord des Hauts Plateaux dans la région de Kontum. Nous ne pouvons naturellement que riposter vigoureusement à des procédés si nettement hostiles.

1. Journal du 1er octobre.
2. Télégr. 1669 / CI / 2784 du 25.9.46 : « Au moment où vient d'être signé le modus vivendi franco-vietnamien, je tiens à vous exprimer personnellement toute ma gratitude pour l'action que depuis plus d'un an vous avez poursuivie en Indochine au nom de la France. Je forme le vœu que la mise en œuvre par vos soins de cet accord marque de nouveaux progrès dans les relations entre la France et le Viêt-nam. »

Je me propose de rencontrer le président Hô Chi Minh dès son arrivée dans les eaux indochinoises. Je vous tiendrai informé.

Je vous serai reconnaissant d'utiliser ces renseignements sans délai afin de prévenir, comme nous nous appliquerons à le faire ici, de nouveaux assauts de la propagande de Hanoi menés soit d'Indochine soit de ses prolongements en France [1].

Les conseillers fédéraux sont invités par le Haut-commissaire à lui donner leur avis sur le modus vivendi.

Pour M. Pignon :

Toute l'efficacité à attendre de l'accord est suspendue à la mise en œuvre de l'article IX dans lequel se concentrent les problèmes politiques les plus aigus. [...]

Nous renonçons à considérer comme des rebelles des gens qui se battent contre nous dans le Sud indochinois et notamment en Cochinchine.

Cela inverse la position que nous avions prise depuis le 6 mars, qui déniait tout fondement à cette action du Viêt-nam dans le Sud et qui s'y opposait en fait.

Cela ne manquera pas de porter atteinte à l'activité du gouvernement de Cochinchine et pourra ne pas être sans effet sur le résultat du référendum quand il aura lieu [2].

Pour le général Valluy :

Nous acceptions d'abandonner - par cet accord du 14 septembre - en Cochinchine et dans le Sud-Annam la ligne de conduite suivie jusqu'à maintenant...

En bref, en échange d'une trêve militaire aux conditions encore à déterminer, donc à marchander (gain vague et aléatoire) nous accordons à nos opposants la liberté d'agitation et d'action au grand jour la plus complète (bénéfice précis, certain et immédiat). [...]

Cela permettra à la résistance de souffler, de se réorganiser et de se renforcer tranquillement en armes et en personnel.

En conclusion, le commandant supérieur des troupes en Indochine demande l'envoi d'une division supplémentaire en renfort.

Dans les semaines qui suivent, les risques et les difficultés ainsi soulignés, France et Viêt-nam vont tenter l'application de ce modus vivendi.

1. Message au président du gouvernement, au ministre de la FOM et au ministre des Armées, le 6.10.46.

2. Extraits d'une note pour le Haut-commissaire. Saigon, le 7.10.46 n° 3617 CP / CAB.

Chapitre XIII

DE CAM RANH A HAIPHONG L'IMPOSSIBLE APPLICATION DU MODUS VIVENDI

Le modus vivendi signé le 14 septembre 1946 doit entrer officiellement en vigueur le 30 octobre suivant. Dès sa signature, pourtant, un « climat de calme et de confiance » réciproque est jugé nécessaire. Dans quel état d'esprit le gouvernement vietnamien envisage-t-il cette nouvelle période ?

La conception vietnamienne

Le 1er octobre, l'amiral d'Argenlieu informe le Cominindo [1] :

Milieux officiels : Dans un discours du 23 septembre, Huynh Thuc Khang, président par intérim, affiche son optimisme sur les effets du modus vivendi qui permettra une entente sincère entre les deux peuples. Par contre, Giap recommande de rester en état d'alerte, d'être plus vigilant que par le passé et déclare aux représentants français qu'une grande partie de l'opinion est hostile aux accords. [...] Le gouvernement de Hanoi est prêt à réprimer toute campagne contre Hô Chi Minh.

La presse vietnamienne est agressive à notre égard, elle estime qu'il vaudrait mieux recevoir avec joie la délégation les mains vides plutôt qu'avec un traité unilatéral aux clauses peu glorieuses tant pour le Viêt-nam que pour la France. Tous les journaux analysant les accords ont des sujets de mécontentement divers. Ils s'efforcent par avance de vider de leur contenu les clauses du modus vivendi favorables à la France, les subordonnant à l'exécution d'obligations de notre part. Par ailleurs, ils tentent de rassurer la population... sur la solidité de la monnaie vietnamienne garantie par le gouvernement d'un pays qui a gagné son indépendance. Pas d'attaque contre Hô Chi Minh.

A Haiphong la propagande et les préparatifs d'accueil de la délégation Pham Van Dong a déterminé une effervescence antifrançaise provoquant une agression contre des militaires français. La délégation a été acclamée à son arrivée par une foule considérable. Elle a peu après publié le communiqué suivant : « Représentant le pays dans les négociations avec la France, nous tenons à déclarer que nous ne sommes pas satisfaits des résultats de la conférence de Fontainebleau car nos deux buts essentiels : indépendance du pays et union des trois Ky n'ont jamais encore été réalisés. Mais la conférence a eu un résultat indirect favorable : l'opinion mondiale s'est intéressée

1. Message de l'Amiral au Cominindo du 1.10.46.

davantage à la lutte pour l'indépendance du peuple vietnamien et les milieux officiels français ont été en faveur de nos aspirations. »

L'opinion publique, lasse, veut la paix. Les manifestations politiques organisées pour l'anniversaire de l'indépendance furent un échec. On signale des manifestations d'enfants chantant des slogans injurieux pour Hô Chi Minh à Hué où la population harassée par la police viêt-minh particulièrement active et nombreuse s'élève ouvertement contre le régime communiste. Le chef de la Sûreté aurait été menacé et n'oserait sortir.

Il est permis d'émettre l'hypothèse suivante :

1. Une fraction extrémiste [mécontente] estime les concessions vietnamiennes exagérées et sous-évalue les concessions françaises relatives à la Cochinchine.
2. Une majeure partie de la population [montre une] hostilité grandissante au régime dictatorial et communiste du Viêt-minh.

[Pour ces raisons] le gouvernement du Viêt-nam a adopté pour ligne de conduite des récriminations amères contre le modus vivendi consenti par la France.

La presse qui était flottante au lendemain des accords a retrouvé une unité de doctrine. Cette attitude permet de jeter du lest vis-à-vis des extrémistes et de colorer le ressentiment du peuple à l'égard de son gouvernement en indignation vis-à-vis de la France. Elle permet en outre, en raison des difficultés que laisse aisément prévoir le fonctionnement des commissions qui seront chargées de concrétiser les clauses de l'accord, d'éluder par avance la responsabilité d'un échec qui retomberait ainsi sur la France, qu'on accuserait devant l'opinion mondiale de manquer de générosité et de compréhension envers les aspirations du peuple vietnamien.

Pour former son jugement, le Haut-commissaire dispose au-delà des faits et des actes, de nombreux textes ou télégrammes interceptés par ses services. Il en fera référence dans ses analyses.

Ainsi, les instructions adressées au Nam Bo par le ministre de la Propagande du G.R.V., T.H. Lieu, donnent un éclairage significatif[1] :

Nos représentants à Dalat comme à Hanoi, comme à Fontainebleau, se sont montrés de première force dans les discussions, parfois égaux, souvent même supérieurs à tous leurs adversaires. Ils ont su exiger pour n'avoir rien à donner.

Grâce à la confusion qui règne en France dans les milieux politiques, aux hésitations manifestées, au sauvage désir de mener leurs luttes de quartier ou d'arrondissement, aucune Constitution n'a pu être élaborée, un gouvernement stable n'a pas encore été installé. Et, faut-il le cacher, les questions relatives aux destinées des pays d'outre-mer intéressent médiocrement les Français, qui s'en tiennent à leurs intérêts immédiats et à leur ambition de jouer un rôle dans le Pouvoir qui, pour ce faire, se révèle capable de toutes les violences mais aussi des pires abandons.

Le spectacle des turpitudes des politiciens français doit constituer pour nous un sévère enseignement. Nos dirigeants, nos intellectuels en tirent jour-

1. Ce document « très secret » - daté « début septembre 1946 » - sera joint au mémorandum établi par l'Amiral pour le Comité interministériel du 23 novembre.

nellement des leçons et n'hésitent pas à les commenter. Notre peuple, jadis adapté aux vieilles disciplines confucéennes, se pénètre ainsi de l'importance du « fait politique » dans une nation qui se gouverne démocratiquement et en acquiert sagesse et amour du bien public.

Notre révolution est en marche, rien ne l'arrêtera. Que chacun au Nam Bo se pénètre de ce sentiment-force !

Ne suivons-nous pas les traces de la puissante U.R.S.S. et notre président Hô Chi Minh qui fait l'admiration du monde par sa sagacité et sa haute sagesse n'est-il pas l'égal du grand Staline ? [...]

Le miracle de la guérilla est que toute la population y participe. Le soldat, c'est l'habitant et l'habitant, c'est le soldat.

1. On utilise d'abord les armes blanches contre les armes modernes de l'ennemi. Des masses nombreuses, d'apparence paisible, tentent de diviser les petites unités pour s'attaquer aux tronçons. Encore doivent-elles jouer de la surprise. La conversation, un semblant de soumission, ce que les Occidentaux nomment trahison, ne doivent pas être négligés : notre peuple est très fort en matière de ruse et de dissimulation. On s'empare finalement, sans actions trop dangereuses, des armes convoitées.

2. La tactique consiste à éviter les endroits bien gardés, à attaquer les postes dont la garnison est faible, à s'avancer si l'ennemi perd pied et à reculer si l'ennemi avance, à provoquer par des embuscades des corps à corps inégaux où l'ennemi malgré sa valeur succombera sous le nombre.

3. Une des tactiques de la guérilla consiste à rendre l'ennemi *aveugle.* Nos soldats ne portant pas l'uniforme, ne se concentrent pas dans les casernes. Ils se faufilent parmi les foules qui les cachent en cas de besoin. De cette façon, les soldats français sont incapables de déceler leur présence.

Exemple : Une de nos bandes est serrée de près par les Français. Pour ne pas se faire prendre, les hommes cachent leurs armes, de préférence sous l'eau et s'éparpillent pour se mêler aux paysans qui travaillent dans les champs : repiquage, fauchage, moisson, selon la saison. Le danger passé, ils reprennent leurs armes.

4. Une autre tactique consiste à rendre l'ennemi *sourd.* Par nos déplacements rapides, nos attaques brusquées, nos actes de sabotage contre les lignes téléphoniques et les bureaux de poste, nous empêchons les Français de communiquer entre eux, donc de se porter mutuellement secours...

5. Il faut aussi rendre l'ennemi *boiteux.* A cette fin, couper les routes, les chemins de fer, les ponts, les bacs ; former des barrages sur les rivières et canaux. On empêche ainsi les bateaux et voitures de transporter troupes et approvisionnements. Les méthodes si efficaces appliquées par Nguyen Ngoc Binh ne doivent pas être perdues de vue. Le sacrifice de ce patriote doit susciter de l'émulation.

6. Il faut acculer l'ennemi à la *soif* et à la *faim,* par conséquent détruire les fontaines, les citernes, les magasins à vivres...

7. L'ennemi doit être privé de *sommeil.* Il y a lieu de multiplier contre lui les attaques par surprise, de nuit, que des groupes isolés de guérilleros effectueront à l'improviste. Aucun répit ne doit lui être laissé. Il faut le harceler sans cesse aux heures de repos.

L'ennemi sera submergé sous les vagues de la révolution. Incapable de dissocier ses maigres effectifs, il ne pourra endiguer une marée de plusieurs millions d'hommes résolus qui, à ce moment, seront aussi armés que lui. Et la guerre sera totale puisqu'elle affectera les transports, l'approvisionnement, la politique, la propagande.

La série des télégrammes qui suivent s'échelonnent du 17 septembre au 28 octobre 1946 [1]. Ils sont rassemblés pour le Haut-commissaire dans une étude du Bureau fédéral de documentation :

Le 17 septembre, le gouvernement de Hanoi adresse les consignes suivantes au Commandement militaire du Nam Bo :

1. Par le modus vivendi que le président Hô vient de signer avec les Français, ceux-ci reconnaissent les libertés démocratiques en Cochinchine.
2. Nos camarades devront se préparer à lutter pour réclamer la libération immédiate des combattants arrêtés, la cessation obligatoire du terrorisme [2] ainsi que le respect de la vie et des biens de la population. Les groupements patriotiques réclameront leur liberté d'action et de parole. Le Gouvernement sera élu par le peuple.
3. Notre pouvoir exécutif continuera son action. Nos troupes continueront à prendre des précautions sérieuses et à se maintenir en pleine force.
4. On ne devra pas oublier que la question du référendum en Cochinchine est loin d'être résolue et que la lutte restera dure avant d'arriver à l'union des trois Ky.

Le 18 septembre, le Comité du Nam Bo s'adresse à Giap :

Au Nam Bo, les troupes sont prêtes à riposter [3]... Nos troupes attendent de connaître la répartition des secteurs pour commencer à détruire complètement les grandes villes, les ponts, les voies de communication importantes, ceci en guise de réponse à l'échec de Fontainebleau.

Le 27 septembre, Hanoi au Commandement viêt-minh du Siam :

Ordonnez aux troupes du Cambodge de détruire complètement les œuvres économiques françaises au Cambodge. Attaquez directement les points faibles, les plantations, les usines et veillez en particulier à détruire les biens des rebelles sans oublier ceux de M. Baze [4].

Tâchez de resserrer le périmètre d'assaut du Siam au Cambodge. Harcelez les Français du front ouest aux fins de les mener à exécuter d'urgence le modus vivendi qui vient d'être signé.

Le 2 octobre, M. Vo Nguyen Giap au Comité exécutif du Nam Bo et aux chefs des secteurs 7, 8 et 9 :

1. Télégr. extraits d'une étude du Bureau fédéral de documentation du Haut-commissariat du 7.1.47.

2. Par terrorisme, Hanoi entend l'action menée par les troupes française contre... le terrorisme !

3. Dans le contexte de la propagande viêt-minh, l'hypothèse d'une attaque française est entretenue.

4. M. Baze, Eurasien, membre du Conseil consultatif de Cochinchine.

- Nos aspirations politiques à l'heure actuelle sont de fondre la totalité de la masse en un bloc unique, de tendre la main à tous ceux qui approuvent l'unité territoriale à quelque parti qu'ils appartiennent, de nous lier avec les journaux officiels et les groupes de partisans de l'unionisme. [...]
- Au point de vue militaire, il faut savoir conserver strictement le secret sur nos positions, renforcer sans cesse les troupes, entretenir nos armes et ne prendre aucune décision régionale. Prévoir qu'il peut se produire des attaques par surprise et la façon de réagir en cas d'offensive de la part des Français, contrôler les agissements de la troupe ainsi que ceux du peuple. Se lier intimement avec les citoyens et les propriétaires fonciers.
- Il faut éviter de se laisser séduire par les idées impérialistes. Nos collègues ne devront pas se mettre trop en avant. Veillez à la sécurité des divers services et soyez discrets sur tout ce qui touche à nos exercices et manœuvres.
- Ces finesses ne doivent pas se limiter aux questions militaires seulement, il faut encore ruser dans les domaines politique, économique et financier.
- Nous émettons le vœu que nos collègues déploient tous leurs efforts dans la lutte pour l'unification du Tonkin, du Centre-Annam et de la Cochinchine.

Le 6 octobre, le Comité exécutif du Nam Bo au Régiment 82 à Phan Thiet :

Notre but actuel est d'activer les attaques pour les forcer à exécuter les récentes conventions. Il faut refuser catégoriquement tout compromis régional.

a. *But militaire :* Faire beaucoup de prisonniers et s'emparer de nombreuses armes.

b. *But politique :* Réclamer notre indépendance et l'unité du territoire national.

Le même jour, le Bureau de liaison du Sud-Annam transmet [1] :

Intensifier propagande pour exiger la réalisation du modus vivendi. Soutenir les combattants. Renforcer les troupes et l'armement. N'accepter aucune convention régionale. Déjouer toute attaque par surprise. Harceler les troupes adverses. Prendre des mesures contre les réactionnaires français. Détruire les établissements économiques des Français opposants.

Le 8 octobre, l'ordre suivant est donné aux comités du Sud-Annam :

Organisez les rouages administratifs dans tous les villages... La Sûreté revêtira l'uniforme administratif. Obligez les notables fantoches à se séparer des Français en démissionnant et en faisant la déclaration au Comité exécutif [du Nam Bo].

1. Message transmis aux comités exécutifs de Binh Thuan, Phanrang, Dong Mai Thuong et Phantiet.

Le 28 octobre, Giap aux troupes du Nam Bo :

Au Nam Bo... Pour bien montrer notre sincérité dans l'exécution de la convention provisoire, nous avons donné l'ordre de cesser les hostilités ; cependant, nous continuerons à nous préparer sur le plan militaire. Il pourrait arriver que les Français continuent à nous attaquer ou bien cessent la lutte... et reprennent à nouveau leurs attaques. Nous devons mettre à profit ce temps de répit pour nous préparer complètement.

Le 30 octobre, le modus vivendi entre officiellement en vigueur.

Les hostilités ont cessé de part et d'autre le 29 octobre à minuit.
Une Commission militaire française présidée par le général Nyo est partie ce jour 1er novembre à Hanoi afin de fixer les principes selon lesquels seront conclues les conventions d'états-majors.
150 délinquants politiques ont été relâchés le 31 octobre. [Auparavant] 85 détenus politiques avaient été remis en liberté dont 10 personnalités notoires.
Des échanges de vues sont en cours pour déterminer la procédure d'application des articles du modus vivendi autres que l'article 9 [...] [1].

L'application durera-t-elle ?
Dès le 2 novembre, la division 27 à Thuy Hoa précise aux régiments 81 et 82 :

Gardez un secret absolu de nos positions malgré l'accord provisoire signé avec eux. [...] Pour toutes attaques éventuelles de votre part, faire la propagande [comme quoi] elles ont été décidées dans un but de légitime défense contre la terreur.

11 novembre, Hanoi aux troupes du Siam :

D'un autre côté, il faut vous occuper d'envoyer du renfort au Nam Bo en prévision d'une volte-face des Français. [...] Si l'on peut mystérieusement et sans incidents faire revenir des troupes au Nam Bo, il faut le faire ; dans le cas contraire, on ne ramènera que des armes et les organes militaires pour renforcer nos armées d'ici [2].

Le Haut-commissaire joindra à son mémorandum du 23 novembre un tableau synoptique des incidents survenus en Indochine du 8 au 20 novembre.

1. Télégr. du Haussaire Indo Saigon pour Présidence Paris 1740 F du 1.11.46.
2. Étude du Bureau fédéral de documentation, 7.1.47.

Dates	Cochinchine	Sud-Annam	Tonkin	Cambodge
8	4 partisans déserteurs [1].	Voie ferrée sabotée.		
9	8 notables enlevés (Bentre).	Voie ferrée sabotée.		
10	6 partisans déserteurs. 2 notables enlevés (Tanan).	1 notable enlevé.		
11	4 partisans déserteurs (Cangioc). 1 notable enlevé.	engagement de patrouilles 6 tués dont 3 Européens.		
12		notables assassinés (Phantiet).	2 militaires eurasiens arrêtés par Sûreté V.N.	
13	2 notables enlevés (Thu).	engagement sans perte (Ninh Hoa).		
14	1 notable enlevé (Tanan). 10 partisans déserteurs.	notables enlevés (Phantiet).		
15	25 partisans déserteurs. 10 notables enlevés ou tués. Actions de patrouille. Bentre, 2 blessés. Travinh, 1 blessé. Cantho, 1 Européen tué.			
16	Mytho, 4 notables disparus ; d'autres démissionnent. 7 écoles fermées.	2 engagements de patrouilles sans pertes.	Poste attaqué par V.N. (Tien Yen). 34 V.N. tués, nos pertes : 3 tués indigènes.	Poste commandement rebelle détruit par aviation (30 tués).
17	1 notable enlevé. 6 désertions partisans.			
18	plusieurs notables enlevés (Bentre). 1 Européen tué.	1 engagement de patrouille.		
19	20 partisans déserteurs.			
20	9 partisans déserteurs.	1 poste enlevé par V.M.	Affaire de Haiphong.	
21	5 tirailleurs déserteurs. 2 engagements de patrouilles. 1 tirailleur et 1 légionnaire tués.	3 engagements de patrouilles. 1 légionnaire blessé.	Affaire de Haiphong et Langson.	

1. Ces partisans (milice cochinchinoise) désertent sous la pression du Vietminh.

Calme et fermeté du Haut-commissaire

L'Amiral envoie dès le 14 octobre 1946 un télégramme au président du Gouvernement :

La ligne de conduite politique qu'entend suivre le gouvernement du Viêt-nam en ce qui concerne l'application du modus vivendi du 14 septembre déjà esquissée par les télégrammes du 6 et du 9 octobre [1] se dessine de plus en plus nettement. Tant pour retirer de l'article 9 dans le Sud le maximum d'avantages que pour refuser ou différer toute application des autres articles en notre faveur dans le Nord, elle consiste à ameuter les opinions vietnamienne, française et internationale contre notre prétendue attitude de terrorisme dans le Sud à l'égard de « patriotes vietnamiens ». Parallèlement, l'activité des groupes militaires aux ordres de Hanoi en bordure des Hauts Plateaux du Sud-Annam et aux lisières du Cambodge et le regroupement des troupes armées par le Viêt-nam en Cochinchine, préparent les futures actions hostiles.

Après avoir exploité l'arrestation de Nguyen Ngoc Binh puis la condamnation avec sursis de deux prêtres cochinchinois, la propagande de Hanoi parle maintenant de l'exécution sommaire par nous de cinq patriotes vietnamiens. Or, des cinq personnes visées, l'une, Huang Minh Chan, est simplement maintenue en prévention à Saigon, la seconde, Ly Chinh Tang, est morte dans un hôpital militaire français de blessures reçues au cours d'opérations militaires ; pour les trois autres, il s'agit de faits remontant à juin dernier où trois prévenus furent mortellement blessés au cours d'une tentative d'évasion. En même temps, le gouvernement de Hanoi saisit tout prétexte pour élever des protestations. La dernière en date concerne l'organisation du référendum constitutionnel français sur le territoire du Viêt-nam oubliant l'appartenance de celui-ci à l'Union française. [...] Enfin, pour frapper l'opinion la C.G.T. vietnamienne vient de donner ordre de grève générale pour la matinée du 14 octobre. L'ordre a été suivi à Hanoi et Haiphong mais la situation locale est restée calme. [...] Comme précédemment, je vous serais reconnaissant d'utiliser ces renseignements sans délai afin de prévenir de nouveaux assauts de la propagande de Hanoi... en France qui constitue l'arme principale sur laquelle compte le gouvernement du Viêt-nam [2].

Le président Hô Chi Minh revenant de France à bord de l'aviso *Dumont d'Urville,* l'Amiral a convenu de le rencontrer en baie de Cam Ranh pour parler de l'application du modus vivendi. L'entrevue a lieu sur le croiseur *Suffren* le 18 octobre.

1. Cités page 331.
2. Télégr. Haussaire Indo Saigon pour Cominindo Paris 1613 F du 14.10.46.

Il soulèvera la question

des clameurs et de la campagne tendancieuse de Hanoi tendant à tout faire échouer, du terrorisme en Cochinchine, au Cambodge, des complicités avec le Siam.

Sur l'entretien lui-même, l'Amiral note brièvement dans son journal :

Entretien avec Hô. [Il est] assez apaisé et enclin aux accords verbaux.
Cette manie désagréable au possible d'embrasser par un geste brusque et rapide...
En somme, l'essentiel est sa volonté affirmée de lutte contre le terrorisme et de rétablir des relations cordiales.

Dans un message au ministre Moutet, le compte rendu se fait plus détaillé :

J'ai eu avant le déjeuner un premier entretien particulier avec le président. Au déjeuner l'atmosphère fut cordiale. Le président Hô Chi Minh paraissait détendu et reposé par son voyage et les toasts échangés de part et d'autre exprimeront la volonté commune de tout mettre en œuvre pour développer les bonnes relations et l'amitié de la France et du Viêt-nam.

Après le déjeuner, j'ai eu un deuxième entretien particulier avec le président, puis une petite conférence à laquelle participèrent M. Pignon et M. Longeaux.

Au cours de ces entretiens, j'ai pu exposer au Président comment nous concevions la mise en application du modus vivendi, notamment en ce qui concerne les travaux des commissions militaires chargées de préparer la cessation des hostilités. Si le président s'est montré d'accord sur la procédure à suivre et notamment sur l'envoi préalable à Hanoi d'une commission présidée par le général Nyo, il s'est montré par contre absolument intransigeant en ce qui concerne le principe du rapatriement dans le Nord des troupes vietnamiennes de Cochinchine et du Sud-Annam. Je lui ai indiqué que j'avais reçu les instructions les plus formelles à cet égard sans cependant ébranler sa fermeté. J'étais au surplus convaincu d'avance que le président ne prendrait aucune décision d'importance avant d'avoir repris contact avec son gouvernement à Hanoi. J'ai signalé au président la campagne mensongère et injurieuse à laquelle se livrent la presse et la radio d'Hanoi. Je lui ai donné lecture d'une lettre inadmissible dans le fond et dans les termes que venait de m'adresser son intérimaire pour protester contre les prétendues atrocités commises par les Français dans le Sud et nous accusait à l'avance de vouloir violer les accords de septembre. Le président a paru regretter cette attitude. Toutefois sans exprimer une désapprobation très nette. Par contre, il a désavoué formellement et m'a autorisé à en faire état, les actes de terrorisme actuellement commis en Cochinchine.

Je lui ai annoncé que de mon côté, et pour montrer notre désir d'apaisement, j'avais décidé sans attendre la date de mise en application du modus vivendi, de faire libérer un certain nombre de prévenus politiques notoires et ceux-là mêmes que la presse du Viêt-nam nous accusait d'avoir torturés ou fait fusiller.

Le président Hô Chi Minh m'a vivement remercié et m'a prié de poursuivre cet effort, ajoutant qu'il en ferait état pour apaiser l'opinion vietnamienne.

Le président Hô Chi Minh, après un entretien de quelques minutes avec les représentants de la presse, a pris congé à 16 heures et a regagné le *Dumont d'Urville,* ayant reçu au départ comme à l'arrivée les honneurs réglementaires.

Je remporte de cette rencontre qui [...] me paraît féconde, l'impression que le président est assez anxieux de la situation qu'il va trouver à son retour. Les questions qu'il a posées notamment avec une certaine avidité au général Morlière et à M. Pignon dès leurs premiers contacts le prouvent abondamment. J'ai néanmoins l'impression qu'il désire sincèrement, pour un temps au moins, chercher dans une entente avec la France la consolidation des résultats déjà acquis et l'amorce de nouveaux progrès. D'après les renseignements concordants qui me sont parvenus, il dépend de lui de faire cesser dès son retour l'agitation artificielle qui est entretenue en ce moment par le gouvernement de Hanoi. J'ai pensé donc que nous saurons assez vite d'après son attitude s'il veut effectivement appliquer les accords de septembre. Je suis également convaincu qu'il essayera, en mêlant la gentillesse des déclarations amicales, aux chantages et aux intimidations, d'obtenir de nous, en Cochinchine, le maximum d'avantages à la faveur de ceux, substantiels déjà, que lui octroie le paragraphe IX du modus vivendi [1].

Dès le retour de Hô Chi Minh au Tonkin, une campagne de presse à l'instigation des dirigeants du Viêt-minh, demande le remaniement du gouvernement dont on veut expulser les éléments d'opposition admis le 2 mars sous l'emprise de la nécessité. [...]

Le 3 novembre, Hô Chi Minh présente à l'Assemblée son nouveau gouvernement et le fait acclamer par tous les députés.

Hô Chi Minh a la présidence du Conseil et les Affaires étrangères, Vo Nguyen Giap la Défense nationale.

A l'exception de Chu Ba Phuong V.N.Q.D.D. tous les ministres font partie du Viêt-Minh ou sont des sympathisants. Le prince Vinh Tuy, ex-empereur Bao Dai, reste conseiller suprême, mais il est absent ayant gagné la Chine puis Hong Kong où il réside [2].

En Cochinchine, le Comité exécutif provisoire du Nam Bo coordonne la propagande et les actions armées. Il est en liaison constante avec Hanoi et se proclame seule autorité légale dans le Sud.

Le Haut-commissaire proteste auprès de Hô Chi Minh.

Le 6 novembre, une lettre solennelle décrit les actes de terrorisme perpétrés depuis le 30 octobre 1946...

et rappelle que Hô Chi Minh a personnellement et en termes non équivoques condamné le terrorisme au cours des récents entretiens de la baie de Cam Ranh [3].

1. Texte nº 1659 F du Haut-commissaire à l'attention ministre FOM.
2. Ephémérides d'Indochine.
3. Lettre du Haut-commissaire au président de la République démocratique du Viêt-nam du 6.11.46. Réf. 21.000.

Il précise dans un télégramme du même jour :

J'ai le devoir d'adresser une ferme protestation à Votre Excellence au sujet de l'activité qu'exerce ouvertement en Cochinchine, contrairement aux dispositions formelles de la convention préliminaire du 6 mars et du modus vivendi du 14 septembre, l'organisme qui s'intitule le Comité exécutif provisoire du Nam Bo. Jusqu'à l'intervention du référendum prévu par l'accord du 6 mars, le statut de la Cochinchine demeure inchangé et toute activité non autorisée par l'autorité française est illégale.

Je vous serais donc particulièrement obligé de vouloir bien donner les ordres nécessaires pour que cesse immédiatement l'activité en Cochinchine des organismes qui se réclament de votre gouvernement. [...]

Il appartiendrait en effet au gouvernement français... de tirer les conséquences de la prolongation de cet état de choses contraire à la politique d'amicale coopération à laquelle il s'est attaché [1].

Le président Hô Chi Minh répond le 9 novembre :

Le Comité administratif provisoire du Nam Bo a été institué depuis le 25 août 1945 sous la direction du gouvernement central et a toujours continué à fonctionner jusqu'à présent ; cet organisme administratif a eu même des contacts officiels avec les autorités militaires alliées et françaises en octobre 1945.

Cet état de fait, caractérisé par la coexistence en Cochinchine des troupes d'occupation françaises d'une part et des organismes administratifs et militaires vietnamiens d'autre part, a été consacré par les accords préliminaires du 6 mars et le modus vivendi du 14 septembre 1946 selon lesquels la situation *de facto* de la Cochinchine doit demeurer inchangée jusqu'au référendum.

En ce qui concerne l'activité du Comité administratif provisoire du Nambo, ainsi que celle des organismes militaires vietnamiens, mon gouvernement peut vous assurer qu'il ne tend qu'à l'application intégrale des clauses militaires et politiques de l'article 9 du modus vivendi relatif à la Cochinchine et plus généralement ne peut que faciliter commerce, politique amicale et coopération à laquelle nos gouvernements sont également attachés [2].

L'Amiral réplique :

Pour S.E. le Président de la République démocratique du Viêt-nam.

Je ne sais si Votre Excellence est très attachée à la thèse selon laquelle la convention préliminaire et le modus vivendi ont consacré en Cochinchine une situation de fait caractérisée par la coexistence des troupes d'occupation françaises d'une part, d'organismes administratif et militaire vietnamiens d'autre part, et si je dois considérer l'adhésion qu'elle lui donne comme une prise de position définitive sur cet important problème. Je n'insisterai pas sur la fragilité de cette thèse qui ne repose sur aucun fondement juridique. Je me bornerai à observer que le cosignataire des accords du 6 mars et du 14 septembre a sur cette même question une opinion absolument opposée et qu'il ne l'a pas laissé ignorer au cours des conversations qui ont précédé lesdits accords.

1. Message 1034-E transmis au président Hô par le général Morlière.
2. Message 415 - 090450.

Il a été dit expressément que pour le gouvernement français, la Cochinchine était terre française et que son statut ne pouvait être modifié que par une décision du Parlement français intervenant dans ce domaine pour ratifier le vœu des populations consultées par référendum. Cette position est claire et fondée sur le droit comme sur les faits. Je vous serais donc particulièrement obligé de bien vouloir me confirmer si vous entendez vous tenir aux principes que vous avez exposés afin de me permettre éventuellement de signaler au gouvernement français ce fait nouveau qui affecte les négociations en cours dans leurs bases mêmes.

Je n'ignore pas l'existence du Comité administratif provisoire du Nam Bo comme étant l'une des organisations clandestines illégales fonctionnant en Cochinchine. Je n'ignore pas non plus que M. Cédile et les chefs militaires français et alliés avaient cru devoir dans un esprit de conciliation et pour éviter si possible toute effusion de sang, entrer en contact avec cette organisation en octobre 1945 comme cela fut fait en d'autres occasions et dans le même esprit avec d'autres autorités de fait. Il aurait pu dépendre à cette époque de la sagesse des dirigeants de ce comité de voir consacrer leur existence légale. Ils ont choisi la lutte et se sont rejetés eux-mêmes dans la clandestinité. La convention du 6 mars et le modus vivendi n'ont pas pour effet de les autoriser à sortir de l'ombre et à poursuivre au grand jour une activité illégale.

Le gouvernement de la République démocratique du Viêt-nam doit, s'il en désire une application sincère, soit donner l'ordre aux membres du comité qui se réclame de lui de cesser toute activité illégale, soit les désavouer publiquement.

Je suis sûr que Votre Excellence comprendra parfaitement l'exceptionnelle gravité de la question qui vient d'être ici posée. Je vous prie, monsieur le Président, de bien vouloir agréer les assurances de ma haute considération [1].

20 octobre

Notre force est d'avoir un avis et de s'y tenir.

Nous ne changeons pas essentiellement de politique :

1. politique d'amitié pour nos amis dont les diverses minorités ;
2. pour la Cochinchine : le gouvernement provisoire continue, les élections continuent ;
3. ... « contre le péril de la drogue hanoienne » : une campagne « contre le terrorisme » doit dominer l'application du modus vivendi.

Mesures d'alerte et de sécurité : renforcer la protection des postes clés (usines électriques, port, aérodrome, central téléphonique...)

Envoyé une circulaire appelant à la vigilance de tous.

Question d'un regroupement éventuel de nos forces sur les points principaux. Permettre l'attente puissante et calme.

31 octobre

Action pour la tenue des troupes en ville et surtout celle des officiers.

Les fins sont une chose, les moyens en sont une autre. Les entrées clandestines d'hommes et d'armes.

La perquisition réglementaire fait crier les journalistes, le moindre

1. Message 1054 E du 11.11.46.

acte discourtois... les met en boule, seule l'autorité responsable devrait se laisser faire.

Nous sommes au service de la France et non d'un gouvernement d'origine insurrectionnelle.

Le 5 novembre, l'Amiral poursuit sa réflexion dans une lettre au général de Gaulle.

Mon Général,

Hier, nous arrivait le texte de votre ultime déclaration avant la consultation électorale [1]. Elle est nette. Les Français, abusés qu'ils sont encore par le jeu des partis, comprendront-ils en majorité suffisante ? Espérons-le.

Le jeu des partis ! En Indochine, nous avons assez de recul dans l'espace pour être à même d'en mesurer, à ce tournant historique, l'essentielle malfaisance. La construction sur des bases fédératives des territoires d'outre-mer est à l'ordre du jour. Ici, ayant eu la fortune d'y restaurer une autorité française balayée par la double mousson nippone et vietminhienne de 1945, nous pensons que l'important labeur commencé devrait se poursuivre dans l'ordre et la raison. Il nous faut aujourd'hui surmonter les méfaits des campagnes idéologiques qu'inspire le marxisme du gouvernement de Hanoi et les effets de l'action politique et administrative qui en découle.

Or, depuis le mois de mai dernier et surtout le mois d'août, le gouvernement de Paris a grandement desservi nos intérêts. Impuissant à voir les choses en soi et à décider dans le sens des intérêts supérieurs du pays, parce qu'il a fait de l'Indochine une pièce de prix sur l'échiquier électoral, un sérieux malaise s'est créé. Il s'est étendu aux pays restés les plus fidèles et les plus coopératifs. En Cochinchine, le mal qui en résulte fut déjà profond. Que veut la France quand on la voit si prodigue d'égards, de compliments et de faiblesses vis-à-vis d'Hô Chi Minh et de ses partisans ?

Ce Haut-commissariat a tout fait pour enrayer le flux des compromissions. Il n'a réussi que partiellement. [...]

Notre invité qui s'incrustait à Paris sans vergogne, aurait dû être doucement mais fortement poussé par les épaules dès le début d'août. Le 14 septembre, nous pouvions encore demeurer sur nos positions.

L'initiative du ministre de la France d'outre-mer a conduit à nouvel échange de signatures. La première partie d'un modus vivendi élaborée par nos délégués et pleine d'excellentes choses est intégralement viciée par le texte concernant la Cochinchine. Ce dernier constitue pour Hanoi une deuxième et pesante hypothèque à valoir sur la Cochinchine. Nous nous employons à en réduire les conséquences fâcheuses, ce n'est pas facile.

Pour le Siam et la restitution des provinces injustement annexées, nous avons réussi à prévenir le recours au Tribunal de La Haye, suggéré par le Quai d'Orsay.

Convoqué aujourd'hui par M. Bidault qui avait cru meilleur d'éluder ma requête du 2 août, il est probable que je serai à Paris, deuxième moitié de novembre. Nous aurons alors le résultat des élections et l'on pourra se faire une

1. Élections pour l'Assemblée nationale le 10 novembre 1946, suite à l'adoption de la Constitution.

certaine idée de la suite. Je compte naturellement vous rendre visite à Colombey.

C'est à la veille de son départ pour Paris que l'Amiral apprend le suicide du Dr Thinh, président du Gouvernement provisoire de Cochinchine [1].

Il quitte Saigon le 12 novembre pour la capitale après avoir confié l'intérim au général Valluy.

Le 20 novembre, l'Amiral reçoit de Valluy un télégramme, rendant compte de l'application des clauses du modus vivendi par les autorités vietnamiennes.

Les intentions du Viet-nam peuvent se résumer ainsi :

Obtenir un règlement provisoire de la situation consolidant l'état de trêve militaire, s'installer dans cette situation favorable en faisant traîner au maximum les travaux de la commission tendant au règlement définitif, utiliser ce délai pour améliorer leur situation militaire en tournant les clauses de l'accord provisoire et surtout pour améliorer leur position politique par la réorganisation et l'extension de leur appareil politico-administratif clandestin et par une propagande occulte et si possible ouverte.

L'application loyale du modus vivendi de notre seul côté est en train de tourner à notre détriment avec une accélération croissante [2].

Le lendemain 21 novembre, nouveau télégramme :

Graves incidents se sont déroulés hier à Haiphong où éléments réguliers vietnamiens ont ouvert le feu sur embarcations marine française et sur détachements français [3]...

Réunion du Comité interministériel de l'Indochine

Reporté au 23 novembre en raison de ces incidents d'Haiphong, le Comité interministériel se tiendra à l'hôtel Matignon en présence du président du Gouvernement, M. Georges Bidault, et des ministres concernés [4].

Pour le Haut-commissaire, cette réunion est d'autant plus importante que le 2 août 1946 il avait demandé :

Instamment que rien ne soit décidé avant d'être entendu [5].

1. Voir chapitre XI, page 288.
2. Télégr. 1853 F du 19.11.46.
3. Télégr. 1896 / 3 / T du 21.11.46.
4. MM. Moutet, ministre de la FOM ; Michelet, ministre des Armées ; Schumann, ministre des Finances ; Tillon, ministre de l'Armement ; Varenne, ministre d'État ; Colin, sous secrétaire d'État aux Affaires étrangères ; l'amiral d'Argenlieu, Haut-commissaire de France pour l'Indochine ; Laurentie, directeur des Affaires politiques au ministère de la FOM ; l'amiral Barjot, sous-chef d'état-major général de la Défense nationale ; Ribière, directeur du S.D.E.C.E. ; Segalat, secrétaire général du Gouvernement.
5. Voir ce mémorandum du 2 août en annexe 13.

Il regrette cette attente :

Trois mois ont passé depuis, chargés d'événements aux multiples incidences métropolitaines et indochinoises [1].

Après avoir mis en garde contre

l'attitude de certains qui ne soupçonnent guère le mystère de l'Asie et s'imaginent que notre logique cartésienne à trois dimensions y est bonne à tout,

l'Amiral récapitule les faits nouveaux survenus depuis le 2 août :

- La présence à Paris jusqu'à la mi-septembre du président Hô et de la délégation vietnamienne,
- L'heureuse conclusion de la seconde conférence de Dalat,
- La signature du modus vivendi du 14 septembre,
- Le retour du président Hô et de la délégation ; la convocation de l'Assemblée nationale à Hanoi, suivie d'un remaniement ministériel,
- Les élections au Cambodge et la réunion de la première Assemblée consultative,
- La mise en application du modus vivendi,
- Le référendum en France suivi des élections générales,
- La crise politique cochinchinoise aggravée par le suicide du président Thinh,
- La signature de l'accord franco-siamois portant annulation du traité de Tokyo et restitution au Cambodge des quatre provinces injustement annexées.

Sur le plan diplomatique, le Haut-commissaire constate l'amélioration des relations avec la Chine, à la suite du départ des troupes chinoises.

Les rapports avec les pays alliés, Royaume-Uni, Amérique et Pays-Bas sont excellents, les consuls généraux sont convaincus de la nécessité de l'aide de la France pour la reprise de la vie économique dans tous les pays de la Fédération.

L'élément nouveau dans le camp diplomatique est l'apparition à Saigon d'une petite mission soviétique. Le prétexte à sa venue est dénué de toute objectivité. De prisonniers russes, il n'y en a pas eu un seul, de ressortissants une pincée. Il est regrettable que sans avoir pris l'avis de notre Haut-commissariat un visa valable pour six mois ait été accordé par les soins de notre ambassade à Moscou.

Sur le plan intérieur en Indochine, les personnalités politiques des deux royaumes, Laos et Cambodge, se demandent si la France se montrera forte et résolue ou faible et hésitante face aux prétentions et ambitions impérialistes annamites.

Le point de vue vietnamien, Hô Chi Minh le concrétisait en rentrant au

1. Cette citation comme celles qui suivent sont extraites du mémorandum présenté et lu par le Haut-commissaire au Cominindo le 23.11.46.

Tonkin le 21 octobre, comme toujours en termes pondérés afin de camoufler sa tactique de prétérition :

« Les deux questions principales ne sont pas encore solutionnées, je veux parler de l'indépendance du Viêt-nam et de son intégralité territoriale. »

Mais cette attitude révèle la mauvaise foi complète à l'endroit des obligations souscrites par le même leader le 6 mars à Hanoi. La convention réserve manifestement l'avenir de l'Annam et de la Cochinchine et limite l'octroi des libertés politiques. Les directives du Comité d'Indochine m'invitaient expressément à m'en tenir à ces limites non seulement pour la Cochinchine mais pour les territoires peuplés depuis toujours par les montagnards moïs et thaïs.

Notre politique jusqu'à ce jour a réussi auprès de ces derniers, foncièrement hostiles aux Vietnamiens. Elle n'a pas aujourd'hui porté les fruits espérés en Cochinchine, et le brutal suicide du président Thinh peut apparaître comme un signe de cet échec.

En bref, et tous ici sommes d'accord - le problème annamite est présentement axé sur le problème cochinchinois.

Ce problème a été soulevé par notre Haut-commissariat avec une réelle solennité dès le 26 avril 1946 [1]. Au terme de mon exposé, marquant que l'avenir de la France en Indochine dépendait du maintien de notre autorité en Cochinchine, je disais :

« Ce serait là, avec sa part inévitable de risque une grande politique au service de la grandeur française.

« Il n'appartient qu'au gouvernement de la République de prendre ses responsabilités propres et de décider sans retard de sa politique dans un sens ou dans l'autre.

« C'est chose indispensable ici pour un travail efficace. »

Il n'a jamais été répondu fermement à cet appel : ni en mai, ni en août quand il fut renouvelé.

Ce fut là [omission] lourde de conséquences.

Du mois de juin au mois de novembre - cinq mois durant - notre position en Cochinchine s'est altérée. Parmi les causes, il faut reconnaître que l'incertitude entretenue par Paris sur la volonté du pays à l'égard de la Cochinchine est au tout premier rang. Car le contraste s'affichait crûment entre ce silence réservé et le manifeste intérêt porté à la République du Viêt-nam, en la personne de Hô.

Le peuple cochinchinois - son gouvernement provisoire compris - a commencé à douter de la France, cependant que le Viêt-nam en profitait pour accentuer sa pression terroriste et son ingérence occulte en Cochinchine.

Ajoutons la réflexion suivante :

La singulière rapidité avec laquelle fut rétablie la présence de l'autorité française du sud au nord et d'est en ouest paraît avoir donné le change. Depuis le 9 mars 1945, nous étions au-dessous de zéro. En septembre de la même année, nous revenions frapper aux portes et voici qu'en fin mars 1946 nos couleurs flottaient à nouveau partout.

1. Rapport du Haut-commissaire « Tournant politique en Indochine », voir chapitre XI, page 274.

Au Cambodge, au Laos, et sur les Hauts plateaux notre retour trouvait l'unanime audience des populations.

En Cochinchine, nous trouvâmes une large audience mais le Viêt-nam nous y combattait résolument. Jusqu'en mars, pourtant, nous apparaissions les plus forts et les plus décidés et notre rétablissement s'avérait réussite.

De vrai, il était fort fragile parce que l'action militaire ne put s'y accompagner, faute de moyens toujours, faute d'expérience parfois, du travail en profondeur requis par le tournant politique.

Nous n'avions pas de forces de police locale à opposer à la guérilla tenace et nocturne.

Nous avions fort peu de personnel qualifié dans le secteur civil.

Nos troupes enfin courageuses et hardies étaient mal préparées moralement et techniquement à ce genre d'aventures. Comment discerner l'Annamite loyal, de l'Annamite hostile ou du Chinois indifférent ou neutre ? Comment éviter d'être dupé souvent quand on ignore tout de la langue, des coutumes et de la psychologique asiatiques ?

Comment ne pas se laisser aller aux exactions, rapines, marché noir quand, des années durant, en pleine Métropole, ce furent procédés familiers contre l'occupant exécré ?

Marquons aussi que le profil véritable de la situation ne se révéla tel que progressivement. C'est en juin qu'il commença de se dessiner nettement, d'autant plus aisément d'ailleurs que le dispositif clandestin mis en place et manœuvré par Hanoi venait trois mois durant de se perfectionner et s'étendre.

N'est-ce point en mars seulement que m'arrivait - nouveau venu en Indochine - un directeur de la Sûreté !

N'est-ce point en mars qu'il fallut - d'obligation internationale - pousser vers le nord la 9e DIC et le groupe Massu (quand ces forces avaient acquis cinq mois d'expérience cochinchinoise) et leur substituer tant bien que mal la 3e DIC privée encore de ses moyens de transport et de son équipement de grande unité.

Or, à peine la convention du 6 mars signée, la Métropole se hâtait de poser le problème de la relève et de la réduction d'effectifs.

Ces indices et cent autres vite décelés par le Viêt-nam l'inclinaient à comparer ses moyens aux nôtres et à juger que l'équilibre pourrait assez vite se rompre en leur faveur.

Il est clair que c'est ce qu'ils attendent de la mise en pratique de l'article IX du modus vivendi, après l'avoir attendu de leurs activités à Paris l'été dernier auprès des partis politiques français et des organes de propagande métropolitains.

Perspectives possibles d'évolution

La mise en œuvre du modus vivendi a retenu toute notre attention. Nous avons agi de notre mieux aux fins de créer un climat favorable.

Rencontre du président Hô - libération de prisonniers politiques - création de notre dispositif de commissions.

En retour, le Président blâmait officiellement les méthodes terroristes et restituait l'Institut Pasteur.

De part et d'autre était ordonné de suspendre le feu. Cet ordre était exécuté le 30 octobre.

La proposition de M. Pham Van Bach comme délégué auprès du Haut-commissaire est restée sans réponse.

Puis nous voici très vite dans l'impasse appréhendée que décrit fort bien le message du 19 novembre envoyé par notre Haut-commissariat [1].

Je me permettrais au terme de l'exposé de suggérer au Gouvernement les mesures propres à sauvegarder notre patrimoine.

Ce qu'il me faut marquer, c'est *la grave menace que renferme en soi la teneur de l'article IX quant à ce patrimoine.*

Et c'est pourquoi il fixe seul l'intérêt du gouvernement de Hanoi et encore, non pas en sa totalité, mais en ses points les plus avantageux pour lui.

a) Faire cesser le feu et libérer les prisonniers politiques, est une manière de condamnation publique de notre politique si les immédiates contreparties n'apparaissaient pas.

Lesquelles ?

- La disparition du terrorisme organisé à des fins politiques en vue de substituer l'autorité politique et administrative du gouvernement de Hanoi à celle du Gouvernement provisoire de Cochinchine et donc par ricochet de la France.

Or, le terrorisme politique continue et s'étend plus aisément.

C'est grave déjà.

- Le regroupement des forces vietnamiennes après cessation des hostilités, avec désarmement des Cochinchinois et transfert des autres dans le Nord. On refuse d'en traiter à Hanoi.

b) Par contre, le modus vivendi insiste pour la désignation et l'envoi d'un délégué auprès du Haut-commissaire. C'est encore une hypothèque que l'on cède au Viêt-nam en Cochinchine : la troisième.

M. Giam ne me disait-il pas naïvement le 21 novembre que ce délégué était nécessaire pour *donner des ordres* en Cochinchine. J'ai dû redresser la chose sur-le-champ.

En bref, réseau complet de terrorisme ; Comité exécutif du Nam Bo ; liberté de la presse, élargissement des détenus politiques.

Il ne manque guère en effet que le substitut du président Hô sur place pour coiffer et orchestrer le tout.

Cela prêterait à rire, à la farce, comme semble l'avoir insinué le défunt président Thinh - si le caractère foncier des choses n'était au contraire tragique.

Je n'ignore pas que les préoccupations électorales qui ont surgi à une cadence exceptionnelle ont largement accaparé l'attention métropolitaine.

Représentant en Indochine du Gouvernement, je devais en tenir compte et je crois pouvoir affirmer que ni au printemps ni en automne 1946 le problème indochinois n'est venu interférer dans les périodes préélectorales.

Mais il nous faut aujourd'hui en mesurer les conséquences et sortir du flou dangereux où nous venons de vivre.

En conclusion, le Haut-commissaire rappelle qu'il avait été envoyé en Indochine en août 1945 pour y rétablir la souveraineté française, que :

Cet objectif ferme s'accompagnait d'un dessein politique libéral, exprimé dans la déclaration du 24 mars 1945,

1. Message 1853 F du 19 novembre, cité page 340.

et que

ces directives n'ont jamais été rapportées par le Gouvernement.

Le problème crucial se pose aujourd'hui sous forme de dilemme : Le gouvernement laissera-t-il prolonger une équivoque qui favorise en réalité les tenants résolus de notre éviction ;

ou

le Gouvernement, appréciant la gravité des documents produits et des incidents récents [1], ne jugera-t-il pas indispensable de suspendre l'application du modus vivendi dont la lettre et l'esprit sont impunément violés par les autorités vietnamiennes. Par sa clarté, cette mesure serait de nature à produire un choc psychologique des plus favorables à la France. Nos amis sincères du Laos, du Cambodge, de la Cochinchine, du Sud-Annam et des Hauts Plateaux reprendraient confiance. Et tous les Vietnamiens hostiles à la politique actuelle de Hanoi - ils sont nombreux au Tonkin, en Annam - en seraient eux-mêmes réconfortés [2].

Pour M. Moutet,

La France n'admet pas que l'article IX du modus vivendi puisse donner autorité au gouvernement du Viêt-nam pour intervenir en Cochinchine. Les seules dispositions [à discuter] concernent... les ordres à donner [par le gouvernement de Hanoi] pour la cessation du feu et de tous actes d'hostilité.

Or, contrairement à la lettre et à l'esprit du modus vivendi, une agitation politique tend à substituer... une autorité nettement insurrectionnelle et à accentuer sa pression terroriste, malgré les solennelles déclarations du président Hô Chi Minh [3].

M. Bidault intervient alors :

La Cochinchine est une colonie française. Elle le restera jusqu'à la décision de l'Assemblée nationale. Il serait contraire aux dispositions constitutionnelles du pays qu'il en soit autrement. La loi française doit y être respectée par tous jusqu'à nouvel ordre. La Cochinchine n'est pas une question dont le Comité interministériel, ni même le Conseil des ministres, puisse disposer : seule la souveraineté nationale le peut et elle ne le fera qu'après libre consultation des populations.

Le Haut-commissaire a le devoir d'y faire respecter l'ordre et la loi par tous les moyens contre qui que ce soit [4].

Ces instructions sont claires, rapporte M. Longeaux présent à ce comité :

Maintenir l'ordre par tous les moyens et tirer le canon.

1. Haiphong et Langson.
2. Mémorandum présenté le 23 novembre 1945 au Cominindo.
3. Extrait repris dans le télégr. nº 20 / DC du 24.11.46.
4. Intervention du chef du gouvernement, citée dans le télégr. Haussaire Indo Paris à Haussaire Indo Saigon 20 / DC du 24.11.46.

L'Amiral a répondu :

Vous avez été, je crois, un des chefs de la Résistance, M. le Président. Quelle était, à cet égard, l'influence des coups de canon des Allemands ? Sans redressement psychologique, sans coup de barre, je dois décliner toute responsabilité ; car en dehors des centres que nos forces tiennent militairement, nous perdrons toute autorité dans les campagnes.

Il s'agit en Cochinchine

d'une résistance clandestine ; on y voit un gouvernement le jour et un gouvernement la nuit, le gouvernement de la nuit tend à devenir le gouvernement de toujours.

Ces interventions de MM. Bidault et Moutet seront reprises le lendemain dans un télégramme d'instruction du Haut-commissaire au général Valluy son intérimaire à Saigon.

Il fut pleinement approuvé par le président du Gouvernement et les ministres Moutet et Michelet.

Sans suspendre officiellement l'application du modus vivendi, ce qui prêterait, m'a-t-on dit, à mille polémiques et difficultés politiques en France, le sens du télégramme officiel [...], en fixant solennellement la position du gouvernement français sur ses droits et devoirs en Indochine, vous rend en fait pleine liberté de manœuvre du point de vue militaire [1].

Haiphong : 20 novembre 1946

Lorsqu'ils se sont produits en novembre 1946, les événements d'Haiphong n'ont pas eu l'importance qu'on a voulu leur donner par la suite. Le journal du Haut-commissaire — il poursuit alors son séjour à Paris — n'évoque pas cette affaire dans le détail. Depuis lors, une polémique durable s'est développée, laissant entendre qu'un bombardement naval aurait provoqué des milliers de victimes. On parle aujourd'hui d'événement majeur dans le déclenchement de la guerre d'Indochine.

Il nous semble donc nécessaire de reprendre le déroulement précis des événements.

Il faut souligner que ces incidents d'Haiphong sont accompagnés de ceux de Langson : le 21 novembre, un détachement militaire tombe sous le feu d'un poste de garde vietnamien ; deux soldats sautent sur des mines. En réaction, les troupes françaises occupent la ville.

Haiphong, Langson... Ces 2 incidents graves ne témoignent-ils pas de l'impossibilité d'application du modus vivendi ?

1. Télégr. Haussaire Indo Paris à Haussaire Indo Saigon 26 / DC du 25.11.46.

A Haiphong, que s'est-il passé ?

Le point de départ – ou le prétexte ? – est une affaire douanière : le contrôle du port de Haiphong par la France, pour une raison politique – stopper la contrebande d'armes – et pour une raison économique – stopper l'effondrement monétaire.

La contrebande d'armes destinées à équiper les troupes d'insurrection viêt-minh est devenue une préoccupation majeure du Haut-commissaire depuis son retour en Indochine en juillet 1946.

Pour gêner celle qui provient du Siam, l'Amiral a décidé, début août, un blocus maritime du sud de la péninsule. Mais au Nord, dans les criques de la baie d'Along, des jonques venues de Hong Kong débarquent clandestinement armes, munitions, essence.

D'autre part, pour financer ses achats d'armes, le gouvernement de Hanoi lève des taxes sur les importations depuis mai 46 et impose l'échange des piastres indochinoises contre les billets Hô Chi Minh sans valeur. Les commerçants chinois, spoliés par ces mesures, demandent l'intervention de la France [1].

La piastre indochinoise affluant à Hong Kong pour financer armes et munitions, voit son cours s'effondrer : le dollar de Hong Kong s'échange contre 17 piastres, au lieu des 2,5 du cours officiel [2].

Pour la même raison, le gouvernement de Hanoi autorise les exportations de riz, alors que la pénurie se fait sentir au Tonkin.

Devant cette situation, – contrebande d'armes et désordre économique, – et dès son arrivée, le général Morlière, commissaire de la République par intérim, obtient de Saigon, le 10 septembre, un contrôle douanier dans le port de Haiphong. Le contrôle est mis en place le 10 octobre.

La circulaire précise qu'il s'agit d'un

> règlement provisoire et à caractère conservatoire pour mettre fin au désordre du ravitaillement et pour maintenir le cours de la piastre.

Le président Hô Chi Minh adresse une protestation au président Georges Bidault le 11 novembre. Le général Valluy commandant en chef par intérim remarque que le gouvernement vietnamien va chercher

> l'occasion de rejeter les restrictions pour lui très gênantes apportées à ses activités notamment à la contrebande des armes [3].

Le coup de force de Haiphong est minutieusement préparé, comme en témoignent les consignes secrètes du gouvernement de Hanoi [4].

1. Ils invoquent le traité du 28 février qui prévoit une zone franche dans le port de Haiphong pour le commerce avec la Chine.
2. Cours du début d'octobre 1946 ; ils vont remonter à partir du 15, date d'entrée en vigueur du contrôle douanier. (Cf. Philippe Devillers, *Histoire du Viêt-nam,* chapitre 8, SEVIC, 1952).
3. Cf. Télégr. n° 50 / TB du 27.11.46 du général Valluy au Cominindo.
4. Étude du Bureau fédéral de documentation du 7.1.47 et renseignements du 2e Bureau des Troupes françaises d'Indochine du Nord annexées au rapport du colonel Debès : « Elles prouvent que les forces vietnamiennes du secteur de Haiphong étaient depuis plusieurs semaines préparées militairement et politiquement de façon intensive en prévision d'un conflit armé... »

Haiphong, le 8.11.46

Suivant l'ordre du Comité de défense du secteur 4, les chefs du Trung Dôi doivent faire prendre des dispositifs de combat à partir de 17 h 30 à 6 heures le lendemain pour tous les postes de Tu Vê [1] et nids de guérillas. Au reçu de cet ordre, exécution immédiate. Remarques : Tous les collègues et leurs chefs doivent agir secrètement à l'insu de la population et commencer l'alerte au coup de sirène du théâtre. Le Comité de défense de la ville et du secteur contrôlera les mesures de défense.

Le comité de Défense du Secteur 4

[...] Les chefs de Truong Dôi doivent préparer immédiatement les cellules de guérillas, d'après ce que nous avons indiqué hier avec les divisions précises du travail (de 5 h 30 à 6 heures). Dès réception de cet ordre, les chefs de Truong Dôi mobilisent sans tarder les cellules. *Indications :* Les camarades vous recommandent de garder strictement le secret et d'avancer en ordre au signal de la sirène du théâtre municipal.

Le comité de protection municipal contrôlera l'exécution de cet ordre.

Haiphong, le 8.11.46.
Le Comité de commandement du 4e Interzones.
Signé : Trân Tuân Khanh [2].

Nous avons reçu l'ordre de prendre des dispositifs d'alerte à cause de ce qui s'est passé ce matin au sujet des questions douanières. Rentrez immédiatement et faites prendre des mesures de combat par les Tu Vê y compris ceux du 3e groupe.

Le chef du 4e Secteur
Le 16.11.46.

Comité exécutif de Haiphong
Canh Vê Doân

Haiphong, le 17.11.46.

Note de service

Ordre secret

Les terroristes ont l'intention de s'emparer de notre pouvoir économique et ont déjà violé notre souveraineté, taxé les marchandises importées et aidé les Chinois à exporter le riz. Nous avons déjà les moyens énergiques pour nous défendre contre ces attaques. Les traîtres vietnamiens aides des terroristes sont déjà arrêtés. Les Français interviennent, mais nous ne les rendons pas [...].

Pour parer à toute éventualité et pour nous défendre avec efficacité, nos camarades doivent :

- Revoir et étudier les plans de défense et d'attaque du secteur occupé.
- Faire des provisions de vivres.
- Se défendre avec énergie contre toute attaque, mais éviter toutes provocations.
- Supprimer les permissions et éviter de se faire kidnapper.

P. le chef Canh Vê
Signé : illisible.

1. Tu Vê ou Vê Quoc, membre de la milice vietnamienne.
2. S'adressant aux Truong Dôi 1, 2, 3, 4, 5.

Des ordres sont donnés non seulement dans la région de Haiphong, mais en Cochinchine.

Le 19 novembre, à la veille des attaques de Haiphong et Langson, le Comité de résistance région Sud communique aux secteurs 7, 8 et 9 :

1. Combinez les diverses manœuvres politiques prévues, leurrez les réactionnaires, commencez à soulever tous les journaux et les groupements pour réclamer la dissolution du gouvernement fantoche, agissez en commençant par la grève des marchés.

[...]

4. Ameutez l'opinion contre d'Argenlieu.

Rapport du colonel Debès commandant le secteur de Haiphong.

20 novembre

Le matin du 20 novembre 1946 à Haiphong, la Sécurité navale avertie depuis plusieurs jours qu'une chaloupe appartenant à un Chinois allait débarquer en fraude des carburants, fut avisée [qu'elle] se trouvait dans la Darse Bonnal en cours de déchargement.

Un L.C.A. de la Flottille fut envoyé [...] avec mission de saisir la chaloupe. En même temps, la Sécurité militaire [opérait...] la saisie des fûts d'essence déjà débarqués et [...] transportés par les fraudeurs dans un magasin du quartier chinois, 248, rue du Maréchal-Pétain. [...]

Le L.C.A. avait pris la chaloupe en remorque et se dirigeait vers la sortie de la Darse. [...] A ce moment, [...] sur la rive Sud, [...] un camion chargé de réguliers vietnamiens dépassa le L.C.A. Les Vê Quoc prirent position sur le quai [...] et ouvrirent le feu avec un fusil mitrailleur et des armes individuelles sur le L.C.A. [...] Personne, heureusement, ne fut atteint dans le L.C.A. qui riposta avec ses mitrailleuses.

Cette fusillade fut entendue du marché et de la partie du quartier chinois voisine du marché, où habitent de nombreux Vietnamiens.

En quelques minutes, une bande d'une centaine de civils vietnamiens armés de fusils, de pistolets et de grenades envahit la rue du Maréchal-Pétain, et assaillit le lieutenant Jumeau et ses deux sous officiers [1][...] Ils furent aussitôt désarmés et emmenés au poste de police du Marché.

Un camion Dodge de l'artillerie qui se rendait au Marché par la rue du Maréchal-Pétain fut entouré ; les trois occupants tirés à bout portant, furent blessés dont deux très grièvement. [...]

Le colonel commandant le Secteur [2] fut averti à 10 h 30 [...] La liaison franco-vietnamienne est aussitôt prévenue, un télégramme envoyé à Hanoi. En même temps, le peloton d'intervention du R.I.C.M. est alerté. Le lieutenant Lartigue qui le commande reçoit l'ordre de se porter au Marché pour libérer le personnel qui s'y trouve et ramener les véhicules. Déjà toutes les rues du quartier chinois et du quartier vietnamien se sont hérissées de barricades, dont la plupart sont minées. [...]

1. Les membres de la Sécurité militaire venus saisir les fûts d'essence.
2. Le colonel Debès, auteur du rapport.

A 11 h, le peloton Lartigue se dirige vers le Marché. [...] Les chars bousculent les barricades, dont deux sautent, heureusement sans dommage pour les chars. Des maisons du boulevard Bonnal, des coups de feu nombreux sont tirés sur nos véhicules blindés. Ceux-ci ripostent d'une rafale de 12,7 et de trois obus de canon d'assaut. [...]

La mission de Liaison franco-vietnamienne intervient alors. Elle comprend entre autres le commandant Lam et le capitaine My côté vietnamien et le commandant Camoin chef de la Liaison (locale) côté français.

Ce dernier a aussitôt exigé la libération des Français arrêtés. Le capitaine My en réfère par téléphone au Comité de protection qui accepte.

Le commandant Camoin donne alors l'ordre au peloton Lartigue qui l'a rejoint, de se retirer jusqu'au Théâtre. Le Capitaine My précède les chars en agitant un drapeau blanc pour que les Vietnamiens ne tirent pas, ce qui lui vaut d'être menacé par eux. Ils écartent cependant les barricades qu'ils avaient édifiées derrière les chars. Il est 11 h 50.

Par radio, le commandant de secteur a prescrit au commandant Camoin d'exiger l'enlèvement immédiat de toutes les barricades et le retrait des postes vietnamiens du quartier chinois, à l'exception du poste de police au marché.

Le commandant Lam part pour faire connaître ces conditions aux Autorités vietnamiennes.

A 12 h 40, celles-ci font répondre qu'elles acceptent l'enlèvement des barricades et le retrait provisoire des postes du quartier chinois. [...] Le colonel Debès précise que les postes et notamment ceux qui se trouvent à l'entrée du quartier chinois, rue du Commerce et boulevard Henri-Rivière, devront être évacués à 14 h 00 sous le contrôle des officiers français de liaison.

Les Vietnamiens confirment à 13 h 30 leur acceptation. Ils demandent toutefois que le supplément d'effectif que nous avons placé au poste mixte de la Gare soit retiré. En réalité, aucun renfort français n'a été porté à la Gare ; mais le poste vietnamien dès les premiers coups de feu entendus s'est éclipsé. Le commandant de secteur acquiesce à cette demande, qui équivaut à la réinstallation du poste mixte à la Gare.

A 14 h 10, un bulldozer se présente à l'entrée de la rue du Commerce pour enlever, conformément à l'accord conclu, les barricades qui l'obstruent.

Par précaution, un second peloton d'intervention du R.I.C.M., le peloton Marceau, a été envoyé à 200 mètres de là, devant la banque de l'Indochine. Le bulldozer commence son travail. Des coups de feu sont tirés soudain à bout portant des compartiments voisins, sur les conducteurs du bulldozer. Tous les deux sont blessés, le peloton Marceau rispote, deux de ses hommes sont blessés également.

A 14 h 15, le feu se déclenche de toute l'avenue de Belgique sur le poste de la Gare que les Vietnamiens n'ont pas réintégré. Des obus de mortiers de 50 japonais commencent à tomber sur le quartier. Au 112 boulevard Clemenceau, cantonnement d'un escadron du R.I.C.M., un soldat est tué, quatre sont blessés par obus de mortiers. Vers 15 h 00, le colonel commandant le secteur fait transmettre par radio au commandant Camoin qui se trouve devant le Théâtre, de sommer les Autorités vietnamiennes de faire cesser les tirs de mortiers, faute de quoi l'artillerie ripostera.

Le commandant Lam, qui se trouve auprès de lui, part vers le quartier vietnamien pour transmettre cette communication.

A peine le commandant Lam s'est-il éloigné que la fusillade reprend avec intensité aussi bien aux lisières du quartier chinois que dans le quartier français. Près du Théâtre, des hommes du peloton Lartigue sont atteints.

Du quai Foch, des Vietnamiens postés aux étages des maisons chinoises, tirent sur la rive opposée du Song Tam Bac, tuant et blessant plusieurs fusiliers marins. Les postes vietnamiens du quartier français ouvrent le feu sur les cantonnements voisins. Deux soldats du train sont tués devant le bâtiment de la 17e C.T. Les soldats V.N. embusqués au dernier étage de la Poste et dans le bâtiment du Trésor tirent sur les ambulances qui entrent à l'Hôpital ou qui en sortent. Un conducteur est touché. Il faut évacuer les blessés en scout-car.

Le colonel commandant le Secteur prend alors la décision de faire enlever les postes vietnamiens de la zone française et d'occuper le Théâtre qui commande l'entrée des quartiers chinois, annamite et français. [...] D'Hanoi le général Morlière appelle le colonel Debès au téléphone. [...] Celui-ci lui dit son intention de riposter par l'artillerie aux tirs de mortiers qui continuent à nous causer des pertes. Le général Morlière interdit formellement de faire tirer l'artillerie. « Il y a, dit-il, suffisamment de grabuge comme cela. » Il annonce qu'un accord va être conclu à Hanoi pour régler l'incident et qu'il faut tout mettre en œuvre pour y mettre fin.

L'artillerie reçoit l'ordre de ne pas tirer. Il est 15 h 36. Quelques minutes après, on apprend que le commandant Camoin qui attendait près du Théâtre le retour du commandant Lam est blessé [1] très grièvement, ainsi que le sous-lieutenant Bigeon, également de la Liaison, qui se trouvait près de lui.

Le colonel Debès [...] prescrit néanmoins à la Liaison d'essayer de rétablir le contact avec les Autorités vietnamiennes. Le lieutenant Orsini vient lui aussi d'être blessé ; c'est l'adjudant Forest qui se propose pour cette mission. Il se présente, près de la Gare, devant la barricade de l'avenue Clemenceau, dans un scout-car qui porte un drapeau français, un drapeau vietnamien et un drapeau blanc. A 50 mètres, les Vietnamiens ouvrent le feu. L'adjudant Forest est blessé à 16 h 30.

A 16 h 50, enfin, le commandant Lam franchissant la barricade, se présente au bureau français de liaison, avenue Clemenceau.

Le commandant du Secteur lui fait répéter qu'il exige l'évacuation de tous les postes vietnamiens des quartiers français et chinois et l'enlèvement des barricades et des mines. Le commandant Lam quitte la Liaison. Il ne reparaîtra plus.

[...]

Au Théâtre, le peloton Lartigue, renforcé d'une patrouille de trois chars appuyés par les pelotons portés, mène un dur combat. A 18 h 00, l'assaut est donné. L'infanterie portée pénètre dans le Théâtre, occupe le rez-de-chaussée et une partie du premier étage. Les Vietnamiens y sont aussi, et dans les combles d'où ils tirent et lancent des grenades. Un interprète invite

1. Le commandant Camoin mourra des suites de ses blessures. Le général Valluy écrira dans la *Revue des Deux Mondes,* 1.12.1967 : « D'abord le meurtre - il n'y a pas d'autre terme - de Camoin nous a révoltés. Camoin était un jeune officier supérieur promis à un grand avenir ; d'une intelligence et d'un dévouement parfaits : il était ce qu'on appelle dans les popotes un " tout bon ". »

les défenseurs à cesser le feu. En vain ; le combat se poursuit, confus, dans le noir. Un second coup de téléphone d'Hanoi, bientôt confirmé par un télégramme, donne au commandant de Secteur la teneur de l'accord conclu entre le colonel Lami [1], conseiller politique du Commissaire de la République, et M. Nam, sous-secrétaire d'État à l'Intérieur.

Cet accord signé à Hanoi dans l'ignorance de la situation à Haiphong, prescrit de cesser le feu de part et d'autre, et à la Liaison locale d'intervenir pour faire exécuter cet ordre. Il ordonne, en outre, que les troupes françaises et vietnamiennes retourneront dans leurs cantonnements respectifs.

Cette dernière condition équivaut, en fait, à permettre aux Vietnamiens de réoccuper tous les postes dont ils étaient chassés, et à obliger les troupes françaises à évacuer le Théâtre qu'elles ont chèrement conquis et dont la position est essentielle.

Cette clause est inapplicable pour des raisons d'ordre moral. Elle l'est aussi pratiquement. En effet, à la Liaison vietnamienne qui en réclame l'application, à 20 h 00, le colonel commandant le Secteur demande qu'elle veuille bien d'abord donner l'ordre de cesser le feu.

Un officier vietnamien répond que le Commandement n'est pas en mesure de le faire parce que ses liaisons sont désorganisées et que les officiers de liaison ne peuvent sortir tant que durera la fusillade. Sur notre insistance, un officier vietnamien, le lieutenant Trung de la Liaison, est cependant envoyé au théâtre pour dire aux défenseurs de cesser le feu. Il se terre à la cave d'où il ne sortira que le lendemain à 10 h 00.

A 21 h 00, bien que la fusillade persiste, le commandant de Secteur donne l'ordre aux pelotons blindés du R.I.C.M. de regagner leurs cantonnements. Seuls, trois chars demeurent au théâtre.

Le message suivant est passé à toutes les unités : « Mise en garde maintenue. Ne tirer que si les Vietnamiens attaquent ou tirent. Faire reposer maximum effectifs compatibles avec garde points d'appui. »

[...]

La nuit est relativement calme, sauf aux abords du Théâtre et de l'usine des Eaux voisine, d'où nos hommes ne peuvent sortir sans essuyer des coups de feu et jets de grenades des maisons environnantes.

Journée du 21 novembre

Le matin, reprise des tirs et des coups de mortiers du côté vietnamien. Les pertes françaises augmentent. Riposte française.

Les membres de la Commission mixte d'Hanoi [2] arrivent par la voie ferrée, [mais] les tirs de mortiers vietnamiens interdisent la gare. [Emmenés par engins blindés,] ils essuient des coups de feu qui partent des paillotes et des haies de bambou bordant la route.

A 14 h 00, la commission mixte se réunit, sans le colonel Debès, mais après avoir entendu son point de vue : « Pour des raisons d'ordre moral, maintenir l'occupation du Théâtre. »

1. Administrateur de la FOM, colonel par assimilation.

2. La Commission centrale franco-vietnamienne se compose du colonel Herckel, commandant d'armes d'Hanoi, M. Lami, représentant le commissaire de la République à Hanoi, le commandant Fonde, le chef de bataillon Copi, M. Nam, sous-secrétaire d'État à l'Intérieur, et plusieurs officiers de la Liaison centrale vietnamienne.

A 16 h 00 : [proposition du côté français de neutralisation de la zone de combat (donc abandon du Théâtre).] M. Nam refuse la proposition. Les troupes restent sur leurs positions.

L'échange des prisonniers se fait à raison de deux Vietnamiens pour chaque Français rendu [2].

Le soir, intervenant directement, le général Valluy, Haut-commissaire et commandant en chef intérimaire, donne fermement ses directives au colonel Debès :

Il apparaît nettement que nous sommes en face d'agressions préméditées [2] soigneusement préparées par l'armée régulière vietnamienne qui ne semble plus obéir aux ordres de son Gouvernement. Dans ces conditions, vos tentatives honorables de conciliation et de répartition des cantonnements ainsi que l'enquête que je vous avais prescrite ne sont plus de mise. Le moment est venu de donner une dure leçon à ceux qui nous ont traîtreusement attaqués. *Par tous les moyens à votre disposition, vous devez vous rendre maître complètement de Haiphong* et amener Gouvernement et Armée vietnamienne à récipiscence. Il importe notamment que vous mainteniez vos dépôts essence et munitions en dehors de toute atteinte adversaire sur les deux rives. Vous mettrez le président Hô en face de ses accablantes responsabilités et des lourdes conséquences que peut avoir son attitude à l'égard du Gouvernement français. Le *Dumont d'Urville* sera à Haiphong dans peu de jours.

Pour le général Valluy, ces événements sont graves :

En raison de leur simultanéité avec ceux de Langson qui indiquent une préméditation.

En raison de la disproportion entre la pauvreté du prétexte et la violence de la réaction vietnamienne.

En raison enfin de la mort du commandant de la Commission de liaison, le commandant Camoin.

La trop faible marge de sécurité des troupes françaises à Haiphong décide le Haut-commandement à étendre le périmètre de sécurité, pour éviter aux troupes le risque d'un coup dur [3].

22 novembre

Le consul de Chine à Haiphong proteste auprès de M. Nam contre l'occupation par les troupes vietnamiennes et la mise en défense du quartier chinois.

Le colonel Debès fait part de ses intentions au colonel Lami pour qu'il en informe le général Morlière :

aussitôt que les Français encore détenus par les Vietnamiens auront été libérés, exiger l'évacuation par les forces militaires ou para-militaires vietna-

1. 14 Français, ingénieurs ou chefs d'atelier d'usines situées dans le quartier vietnamien, ou bien surpris entre Doson et Haiphong, militaires saisis dans le train qui arrivait d'Hanoi le 20 dans la matinée, femme d'un caporal-chef français arbitrairement détenue à Haiphong avec son plus jeune enfant.

2. Au même moment, Saigon apprend les incidents de Langson.

3. D'après l'article du général Valluy dans la *Revue des Deux Mondes,* op. cit., p. 28. Voir carte de Haiphong, photo hors-texte n° 26.

miennes du quartier chinois, du quartier français, du village de Lac Vien et le désarmement des Vietnamiens habitant ces quartiers et ce village.

M. Lami [1], en quittant le P.C., remet au colonel Debès la lettre suivante :

1. J'estime qu'il n'y a pas lieu de poser immédiatement un ultimatum aux autorités d'Haiphong pour l'exécution des garanties demandées par le général Valluy.

2. Il faut tout faire pour éviter de déclencher un conflit qui se généraliserait immédiatement et mettrait en péril non seulement les postes français isolés comme Haiduong Vinh, mais encore les civils d'Hanoi.

3. Le conflit généralisé n'est souhaité ni par le Haut-commissaire ni par le gouvernement français.

4. En conséquence, j'estime que l'ultimatum doit être posé aux autorités locales d'Haiphong seulement après confirmation venant d'Hanoi. Pour le moment, il y a lieu, à mon avis, de réaliser l'échange des prisonniers, installer la garde mixte à la gare, autoriser une circulation diurne limitée, en un mot essayer de créer la détente.

L'évacuation des postes vietnamiens, de la poste et du théâtre ne doit pas être marchandée avec les autres questions, puisque aussi bien l'accord n'a pu se faire hier soir sur la neutralisation proposée par le colonel Herckel et l'évacuation desdits postes.

5. Enfin la liaison doit avoir le plus tôt possible un local commun et en tout cas il faut que les Vietnamiens restent en permanence à la liaison française.

En aucun cas, la liaison ne doit prendre parti mais doit se borner comme son nom l'indique à « lier » et à transmettre, avec bien entendu une marge de discussion donnée par le Commandement.

Signé : Lami.

Dans son rapport, le colonel Debès écrit au sujet du dernier paragraphe :

La lettre se termine par une appréciation sur la liaison française d'Haiphong [2] accusée d'avoir « pris parti » qui paraît pour le moins déplacée au lendemain du jour où le chef de la Liaison a été tué et trois de ses adjoints blessés en essayant de reprendre contact avec les officiers vietnamiens. [...]

Sous la plume du colonel Lami ce reproche surprend d'autant plus qu'il a la veille rendu hommage à la Liaison française :

« Héroïsme Liaison française allant seule sans armes faire cesser feu en plein combat. Sur effectif total six, quatre blessés, deux tués. Discipline parfaite. Troupes françaises qui cessent feu dès réception ordre. Même au cours combat, Commandement français n'emploie pas artillerie, se contentant riposter avec armes infanterie dans le but éviter aggravation pertes vietnamiennes [3]. »

1. Membre de la Commission mixte (centrale) de Hanoi.

2. La Commission mixte *locale* d'Haiphong, ayant à sa tête du côté français le commandant Camoin, dont l'attitude est mise en cause par la Liaison *centrale* de Hanoi.

3. TO 996 du colonel Lami.

23 novembre

A 7 heures, le colonel Commandant le secteur en conformité avec les directives reçues de Saigon est estimant que les renforcements constatés dans le quartier chinois et aux alentours d'Haiphong ne permettent plus d'hésiter [...] exige pour 9 heures l'acceptation des conditions qu'il avait exposées la veille au colonel Lami.

A 8 h 55, le président du Comité administratif fait parvenir au commandant de secteur une lettre dilatoire dans laquelle il déclare en référer à son gouvernement. Le colonel lui fait savoir aussitôt qu'il attend sa réponse définitive pour 9 h 45 [1]. A 9 h 50 cette réponse arrive. C'est un refus.

L'action se déclenche à 10 h 05. Les combats dureront une semaine [2].

Élargissement du périmètre de sécurité.

Cette opération est réalisée par le dégagement de la gare et de la partie nord du quartier chinois.

[...] L'artillerie ouvre le feu sur le village de Lac Vien et sur l'avenue de Belgique où sont postées les troupes vietnamiennes qui ont tiré sur la gare. [...]

En même temps s'engage l'action menée pour chasser les Vietnamiens de la partie nord du quartier chinois, [elle se heurte à une résistance acharnée]. L'opération ne prendra fin qu'à la nuit.

Des rassemblements ennemis dans les villages autour d'Haiphong, au nord du Cua Cam et à Kien An, sont pris à partie par la chasse envoyée d'Hanoi, par l'artillerie de l'AD 9 et par celle des bateaux en rivière *Savorgnan de Brazza* et *Chevreuil* [...].

Évacuation du terrain d'aviation.

Dans la matinée, la section de garde du terrain d'aviation de Cat Bi, que l'impossibilité d'être secourue à temps vouerait à la destruction en cas d'attaque de nuit, a évacué le terrain... [pour gagner] sous le feu des villages voisins le *Chevreuil* qui l'attend dans le Cua Cam [...].

24 novembre

Le nettoyage de la partie est du quartier chinois se poursuit. [...] C'est un combat de rue lent et coûteux, par l'acharnement de la résistance et l'obligation où nous sommes d'éviter autant que possible les dommages aux personnes et aux biens.

[En fin d'après-midi, après cinq heures de combats] car les Vietnamiens tiennent toutes les maisons à l'entour, [le Consulat de Chine est occupé.]

Nuit du 24 au 25 novembre

A minuit 30, des troupes vietnamiennes qu'on peut estimer à un bataillon

1. Le général Valluy jugera le délai de l'ultimatum trop court (cf. *Revue des Deux Mondes*, 15.12.67).

2. Les forces françaises étaient limitées à 2 bataillons (23e RIC), 2 escadrons blindés (RICM), 1 groupe d'artillerie (RACM), 1 détachement du génie, 2 avisos, le *Chevreuil* et le *Savorgnan de Brazza* et à partir du 25 novembre le *Dumont d'Urville*.

prononcent une violente attaque sur le quartier de la gare... Les Vietnamiens attaquent en hurlant à la manière japonaise. [...]

L'artillerie déclenche un tir sur les positions de départ des Vietnamiens qui refluent, dévoilés par les obus éclairants des bateaux en rivière.

A la même heure, le dépôt d'essence de la Shell est attaqué. [...]

Les deux attaques sont repoussées en fin de matinée, [la première ayant échoué de peu.]

25 novembre

Le 25 novembre a lieu d'attaque de la caserne de la Garde indigène. Après une préparation d'artillerie par le 2e groupe de l'AD/9 et par le *Savorgnan de Brazza,* le peloton Lartigue du R.I.C.M. soutenu par les pelotons portés, se lance à 12 h 15 à l'attaque par l'avenue de Belgique [qui commande le quartier vietnamien et la route vers Doson et Cat-Bi]. Le Génie les accompagne, abattant les barricades. Un char saute sur une mine.

A 13 h 15, la caserne [...] est conquise et le drapeau hissé sur la tour.

A 14 heures, une Compagnie du 23e RIC avec l'aide de l'artillerie stoppe deux retours offensifs des Vietnamiens. [...]

En fin de journée, l'aviso *Dumont d'Urville* venant de Saigon, mouille dans le Cua Cam.

Un télégramme du général Valluy annonce [l'envoi de renforts [1].]

26 novembre

Le nettoyage du quartier chinois se poursuit, tandis que les Vietnamiens se retirent en incendiant plusieurs maisons chinoises. Un important dépôt de munitions est découvert.

27 novembre

La veille, le général Morlière a fixé au 27 la réoccupation du terrain d'aviation de Cat Bi.

Des tirs du *Chevreuil,* un straffing [2] de la chasse sur les villages qui entourent le terrain et spécialement sur ceux dont sont partis le 23 les tirs sur la section de garde pendant son repli, préparent l'opération. [...]

[Les parachutistes commandés par le lieutenant-colonel de la Bollardière venus de Saigon dégagent le terrain d'aviation de Cat Bi.

La liaison est rétablie entre la ville et le terrain d'aviation par les blindés.]

Dans l'après-midi, des patrouilles blindées parcourent les principales rues du quartier annamite d'Haiphong [...] La population annamite a évacué la ville et a fui en direction de Kien An.

D'importants mouvements sont observés dans cette ville, le *Brazza* les prend à partie.

Le soir, [le général Morlière prescrit de cesser les tirs d'artillerie] et fixe le périmètre dont le commandant de secteur doit assurer le contrôle. La zone

1. « Le *Suffren* appareille le 25 novembre à 15 h 30 avec à bord le bataillon de marche de la 9e DIC. Arrivée prévue Baie d'Along journée du 28 vers 08.00. » Télégr. nº 1923 / 3 T.

2. Mitraillage au sol.

[de l'Ouest] où se trouvent la cimenterie, des dépôts d'essence, de munitions et de vivres, n'est pas comprise - sans doute par oubli - dans ce périmètre. Cette omission, connue de la population, sans doute par la presse de Hanoi, provoquera un gros émoi à Haiphong.

Journée du 28 novembre

Le peloton de blindés effectue des reconnaissances [vers le sud. Les ponts sont coupés en direction de Hanoi.]

A 13 heures, deux L.C.T. partis la veille en Baie d'Along débarquent à Haiphong le Bataillon de marche de la 9e D.I.C. amené de Saigon par le *Suffren.*

[Ce croiseur a été canonné par la batterie vietnamienne de l'île de Cat Ba à l'entrée de la baie.]

Journée du 29 novembre

Fouille des quartiers vietnamiens évacués mais hérissés de barricades minées [...] L'hôpital a été déserté dès le 24 novembre par les médecins et par le personnel infirmier vietnamien. Les salles offrent un spectacle affreux de blessés, de malades, de cadavres en putréfaction mélangés. Quarante malheureux sans nourriture et sans soins depuis cinq jours sont pris en charge par nos médecins et nos infirmiers. [...]

Dans la nuit du 29 au 30, attaque vietnamienne assez sérieuse contre le Centre de convalescence de Doson ; [elle est repoussée.]

30 novembre et du 1er décembre

Le bataillon de marche de la 9e D.I.C. et le bataillon de parachutistes visitent tous les villages de la boucle du Lach Tray. [...]

Les fuyards reviennent inquiets de la récolte en cours, quelques notables se présentent. Timides, des drapeaux français réapparaissent. [...]

Journée du 2 décembre

[...]

La journée du 2 décembre avec l'occupation du débouché du pont de Kien An consacre notre emprise définitive sur la zone de sécurité de Haiphong.

La nuit, [...] des tirs de mortiers et de 75 vietnamiens visent la ville et les bateaux en rivière, [mettant en danger] soit un aviso absolument dépourvu de blindage, soit un réservoir d'essence de la Shell, soit un dépôt de munitions [...].

C'est cette considération qui détermine le colonel commandant le secteur à proposer au général Morlière venu en inspection à Haiphong le 4 décembre avec M. Sainteny d'étendre notre contrôle sur la rive nord du Cua Cam.

Nous avons donné le compte rendu des événements de Haiphong du 20 novembre au 2 décembre tels que les a rapportés le colonel Debès, commandant du secteur de Haiphong.

De Paris, dès le 24 novembre, l'amiral d'Argenlieu s'adressait au général Valluy :

Contrairement à leurs intentions et à leur attente, la loyale application par les autorités françaises du modus vivendi n'a amené ni la disparition ni même la diminution du terrorisme en Cochinchine et dans le Sud-Annam ou des centaines de notables en ont été victimes depuis le 30 octobre.

Dans le Nord de l'Indochine, plusieurs incidents graves viennent de se produire à Haiphong et Langson entraînant la mort de vingt-sept officiers ou soldats français. [...]

Le Commandement français qui, en exécution de l'article 9 du modus vivendi, a loyalement prescrit la cessation du feu, ne peut accepter que l'ordre public continue à être gravement troublé, que des soldats soient assaillis, tués et blessés, qu'il en soit de même pour les Annamites auxquels il doit protection contre les attentats dont ils sont victimes.

En conséquence, il doit considérer qu'il est de son devoir de rétablir l'ordre et de réduire au besoin par la force toute agitation.

Le présent télégramme a été approuvé par le président du gouvernement [1].

Un peu plus tard, il ajoute au même :

J'approuve entièrement les mesures que vous avez prises en Cochinchine concernant la presse et les instructions que vous avez données au général Morlière à la suite de l'agression de Haiphong.

Devant l'importance donnée par la suite aux événements, le général Valluy écrira, à propos des combats du 20 :

Le déclenchement du feu et ses rebondissements après quelques accalmies ont toujours été à l'initiative des Viêt-minh. Ceux-ci ont fait usage dès le matin de tirs de mortiers par des tirs « repérés » sur nos cantonnements, et c'est seulement sur l'injonction du général Morlière que le colonel Debès admit de supporter ce bombardement sans y répondre par le canon...

Les Vietnamiens avaient des mortiers dont ils se servaient abondamment. Ils avaient même des canons. Pendant toute une semaine, un de leurs 75 harcela la ville avant qu'on ait pu le repérer [1].

L'artillerie ne sera employée qu'à partir du 23 novembre sur des objectifs déterminés, car comment intervenir — c'est ce que se demande le général Valluy —, contre

tout un quartier fanatisé d'où s'échappent des projectiles divers, des tirs d'armes automatiques et des obus de mortiers.

Quant aux pertes vietnamiennes, elles s'accroissent chaque année depuis vingt ans par une sorte d'amplification polémique inspirée par des... Français. En 1966, elles atteignaient 6 000. Or je me souviens d'un document viêt-minh de décembre 1946 qui, sans insister, citait le chiffre de 3 000. Nous avons estimé à l'époque que c'était le chiffre réel, multiplié par dix [2].

1. Texte n° 20 / DC en date du 24 novembre 1946.
2. *Revue des Deux Mondes* des 1er et 15 décembre 1967, pages 370 et 511.

Le général Fonde de la Liaison centrale venu faire cesser le feu le 21 novembre à Haiphong déclarera pour sa part :

... On a parlé ensuite de bombardements des canons de la Marine qui avaient fait je ne sais combien de victimes. C'est un non-sens...

Le 23, [le feu] a repris alors que la ville était désertée par les habitants. Il n'y avait plus de Vietnamiens ni de Chinois en dehors des combattants à Haiphong. Il est impossible qu'il y ait eu plus de 50 à 100, ou 200 combattants tués, en comptant large [1].

Le 27 novembre 1946, dans un télégramme au Cominindo, le général Valluy, Haut-commissaire par intérim, fait le point sur les événements :

Il me paraît nécessaire de tirer une première leçon des graves incidents de Haiphong et Langson. [...] Il est impossible de négliger dans le conflit... l'action de la jeune armée vietnamienne - abstraction faite de la lâcheté individuelle des officiers de liaison vietnamiens qui sont tous restés à l'abri alors que leurs collègues français étaient dans leur intégralité tués ou blessés dans l'exercice de leur mission d'apaisement.

Il est clair que les militaires du Viêt-nam :

- n'ont obéi qu'avec des longs retards à l'ordre de cesser le feu édicté par leur gouvernement ;
- qu'ils constituent déjà une force dont l'instruction et l'armement vont grandissants ;
- qu'animés d'un esprit combatif indiscutable, ils exercent une influence indéniable sur les décisions politiques. [...] Actuellement, il n'est pas possible d'affirmer que notre prépondérance militaire pourra se maintenir au cours des mois à venir avec la même marge de supériorité étant donné d'une part les intentions du gouvernement de Hanoi, d'autre part nos servitudes nouvelles au Cambodge.

Il me paraît nécessaire... de demander au gouvernement français de bien vouloir examiner sous cet angle notre avenir politique en Indochine quelle que soit la solution qui sera adoptée demain et surtout si elle est à tendance conciliatrice, que d'importantes forces françaises restent la garantie de notre présence et de l'exécution des accords passés et à venir. Il importe que notre loyauté et notre générosité n'apparaissent pas, ce qui est de règle en Extrême-Orient, comme une marque de faiblesse et d'impuissance. Ceci suppose le renforcement momentané mais manifeste de notre part du dispositif

1. Source : « Le général de Gaulle et l'Indochine 1940-1946 », colloque tenu par l'Institut Charles-de-Gaulle les 20 et 21 février 1981, Plon, page 210.

A propos du bombardement naval, notons que seuls les navires de faible tonnage pouvaient remonter la rivière de Haiphong. Le 23 novembre, deux avisos coloniaux appuyaient pour la première fois les troupes françaises avec leur artillerie, d'un effet limité : le *Chevreuil* avec sa tourelle double, soit deux pièces de 100, le *Savorgnan de Brazza* avec ses quatre tourelles d'une pièce de 138 chacune.

Aucun cuirassé n'était présent. Le 27 novembre, au soir le croiseur *Suffren* mouillait en baie d'Along, son tirant d'eau lui interdisant l'accès du Cua Cam. Il transportait des troupes en renfort. Les chiffres de 200 à 300 victimes vietnamiennes indiqués par le général Valluy et le général Fonde paraissent plus conformes à la durée des combats et aux moyens employés. Les pertes françaises connues de façon précise à la date du 27 novembre s'élèvent à 23 morts, 83 blessés, 6 disparus.

militaire. Je me permets donc d'insister pour que le gouvernement français veuille bien examiner la question au maximum et décider s'il y a lieu de :
- proclamer que des renforts sont préparés pour l'Indochine ;
- mettre sur pied rapidement les unités constituées et armées que l'Amiral Haut-commissaire a demandées récemment ;
- les mettre à ma disposition sans tarder [1].

Le général Morlière, commissaire de la République par intérim à Hanoi, a toujours tenté la conciliation. Son attitude sera critiquée.

Lorsqu'il quitte son commandement à Hanoi, le 30 janvier 1947, l'Amiral apprécie son action :

Jusqu'aux incidents de Haiphong, je n'ai pas eu de motifs de me plaindre de cet officier général. Il avait pris à cœur ses hautes fonctions et s'est appliqué à maintenir avec les autorités de Hanoi des relations aussi cordiales que faire se pouvait comme l'impliquait notre politique d'accords.

Étant à Paris lors des désordres survenus à Haiphong le 20 novembre, je n'ai pu apprécier sur place leur déroulement. Le général Valluy a alors reproché à Morlière de n'avoir pas su tirer assez vite de ces incidents tout le bénéfice politique désirable. Il est normal que, fidèle à sa méthode conciliatrice à l'extrême et engagé dans une affaire complexe, Morlière ait peut-être excédé dans ce sens. Pour ma part, je n'ai point apprécié très sévèrement cette lacune, si lacune il y a eu, et me suis refusé à retenir favorablement une demande du général Valluy tendant à faire remplacer sans délai Morlière par un colonel.

Il ne pouvait, même à Paris, m'échapper la gravité du tort fait au général de division en plein exercice de son autorité et aux intérêts supérieurs du pays. Comment, en voyant relever un général de division par un colonel dans cette conjoncture, les autorités de Hanoi n'eussent-elles pas découvert et souligné dans cette mesure comme un aveu par la France d'erreur commise par ses représentants locaux, comment les consuls étrangers n'eussent-ils pas interprété pareillement la chose ? En toute hypothèse, il n'y avait aucune proportion entre l'importance de ces dommages et celle des erreurs commises [2].

Dans son rapport du 11.12.46, le général Morlière apporte des précisions significatives :

Il me paraît d'un intérêt tout à fait secondaire de se demander si, en présence de la politique pratiquée par le gouvernement d'Hanoi, et par suite de l'attitude adoptée par ses représentants et par les nombreux organismes de propagande et de combat du Viêt-minh, la plus ou moins grande fermeté, ou la plus ou moins grande souplesse des commandements locaux français auraient précipité, ajourné ou réussi à éviter les incidents, ou en auraient limité l'ampleur !

Tout compte fait, à Haiphong comme à Langson, le commandement était de qualité, et ses réactions n'ont été que l'expression - retardée autant que

1. Télégr. du 27.11.46 de Haussaire Saigon à E.M.G.D.N. Paris.
2. Télégr. Haussaire Saigon pour Président Paris, n° 41 CIP.

faire se pouvait - des sentiments unanimes de la troupe et de la population françaises.

En présence de manifestations tragiques d'une hostilité qui ne s'est jamais démentie, elles ont été en même temps qu'un acte de défense, l'explosion d'une patience poussée à bout par des vexations continuelles, par des limitations toujours plus étroites et savamment calculées de toutes les initiatives et activités françaises, par une attitude enfin, de plus en plus agressive d'organismes militaires ou non, et même d'une importante fraction d'une population intoxiquée et abrutie par une propagande appliquée à dose massive sur des cerveaux généralement frustes, et qui s'identifiait trop fréquemment à de véritables appels à la violence meurtrière.

On ne peut en effet soutenir impartialement que le Gouvernement de Hanoi ait fait de réels efforts pour créer ce climat favorable à une coopération amicale dont on a tant parlé. Arrivé ici dans les dispositions d'esprit les plus favorables qui se puissent concevoir à l'égard du gouvernement Hô Chi Minh, ami sincère et désintéressé de ce peuple annamite et plus spécialement tonkinois que je connaissais bien, j'ai au cours de trois mois et demi de commissariat par intérim, multiplié les avances, les contacts, les gestes aimables. Souvent critiqué de ce fait, parfois même taxé de faiblesse excessive par une troupe qui ne peut comprendre les subtilités du jeu politique, et aussi par quelques Français civils attardés qui ne comprendront jamais que certaines époques sont révolues, j'ai essayé loyalement et jusqu'au bout, de voir ce que pouvait donner en dehors même d'accords qui n'étaient pas conclus, une coopération franche, limitée aux domaines qui paraissaient les plus faciles : militaire et scientifique. Je n'ai eu que des déceptions.

Dans le domaine militaire, mes efforts tout comme ceux de mon prédécesseur le général Valluy, sont restés vains. Sous la direction et l'impulsion de Giap, l'armée vietnamienne s'est accrue en quantité, s'est améliorée en qualité, mais aucun contact n'a pu être établi avec elle, même pas avec la fraction dite « troupes de relève » - que les accords du 6 mars plaçaient cependant sous mon commandement ! Cette armée a été jalousement tenue à l'écart de tout contact, loin de tout regard. Je n'ai jamais pu aller voir l'école de cadres de Tong ; aucune offre de causerie, de démonstration de matériel n'a été accueillie. Tout ce que nous avons aperçu de cette armée se limite à quelques sections au cours de deux ou trois prises d'armes, et surtout aux sentinelles, placées soigneusement derrière des fils de fer barbelés, d'où elles regardaient passer nos hommes sans aménité. J'en ai fait plusieurs fois la remarque à Giap, ses réponses étaient embarrassées. Comment ne l'auraient-elles pas été puisque cette armée - son armée - était destinée à combattre nos troupes au Nam Bo d'abord, partout ailleurs au Viêt-nam ensuite. Dans ces conditions, était-il possible d'escompter qu'un jour ou l'autre, ces soldats astreints dans certaines garnisons à une coexistence hostile par le fait même d'une situation non définie et par la volonté d'un Viêt-nam en guerre en Cochinchine ne se heurteraient pas ? Car rien n'a pu être obtenu pour que soit effacée ou même atténuée chez nos hommes la déprimante et exaspérante impression d'une vie de captifs dans une prison, qui résultait des innombrables et mesquines restrictions apportées à leur circulation.

CHAPITRE XIV

AVEC HANOI, C'EST FINI

Le Haut-commissaire prolonge son séjour à Paris

Malgré les événements de Haiphong, le Haut-commissaire n'a pas renoncé à traiter avec Hô Chi Minh.

Il reçoit Jean Sainteny à Paris et le persuade de partir à Hanoi pour essayer de renouer avec le gouvernement du Viêt-nam.

Jean Sainteny écrira à ce sujet :

> Je n'avais accepté de conserver mes fonctions de Commissaire de la République que jusqu'à la fin du séjour de Hô Chi Minh en France, et j'avais par conséquent prié l'amiral d'Argenlieu de me trouver un successeur.
>
> Plusieurs personnalités sollicitées s'étant récusées, le Haut-commissaire, après les événements de novembre, m'avait prié de revenir sur ma décision et de tenter la mission pratiquement sans espoir de renouer avec Hanoi.
>
> Je m'étais finalement laissé fléchir et c'est ce qui explique mon retour précipité à Saigon dans les derniers jours de novembre.
>
> C'est ce qui explique également pourquoi, le 19 décembre 1946 à 20 heures et quelques minutes, j'étais à Hanoi la première victime de cette longue et absurde guerre d'Indochine [1].

Après la chute du ministère Bidault, le 28 novembre, et dans l'attente de la formation du cabinet socialiste de Léon Blum, l'Amiral devra prolonger son séjour dans la capitale.

15 décembre

Tentons ici de résumer l'essentiel. [...]

Les élections s'achèvent [2]. Tout au plan gouvernemental s'intensifie donc dans le provisoire, l'expédition des affaires courantes. A cette date, à cet instant peut-être passons-nous du Gouvernement provisoire au gouvernement transitoire Blum qui, après les symboliques échecs de Thorez et de Bidault, a réuni l'ensemble des voix de l'Assemblée pour constituer un gouvernement. [...] La radio de 16 h 00 annonçait qu'il n'avait point encore réussi.

1. Lettre de M. Sainteny du 6 juin 1975 à M. Bernard d'Argenlieu, neveu de l'Amiral.
2. Il s'agit de la série d'élections mettant en place les institutions de la IVe République, celles du 10 novembre 46 pour l'Assemblée nationale, celles des 24 novembre et 8 décembre pour le Conseil de la République. (N.d.E.)

Audience Blum.

Blum vient d'écrire dans *Le Populaire* [1] son premier article sur le problème indochinois. Il pose le problème sous forme d'alternative : ou la reconquête par la force, ou la négociation accompagnée de l'octroi de l'indépendance. Il opine pour cette seconde branche de l'alternative. Ensuite il condamne l'emploi du « Comité interministériel ».

Je voulais l'entretenir de ces deux points. Il m'a convoqué pour samedi à 11 h 30.

Le président me ménage le plus courtois des accueils. « Je suis très honoré... »

Ce n'est point comme « président nommé » qu'il m'accueille, mais pour répondre à ma demande d'audience. Je parle donc sur le terrain plus privé qu'officiel, au rédacteur de l'article.

Ma critique faite et écoutée, il conclut avec clarté mais avec courtoisie : « Vous ne m'avez pas convaincu... »

Il m'expose sa conception : lui, président sans portefeuille, convoque très souvent les ministres compétents avant d'en saisir le Conseil des ministres... Il ne veut pas d'un organisme permanent où ne viennent pas les ministres compétents, mais des substituts irresponsables. J'objecte que ce ne fut pas le cas depuis le mois de juin dernier... et que je lui abandonne le sous-comité que j'ai moi-même critiqué.

J'affirme à Blum qu'après six ou huit mois de pratique, il est impossible de faire crédit à l'actuel gouvernement de Hanoi, qui veut, quoique par des chemins divers, la totale éviction de la France d'Indochine. Que l'on doit continuer à traiter mais avec la force présente et prête à entrer en action pour assurer la sauvegarde de nos intérêts et la sécurité des Français et Annamites amis.

Nous nous quittons le mieux du monde. Comme il m'accompagne, je rencontre au salon d'attente Thorez et Duclos. Nous nous saluons.

J'apprends en sortant... que Rosenfeld et Labrouquère comploteraient auprès de Mme Blum pour obtenir de son mari mon remplacement. Candidats nommés : Pleven, Mayer, Varenne... Rien d'étonnant à semblables propos. Il est urgent d'attendre.

Le Pasteur *et Bidault*

Appris aussi que le vendredi soir 13 et le samedi 14 à midi, Bidault n'avait pas encore donné l'ordre au *Pasteur* d'appareiller.

De quoi s'agit-il ?

Le *Pasteur,* chargé de 4 500 hommes de troupe, était prêt à appareiller dès le jeudi 12. Départ d'une capitale importance dans la

1. Quotidien du Parti socialiste.

conjoncture politique présente : les lendemains des accrochages de Langson et de Haiphong.

Pourquoi ? Au dernier moment, Jules Moch [1] a interdit d'appareiller, faute de la totalité des moyens de sauvetage prévus par les accords internationaux de 1929, pour les temps de paix.

Or, Moutet avait insisté pour le départ.

Le général Juin l'avait écrit, prenant toute la responsabilité, et enfin j'avais remis le vendredi soir à 19 heures une lettre à Bidault, le *suppliant* de prescrire par écrit le départ, seule garantie réclamée par Moch pour lever son interdit. A 19 h 30, Bidault m'affirmait qu'il écrivait à Moch et que ce dernier avait promis l'ordre d'appareillage 10 minutes après.

Mais, le lendemain à midi, le papier de Bidault n'était point encore fait.

Quelle pitié ! Est-ce une sinistre combinaison pour arrêter ou retarder de *fait* l'appareillage ? Est-ce simple manque de caractère et donc impéritie ?

Dîner Mayer, Herriot

Je continue de remonter dans le temps.

La veille, vendredi 13 au soir, j'ai accepté d'aller dîner chez les René Mayer afin d'y rencontrer plusieurs membres du R.D.G.R [2] dont le président Herriot.

Il s'agit d'informer ce groupe qui veut lutter vigoureusement pour le salut de l'Union française et d'abord de l'Indochine.

C'est un fait que l'Indochine est en vedette : dès mon arrivée, elle l'était. Les incidents d'Haiphong ont surexcité l'intérêt. Sans doute pour des finalités subalternes veut-on partout exploiter la chose ?

Les intentions des uns et des autres m'intéressent peu, mais d'aucuns jouent une carte conforme aux intérêts permanents et supérieurs de la France, les autres jouent une carte contraire, d'autres, ils sont rares, ne jouent rien, sinon des succès d'information.

Or P.R.L., R.D.G.R., M.R.P. ont nettement pris parti de m'appuyer comme tenant d'une politique :

- nette et ferme contre les agissements sournois de l'équipe hanoïenne Hô-Giap,
- nette et ferme pour la Cochinchine aux Cochinchinois,
- nette et ferme pour sauvegarder les intérêts français.

Au service de la France, j'ai travaillé à Paris de toutes mes forces : au plan gouvernemental (les deux Cominindos, visites à Bidault, Moutet, Michelet, Varenne, Mayer, Thorez), au plan parlementaire (les audiences à M.R.P., R.D.G.R., Chaban, Bourgès-Maunoury, Pleven, Mayer, etc.), au plan de la presse (*Le Monde* - Rémy Roure -,

1. Ministre de l'Intérieur.
2. Rassemblement des gauches républicaines.

Carrefour, A.F.P., *Sud-Ouest*, *Climats*, etc.), et de l'information (conférences à la Sorbonne et à l'ENA).

Vu aussi le général Juin et de Lattre.

Vu les ambassadeurs de G.B., E.U., Chine, Canada, etc.

Avec M. Edouard Herriot, très cultivé, naturel et fin, nous causons de la situation en Indochine. Il paraît ferme, bien disposé, comme l'ancien ministre Giaccobi.

17 décembre

On annonce un cabinet Blum, seulement S.F.I.O. Il se présente aujourd'hui devant la Chambre. Hypothèse : Il tient et voudrait durer cinq semaines. Alors, au lieu d'un parler net et ferme sur le problème indochinois, ce sera le parler du dernier article, à peine modifié probablement.

Que ferons-nous là-bas ?

Un parler officiel, ferme et net, soulignant la méconnaissance des accords (spécialement sur le plan militaire, otages, destructions...).

Reste la fermeté sur place pour nous délivrer de cette dictature et de cette drogue vietnamiennes.

Tirer des dernières instructions de Georges Bidault la base à cette action « par tous les moyens » (en l'étendant, cela permet sur le plan civil la mise en vigueur de la censure et de la suppression des licences accordées : radio Bac Maï)

Départ pour Colombey-les-deux-Eglises où j'arrive à midi.

Entretien avec le général de Gaulle.

Sur la situation générale, les événements des cinq semaines passées n'ont fait que confirmer le point de vue développé lors de ma visite mi-novembre.

Carence d'autorité face aux problèmes financiers, à l'Union française, etc. Tout converge vers une impasse. Que fera le P.C. ? Lui seul est organisé mais la France ne le suit pas...

- Enfin, partez-vous ?
- Demain.
- Ah ! bien.

Tentatives en rentrant à Paris, le 17 au soir, pour partir, mais le président Blum que je ne puis atteindre, me retarde d'un jour.

19 décembre

Entretien avec Léon Blum.

11 h 30 : Vu Blum. Même accueil courtois. Je redis que la politique d'accords doit se poursuivre mais avec la présence de forces substantielles.

C'est pour moi l'occasion de constater les positions dogmatiques. Quand j'évoque la « grande œuvre » accomplie par la France en Indochine, mon interlocuteur proteste : « Oh ! il y aurait beaucoup à dire sur notre gestion coloniale là-bas. »

- Mais, monsieur le Président, pour ne parler que de ce qui a valeur d'humanisme et de bienfaisance, à côté des moyens de communications, ports, etc., il y a les universités, les écoles, les hôpitaux ».

Et lui : « Oh ! si peu. »

Je n'ai pas le loisir d'insister. C'est un prophète. Il vaticine. Mais tellement supérieur par son physique, sa culture, son idéologie même, qu'on le sent au-dessus de tous ceux du même parti que j'ai rencontrés...

20 décembre

Vers 7 heures du matin, envol pour Tunis... Saigon.

Très froid, appareil sans dégivreur. Nous pouvons heureusement, dès la Méditerranée, voler très bas sur la mer.

Le général Mast m'accueille à l'aérodrome de Tunis.

14 h 30, comme je prends un peu de repos, le Résident général m'apporte lui-même deux messages retransmis de Paris : coup de force à Hanoi les 19 et 20. Signé Valluy.

La rupture – coup de force à Hanoi

Dans la soirée du 19 décembre 1946, le gouvernement vietnamien a déclenché les hostilités dans tout le nord de l'Indochine. Il est entré dans la clandestinité.

Sans préavis et en dépit de nombreuses relations de courtoisie ou de services qui s'étaient poursuivies au cours de la journée entre les autorités vietnamiennes et françaises, des hostilités ont été déclenchées à Hanoi par les forces vietnamiennes contre les troupes et la population françaises.

A 20 heures, l'artillerie et les mortiers vietnamiens ouvraient le feu. Dès 19 h 55, l'alimentation de la ville en eau et en électricité était suspendue. Les communications téléphoniques semblent coupées.

Au cours de ces événements, M. Sainteny, Commissaire de la République et signataire des accords franco-vietnamiens du 6 mars, a été atteint de multiples blessures.

Des attaques ont été déclenchées simultanément au cours de la nuit du 19 au 20 décembre dans toutes les garnisons occupées par des troupes françaises. Ces attaques ont été repoussées.

Dans les jours suivants la ville de Hanoi, abandonnée le 19 décembre par le gouvernemnt vietnamien, et en grande partie évacuée par la population, a été occupée et nettoyée par nos troupes [1].

Le 23 décembre, l'amiral d'Argenlieu arrive à Saigon, retour de Paris.

Le lendemain, il a fait le point de la situation et recueilli l'avis de ses principaux collaborateurs réunis en Conseil fédéral :

1. Ephémérides.

25 décembre

1. L'initiative et la responsabilité sont à la charge exclusive et manifeste du gouvernement de Hanoi.

2. En conséquence, il serait contraire à la justice, l'équité même et l'honneur de la France de reprendre des conversations dont l'inutilité et même la nuisance sont certaines.

Tous témoignages français - sauf quelques doctrinaires insensibles à la libation du sang d'innocentes victimes françaises, annamites et chinoises - sont unanimes.

Le gouvernement fédéral unanime repousse l'idée de reprendre les négociations avec l'actuelle équipe Hô-Giap.

3. Sans l'avoir recherchée, encore moins provoquée, cette fuite nous libère d'obligations dont le Cominindo lui-même a reconnu et souligné des dangers - M. Moutet en particulier.

4. L'opportunité s'offre de distinguer administrativement et politiquement l'Annam.

Se souvenir de l'hypothèse « référendum » jouant en notre faveur.

Se souvenir de l'histoire continue de l'Annam.

Le Haut-commissaire par intérim a bien fait de rattacher la délégation de Hué au Haut-commissariat à Saigon. Carte importante.

5. Les consuls généraux de G.B., E.U. et Chine sont unanimes à déclarer que rien n'est à espérer de la reprise de relations avec Hô (audiences privées du 25).

6. L'opinion publique indochinoise s'indignerait. Au lendemain des durs combats qui se poursuivent et des pertes sérieuses, l'opinion métropolitaine ne comprendrait pas.

7. Personnellement, j'ai pratiqué loyalement la politique des accords en Indochine depuis septembre 1945. Elle a porté ses fruits partout, sauf avec le gouvernement de Hanoi. *C'est fini* [1].

Cette dernière expression marque pour le Haut-commissaire le point de non-retour atteint par les autorités vietnamiennes. Les messages qu'elles adressent depuis la fin novembre à leurs représentants au Nord et au Sud viennent confirmer son jugement : tout semble bien fini.

Les messages interceptés par les services de renseignement s'échelonnent du 20 novembre au 20 décembre [2].

L'ensemble de la population et de la Garde nationale du secteur sud du Viêt-nam sont très irrités contre l'attaque provocatrice des Français réactionnaires de Langson et Haiphong... Tout ordre du Gouvernement sera obéi même s'il doit entraîner notre sacrifice.

Gardez donc le secret des emplacements de nos troupes et déplacez-les fréquemment (24 novembre).

Dans le même temps, Hanoi explique à ses troupes les exactions françaises et la nécessité d'être prêt à la lutte.

1. Journal des 24 et 25 décembre 1946 à Saigon.
2. Étude du Bureau fédéral de documentation (citations des messages et commentaires).

Le 25 novembre, le comité de résistance du Sud s'adresse aux secteurs 7, 8, 9 et Siam :

« 1°. Si les Français nous provoquent en arrêtant la population, nous riposterons par la force et nous en rejetterons ensuite, par toutes sortes d'apparences, les responsabilités sur les Français.

2°. Il faut montrer avec évidence à tous nos organismes que nous sommes actuellement en état de nous emparer du pouvoir effectif au Nam Bo.

3°. Il faut user de tous les moyens pour déchaîner les troupes ainsi que la population et faire face à la situation actuelle... »

Le 27 novembre, le comité de résistance du Sud ordonne au commandement du Nam Bo :

« Poussez à l'extrême le mouvement de grève des travailleurs, des commerçants. Organisez des manifestations à Saigon et dans tout le Nam Bo réclamant l'exécution de la liberté de la correspondance afin de protester contre l'interdiction faite par les Français de parler du Comité exécutif du Nam Bo et de l'état de guerre créé par eux à Haiphong et Langson. »

Le 28 novembre, en un long télégramme, Nguyen Binh conseille à Giap la résistance à outrance à Haiphong avec destruction des installations vitales, et le 30 novembre, Giap lui répond :

« Accord total sur vos intentions. Nous nous préparons. Dès que la nouvelle de l'attaque de Hanoi par les Français se confirmera, tous les fronts du Nam Bo attaqueront en même temps. »

Il s'agit donc maintenant de préparer cette attaque de Hanoi, signal de la guerre générale. Et d'abord, ne pas négocier.

Le 30 novembre, Nguyen Binh s'adresse à Giap :

« Les Français profitent de la période des négociations pour nous attaquer à l'improviste. On ne peut avoir confiance en eux. N'engagez des pourparlers avec aucun Français, même avec Sainteny. »

Puis préparer la rupture :

Le 30 novembre, le comité de résistance Sud s'adresse au Nam Bo :

La situation devient de plus en plus grave. Les hostilités sont inévitables. L'armée populaire doit se préparer à combattre avec la population.

Le 30 novembre, la division 27 à Phantiet :

« La situation est tendue. Haiphong est menacé. Il faut activer nos préparatifs, renforcer nos divers organes. »

Le 30 novembre, le ministère de l'Intérieur à Hanoi, au commandement du Nam bo :

« La situation devient très grave. Les hostilités vont s'étendre en tous lieux... La question essentielle est celle des destructions... Il faut attaquer avec clairvoyance aux points de première importance et les détruire complètement et avec rapidité. Les régions donneront elles-mêmes les ordres de destruction dès qu'elles apprendront la nouvelle de l'attaque de la capitale. »

Enfin, après avoir préparé la reprise de la lutte, Hanoi ordonne à ses troupes de se préparer à une guerre de longue durée.

Le 3 décembre, la division 27 avise Phantiet que :

« La situation devient sérieuse... Préparez des vivres et de l'argent suffisamment pour prévoir une guerre de longue durée. »

Les troupes doivent être prêtes à agir sur l'ordre de Hô Chi Minh :

« Il faut attendre les émissions de la radio. Si vous entendez le président Hô lire la proclamation et donner des ordres, vous pouvez commencer à agir. »

Peu à peu la psychose de guerre s'organise sur tout le territoire.

Le 4 décembre, Hanoi transmet :

« Hier soir, à 6 heures, M. Sainteny ayant rencontré le président Hô, a parlé de l'affaire de Langson et Haiphong... Ce ne sont en réalité que des manifestations politiques extérieures n'aboutissant à aucun résultat. »

Le 6 décembre, la division 27 communique au régiment 82 :

« La situation est très critique... Tourane et Hué ont été évacuées et préparent à l'extrême leur résistance, mais les actions doivent être dirigées et non automatiques.

Attendez les ordres, soyez à la radio, pour écouter la proclamation du président Hô. »

Et encore :

« La situation peut dégénérer en bataille générale. Les régiments doivent faire le recensement des armes et des vivres de réserve prévus pour l'attaque des divers points stratégiques. »

Le 8 décembre, Hanoi envoie les commentaires suivants au commissariat du Nam Bo :

« Etant donné la position actuelle des Français et l'ambition des colonialistes, il n'y a qu'une guerre générale et de longue durée, complexe et difficile, qui puisse résoudre la question de la souveraineté du Viêt-nam. »

Suivent des directives militaires concernant les destructions à faire.

Enfin, le 12 décembre, le comité de résistance sud donne pour consigne à Nguyen Binh :

« Attaquer immédiatement en Cochinchine, par surprise... »

et le même jour, la division 27 communique :

« ... cette nuit, en France, il y aura élection du chef du nouveau gouvernement. Profiter de cette occasion pour attaquer par surprise. »

Et encore :

« Les directives actuelles du parti sont : Le peuple entier doit résister pour que la Nation vive. Partout il faut se préparer et être prêt à exécuter tous les ordres du gouvernement. »

Voici posé le décor pour la trahison de Hanoi, malgré le nouveau gouvernement français, malgré l'annonce de l'arrivée de M. Moutet.

Jusqu'au 20, les consignes de vigilance, de haine et d'action se répéteront. Entre temps, les ordres sont envoyés pour mettre à l'abri les principaux services publics.

Enfin, le 20 décembre, la radio transmet la proclamation attendue de Hô Chi Minh.

Après le 20 décembre

Le 23 décembre, la division 27 informe les régiments 81 et 82 :

« Léon Blum nous a écrit une lettre disant qu'il voudrait négocier avec nous, mais en réalité c'est là un moyen dilatoire pour faire traîner les choses en longueur en attendant l'arrivée des renforts. »

Le 24, Nguyen Binh dit :

« Une fois Moutet arrivé, nous emploierons tous les arguments possibles pour lui faire admettre les aspirations du peuple vietnamien et que le désordre et l'insécurité du pays proviennent de la trahison des Français. »

Et le 25 décembre il précise :

« Il faut combattre en rejetant le tort sur eux [les Français], sous prétexte qu'ils ont enfreint le modus vivendi du 14 septembre 1946. »

Le 25 décembre, le Haut-commissaire accueille M. Marius Moutet, en visite en Indochine. Le général Leclerc arrive à Saigon trois jours plus tard pour une courte visite d'inspection et de contrôle, afin d'examiner la situation du corps expéditionnaire.

Le 29, le Haut-commissaire part pour Hanoi, tandis que M. Moutet se rend à Pnom-Penh.

30 décembre

3 h du matin, au lieu de me retourner dans mon lit en attente d'un sommeil que le bombardement nocturne ne favorise pas, venons travailler calmement. C'est plus calme, habituellement, me dit-on. Serait-ce en mon honneur ?

Au lendemain du guet-apens de Haiphong, la vigilance a-t-elle été assez prompte pour discerner la venue du coup de force du 19 décembre ? La réponse est au fond négative. De ma tournée de nos postes à la périphérie cet après-midi, il résulte que les préparatifs furent longs et manifestes : ces énormes et nombreux troncs d'arbres avec les talus en terre ceinturant les accès et débouchés dans de larges zones n'ont pu échapper à nos services de renseignement, les meurtrières dans les murailles même voilées d'affiches, etc.

Tout cet ensemble, s'ajoutant au chambrage virtuel de Hô - que j'ai apppris ce soir de témoignages certains -, annonçait un très mauvais coup. Or, il s'en est fallu de peu que les troupes eussent ce soir-là quartier libre !

Le commandant d'armes ?

Ma rapide inspection des postes ne dénote pas une autorité vigoureuse et nerveuse. Sans doute nos hommes furent courageux, mordants et résistants toute la semaine écoulée. Mais il y a dans la tenue bien du laisser-aller : non pas celui purement matériel de l'uniforme, mais un comportement nonchalant, négligé, qui révèle des habitudes...

Je suis content de cette visite, les postes adverses sont parfois des plus proches. Les coups de feu claquent inopinément...

Sur les responsabilités de Morlière à Hanoi, il est certain qu'une attitude plus ferme du haut commandement de Hanoi, sans éviter le conflit voulu par le Viêt-minh, nous eût permis de l'accepter dans des conditions plus favorables.

Le Haut-commissaire maintiendra pourtant le général Morlière à son poste jusqu'à fin janvier 1947. Il précisera :

J'estime avec le général Valluy qu'il a conduit avec distinction la tâche délicate du dégagement de Hanoi, à peine entreprise lors de l'inspection du général Leclerc. C'est à Morlière que l'on doit en grande partie le succès du repli des garnisons de Bac-Ninh et Phu-long-Thuong, le renforcement de la garnison de Nam-Dinh et l'élargissement essentiel des proches environs du Tonkin.

Il n'en reste pas moins que dans les jours qui précédèrent le coup de force du 19, il s'est trop laissé aller à sa disposition coutumière de pousser l'attitude conciliatrice à l'extrême. Or, à ce moment il était déchargé par la présence du commissaire Sainteny de la responsabilité politique et aurait dû être dominé avant tout par le souci d'assurer la sécurité de la colonie française et de nos amis tonkinois.

C'est sur l'intervention personnelle de Sainteny qu'il s'est décidé à occuper la direction des Finances et à faire détruire les obstructions face au palais fédéral la veille même de l'attaque.

Renseignements pris, sans discuter le bien ou le mal-fondé de la chose, c'est un fait que Morlière n'a pas à son actif la confiance des troupes ni celle de la population civile.

En conclusion, j'estime préférable que le général Morlière ne revienne pas à Hanoi à son poste de commandement, mais j'estime qu'il serait peu équitable de porter sur l'ensemble de son action un jugement sévère, encore moins une manière de condamnation [1].

Le 1er janvier 1947, l'Amiral écrit, à Marius Moutet, à la suite des émissions du gouvernement de Hanoi, qui ont fait l'objet d'un bulletin d'écoutes :

Ainsi donc, comme s'il ne s'était rien passé au Nord, comme si le coup de force odieusement prémédité et généralisé des 19 et 20 décembre n'était qu'un effet authentique de la sincère amitié de Hô Chi Minh et de son

1. Télégr. Haussaire Indo Saigon à Prési Paris, nº 41 / C /P du 17 février 47.

gouvernement pour le peuple français, nous retrouvons dans ses propos les mêmes accents, et dans les faits la même technique que par le passé.

La ruse criminelle dont s'est enveloppée l'initiative du 19 décembre a échoué. Déjà nous sommes maîtres de la situation. Les renforts arrivent. Le peuple français s'est justement ému. Il n'y a plus pour le Viêt-minh d'instants à perdre pour sortir de ce très mauvais pas. Aussi Hô Chi Minh nous propose-t-il de prolonger ce que le président Thinh, à la veille de sa mort, appelait avec tristesse une « farce ».

Le vœu exprimé « in fine » d'avoir une entrevue à Hanoi avec M. le ministre Marius Moutet devient un fait accompli et rendu public.

Je m'étais permis d'attirer votre attention sur l'extraordinaire gravité pour le devenir de l'Indochine de toute prise de contact directe ou indirecte avec un quelconque représentant du gouvernement de Hanoi.

Fort du document ci-joint, je me permets d'insister pour que, si vous maintenez, comme je le présume, votre voyage, aujourd'hui décidé, à Hanoi, le silence soit la seule réponse à cet appel. [...]

Tout me fait présumer que l'effet immédiat du moindre contact avec le gouvernement de Hanoi serait la reprise d'une action offensive en Cochinchine.

En annexe, l'Amiral joint un message de Hô Chi Minh au gouvernement, radiodiffusé le 1er janvier à 9 h 00 :

Aux noms du gouvernement et du peuple vietnamien, comme en mon nom personnel, j'adresse mes meilleurs vœux de Nouvel An au gouvernement et au peuple de France. Que le grand peuple français sache que nous n'avons ni haine ni rancune contre lui. Nous sommes obligés de lutter contre le colonialisme réactionnaire qui cherche à mutiler et à asservir notre pays.

Aux Français et Françaises épris de justice et de liberté, qui comprennent et défendent nos aspirations, à ces Français et Françaises qui sont en réalité les meilleurs défenseurs des intérêts véritables de la France et de l'Union française, j'adresse mes chaleureux remerciements. Je fais appel au peuple français pour que cesse cette guerre fratricide et pour que l'année 1947 ramène la paix et l'amitié entre la France et le Viêt-nam.

J'adresse également mes souhaits de bonne année à M. le ministre Marius Moutet avec qui je serais heureux d'avoir une entrevue à Hanoi [1].

En écho à ce message, M. Moutet, avant de quitter Hanoi, fait le 4 janvier 1947 la déclaration suivante à l'envoyé spécial de l'A.F.P. :

Les responsables de cette tragédie ont systématiquement détruit beaucoup d'espoirs et ont compromis la tentative dans laquelle nous avions mis toute notre bonne volonté.

Avant toute négociation, il est aujourd'hui nécessaire d'avoir une décision militaire. Je le regrette, mais on ne commet pas impunément de folies pareilles à celles que les Viêt-minh ont commises. Si j'étais venu quinze jours plus tôt, aurais-je pu faire davantage ? Je ne le crois même pas. Il est trop

1. Joint à la lettre nº 3220 de l'amiral d'Argenlieu à Marius Moutet du 1.1.47.

clair que les choses auraient évolué dans le même sens : la préméditation est trop évidemment démontrée. Rester plus longtemps ne m'aurait sans doute pas appris davantage, au contraire. Dans leur netteté en quelque sorte photographique, les impressions que j'ai eues ne gagneraient pas à être retouchées.

M. Moutet a répété qu'il n'a pas eu de contacts avec le Viêt-minh pendant son voyage « et d'abord pour rencontrer ses représentants il aurait fallu qu'ils m'y invitent ».

Le même jour, M. Moutet accorde une interview à la presse :

- Quelles sont vos impressions sur votre voyage de Hanoi ?
- Absolument navrantes, répond-il nettement. J'ai voulu me rendre compte, tout voir par moi-même, examiner les conditions réelles du déclenchement de l'« affaire du 19 décembre ». Je puis vous affirmer que j'ai la preuve absolue de la préméditation de l'attaque qui fut préparée de longue main. [...]

Ma position, maintenant, est très nette : l'attaque du 19 décembre, sa nature, sa préparation, ses développements nous contraignent à une action unitaire. La France ne peut faire autre chose pour le moment que protéger ses nationaux et ses amis, rétablir avant tout l'ordre. Après, lorsque l'armée aura obtenu ce résultat, il sera possible d'examiner à nouveau les problèmes d'ordre politique. [...]

L'enquête montre une telle duplicité chez les responsables que je me refuse à croire qu'Hô Chi Minh ait eu une part déterminante dans les événements. Mon voyage à Hanoi était connu, je n'ai pourtant pas été l'objet de la moindre tentative de sa part pour une prise de contact. Que faut-il en penser ?

Enfin, toujours le même jour, dans une interview à un représentant du journal *Paris-Saigon* qui demande au ministre s'il envisage la reprise des conversations avec le gouvernement Hô Chi Minh, M. Marius Moutet répond :

Le gouvernement français ne s'est jamais refusé à aucune ouverture ni à aucun examen.

Après un voyage d'inspection dans la région Hanoi-Haiphong, le Haut-commissaire est convaincu de la préméditation de l'attaque. Il en fait état à Léon Blum président du gouvernement.

Sur le plan militaire :

La construction de barrages, de communications entre les maisons voisines le long de rues entières, de souterrains permettant la circulation de rue à rue, d'assises bétonnées pour implantation ultérieure de pièces d'artillerie, de véritables blockaus commandant les principales artères de la ville, de même que la préparation de la population, tant sous forme active en la noyautant par des partisans armés entraînés spécialement à la guerre de rue, que sous forme passive en organisant son évacuation par quartiers entiers ou villages de la périphérie immédiate, de même que le développement, l'instruction d'une armée régulière, son encadrement systématique par les déserteurs japonais entraînés, sa multiplication rapide, toutes ces mesures ont été longuement pesées et leur mise en œuvre a demandé une volonté d'offensive continue et méthodique.

Déterminé par des raisons politiques que je développerai d'autre part, l'instant de l'agression étant échu, cet instrument d'action offensive remplit son rôle par une efficacité, une méthode, une discipline et un courage particulièrement remarquables.

Un seul élément capital a fait défaut : la surprise.

Depuis quelques jours, les efforts du gouvernement vietnamien tendaient à assoupir la vigilance du Haut-commissaire. Le ton des conversations, les teneurs des nombreuses lettres échangées avaient cet objet.

Ces efforts avaient d'ailleurs rempli leur but puisque les troupes françaises venaient d'être déconsignées le matin même du 19 décembre.

C'est un renseignement des services de documentation qui, à 17 heures, a motivé l'ordre de consigne des troupes dans leurs quartiers. Deux heures plus tard, sans cet ordre, plusieurs centaines ou peut-être milliers de soldats sans défense, dispersés, étaient massacrés simplement dans les rues, les cinémas, les cafés.

Le commandement militaire, désorganisé, ne pouvait protéger efficacement la population civile, dont les centaines, peut-être les milliers de victimes venaient s'ajouter aux victimes militaires. En quelques heures, la position française d'Hanoi se réduisait à la pénible défense de la seule citadelle.

Si cette éventualité ne s'est pas réalisée, le fait est dû à un renseignement infiniment précieux de la dernière minute. Mais il n'en reste pas moins qu'elle a été possible et que le Haut-commandement de Hanoi en porte la responsabilité. [...]

Le 9 décembre, je suis intervenu directement auprès du général Morlière pour l'inciter à adopter à l'égard des mesures provocatrices du gouvernement de Hanoi une attitude plus énergique et à ne pas encourager par sa passivité l'extension de travaux qui menaçaient plus ouvertement de jour en jour la sécurité de la population française et de nos troupes.

Cette intervention ne paraît pas avoir été suivie d'effet immédiat puisqu'il a fallu attendre le 17 décembre pour que disparaissent les barricades et les ouvrages les plus gênants.

Il est certain qu'une attitude plus ferme du Haut commandement de Hanoi, sans éviter le conflit voulu par le Viêt-minh, nous eût permis de l'accepter dans des conditions plus favorables et que la question de la ville même de Hanoi eût été aujourd'hui réglée. [...]

Sur le plan politique :

Hanoi : J'ai visité les combattants aux avant-postes et les blessés dans les hôpitaux. J'ai constaté partout, malgré la fatigue qui commence nettement à se faire sentir après dix jours de combats très durs, un excellent moral. Malgré certains excès inévitables chez une troupe qui avait supporté pendant de longs mois avec discipline et patience des actes répétés d'hostilité et une atmosphère obsidionale et qui avait constaté la perfidie et la cruauté des agresseurs du 19 décembre à l'égard de leurs concitoyens, la tenue de nos soldats a été en général très bonne et ils ont souvent sauvé au péril de leur vie des familles annamites.

La population française très éprouvée dans les personnes et les biens a besoin d'être réconfortée et de sentir que la France ne laisserait pas imposer son éviction par la force. J'ai signalé toutefois au commissaire qui en est pleinement conscient la nécessité de ne pas laisser éclater une réaction de notre part qui serait interprétée par les autochtones comme la volonté de dénoncer la politique décidée par le Gouvernement pour amorcer un retour à la situation de 1939.

La population annamite terrorisée par les combats des premiers jours paraît de plus en plus nombreuse. Il s'agit plus d'individus qui s'étaient terrés dans certains quartiers abrités de la ville que d'un véritable retour des évacués sur force avant l'agression du 19 décembre. [...]

Le problème le plus urgent est celui du complet nettoyage de la ville de Hanoi qui empêche le rétablissement d'une vie et d'une administration normales. Par mesure d'humanité et aussi pour épargner les ressortissants chinois, le principal quartier autochtone est simplement encerclé par nos troupes. Le consul général de Chine [...] négocie l'évacuation de ce quartier par les combattants vietnamiens, évacuation qui est regrettable sur le plan militaire, mais à laquelle nous avons consenti pour épargner les civils annamites et chinois. [...] L'administration procède au rétablissement d'autorités autochtones, chefs de quartier et chefs de rue, dans les secteurs libérés.

L'impression laissée par Haiphong est très satisfaisante. Un gros effort a été accompli en peu de temps pour réparer les ruines et revenir à une vie normale. La ville chinoise a peu souffert et a retrouvé une partie de son activité. La population autochtone encore peu nombreuse mais qui revient chaque jour est déjà replacée sous des autorités tonkinoises que j'ai tenu à me faire présenter. Autour de la ville les paysans sont revenus à leurs champs. La population française paraît confiante dans l'avenir du grand port de l'Indochine du Nord [1].

Nouvelle ligne de conduite

Dès le 29 décembre, un message au président Blum évoquait la nouvelle attitude à adopter :

Dans le Nord au point de vue militaire, nous sommes actuellement en mesure d'assurer la consolidation de nos positions et le dégagement des divers points clés de Hanoi, Hué, Tourane, outre ceux des zones de Haiphong, Hongay et Langson qui, soit en tête de pont pour les deux premières, soit au milieu de populations franchement amicales pour la troisième, constituaient déjà de solides bastions. Ne pouvant disperser nos efforts, nous replierons sur Hanoi nos petites garnisons de Bac ninh et Phulang-Thuong. Suivant l'évolution générale, nous serons conduits soit à replier notre garnison de Namdinh, soit à dégager ce centre. Notre action au cours des prochaines semaines, exposée dans mon télégramme du 26, consistant d'une part en dégagement de centres, d'autre part, en rétablissement de liaisons routières, n'aura rien de spectaculaire et de frappant pour l'opinion publique. La nécessité d'épargner le plus possible de vies humaines et d'éviter de lourdes

1. Télégr. 9156 F du 1.1.47 au président du Gouvernement, aux ministres de la Défense nationale et de la FOM et au général Juin.

destructions rendra d'ailleurs lente l'opération de dégagement d'un centre tel que Hanoi. C'est donc un effort de volonté continue dans l'action, de ténacité et de patience qui doit être assuré par les autorités et le commandement [et qu'il faut] demander [aussi] à l'opinion publique.

Au point de vue politique, je considère que dans ses relations avec la France le gouvernement de Hanoi ayant à sa tête Hô Chi Minh et l'équipe issue du parti viêt-minh a vécu. Il a fait définitivement la preuve qu'il voulait l'éviction pure et simple de la France et que s'il avait feint de se mettre d'accord avec nous sur des mots aucun élément d'idée commune n'existait réellement sur ce qu'il convenait de mettre derrière ceux-ci. La gravité des actes commis rend impossible que l'on retienne la fiction d'un gouvernement avec lequel nous chercherions à reprendre le contact. Rechercher la pensée individuelle d'Hô Chi Minh lui-même est vain. Que l'on pense que ce n'est qu'en apparence qu'il menait un jeu différent de celui des éléments actifs et hostiles de son parti tel Vo Nguyen Giap, ou que l'on pense qu'il est tombé leur prisonnier et qu'il a perdu toute autorité après son trop long séjour en France, le résultat est le même. L'idée que certains avaient pu avoir d'isoler Hô Chi Minh de nos adversaires irréductibles et de bâtir autour de lui un gouvernement acceptable est une espérance ruinée. Cela ne signifie nullement que la France renonce en ce qui concerne le Viêt-nam à sa politique de respect de l'autonomie nationale et de développement des libertés intérieures. Mais elle doit l'entreprendre avec en face d'elle d'autres hommes s'inspirant eux-mêmes d'autres méthodes.

En Cochinchine, les appels à l'insurrection lancés du Tonkin par le Viêt-minh ne se sont traduits jusqu'à présent par aucune modification notable de la situation. Des oppositions semblent au contraire s'être fait jour entre les organisations clandestines qui avaient été montées par Hanoi quant à la conduite à tenir par elles, par suite d'une appréciation divergente du crédit et des chances qui restent à l'ancienne équipe de Hanoi. De notre attitude à l'égard de celle-ci dépendra donc directement l'évolution de la situation en Cochinchine. Il est par ailleurs très généralement constaté que la situation s'est notablement améliorée en Cochinchine depuis un mois par un retour progressif à l'ordre dans de nombreuses régions. Le crédit accordé au gouvernement Le Van Hoach est plus grand que celui que possédait le gouvernement précédent.

La restitution par le Siam des provinces cambodgiennes et laotiennes s'est produite dans de bonnes conditions. Elle fut opérée avec mesure et prudence tout en y consacrant les forces nécessaires qui n'eurent ainsi à intervenir que fort peu. Les effectifs qui y furent utilisés ont été maintenant reportés sur d'autres tâches. Pour cette raison même, une stricte vigilance doit donc être observée.

En résumé, au lendemain d'un coup de force qui avec des deuils cruels a détruit beaucoup d'illusions, la situation présente cependant des éléments réconfortants. Elle ne peut évoluer d'abord que lentement mais dans un sens de plus en plus favorable si nous poursuivons l'effort militaire nécessaire au rétablissement de l'ordre, si nous gardons une ligne politique ferme et enfin si nous maintenons l'opinion publique dans un esprit de patiente ténacité [1].

1. Télégr. 2130 F du 29.12.46 au président du Gouvernement, aux ministres de la Défense nationale et de la FOM et au général Juin.

30 décembre

A 22 h 30 : Selon Pignon, des perspectives s'ouvrent. *Elles convergent en général vers l'idée d'un rétablissement monarchiste.* Ce sera difficile à conjuguer. C'est normal : une restauration est toujours chose délicate, mais elle aide à sortir d'un chaos.

Il faudrait à mon avis

1. qu'aucune collusion ne surgisse - si minime soit-elle - entre le *GRV* et la *FOM*,

2. que bien informé, le gouvernement dénonce les conventions et accords, non pour revenir sur leur substance, mais pour se libérer de mauvais et exécrables partenaires,

3. que l'on prépare et aboutisse enfin à un gouvernement nouveau, capable de produire « un choc ».

3 janvier

Le problème indochinois reste aujourd'hui... le rétablissement de notre souveraineté sous des espèces neuves.

Ces espèces neuves sont la substitution de l'exercice d'une autorité directe centralisatrice par une émancipation politique et administrative n'ayant d'autres limites que celles d'une libre appartenance à une fédération indochinoise, elle-même membre libre de l'U.F.

Méthode de réalisation dans un pays réputé amical : échanges de vues, accords, modus vivendi, brève négociation appuyée par la présence d'une force chargée du maintien ou rétablissement de l'ordre public.

Cette politique a porté des fruits excellents jusqu'au milieu de mai (fin de la 1re conférence de Dalat).

Sans doute y avait-il eu des difficultés à surmonter, mais elles ne dépassaient pas la mesure.

Depuis l'établissement, devenu juridique à nos yeux, de l'ex-gouvernement révolutionnaire du Viêt-nam, ces difficultés ont pris un caractère exorbitant.

Ce gouvernement n'a subi aucune métamorphose profonde. Il est resté totalitaire, révolutionnaire et impérialiste. Ses instruments sont la propagande à base de mensonge, la force au service de la terreur, aboutissant à la trahison sans vergogne, quand il s'est estimé militairement le plus fort.

La propagande pousse ses tentacules sur le monde, à l'intérieur, à la périphérie, au loin en Asie, en Amérique et surtout au cœur de l'Union française, à Paris.

Le manque d'autorité réelle à la tête [du gouvernement] depuis février et surtout depuis le mois de mai-juin (tripartisme sans nul facteur prépondérant) a facilité extraordinairement cette action dissolvante du Viêt-minh.

Réseau occulte et clandestin entre Hanoi et Paris permettant de saper d'avance toute l'action politique du Haut-commissariat.

9 janvier

Contre-attaque de la presse alliée qui essaie de fixer l'attention sur l'Indochine pour détourner de Jérusalem, de la Birmanie, de l'Indonésie.

10 janvier

Depuis le départ du ministre et faisant suite à ses déclarations, nous avons comme base politique solide, incontestable et incontestée : notre action militaire approuvée à Paris et appuyée par Leclerc.

Mais toute action militaire, toute initiative de notre part a pour but prochain la sécurité de nos nationaux, le rétablissement de l'ordre public sous notre contrôle et un dessein politique qui tend essentiellement à favoriser une organisation différente du gouvernement de Hanoi.

25 janvier

Reprise de la pacification de l'Indochine, ce qui veut dire rétablissement là où il n'existe pas de l'ordre, donc du respect de la loi.

Respect des personnes et de leurs biens, respect des autorités et des biens publics et privés, indispensables à la vie publique et à l'existence des particuliers.

Il y a de fait en Cochinchine et Sud-Annam une situation analogue à la guerre : emploi de la force des armes par des effectifs adverses importants, guérilla authentique sur la plus grande partie du territoire.

Toutefois, le centre vital au point de vue politique et économique de Saigon-Cholon-Cap Saint-Jacques est en ordre.

9 février

On sait où se trouve Hô et sa smala. Le commandant Sainteny suggère de renouveler la prise de la smala... avec parachutistes. Ceci fait écho à mes préoccupations. J'en cause au colonel Le Puloch... à pousser [1].

Ces réflexions ont abouti à la rédaction d'un mémorandum jugé essentiel et intitulé à cet effet : « Tournant politique en Indochine ».

Daté du 14 janvier 1947, il est adressé de Saigon au président du gouvernement, Léon Blum [2] :

[...] Il est certain que nous ne pouvons plus au lendemain de la violation criminelle par lui de tous nos accords, traiter avec le gou-

1. Le colonel Le Pulloch a remplacé le capitaine de vaisseau Le Chuiton comme chef d'État-major particulier de l'Amiral.

2. Le 21 janvier 1947, le même mémorandum sera envoyé au nouveau gouvernement Ramadier, premier cabinet de la IVe République.

Vu son importance ce document est retranscrit dans les mêmes caractères d'imprimerie que le texte de l'Amiral.

vernement de Hô Chi Minh et nous devons le proclamer hautement.

Traiter avec ce gouvernement serait une capitulation reconnue comme telle par tous les Indochinois à quelque pays ou quelque race qu'ils appartiennent et il ne nous resterait plus qu'à liquider au mieux les positions françaises, préparer le rapatriement de tous nos ressortissants, c'est-à-dire non seulement des métropolitains, mais des eurasiens, des citoyens français d'origine indochinoise et des indochinois compromis avec nous.

Il est certain qu'un grand Viêt-nam unifié, qui ne ferait aucune part aux particularismes locaux, présenterait les plus graves dangers pour le fonctionnement ou même la constitution de la fédération indochinoise. Il écraserait de sa masse Cambodge et Laos qui chercheraient ailleurs d'autres garanties. Il ne pourrait être à l'Indochine que ce que la Prusse fut à l'Allemagne.

Ce danger a été clairement perçu par le Gouvernement. Dans un télégramme, il a souligné l'intérêt qu'il attachait à ce que les États membres de la Fédération siègent, le plus nombreux possible, autour de la table commune. Les particularismes sont heureusement restés fort vivaces. Nous ne devons pas l'ignorer.

Le développement politique qui va suivre débordera nécessairement sur le domaine militaire. Il est aussi impossible, en effet, d'imaginer qu'une solution purement politique ou qu'une position purement militaire puisse être trouvée au problème qui nous occupe.

Notre premier objectif est indiscutablement d'abattre la force armée du parti viêt-minh et, si possible, de la détruire. La chance peut nous être offerte si les armées vietnamiennes venaient à se concentrer dans la région de Tong-Sontay.

Nous avons, en effet, un avantage certain, pour le succès de notre politique, à affirmer d'une part notre puissance et rehausser notre prestige ; à enlever d'autre part au parti viêt-minh ce qui constitue le facteur prépondérant de son influence sur la masse : sa force.

On parle volontiers, dans certains milieux et surtout dans les journaux métropolitains, d'une reconquête du Tonkin, le plus souvent d'ailleurs pour insister sur les difficultés et les dangers d'une telle entreprise.

En fait, la situation de 1947 n'est pas exactement comparable à celle de 1884. En 1884, nous avons combattu beaucoup moins contre les Annamites que contre l'armée chinoise et les irréguliers chinois. La fermeture de la frontière de Chine par où venaient et les hommes et les armes a exigé de longues et pénibles campagnes qui n'ont réellement pris fin qu'en 1895.

La situation nous est, par certains côtés, plus favorable actuellement : d'une part, nous sommes à pied d'œuvre pour isoler le Viêt-minh de la Chine ; d'autre part, et sauf complications internationales, écartées de cette étude, nous pouvons compter sur une certaine neutralité du gouvernement chinois.

Nous nous trouvons par contre, aujourd'hui, devant une masse dont nous avons toutes raisons de croire qu'elle a été imprégnée par la propagande nationaliste.

Le problème consiste à éviter de nous laisser entraîner dans une guerre contre le peuple annamite qui deviendrait solidaire du parti viêt-minh : nous devons éviter que le parti viêt-minh, dont nous savons qu'il était exécré et péniblement supporté grâce à son appareil policier, n'apparaisse comme le tenant et le champion authentique de la cause nationale annamite.

De cette constatation, on peut déduire comme première conséquence l'obligation de limiter les opérations en région deltaïque, peuplée d'Annamites, au dégagement de Hanoi, des provinces méridionales du delta, de Than-Hoa et, si possible, aux mouvements nécessaires à l'élimination de l'armée vietnamienne, ainsi qu'il a été indiqué plus haut. L'action militaire devra s'accompagner d'une action de propagande intense tendant à démontrer au nha-que [1] que sa cause n'est pas celle du Viêt-minh, auteur des maux dont il est accablé.

Les objectifs militaires étant atteints, le plus important et le plus difficile consistera à proposer et promouvoir une solution politique.

Il a déjà été souligné par l'autorité métropolitaine d'éviter l'instauration à Hanoi d'un gouvernement « fantoche ». Il n'a jamais été, dans les intentions de ce Haut-commissariat, qui a toujours, depuis l'ouverture de la crise, demandé à ses agents la plus grande réserve, de procéder à une telle désignation. Il était clair, en effet, que les sentiments de la masse étaient trop indécis, que les esprits de ceux que nous pouvons considérer comme une élite dirigeante, n'étaient pas mûrs pour qu'il soit envisagé une solution d'aventure.

Notre situation n'est pas encore assez solidement rétablie sur le plan militaire, nos intentions n'ont pas été assez nettement affirmées à l'égard du parti viêt-minh pour que nous puissions, dès à présent, faire l'inventaire de nos ressources en hommes de bonne volonté, et pour mesurer l'influence réelle qu'exercent ces hommes de bonne volonté. Mais il serait dangereux de céder à un sentiment en quelque sorte aristotélicien de l'horreur du vide qui semble être un souci pour beaucoup, il serait aussi dangereux de fermer les yeux sur l'avenir en nous bornant à affirmer que nous sommes dans une phase militaire et que nous verrons bien ce qu'il conviendra de faire quand les canons auront parlé. Avec une telle conception, nous serions inévitablement entraînés à cette reconquête militaire que nous voulons éviter parce que la métropole ne peut en faire les frais,

1. Paysan vietnamien.

parce que l'opinion internationale la condamnerait et parce que finalement, elle ne réglerait rien.

Nous sommes bien convaincus qu'il n'est pas possible, en 1947, de rétablir le régime colonial de 1939. La force des armes, même si nous en disposions sans limitation, n'y parviendrait pas. Il convient donc, dès à présent, de préparer le futur régime politique des pays annamites et, pour le préparer, arrêter avec netteté nos desseins.

Nous avons inscrit au nombre des principes directeurs de cette étude l'existence de deux idées-forces : l'idée d'indépendance et l'idée d'unité nationale.

Nous ne pouvons pas espérer voir se constituer en pays annamites un mouvement politique puissant, ou se former un gouvernement solide et appuyé sur la masse qui ne place pas en tête de son programme ces revendications essentielles du nationalisme annamite.

Il paraît certain, par ailleurs, que la revendication de l'unité nationale peut s'accompagner de certains aménagements en faveur des particularismes locaux du Tonkin, de l'Annam et de la Cochinchine, à partir du moment où les intéressés seront sûrs que nous ne voulons pas, sur ce terrain, pratiquer la politique du *divide ut imperas*.

La ligne de notre action politique doit donc se présenter de la manière suivante :

Nous devons en premier lieu clarifier la situation en dissipant les craintes de ceux qui supportent mal le joug du Viêt-minh, mais n'osent présentement prendre le risque que comporte une action à nos côtés, si nous devions demain traiter à nouveau avec lui.

Il faut en conséquence que le gouvernement français fasse connaître officiellement que nous ne traiterons plus avec le gouvernement de Hô Chi Minh.

Nous devons en même temps donner, en la même forme, les assurances nécessaires que cette position ne modifie pas la pensée politique de la France et par suite :

a. que les engagements pris seront substantiellement respectés, malgré la défaillance d'un des signataires ;

b. que la France n'a jamais entendu prendre arbitrairement position sur le problème de l'union ou de la séparation des trois Ky, laquelle est laissée à la décision des populations intéressées, qu'elle a considéré et considère toujours cependant qu'il est de son devoir de veiller à ce que les populations puissent s'exprimer librement, ce qui n'était pas le cas sous le régime totalitaire du Viêt-minh ;

c. que la Fédération indochinoise est une nécessité géographique, mais qu'elle sera librement construite par les intéressés et qu'il appartiendra à ceux-ci de veiller eux-mêmes à rendre chimériques leurs craintes et voir ressusciter l'ancien gouvernement général ;

d. que l'appartenance à l'Union française est un principe intangible et qu'il comporte un certain nombre de conséquences, à énumérer limitativement, conséquences qui constituent les seules prétentions françaises en Indochine.

Cet exposé de principes effectué avec la solennité, les précisions et la publicité désirables, il sera, selon toute vraisemblance, relativement aisé de trouver en Indochine des hommes de gouvernement. Nous avons déjà à Hanoi un certain nombre de chefs d'équipe, je dirais même de « ministrables ».

Il est significatif et, à mon sens, très encourageant, que des personnalités en vue, dont certaines avaient donné des gages au Viêt-minh, se soient dérobées à l'invitation au départ et se soient cachées pour rester sous notre protection ; mais, ce qui manque à ces personnalités *c'est la consécration d'une légitimité. Tous en ont conscience.*

Aussi malhonnêtement élue que l'ait été l'Assemblée vietnamienne, elle avait fini par accréditer au-dehors l'idée que le gouvernement de Hô Chi Minh avait un support démocratique.

D'autre part, la situation militaire ne permettra pas, semble-t-il, avant longtemps les consultations populaires.

Si nous examinons à fond le problème, nous sommes conduits à nous demander si la force politique capable de jouir, sans discussion possible, de la force privilégiée qu'est la légitimité n'est pas l'institution monarchique traditionnelle, celle d'avant la capitulation japonaise.

En outre, il existe en pays d'Annam beaucoup plus que ce « charme séculaire de la monarchie » dont parlait Jean Jaurès. Toute la vie sociale et religieuse reposait sur le roi, lequel n'a, au surplus, quitté son trône que depuis 18 mois. La preuve en est que le gouvernement de Hanoi, né de l'insurrection, mais désireux de ne pas rompre avec la tradition, a tenu constamment, au cours de ses remaniements successifs, à confier à Bao Dai les éminentes fonctions de conseiller suprême. Ainsi le retour du roi serait probablement de nature à rassurer tous ceux qui en prenant position contre le Viêt-minh craignaient d'être accusés de traîtrise.

On peut se demander enfin si une monarchie constitutionnelle n'assurerait pas plus aisément l'instauration d'une démocratie véritable dans les pays annamites. Elle permettrait d'asseoir le parlementarisme que le gouvernement de Hanoi avait en fait supprimé, pour s'installer dans le fascime.

Il appartenait au représentant du gouvernement d'éclairer celui-ci.

Le contenu de ce mémorandum répond à cette préoccupation et tend à servir tout à la fois les peuples de la Fédération indochinoise et l'Union française.

Dans une lettre au général de Gaulle, l'amiral d'Argenlieu reprend les grandes lignes de la politique qu'il préconise :

Saigon, le 14 janvier 1947

Mon général,

M'appuyant habituellement sur vos directives essentielles, je suis resté à mon poste contre vents et marées : incompréhension, calomnie, injures. Après tout, c'est l'écume. Agissant avec continuité et persévérance malgré les fluctuations d'un pouvoir central précaire dans le temps, faible en son tripartisme face aux courants d'opinion, ce Haut-commissariat avait réussi à rétablir nos couleurs du sud au nord.

Depuis avril, il n'a cessé pourtant de faire savoir que le gouvernement de Hanoi, cosignataire de la Convention du 6 mars, voulait au fond notre éviction et y travaillait clandestinement. Nous ajoutions, dès août, qu'un jour viendrait où la substitution d'une autre équipe s'imposerait.

L'on envisageait ici comme époque plausible le mois de mars et l'on s'y préparait. Or, le modus vivendi du 14 septembre - des plus dangereux - risquait s'il n'était dénoncé à temps de nous paralyser dans le Sud. A Paris, à la mi-novembre, j'obtins du Cominindo de reprendre *militairement* notre liberté de manœuvre en Cochinchine.

Voilà que les incidents sérieux de Haiphong, les 19 et 20 novembre, suivis du criminel coup de force de Hanoi les 19 et 20 décembre, sont survenus. Ils ont fait tomber le masque. Le pays a réagi, Marius Moutet l'a constaté honnêtement et l'a déclaré.

Pour qui s'élève au-dessus des contingences douloureuses d'un jour, il apparaît que la fuite honteuse du gouvernement Hô Chi Minh ouvre une opportunité d'action exceptionnelle à la France pour continuer et achever dignement sa mission en notre Indochine.

Grâce à Dieu, M. Moutet n'a pris aucun contact personnel avec l'équipe Hô Chi Minh. C'est un premier point de marqué.

Il faut que demain le gouvernement déclare officiellement qu'il a décidé de cesser toute relation avec ladite équipe et qu'il reprend entièrement sa liberté.

Il doit ajouter que son dessein politique libéral demeure pourtant essentiellement le même mais sera poursuivi avec d'autres personnalités autrement représentatives du peuple annamite. Ce sera le deuxième point.

Pareille initiative aurait un grand retentissement. Tous ceux qui ont appris à détester sous la terreur le gouvernement de Hanoi, c'est-à-dire une très forte majorité de Tonkinois, d'Annamites, de Cochinchinois, plus la totalité des Laotiens, Cambodgiens et des montagnards seront délivrés du lourd faix de la peur. Ce sera, sans exagération, une vraie libération. Troisième point.

Nos forces militaires continueront cependant de rétablir l'ordre public dans tous les points clés du delta tonkinois et du ruban annamitique. Elles devront pourchasser le gouvernement fugitif et l'éliminer.

Parallèlement, nous tâtons les personnalités résolument hostiles au régime Hô, mais prudemment, sans engager encore l'avenir.

Il semble de plus en plus qu'un autre choc psychologique et moral propre à ruiner les effets de l'idéologie et de la propagande du parti viêt-minh serait obtenu par une campagne en faveur de la tradition. Ce peuple millénaire n'a pas rompu avec ses coutumes familiales, sociales, communales, religieuses et culturelles en quinze mois. Bien au contraire.

Et ainsi nous sommes amenés à juger que la restauration monarchique est peut-être la solution la meilleure. La monarchie a pour elle la force de la légitimité. Elle ne sera pas suspectée d'être une création artificielle des Français colonialistes. Sa force était si grande en août 1945 que le gouvernement insurrectionnel de Hanoi a voulu réserver à Bao Dai, contraint d'abdiquer, l'éminente fonction de conseiller suprême du gouvernement de la république du Viêt-nam.

Il a réussi après quelques mois à passer la frontière. Malgré quoi, il fut encore inscrit avec ce même titre en octobre dernier dans le nouveau cabinet d'Hô. Entre nous, j'ajoute que Bao Dai est disposé maintenant à cette restauration. Cinquième point.

Voilà, mon Général, les traits essentiels de la politique à suivre. Aidez-nous de votre retraite, par vos voies propres, à les faire accepter. Que, à Paris, pour juger du devenir de l'Indochine, l'on regarde vers l'Indochine et que l'on cesse de lui tourner le dos pour s'en servir vaille que vaille comme d'une pièce sur l'échiquier électoral ou sur la table des prébendes.

Résolu à mener l'action dans ce sens, je reste prêt à me consacrer sans compter à cette tâche, qui est dans la ligne de celle accomplie jusqu'ici. Je suis prêt, malgré la lutte ouverte des services de la FOM qui me contrent sans cesse, malgré la suppression du Comindo dirigé contre le Haut-commissaire.

Mais je tenais à vous dire que si, par malheur, le gouvernement de demain s'orientait dans la voie d'une reprise de contacts avec Hô et son équipe de criminels, je me démettrais sur-le-champ de mes fonctions.

Je me plais à espérer que ce gouvernement se refusera à accorder la moindre considération aux hommes qui sont, à Haiphong et Hanoi, tombés au-dessous de la honte. Nos troupes, porte-parole de nos grands morts, se refuseraient, j'en ai la certitude, à coopérer à pareille forfaiture.

Signé : d'Argenlieu

Divergences ou malentendus

Le 23 janvier, l'amiral reçoit un bref télégramme de Marius Moutet [1] :

Référence à votre mémorandum très secret du 14 janvier courant.
Ne suis pas d'accord
Ne rien décider avant que nouveau gouvernement ait donné directives.

Signé : Moutet

Deux jours auparavant, un message de Marius Moutet mettait en cause l'existence et le fonctionnement du Comindo :

L'expérience a prouvé que ce système qui tendait à faire participer à la discussion et à la décision le président du Conseil et tous les ministres inté-

1. Télégr. 2464 / CI / 142.

ressés a en fait abouti à une dispersion des responsabilités nuisible à une saine gestion adminstrative. (*Je m'insurge absolument en faux contre cette assertion, elle est directement et rigoureusement dogmatique* [1].)

Le ministre de la FOM responsable devant le gouvernement, devant le Parlement et devant l'opinion publique, s'est trouvé dépossédé de ses attributions normales et des moyens d'action dont il doit disposer. (*Faux, il était pleinement tenu au courant.*)

En matière coloniale, toute question... devient même dans le cas d'un problème en apparence simplement technique, un véritable problème politique..., il est donc normal qu'au département spécialisé en la matière, c'est-à-dire celui de la FOM (*Bastille du colonialisme, c'est-à-dire de ce qui dans l'œuvre grandiose de la colonisation est digne de critique et de réprobation, et dont nous payons les frais*) incombent les responsabilités et en conséquence les moyens nécessaires.

[...]

Le ministre critique également les services parisiens dépendant du Haut-commissaire telle l'Agence de l'Indochine (pourtant créée avec la signature du ministre) :

[...]

En fait, il est certain que cette méthode administrative n'est pas bonne. [...] (*pour les mêmes raisons de dogmatisme individuel ; pour qui « pas bonne ?*).

Par exemple pour la section des Travaux publics, il existe au ministère un service qui peut et doit s'occuper de ces questions (*et qui en fait est inefficace*). Des dispositions devront donc être prises à bref délai pour dissoudre ces différents organismes...

Il a donc été décidé que le Comité interministériel de l'Indochine serait dissous. Cette décision gouvernementale a fait l'objet d'un décret paru au *J.O.* du 9 janvier 1947.

Ces critiques auxquelles s'ajoutent des pressions en faveur du rappel du Haut-commissaire, sont confirmées le même 23 janvier par une lettre de Pierre Messmer, secrétaire général du Cominindo :

Sur le plan de la politique indochinoise, un effort de concentration de l'autorité gouvernementale a été conduit par M. Defferre en l'absence de M. Marius Moutet : cet effort s'est traduit par la suppression du Comité interministériel et une tentative de suppression de l'Agence.

A mon retour, j'ai donc trouvé une situation très différente de celle que j'avais laissée à mon départ et je me suis refusé à reprendre mes fonctions jusqu'à ce qu'une décision du nouveau gouvernement intervienne.

J'espère provoquer sous peu cette décision.

Je crois par ailleurs de mon devoir de vous avertir qu'un puissant mouvement se développe ayant pour but votre rappel à Paris. Les motifs invoqués et les acteurs vous sont connus.

1. Les passages entre parenthèses et en italique sont des annotations manuscrites de l'amiral d'Argenlieu.

J'ajouterai seulement qu'il ne s'agit plus de bruits sans fondement comme à plusieurs occasions, mais bien d'un dessein réfléchi.

Même écho de M. Gonon, conseiller fédéral aux Finances, alors à Paris :

Il est de mon devoir - peu agréable - de ne pas vous cacher les attaques très vives et très poussées dont vous ne cessez d'être l'objet dans certains milieux politiques, surtout socialistes, malgré la consécration que les événements ont apportée à toute votre ligne de conduite antérieure. Fait plus précis : le général Juin avec qui je me suis longuement entretenu dimanche m'a assuré que Léon Blum avait proposé au général Leclerc de vous remplacer et que Leclerc avait refusé d'ailleurs. En fait, il n'y a pas à vrai dire de Haut-commissaire « valable » à envoyer en Indochine à votre place, mais vos ennemis ne désespèrent pas d'en trouver un, et leur offensive se poursuit. Ils semblent cependant trop timides pour imposer ou même proposer la nomination d'un candidat qu'on puisse ensuite leur reprocher.

Le 28 janvier, le Haut-commissaire s'adressant à diverses personnalités politiques [1] rappelle sa position et insiste sur l'urgence d'instructions gouvernementales :

A la date du 14 janvier, j'ai adressé au Gouvernement et à différentes hautes personnalités un mémorandum qui, après un exposé objectif des éléments de la situation politique, conclut à l'absolue nécessité, pour le gouvernement français, de faire savoir officiellement qu'il ne traitera plus avec le gouvernement Hô Chi Minh. Seule une déclaration non équivoque sur ce point raffermirait la confiance en nous de toutes les populations de l'Indochine et le moral des troupes qui peuvent craindre que leur sacrifice soit inutile si nous nous entendons demain avec l'adversaire qui les a attaquées. Il reste entendu qu'une semblable déclaration ne changerait rien à la substance des accords conclus ni à la ligne politique de la France qui se propose d'acheminer chaque État vers une autonomie de plus en plus grande dans le cadre de la Fédération indochinoise et au sein de l'Union française.

Mon mémorandum posait en outre sous une forme nettement interrogative la question de l'opportunité d'une restauration monarchique. Il s'agit là d'une simple éventualité qu'il importe de considérer parce que si les masses d'Annam et du Tonkin étaient consultées une fois éloignée la crainte qui pèse sur elles actuellement, il est très probable, d'après les témoignages les plus sûrs, qu'elles s'orienteraient spontanément vers une formule politique seule de nature à satisfaire leur attachement à des traditions millénaires. A une époque où l'on a beaucoup insisté en France sur l'idée de retour à la légitimité républicaine, c'est-à-dire au retour du statu quo, il ne m'apparaît pas déplacé, bien au contraire, d'admettre en Indochine un principe analogue de retour au statu quo ante. Je note également qu'une restauration mo-

1. Destinataires : président Herriot, M. A. Varenne, M. R. Pleven, président Lecourt, M.R.P., président Juglas Com. FOM, président Mutter P.R.L., président Petit, U.D.S.R., M. Maurice Schumann, M.R.P., M. Ramarony, M. René Mayer, M. Devinat, M. Laurin.

narchique, outre qu'elle permettrait en égalisant les statuts politiques des États membres, de bâtir une fédération mieux équilibrée, ne serait pas susceptible d'être critiquée comme étant notre création. La légitimité d'une monarchie millénaire la mettrait au-dessus de tout soupçon de n'être qu'un *puppet government.*

Encore une fois, il ne s'agit là que d'une hypothèse politique, mais l'opinion de milieux annamites très nombreux constitue un fait que je n'ai pas le droit de taire.

J'ai donné connaissance des idées exprimées dans mon mémorandum aux membres du Conseil du gouvernement fédéral. Tous ont déclaré partager sans réserve cette manière de voir.

Cependant le président Léon Blum m'a fait connaître qu'il n'adoptait pas mes conclusions, mais qu'il transmettrait le mémorandum à son successeur.

Comme il convenait, j'ai décidé de ne rien entreprendre avant que le Gouvernement ait pu délibérer de la question. J'ai même interdit à mes collaborateurs de faire des déclarations publiques ou d'accorder des interviews qui risqueraient de marquer une prise de position de leur part.

Mais je ne saurais trop insister sur l'urgente nécessité d'instructions concernant l'attitude à tenir vis-à-vis du gouvernement Hô Chi Minh et le maintien par la France de la ligne politique. Faute de celles-ci, la presse peut à son gré déformer la pensée gouvernementale sans que je puisse faire vis-à-vis d'une opinion publique maladivement sensible les rectifications qui pourraient s'imposer.

Sans m'étendre davantage sur ces inconvénients, pourtant graves, je vous adresse encore un appel particulièrement pressant, appuyé par l'unanimité des membres du Conseil du gouvernement fédéral, pour que la France prenne sans délai position et donne à nos troupes, en déclarant solennellement qu'elle ne traitera jamais plus avec ce qui fut le gouvernement Hô Chi Minh, l'assurance que leur héroïsme n'est pas déployé en pure perte, et aux Indochinois qui nous gardent leur confiance, malgré l'incertitude qui plane sur notre politique, la promesse que leur dévouement ne sera pas un jour trahison.

La même urgence est soulignée le 4 février dans un télégamme au nouveau président de la République Vincent Auriol et au président Ramadier [1] :

Monsieur le Président,

Je vous ai rendu compte tout récemment de la substantielle amélioration de la situation militaire en Indochine avant même l'entrée en action des premiers renforts. Demain s'ouvrira dans des conditions encourageantes la campagne méthodique de pacification de la Cochinchine.

Au point de vue politique, une reprise notoire de confiance dans les populations m'est signalée. Elle fait suite au départ d'Hanoi du gouvernement d'Hô Chi Minh, à la fermeté de notre réaction militaire, aux déclarations

1. Vincent Auriol est élu président de la République le 16 janvier 1947. Il désigne Paul Ramadier dont le gouvernement reçoit l'investiture le 21.

précises faites par M. Moutet à Saigon et à vos propres déclarations à la tribune de l'Assemblée.

En fait, la souveraineté française sous les espèces nouvelles voulues par le Gouvernement provisoire de la République est rétablie du nord au sud, de l'est à l'ouest, comme y flottent nos couleurs. Certes, il reste beaucoup à faire, mais la route est aujourd'hui largement ouverte.

Toutefois, en dépit de mon insistance à obtenir une réponse nette et ferme sur ce qui doit être présentement la condition de base de notre politique à savoir : affirmation par le Gouvernement qu'il ne traitera plus avec le gouvernement Hô Chi Minh tout en reprenant la méthode des accords avec d'autres représentants des peuples annamites, aucune réponse officielle ne m'est encore parvenue.

Par contre, vient d'être supprimé le Comité interministériel d'Indochine qui était à Paris, depuis le 15 août 1945, le pivot même de toute l'action politique ici de ce Haut-commissariat.

Enfin, le gouvernement dont je suis le représentant en Indochine souffre que mon nom soit jeté en pâture à l'opinion publique par certaines officines aussi dogmatisantes qu'ignorantes des problèmes. Mon rappel est continuellement évoqué en haut lieu.

Trois gouvernements successifs m'avaient accordé manifestement leur confiance par la bouche de leurs présidents : le général de Gaulle, MM. Gouin et Bidault.

Je constate qu'il n'en va plus de même. Les populations d'Indochine ne peuvent l'ignorer et ce fait risque de saper sournoisement au jour le jour auprès d'elles mon autorité.

Il ne saurait vous échapper que ma mission pour se poursuivre heureusement requiert nécessairement du Gouvernement sa confiance, une ligne politique nette et enfin les moyens de la réaliser.

A défaut d'assurances sur ces points qui font au reste l'objet de récents rapports des plus objectifs, il resterait à l'amiral d'Argenlieu chancelier de l'ordre de la Libération, grand-croix de la Légion d'honneur à vous présenter sa démission de Haut-commissaire de France pour l'Indochine.

Quelle que soit la décision prise sur votre proposition par le chef de l'État, je garderai la haute satisfaction d'avoir rendu l'Indochine à la France avec le concours d'une poignée de collaborateurs admirables de foi et de dévouement dans la confiante estime de la meilleure partie des populations [1].

La réponse du président du Conseil datée du 5 février se croise avec ce dernier message :

Monsieur le Haut-commissaire,

J'ai pris connaissance avec un très vif intérêt du mémorandum que vous aviez adressé au président Blum et dont beaucoup de passages me paraissent exprimer une réalité très finement observée et très judicieusement appréciée. [...]

1. 434 CHD, texte 24 CP du 4.2.47.

Je crains que la suggestion du rétablissement de Bao Dai ou de quelque autre membre de sa dynastie ne nous écarte à la fois du but poursuivi et de la solution d'une guerre que nous ne pouvons poursuivre au-delà de ce qui est nécessaire.

Il est incontestable que le caractère surnaturel du Fils du Ciel conserve à l'institution monarchique un grand prestige dans tous les milieux traditionalistes, mais les souvenirs de la cour de Hué, et plus particulièrement ceux de l'ancien empereur sont liés au régime de l'administration directe des fonctionnaires français, contre lesquels s'est soulevée l'Indochine annamite et que tous les Français soucieux des réalités considèrent comme condamnée. Une tentative de restauration risque, non seulement de durcir le Viêt-minh et de renforcer dans son sein les éléments extrémistes, mais d'écarter de nous tous les progressistes qui supportent mal la dictature du Viêt-minh et que nos souvenirs militaires rassurent, sans cependant qu'ils consentent à abandonner l'idéal national.

Le résultat pourrait être de nous condamner à poursuivre indéfiniment une guerre avec le peuple annamite et notamment pas seulement avec un gouvernement, guerre dont la prolongation comporterait beaucoup d'aléas.

Le gouvernement ne voit pas assez clair dans ces perspectives pour prendre une décision sans vous avoir entendu.

J'attacherais donc un grand prix à ce que vous veniez à Paris exposer vos vues dans le délai le plus bref.

Dès le lendemain, le Haut-commissaire annonce sa venue :

Il me paraissait en effet qu'à ce tournant peut-être décisif du devenir de l'Indochine le mieux était qu'il me soit donné d'informer de vive voix le Gouvernement de la situation... de m'appliquer à répondre de mon mieux à ses objections et questions avec espoir de dissiper tel malentendu que l'absence de contacts directs laisse parfois subsister. [...] Sans vouloir anticiper sur les prochains entretiens, qu'il me soit permis de vous dire qu'après avoir pesé tous les termes de votre communication [...] il n'est pas un problème évoqué sur lequel surgisse à mes yeux de notables divergences de vues [1].

1. 450 CHD, texte n° 27 CP du 6.2.47.

Chapitre XV

LE DÉPART

La nécessaire clarification

Retardé par un léger accident, l'amiral d'Argenlieu sera à Paris le 24 février. Dans l'intervalle, campagnes de presse et manœuvres se poursuivent dans la capitale.

Ainsi une dépêche de l'*Associated Press* reproduite dans la presse parisienne fait état « d'une démission en raison des attaques continuelles dans certains journaux français ».

L'Amiral répond au président Ramadier qui l'interroge [1] :

J'oppose aux faits et propos cités par l'Agence de presse le démenti le plus absolu. Je m'étonne même que l'on puisse supposer que l'amiral d'Argenlieu ait pu tenir un pareil langage en quelque circonstance que ce soit. Dois-je ajouter que la campagne menée par certains journaux de Paris contre le Haut-commissaire de France pour l'Indochine depuis le début d'août 1946 et qui n'a jamais désarmé depuis, reste à l'origine de tous ces faux bruits dont la plupart ne sont que basse calomnie.

10 février

C'est toujours la campagne de dénigrement et de calomnie qui se poursuit et qui paraît trouver certain assentiment tacite en haut lieu.

D'après Messmer, mon remplacement décidé en principe.

D'après Hartung, incertitude encore...

Le 11 février, l'amiral d'Argenlieu annonce sa venue au général de Gaulle :

Mon Général,

Il est probable que j'arriverai prochainement à Paris et une fois de plus.

Le gouvernement ne voyant pas clair sur certains points... désire me consulter. [...] Un léger accident... m'a empêché de partir sur-le-champ.

1. « ... Vous considériez ne plus pouvoir continuer à assurer vos fonctions de Haut-commissaire de la République en Indochine et vous seriez de retour à Paris dans les 48 heures. Je vous prie de m'indiquer si cette nouvelle est fondée. » Télégr. du 9.2.47, n° 2330 / 9 / Z - CP.

N° 34 C P 101330 Z du 10.2.47.

Comme vous ne l'ignorez pas, l'on en vient à donner plus d'actualité à la question de mon remplacement qu'au problème politique essentiel. Mais cela permet de poursuivre une campagne de calomnies et de dénigrement contre l'amiral d'Argenlieu... Le gouvernement se montre incapable de défendre son représentant ou (reste) indifférent au mal que cette manière de faire cause à nos intérêts en Indochine.

Ayant avec mesure mais fermeté fait connaître mon avis sur la politique à suivre à ce tournant historique, sur l'erreur grave que constitue la suppression du Comité interministériel d'Indochine et sur l'injustice qu'il y a à me laisser calomnier à longueur de mois par un *Populaire* ou un *Franc-Tireur* - journaux inspirés par l'idéologie socialiste - j'estime avoir fait mon devoir.

J'attends avec calme les décisions ! Si l'on décide de me remplacer, à vous je ne dois pas taire que la désignation de Leclerc serait à mes yeux une erreur.

A l'heure présente, sans même la mise en œuvre des renforts, nous avons militairement la situation bien en main. Nous pourrons étendre notre action prochainement.

Mais - j'insiste - le facteur principal demeure aujourd'hui politique. Que la France dise nettement ce qu'elle veut et qu'elle ne se trompe pas de voie.

Nous n'avons pas à mener une campagne de reconquête. Mais à mener le grand jeu de la Pacification. [...]

La guérilla ne disparaît que si la population cesse de prêter son concours volontaire ou forcé.

Jamais - tout le prouve - la voie n'a été plus ouverte au rétablissement complet de la situation qui est demeurée bonne dans les deux tiers de la péninsule.

d'Argenlieu.

15 février

Comment procéder à Paris ?

Préparer les réponses aux critiques dont j'ai été l'objet :

Le belliciste ? mais :

- Qui n'a cessé d'agir pour suspendre l'effusion de sang inutile ?
- A l'intérieur qui a fait signer les accords du 6 mars ?
- Qui a fait signer tous les autres accords ?
- Qui a rétabli dans l'amitié les minorités ?
- A l'extérieur qui a procuré amicalement un départ des forces étrangères ?
- Quels sont les rapports avec toutes les puissances régionales ?

Politique d'accords

Qui n'a pas appliqué les accords ?

Les accords - à l'exception du modus vivendi du 14 septembre, origine de la détérioration accélérée de la situation - je les ai tous préparés et passés. Celui du 6 mars ne peut être mieux compris que par le Haut-commissaire car qui veut l'entendre doit avoir pesé tous les mots du texte qui servit de base aux ultimes discussions. Ce texte fut rédigé par moi à Paris, discuté au Cominindo et approuvé à l'unanimité.

Je revendique d'avoir été le tenant de la politique d'accords, sans dévier, ni à droite ni à gauche, depuis le 16 août 1945.

Chaque broadcast, chaque discours, chaque communiqué a annoncé la chose. Les faits l'ont confirmé - Laos, Cambodge, Tonkin, Cochinchine, Hauts Plateaux.

Qui donc a donné consistance aux fragiles et précaires accords du 6 mars ? Along, Dalat, Hanoi, arrivée à Paris. J'ai maintenu cette attitude à Paris du 15 novembre au 20 décembre devant le Cominindo, comme devant le président Blum. Mais il n'y a pas en Asie de politique d'accords sans présence de la force pour servir le droit.

Qui donc a renversé la vapeur ?

- L'incroyable impréparation de la conférence de Fontainebleau dont le responsable est le secrétaire général du Cominindo [1].
- L'incroyable faiblesse montrée au début par le Gouvernement. Elle aboutit à la signature du modus vivendi du 14 septembre.
- L'incohérence des directives politiques du Gouvernement : suggestions timides. Je m'en saisis - les réalise - le Gouvernement se déjuge...
- La confusion habituelle entre le politique et l'administratif.
- L'inaptitude des administrateurs à se transformer en conseillers, parce qu'ils connaissent mal les aborigènes.

Gouvernement de Cochinchine

La constitution, le 1er juin 1946, du gouvernement de Cochinchine est en pleine conformité avec la ligne politique du gouvernement de la République et avec le texte des accords. Seule une idéologie systématique peut tenter d'en fausser le sens.

L'essentiel reste le grand jeu de la Pacification.

2e Conférence de Dalat

Émotion sans base aucune. Émotion de « couloirs » ou de « fin de banquet » à l'amitié franco vietnamienne. A la fin de novembre, cette 2e conférence servait au Gouvernement à rédiger mes instructions...

Les Hauts Plateaux

Que ferions-nous aujourd'hui sans eux ? J'ai avisé Hô. Il en a profité pour organiser résistance et destructions.

Le palais du Gouvernement général

Quand on songe à toute l'émotivité de Marius Moutet sur la question, qui fut traitée avec prudence...

1. M. Labrouquère.

Retour à la tradition et à la monarchie

C'est assurément la meilleure solution.

Récapituler les bonnes volontés contre le Viêt-minh, au nom du roi.

Sortir de l'aventure insurrectionnelle.

Retrouver la légitimité.

Le mouvement doit venir du peuple de l'Annam. Simple application des engagements du 6 mars. A l'Annam, le référendum ne s'impose pas. M. Moutet m'a plusieurs fois fait savoir qu'il espérait l'éviter même en Cochinchine [1].

Administrativement

L'incapacité persistante dont la FOM a fait preuve pour répondre à mes demandes répétées et insistantes de personnel, crée une situation grave :

1. 50 % à peine du personnel normal, le petit personnel aborigène a disparu en forte proportion.
2. Quand j'ai demandé du personnel extérieur à la FOM, fin de non-recevoir. Cette demande était justifiée politiquement et administrativement.
3. On y a suspecté mes intentions qui auraient été peu favorables à l'administration coloniale. [...]

L'Amiral quitte Saigon le 20 février 1947. Il ne reviendra plus.

Le 24 février, il est à Orly. Il s'apprête à descendre de l'avion lorsqu'un aide de camp lui remet un pli urgent du général de Gaulle.

Mon cher ami,

Dès votre arrivée, je tiens à vous adresser l'expression de mon amicale confiance.

Quoi qu'on vous dise et quoi qu'on vous fasse, je vous demande de ne pas donner votre démission. Si vous en avez l'intention, venez me voir d'abord avant de le faire.

1. Ces réflexions sont à rapprocher d'une note de M. Pignon sur la situation politique en Annam du 25.6.46. Il concluait ainsi :

« On peut légitimement conclure que la grande majorité de la population de l'Annam est foncièrement hostile au gouvernement actuel de la République démocratique du Viêt-nam. Selon l'expression de l'un de ses interprètes, mandarin catholique, la masse annamite ne peut admettre que la France, dans un esprit de matérialisme sordide, abandonne à la furie destructrice d'une poignée de révolutionnaires, le patrimoine familial, moral et religieux de l'Annam à la seule condition que ces révolutionnaires respectent les intérêts matériels de la France au Viêt-nam.

« Un tel marché serait monstrueux et immoral aux yeux de l'opinion la plus authentique et la plus véritable, il y a dans ces accusations une part de vérité. La mission que nous avons à assumer en Indochine dépasse certainement la défense des mines, des plantations et même des quelques établissements scientifiques dont nous envisageons le maintien. »

Si le « gouvernement » veut vous ôter votre poste, il est essentiel pour la suite qu'il en prenne la pleine et entière responsabilité. (Affaire Lyautey en 1925 - affaire Weygand la même année.)

A bientôt, et croyez à mes sentiments très fidèlement dévoués.

C. de Gaulle [1].

Ce remplacement est effectivement envisagé en haut lieu. Pressenti par le président Ramadier, le général Juin refuse :

Monsieur le Président,

Après avoir bien réfléchi à la proposition que vous avez bien voulu me faire concernant l'Indochine, et que j'apprécie comme un témoignage de votre confiance, j'ai l'honneur de vous exposer les raisons qui me font un devoir de conscience de la décliner.

Il ressort des entretiens que j'ai eus avec M. le Président de la République et avec vous-même que l'amiral d'Argenlieu n'a pas expressément offert sa démission comme le bruit en avait couru. Sa lettre à ce sujet était conditionnelle. Je m'étais étonné, du reste, qu'il l'eût fait, le sachant homme à ne pas s'effacer devant une situation grave au moment surtout où d'aucuns cherchent à lui en faire porter la responsabilité. Je sais aussi qu'il y fait face courageusement, et avec discernement.

J'estime, dans ces conditions, que ce serait une lourde faute de le rappeler avant que ne soit achevée la phase militaire, c'est-à-dire l'action de fermeté qui doit se poursuivre jusqu'au rétablissement de notre prestige et créer ainsi le climat favorable à l'ouverture de nouvelles négociations.

J'aurais donc mauvaise grâce à me prêter, avant ce terme, à une substitution de personne. Dans un cas qui présente avec celui-ci une analogie frappante, et qui s'est produit en 1925 au Maroc, je me suis élevé avec indignation contre la désignation du maréchal Pétain qui devait entraîner la démission du maréchal Lyautey. Si le gouvernement de l'époque n'avait commis qu'une erreur, le maréchal Pétain avait fait, lui, une mauvaise action.

Je trouverais plus normal, si des raisons, dont je ne suis pas juge, vous contraignaient à rappeler immédiatement l'Amiral, qu'on confiât l'intérim du Haut-commissariat au général Valluy qui a déjà en main les rênes de l'action militaire et qui jouit de l'estime et de la confiance de tous. Il pourrait certainement très bien conduire l'affaire jusqu'au moment où vous estimeriez nécessaire de nommer une haute personnalité civile pour entrer dans la phase des accords.

Par ailleurs, en ce qui me concerne, je voudrais qu'on sache bien que je ne suis pas de ces personnages avantageux et présomptueux qui se prétendent aptes à assumer n'importe quelle tâche. Je sais ce que vaut ma mesure et où il convient de l'appliquer. Sauf pour ce qui regarde les affaires militaires, j'ai tout à apprendre de l'Indochine et je ne vois pas autour de moi, dans un moment où il faudrait faire vite, l'équipe politique que je pourrais m'adjoindre et en qui j'aurais pleine confiance.

1. Lettre manuscrite du 20 février 1947.

Excusez-moi, monsieur le Président, de vous parler ainsi en toute franchise et veuillez agréer, avec mes regrets de ne pouvoir vous répondre affirmativement, l'assurance de ma haute considération et de mes sentiments respectueusement dévoués [1].

Le 22 février, le général Valluy qui assure en Indochine l'intérim de l'Amiral, confirme au général Juin :

Un point qui est extrêmement sensible en ce moment, c'est le retour de l'amiral d'Argenlieu. S'il ne revient pas, l'émotion sera profonde et déplorable dans la population française, dans la troupe, dans la clientèle annamite qui nous est favorable et qui se développe. L'homme en lui-même est « Quelqu'un » ; il a fait son apprentissage depuis dix-huit mois, il est désormais au courant de tout et il représente avec un sens très aigu des intérêts de l'État, une politique de clairvoyance et de fermeté. Son départ sera interprété ici comme un désaveu et largement exploité par nos adversaires.

Fléchissement généralisé du moral, rétraction chez les indigènes profrançais, « hiatus » dans le Gouvernement... tels seront les premiers résultats d'une mesure inopportune qui handicapera une œuvre difficile, de longue haleine exigeant au surplus le raidissement et l'union des bonnes volontés en Extrême-Orient comme dans la métropole.

Si l'Amiral s'en va, je ne pourrai pas rester. [...]

J'écris dans le même sens au général de Lattre.

Le lendemain de son arrivée, le Haut-commissaire apprend que malgré ses instructions, la troisième conférence de Dalat a été décommandée par le Gouvernement.

L'Amiral avait prévu cette conférence pour les États de la Fédération présents à la deuxième conférence préparatoire de Dalat. Comme à Fontainebleau, pour le Viêt-nam, elle devait définir leur statut définitif dans la Fédération.

Visites et entretiens à Paris

25 février

15 h 30 à 17 h : avec le président Ramadier.

Son principal grief est l'ordonnance accordant des pouvoirs (plus étendus) au Dr Hoach [2].

Il insiste beaucoup sur le texte constitutionnel et m'en lit des passages.

Je réponds que le 1er juin, je ne pouvais pas tenir compte du texte constitutionnel.

1. Lettre du général Juin au Président du Conseil Paul Ramadier. 17 février 1947. N° 1558 / DN / CAB.

2. Ordonnance élargissant les pouvoirs du Gouvernement provisoire de Cochinchine (voir chapitre XI, page 288).

Que le 10 janvier, je ne pouvais que m'inspirer de la procédure en usage, et des directives précises reçues le 10 décembre du Comindo.

Il répond que ce sont des directives politiques - je ne vois pas de quelle nature elles pourraient être et pourquoi je ne devrais pas les exécuter.

Alors la conversation devient imprécise. Il m'interroge sur la situation - je l'explique de mon mieux.

Il paraît sensible à l'exposé sur le rôle des troupes et celui de la police.

Je reste sur le sentiment d'un esprit fin et habile.

Depuis, Bourquin m'affirme qu'il est sensible à l'énoncé des faits.

26 février

11 h 00 : Entretien avec M. Moutet.

Dans un schéma d'entretien, l'Amiral avait prévu d'aborder les points suivants :

1. Je n'ai pas donné ma démission. J'ai loyalement exposé les positions essentielles qui me paraissent commander l'avenir. Sans assurances sur ces points, il me paraîtrait impossible de poursuivre notre œuvre de pacification.

Depuis cette lettre, face aux bruits venus de Paris, tous mes collaborateurs ont exprimé le dessein de me voir demeurer... (ne fut pas dit).

2. D'après mes informations, l'on me reproche principalement la promulgation de l'ordonnance fédérale portant élargissement des pouvoirs du Gouvernement provisoire de la République de Cochinchine.

De vrai, je ne comprends pas.

Lettres de la FOM, conversations en juin-juillet, novembre-décembre. Instructions du 10 décembre, mêmes directives renouvelées à Saigon (la conversation a pris un autre tour).

3. L'entretien à l'Associated Press a été outrageusement déformé. Le texte intégral a été envoyé.

Aucune déclaration touchant la politique de la France et spécialement en Indochine (pas évoqué).

4. Je ne vois aucune circonstance où j'aie mis le gouvernement devant le fait accompli en matière objectivement grave (déclaré).

Sur l'entretien lui-même l'amiral note :

En fait, dès l'abord, j'interroge : « M. le Ministre, avez-vous encore confiance en l'amiral d'Argenlieu ? »

Réponse adroite : « Amiral, ne suis-je pas autorisé à lui poser la même question en ce qui me concerne ? »

Puis commence l'exposé habituel... Ce que j'ai fait est fait et bien fait, mais le Gouvernement n'est pas assez tenu au courant.

Sans répliquer que c'est grâce à quoi j'ai pu faire quelque chose, je cite les cas où appliquant les directives et même les instructions écrites du Gouvernement, l'on m'a empêché d'agir parce que j'avais questionné avant. Exemple : la troisième conférence de Dalat.

Ce qui trouble cet homme, c'est le mécontentement de son parti, parce qu'il a dit publiquement la vérité à Saigon, après son inspection. Tel est le fond de ses soucis.

A midi, entretien avec M. Bidault.

Ai-je perdu sa confiante amitié, si souvent renouvelée... oui. Mais il n'est pas question de cela.

Quant au Comité interministériel : il en est chaleureux partisan.

Que me reproche-t-il ? Rien.

Je n'ai pas donné ma démission.

18 h 30 à Colombey, entretien avec le général de Gaulle.

J'informe le général que j'ai bien reçu la lettre du 21, avant de débarquer de l'avion.

Le Général insiste sur l'importance qu'il y a à mettre le Gouvernement dans l'obligation de me relever de mon poste et non pas à profiter d'une demande de démission. Je rassure le Général. Quatre ministres dont Ramadier sont déjà officiellement informés que « je ne suis pas démissionnaire ».

En outre, j'ai déjà entièrement démenti par télégramme le bruit lancé par l'Associated Press et signalé par Ramadier.

Le Général me donne quelques détails précis sur la façon dont Leclerc, très enclin à accepter la succession offerte, en avait été détourné par lui, général de Gaulle. (Ceci me sera confirmé par le général Juin.)

Je rends compte de la situation satisfaisante, de l'aspect surtout politique du problème, des chances du rétablissement monarchique.

Le Général, lui, me dépeint la situation en France. Cela ne peut se prolonger. Il estime devoir bientôt prendre la parole. Son but est d'abord de rassembler autour de lui les énergies françaises.

Le lendemain 27, le Haut-commissaire écrit au président Ramadier :

Il m'a été confirmé que le Conseil des ministres n'avait pas encore été saisi officiellement de la question de mon remplacement. Je puis donc en toute liberté d'esprit vous confirmer mes propos du mardi 25 février :

« Je n'ai pas encore présenté au Gouvernement ma démission. »

J'ai, par ma lettre du 4 février, attiré l'attention du Gouvernement et du président de la République sur les points les plus importants de nature à faciliter ou à entraver la mission du Haut-commissaire de France en Indochine à ce tournant historique.

Je concluais que à défaut d'assurances sur ces points, il resterait à l'amiral d'Argenlieu à présenter sa démission.

Rien dans vos propos, encore moins dans ceux tenus avec les autres membres du Gouvernement, ne m'a permis de conclure que les assurances sollicitées me seraient refusées.

Comme j'avais tenu à vous le souligner en acceptant avec reconnaissance de me rendre à Paris, j'y voyais l'opportunité de compléter de vive voix le sens de ma lettre qui ne pouvait par télégramme entrer dans tous les détails utiles.

Bien sûr, le Gouvernement peut me démettre de mes fonctions s'il juge mon départ immédiat indispensable au bien du pays et de l'Union française.

Toutefois, permettez-moi de vous confesser loyalement que cette façon de me relever aura en Indochine de fâcheux effets.

La voix du gouvernement de Hanoi qui continue à se faire entendre chaque jour par la radio, réclame depuis des semaines le départ du « criminel » qu'est d'Argenlieu. Est-il aujourd'hui dans l'intérêt de la France de lui permettre de clamer victoire ?

Vous savez, d'autre part, que l'action militaire qui a déjà donné d'appréciables résultats, bat son plein. Les renforts commencent à intervenir au Tonkin, en Annam, en Cochinchine. Ne croyez-vous pas qu'il y aurait inconvénient à supprimer sur-le-champ le commandant en chef dont l'office fut et reste d'inspirer et de contrôler les opérations militaires dans le cadre de la politique du gouvernement de la République ?

Je me permets de soumettre avec la plus grande déférence au Gouvernement les suggestions que voici :

Le Haut-commissaire d'Argenlieu n'a pas recherché ce poste et il n'y est attaché que dans la mesure où il peut y servir le pays.

Il constate, pour un ensemble de motifs, qu'il n'a pas qualité pour discuter, que l'actuel gouvernement n'est point disposé à lui accorder l'unanime confiance nécessaire à cette grande affaire de la pacification de l'Indochine et ne peut qu'en prendre acte.

Il croit toutefois que n'ayant point démérité, il serait dans le sens des intérêts du pays qu'il puisse retourner en Indochine quelques semaines encore pour y achever sa tâche, à ce tournant militaire et politique. Il estime que, dans un avenir très prochain, la situation sera nette et permettra au successeur *dès maintenant choisi,* d'entreprendre au mieux sa haute et complexe mission à la date que le Gouvernement jugera dès maintenant opportun de fixer.

Veuillez agréer, monsieur le Président, les assurances de ma haute considération.

19 h 30 - Entretien avec Bollaërt.

Il a été pressenti. Mais rien n'est fait. C'est un « fonctionnaire ». Il s'appuie toujours à la décision, au jugement de ses supérieurs, bien que maintenant lancé dans la vie publique. Il est président du groupe parlementaire du M.R.P. et conseiller de la République. Le favori d'Herriot. Décent, déférent, pas grande classe, semble-t-il.

1er mars

11 h 30 : nouvel entretien avec le président Ramadier.

Accueil courtois.

Le Président me rappelle que dans mon mémorandum du 14 janvier j'ai exposé les conditions qui me paraissaient indispensables à la conduite heureuse de notre politique en Indochine.

Il insiste sur la première : déclaration solennelle du gouvernement de la République précisant qu'il ne traitera plus désormais avec Hô Chi Minh. Ce à quoi le Gouvernement ne peut se ranger. C'est trop absolu. Nous ne pouvons préjuger de l'évolution des choses. Ce serait une erreur de se fermer une porte.

Haut-commissaire : - Je n'ai pas nommé Hô de la sorte, mais « le gouvernement de Hô ». Nous avons traité, non avec une personne, mais avec un gouvernement. Or ce dernier est collégialement responsable de l'abominable trahison du 19 décembre à Hanoi.

Le Président conteste l'expression « le gouvernement de Hô Chi Minh ». Je l'invite à consulter le texte. Il reconnaît que ma mémoire est bien fidèle.

Président : Oui, mais enfin vous dites « qu'il faut proclamer hautement » que nous ne traiterons plus avec le gouvernement Hô.

H.C. : Oui, mais il reste à examiner ici de quelle façon cette assurance peut être donnée aux populations. Si pour des motifs que j'ignore, le Gouvernement estime ne le pouvoir dire, il suffit que le Haut-commissaire soit autorisé à le faire entendre. Si l'on ne veut pas nommer Hô, il pourrait être déclaré que la France ne traitera plus avec les facteurs responsables du totalitarisme et du terrorisme dont pâtissent les populations. Chacun comprendra.

P. : Vous vous plaignez aussi de la suppression du Cominindo...

H.C. : Oui, mais j'apprends que l'on rétablit une commission interministérielle. Cela me suffirait. Je ne m'attache pas à la lettre.

P. : Ce n'est pas encore fait.

H.C. : Monsieur le Président, laissez-moi vous parler avec netteté et franchise. Vous me paraissez chercher systématiquement à accentuer les divergences de vues entre le Gouvernement et son représentant, alors que ce dernier sans succès jusqu'ici s'efforce au contraire de vous montrer qu'elles existent moins sur le fond que dans la forme.

« Je vous redis qu'en venant à votre invitation à Paris, je me proposais de donner tels éclaircissements et détails que ne pouvait fournir une lettre télégraphiée.

Ceci fut dit avec beaucoup de conviction et de fermeté. Survint, je crois, un coup de téléphone, le cinquième sans doute.

P. : Enfin, vous avez pris une position très ferme dans vos mémorandums et avec une détermination qui est à votre honneur, vous les maintenez.

H.C. : Oui, avec les gloses que je viens d'y ajouter.

P. : Je crois donc que dans ces conditions, il n'est pas possible que vous retourniez en Indochine.

H.C. : Je vous sais gré de me le dire clairement et de sortir ainsi du flou pénible où l'on m'a si longtemps maintenu.

Je reviens à ce moment sur une critique très violente que le président avait faite de l'administration militaire en Indochine.

Je reconnais que bien des abus furent commis, mais que les termes de la critique outrepassent la réalité. J'ajoute que la mission interministérielle de contrôle avait reçu mon accord pour faire remédier à certains abus sur les effectifs des états-majors, mais que finalement elle n'avait rien fait.

H.C. : Je voudrais ajouter ceci. Vos propos m'annoncent que virtuellement je suis relevé de mes fonctions. Je n'y étais attaché que pour servir le pays. Mais il y a une chose à laquelle je tiens ensuite et par-dessus tout, c'est à ma réputation, à mon honneur.

« Je vous ai déclaré quel avantage Hô Chi Minh tirerait de voir le Gouvernement sembler lui donner raison. J'apprécierais qu'il en soit tenu compte le jour où vous me démettrez officiellement.

Suit une longue tirade sur la rare estime où l'on me tient, sur les exceptionnelles qualités dont j'ai fait preuve en conduisant une mission aussi difficile, etc. - déjà les fleurs et couronnes.

4 mars

18 h : Visite à M. Moutet.

Je n'ai jamais vu ministre si mal à l'aise. Il n'a pas à mon endroit la conscience nette, encore que le Conseil du matin n'ait pas parlé de l'Indochine.

Le rappel officiel

5 mars

Le Conseil des ministres se réunit ce matin.

Vers 17 h 00, j'apprends la décision du Gouvernement qui a désigné et nommé Bollaërt pour me remplacer en Indochine.

Le communiqué débute par une déclaration sur la continuité de la politique française en Indochine.

Il y a naturellement « les fleurs et couronnes » et un petit programme prévoyant que l'amiral d'Argenlieu accompagnera Bollaërt auquel il remettra sur place les pouvoirs en Indochine. L'on a cru bien faire, en s'inspirant un peu de mes suggestions à Ramadier, mais un peu seulement. [...]

J'écris au président du Conseil.

En analysant le texte de la déclaration faite à la presse en ce qui me concerne, je constate que l'on s'est écarté sur des points graves de mes suggestions. Mon successeur n'est pas « choisi », mais « désigné » et « nommé ». Il n'y a pas place pour deux : « l'ancien » et le « nouveau » à Saigon. La coutume éprouvée veut que ce soit un intérimaire qui passe la suite au nouveau titulaire.

Manifestement, le Gouvernement voudrait me présenter comme « consentant » et noyer ainsi le poisson. Or la vérité est autre, ils veulent m'éliminer d'Indochine et s'y sont pris sournoisement. Le truc de la démission n'ayant pas réussi, ils ont cherché autre chose. [...]

7 mars

Conseil de cabinet, causé quelques instants avec Bigo. Il me rapporte ses démarches faites à Paris auprès de quelques hommes politiques S.F.I.O. Ils ont répondu : « Sans doute (?), peut-être avez-vous raison mais c'est trop tard. » En bref, la chose était décidée d'avance.

10 h 30 : Je suis convoqué à 14 h 30 à la présidence du Conseil ; ma lettre du 6 y a été remise à 10 h 00.

Le Président me reçoit fort correctement. Il paraît un peu gêné et froid. Nous nous asseyons. Silencieux, je le regarde et attends.

P. : Je ne comprends pas votre lettre. Vous semblez marquer quelque surprise de la décision prise par le Gouvernement à votre sujet. Ne vous avais-je pas annoncé en quelque sorte la chose ?

A. : Aucune surprise de la décision. Ma surprise a été de ne connaître cette décision que par des agences de presse. Une simple communication téléphonique de votre cabinet m'eût paru de mise. Vous estimerez comme moi-même qu'il y a tout de même une différence entre ce que vous m'avez fait prévoir ici même dans votre cabinet et une décision prise, après délibération, en Conseil des ministres.

P. : Oui, la chose est exacte. Mais le décret est en préparation et sera prochainement publié à l'*Officiel*.

A. : Je n'en doute pas, et ma lettre vous marque que je ne doutais pas non plus d'en être officiellement informé quelque jour.

P. : Vous ne voulez pas repartir en Indochine... Pourtant, le président Bidault et moi pensions vous être agréables...

A. : Je ne vous comprends pas. Croyez-vous qu'en l'occasion il s'agit pour moi d'agrément ? Quand faisant un dernier effort de patience, je vous ai suggéré de me laisser repartir en Indochine quelques semaines, c'était en qualité de Haut-commissaire et dans le seul but d'y servir les intérêts supérieurs du pays. Il n'y avait place ni pour le plaisir ni pour l'agrément.

« J'étais prêt à accepter que mon successeur fût choisi. J'ai souligné le mot dans ma lettre. Vous n'en avez pas tenu compte. Mon successeur est désigné et cette désignation est annoncée *urbi et orbi.* Il n'y a plus qu'un Haut-commissaire et vous voudriez que je me prête à l'accompagner...

P. : Je me propose de faire appel à votre expérience chaque fois que des problèmes importants se poseront.

A. : Le rapport - le dernier - dont je vous ai entretenu est terminé et signé. Le jour me paraît opportun pour vous le remettre.

Le Président acquiesce. Je le lui remets [1].

Il m'en remercie et ajoute :

P. : Quand je l'aurai lu, je me permettrai de vous convoquer pour m'en entretenir avec vous.

Nous nous levons. En allant vers la porte, je dis :

- J'ai lu avec un certain étonnement que M. Bollaërt serait nommé commandant en chef. N'est-il pas un civil ?

P. : Mais oui. Ainsi moi, qui n'ai jamais dépassé le grade de caporal, je suis commandant en chef des armées françaises.

A. : Non, monsieur le Président, vous êtes chef des Armées, ce n'est pas la même chose. Le ministre de la Marine est chef de la Marine, mais pas « commandant en chef ». Ce terme est réservé aux chefs militaires, il comporte des prérogatives et responsabilités propres. Il va sans dire que le Haut-commissaire doit détenir des attributions d'ordre militaire. Je le sais d'expérience. Mais si je signale la chose, c'est pour prévenir dans les troupes de la surprise et d'inévitables plaisanteries. Un colonel est un colonel, un commandant en chef, un commandant en chef.

Nous sommes sur la porte. Le Président l'entrouvre...

- Amiral, vous savez que le Conseil à l'unanimité a voulu vous marquer la reconnaissance de la Nation et vous décerne la médaille militaire, la plus haute distinction qui soit pour un officier général...

Je m'incline.

Alors, souriant d'un sourire avantageux, dans l'embrasure même de la porte :

Et je me propose de vous la remettre moi-même, car je suis médaillé militaire.

Je suis tellement surpris et bloqué par la situation que, sans rien dire, je m'incline. Nous nous serrons la main.

De M. Jacquinot, j'apprendrai le soir qu'au Conseil des ministres du 5, le président Ramadier a dit n'avoir rien de sérieux à reprocher à la politique de l'amiral d'Argenlieu, mais que ce dernier avait été l'objet de violentes attaques, persistantes, et qu'il était obligé d'en tenir compte.

1. « Relation sur la situation en Indochine » en date du 4 mars 1947. Voir annexe XIV, page 14.

Nulle voix ne l'a contredit.

M. Thorez a dit à M. Jacquinot : « Il n'y a rien à reprocher à l'Amiral. C'était un chef loyal et ferme, c'est à M. Moutet que l'on devrait faire des reproches. »

Jacquinot lui-même a simplement déclaré : « Je sais seulement que lorsque l'Amiral est parti au début de septembre, nul n'espérait guère voir l'Indochine revenir à la France. Aujourd'hui, je constate que la chose est presque entièrement faite. »

Cinq jours plus tard

Ce soir, avec le départ du *18 juin 40* [1]... je réalise concrètement que la métamorphose s'opère...

C'est l'heure où il faut contrôler sa sensibilité dans l'ordre et selon la raison.

Je romps les amarres : Au-dessus du sentiment - j'appréciais et aimais les bons artisans de la grande œuvre accomplie -, la raison calme et froide.

Chacun a pris ses responsabilités. J'ai mesuré les miennes de façon aiguë, j'ai poussé à l'extrême pour le pays.

Ils ont mis au-dessus des intérêts du pays leurs émois de politique intérieure. A eux, la suite.

Plus hautes sont les conduites de la Providence.

N'est-il pas de l'homme de ne pouvoir jamais achever la grande mission entreprise.

1. L'avion de l'Amiral.

ANNEXES

Annexe 1

(Chapitre I)

DÉCLARATION DU GÉNÉRAL DE GAULLE A BRAZZAVILLE (8 décembre 1943)

L'entreprise de guerre et de conquêtes engagée par le Japon pour imposer sa domination aux terres libres d'Extrême-Orient et du Pacifique s'est, en 1940, abattue sur l'Indochine. Privée de tout secours extérieur, n'ayant pu recevoir des grandes démocraties alors encore insuffisamment solidaires et organisées, l'aide qui lui eût été nécessaire, l'Indochine s'est vue contrainte, après une héroïque mais vaine résistance, de subir les exigences de l'ennemi. La cession au Siam, allié du Japon, des provinces de Battambang, Siemreap et Sisophong et de la rive droite laotienne du Mékong, l'institution du contrôle japonais sur le Tonkin, puis l'infiltration progressive des troupes nippones sur tout le territoire de l'Indochine ont marqué les étapes de l'invasion japonaise.

Devant cette œuvre de conquête et de force, la France libre ne s'est jamais inclinée. Le 8 décembre 1941, le Comité National Français se déclarait en état de guerre avec le Japon, aux lendemains de l'agression nippone sur Pearl Harbor. La France répudie solennellement tous les actes et tous les abandons qui ont pu être consentis au mépris de ses droits et intérêts. Liée aux nations unies, elle poursuivra à leurs côtés la lutte jusqu'à la défaite de l'agresseur et la libération totale de tous les territoires de l'Union indochinoise.

La France, alors, de même qu'elle gardera présentes à l'esprit la noblesse et la droiture des souverains régnants d'Indochine, saura se souvenir de l'attitude fière et loyale des peuples indochinois, de la résistance qu'ils ont, à nos côtés, opposée au Japon et au Siam, de la fidélité de leur attachement à la communauté française. A ces peuples, qui ont su ainsi affirmer à la fois leur sentiment et leur sens de la responsabilité politique, la France entend donner au sein de la communauté française, un statut politique nouveau, où, dans le cadre de l'organisation fédérale, les libertés des divers pays de l'Union seront étendues et consacrées ; où le caractère libéral des institutions sera, sans perdre la marque de la civilisation et des traditions indochinoises, accentué ; où les Indochinois, enfin auront accès à tous les emplois et fonctions de l'État.

A cette réforme du statut politique correspondra une réforme du statut économique de l'Union qui, sur la base d'autonomie douanière et fiscale, assurera sa prospérité et contribuera à celle des pays qui lui sont voisins.

Des relations d'amitié et de bon voisinage avec la Chine et le développement avec ce grand pays de nos relations intellectuelles et de nos rapports économiques achèveront de promettre à l'Indochine, dans le rôle qui va devenir le sien, un avenir sûr et fécond.

Ainsi la France entend-elle poursuivre, en association libre et intime avec les peuples indochinois, la mission dont elle a la charge dans le Pacifique.

DÉCLARATION DU GOUVERNEMENT EN DATE DU 24 MARS 1945 RELATIVE A L'INDOCHINE

Le gouvernement de la République a toujours considéré que l'Indochine était appelée à tenir une place particulière dans l'organisation de la communauté française et à y jouir d'une liberté adéquate à son degré d'évolution et à ses capacités. La promesse en a été faite par la déclaration du 8 décembre 1943. Peu après, les principes de portée générale énoncés à Brazzaville sont venus préciser la volonté du Gouvernement.

Aujourd'hui l'Indochine combat : les troupes, où Indochinois et Français sont mêlés, les élites et les peuples de l'Indochine, que ne sauraient abuser les manœuvres de l'ennemi, prodiguent leur courage et déploient leur résistance pour le triomphe de la cause qui est celle de toute la communauté française. Ainsi l'Indochine s'acquiert-elle de nouveaux titres à recevoir la place à laquelle elle est appelée.

Confirmé par les événements dans ses intentions antérieures, le Gouvernement estime devoir, dès à présent, définir ce que sera le statut de l'Indochine, lorsqu'elle aura été libérée de l'envahisseur.

La Fédération indochinoise formera, avec la France et avec les autres parties de la communauté, une « Union française » dont les intérêts à l'extérieur seront représentés par la France. L'Indochine jouira, au sein de cette Union, d'une liberté propre.

Les ressortissants de la Fédération indochinoise seront citoyens indochinois et citoyens de l'Union française. A ce titre, sans discrimination de race, de religion ou d'origine et à égalité de mérites, ils auront accès à tous les postes et emplois fédéraux, en Indochine et dans l'Union.

Les conditions suivant lesquelles la Fédération indochinoise participera aux organismes fédéraux de l'Union française, ainsi que le statut de citoyen de l'Union française, seront fixés par l'Assemblée constituante.

L'Indochine aura un gouvernement fédéral propre présidé par le Gouverneur général et composé de ministres responsables devant lui, qui seront choisis aussi bien parmi les Indochinois que parmi les Français résidant en Indochine. Auprès du Gouverneur général, un conseil d'État, composé des plus hautes personnalités de la Fédération, sera chargé de la préparation des lois et des règlements fédéraux. Une assemblée, élue selon le mode de suffrage le mieux approprié à chacun des pays de la Fédération et où les intérêts français seront représentés, votera les taxes de toute nature ainsi que le budget fédéral et délibérera des projets de lois. Les traités de commerce et de bon voisinage intéressant la Fédération indochinoise seront soumis à son examen.

La liberté de la presse, la liberté d'association, la liberté de réunion, la liberté de pensée et de croyance et, d'une façon générale, les libertés démocratiques formeront la base des lois indochinoises.

Les cinq pays qui composent la Fédération indochinoise et qui se distinguent entre eux par la civilisation, la race et les traditions, garderont leur caractère propre à l'intérieur de la Fédération.

Le Gouverneur général sera, dans l'intérêt de chacun, l'arbitre de tous. Les gouvernements locaux seront perfectionnés ou réformés ; les postes et emplois dans chacun de ces pays seront spécialement ouverts à ses ressortissants.

Avec l'aide de la métropole et à l'intérieur du système de défense général de l'Union française, la Fédération indochinoise constituera des forces de terre, de mer et de l'air, dans lesquelles les Indochinois auront accès à tous les grades à égalité de qualification avec le personnel provenant de la métropole ou d'autres parties de l'Union française.

Le progrès social et culturel sera poursuivi et accéléré dans le même sens que le progrès politique et administratif.

L'Union française prendra les mesures nécessaires pour rendre l'enseignement primaire obligatoire et effectif et pour développer les enseignements secondaire et supérieur. L'étude de la langue et de la pensée locales y sera étroitement associée à la culture française.

Par la mise en œuvre d'une inspection du travail indépendante et efficace et par le développement syndical, le bien-être, l'éducation sociale et l'émancipation des travailleurs indochinois seront constamment poursuivis.

La Fédération indochinoise jouira, dans le cadre de l'Union française, d'une autonomie économique lui permettant d'atteindre son plein développement agricole, industriel et commercial et de réaliser en particulier l'industrialisation qui permettra à l'Indochine de faire face à sa situation démographique. Grâce à cette autonomie et en dehors de toute réglementation discriminatoire, l'Indochine développera ses relations commerciales avec tous les autres pays et notamment avec la Chine, avec laquelle l'Indochine, comme l'Union française tout entière, entend avoir des relations amicales étroites.

Le statut de l'Indochine, tel qu'il vient d'être ainsi examiné, sera mis au point après consultation des organes qualifiés de l'Indochine libérée.

Ainsi la Fédération indochinoise, dans le système de paix de l'Union française, jouira de la liberté et de l'organisation nécessaires au développement de toutes ses ressources. Elle sera à même de remplir dans le Pacifique le rôle qui lui revient et de faire valoir, dans l'ensemble de l'Union française, la qualité de ses élites.

Annexe 2

(Chapitre I)

MESSAGE A L'AMBASSADEUR DE FRANCE AU VATICAN

24 août 1945

Le Gouvernement provisoire de la République vient de nommer l'amiral d'Argenlieu, Haut-commissaire de France pour l'Indochine, lui marquant à nouveau sa confiance et son estime.

Vous connaissez les circonstances qui ont amené le commandant d'Argenlieu (en religion T.R.P. Louis de la Trinité, o.c.d.), mobilisé le 27 août 1939, selon les lois de la République, à jouer un rôle distingué dans l'œuvre de la Libération de la France, entreprise le 18 juin 1940 par le général de Gaulle, dont il fut l'un des premiers Compagnons.

Tant que le commandant d'Argenlieu resta dans l'ombre, nul ne songea à s'intéresser, encore moins à s'inquiéter de sa situation canonique d'ailleurs très nette. Comme tant d'autres religieux, il était, par suite de sa mobilisation, exclaustré de fait.

Au temps où il fut Haut-commissaire de France pour le Pacifique, il lui fut suggéré par le Saint-Siège, par l'entremise du Délégué apostolique pour l'Australasie, Monseigneur Panico, de solliciter une exclaustration de droit. Mais, après échange de vues, ce dernier estima préférable de ne pas poursuivre la chose et en avisa l'Amiral.

A la veille de partir pour l'Extrême-Orient, l'Amiral a jugé opportun, pour couper court à des critiques mal fondées, faute de renseignements, de faire sienne la suggestion mentionnée ci-dessus et vient de remettre au Nonce apostolique de France une supplique dans ce sens.

Tout sera de la sorte canoniquement clarifié.

Le gouvernement attache la plus grande importance à la mission qu'il vient de confier à l'amiral d'Argenlieu et à ce que ses difficultés évidentes ne soient pas aggravées en Extrême-Orient du fait d'une incompréhension et du manque de sympathie du clergé local et des fidèles, alors qu'ils peuvent être, au contraire, les bénéficiaires de ce fait. L'Amiral s'est toujours employé à entretenir les plus cordiales relations avec la hiérarchie ecclésiastique partout où il a servi la France et à promouvoir dans la mesure possible les intérêts de l'Église.

Le Gouvernement vous prie donc de faire toutes démarches nécessaires auprès de la Curie pour que le ou les Délégués apostoliques dont relèvent les territoires de l'Union indochinoise, soient informés, sans délai, de l'arrivée du Haut-commissaire d'Argenlieu et de la régularité indiscutable de sa position canonique [1]. [...]

1. Document remis au ministre des Affaires étrangères, M. Bidault, le mardi 24 août 1945 et transmis sous forme de télégramme le jour même à l'ambassadeur Maritain.

L'AUTORISATION DE ROME

Lettre de la Nonciature apostolique au ministre des Affaires étrangères Georges Bidault transmise le 27 septembre 1945 :

J'ai l'honneur de vous faire savoir que notre Sacrée Congrégation accorde au R.P. Louis de la Trinité (amiral d'Argenlieu), par faveur spéciale de Sa Sainteté, la permission de sortir du cloître sine die, c'est-à-dire pendant le temps nécessaire à l'accomplissement des missions qui lui sont confiées et laisse en même temps à Votre Excellence le soin d'apprécier la nécessité et la durée de cette autorisation.

Annexe 3

(Chapitre I)

PROCÈS-VERBAL DE LA RÉUNION DU 8 SEPTEMBRE 1945
A BORD DU *BIR-HAKEIM* EN VOL

Le Haut-commissaire expose dans ses grandes lignes l'organisation des services ressortissant du Haut-commissariat et les buts de sa mission. [...]

Le Haut-commissaire ayant à instituer, le moment venu, un Gouvernement fédéral aux termes de la déclaration du 24 mars 1945, se propose de faire de ses services une préfiguration du Gouvernement de demain.

Le Haut-commissaire sera assisté de conseillers qui pourront être appelés par la suite à former le Conseil des ministres de la Fédération. [...]

Les trois grands pays (Annam, Cambodge, Laos) ou, au début, les cinq membres de l'Union indochinoise, y seront représentés chacun par un *délégué.*

ACTION PRÉSENTE

Dans l'état chaotique du Tonkin et de l'Annam, des contacts doivent préalablement être pris, non avec des autorités locales légalement établies, mais avec les divers partis nationalistes. Cette tâche sera celle des envoyés ou émissaires du Haut-commissaire, représentant du gouvernement de la République et de son président le général de Gaulle.

Des *commissaires* représentant le Haut-commissaire auprès des gouvernements locaux une fois ceux-ci constitués. [...]

BUTS POLITIQUES

La France doit en premier lieu reprendre son rôle de contrôle et de direction du pays pour présider à l'évolution des institutions dans le sens d'une émancipation administrative, puis politique, conforme au vœu profond du peuple indochinois et aux engagements solennels du Gouvernement provisoire consignés dans la déclaration du 24 mars.

Le Viêt-minh lui-même, dans son désir d'indépendance, se sent incapable d'en prendre immédiatement la responsabilité et requiert l'assistance de la France afin de l'y acheminer.

Pratiquement parlant, il faudra réaliser une plus grande collaboration franco-indochinoise en appelant les Indochinois à choisir eux-mêmes, parmi les leurs, des hommes appelés à occuper des postes administratifs importants. Ceci implique l'accès des Indochinois, à capacité égale, à des places semblables à celles occupées par les Français.

Tout en affirmant ainsi l'absence de tout préjugé racial et en réalisant une égalité aux divers degrés de la hiérarchie, il serait vain et faux de parler d'égalité nationale. La France continuant à prêter son concours de nation assistante et protectrice, garde des prérogatives indiscutables : primauté de juridiction et primauté d'honneur.

ESPRIT DE LA MISSION

N'oublions pas que nous devons revenir en Indochine avec un esprit de service et non avec un esprit de domination. Nous devons veiller, dans nos rapports avec les Indochinois, à agir et à nous exprimer selon les règles d'un humanisme cordial et fraternel.

Pour atteindre nos buts, il faut qu'à la diversité qui marque les activités adverses, nous opposions la force d'une parfaite unité : unité politique, unité administrative, enfin et surtout unité morale entre tous les artisans de cette grande tâche. Sur le plan national, nous devons subordonner nos libres opinions à une parfaite discipline d'action, avoir foi dans la mission à accomplir et dans le succès : il faut un esprit de vainqueurs.

Afin de ne pas nuire à cette union, ne pas nous critiquer systématiquement et ne pas prononcer un jugement hâtif sur l'œuvre accomplie par nos prédécesseurs : cette œuvre, du plus grand mérite, peut être et doit être poursuivie et perfectionnée et non pas dénigrée, encore moins tenue pour rien.

signé : d'Argenlieu.

Annexe 4

(Chapitre I)

NOTE POUR L'AMIRAL D'ARGENLIEU, HAUT-COMMISSAIRE, EXPOSANT LE POINT DE VUE DU GÉNÉRAL COMMANDANT SUPÉRIEUR (LECLERC) A LA DATE DU 7 SEPTEMBRE 1945

[...]

I - a. La solution des problèmes *politiques* concernant l'Indochine sera malheureusement encore du domaine de l'avenir pendant de longues semaines en raison de la lenteur des opérations alliées. [...] Pendant cette période d'attente, le principal écueil consistera en déclarations prématurées, avant d'être en contact avec la réalité des faits.

b. Le problème militaire, par contre, revêt déjà toute sa complexité, puisqu'il consiste à mener à pied d'œuvre les troupes nécessaires, à arracher péniblement l'accord de nos alliés.

En outre, même après l'entrée en Indochine, les responsabilités essentielles seront au début d'ordre militaire, en liaison étroite avec l'action politique.

Inversement, ce seront nos soldats et leurs chefs qui paieront les frais des moindres fautes politiques.

c. Enfin nos alliés désirent, avant tout, pour toute cette période d'opérations, n'avoir affaire qu'à un seul homme, qu'à un organe de commandement, ayant déploré, ô combien, nos méthodes de travail en ordre dispersé depuis un an.

CONCLUSION : Pendant de nombreuses semaines, c'est moi-même qui vais supporter le poids principal des responsabilités. Il est donc indispensable que je dispose des pouvoirs adaptés.

II - L'étude de la situation prouve, chaque jour davantage, que, pendant la période initiale, il eût été préférable de concentrer entre les mains d'un homme les pouvoirs civils et militaires, tant l'action militaire et l'action politique sont au début complexement unies. Le général de Gaulle, pour des motifs de politique intérieure, n'a pas voulu le faire malgré les services que je lui ai rendus depuis cinq ans aussi bien dans le domaine de l'administration que dans celui de l'armée. J'ai « encaissé » le fait pour les motifs suivants :

- Estime profonde que j'ai pour votre personne,
- Intérêt supérieur immédiat du pays,
- Enfin probité vis-à-vis des volontaires pour l'Extrême-Orient, puisque je sais que beaucoup parmi eux ne seraient pas venus si je m'étais récusé.

J'ai « encaissé » le fait, mais comme suite aux motifs exposés au paragraphe I, il y a des limites et ce sont ces limites que je tiens à préciser :

a. Il est indispensable que j'aie l'autorité effective et complète sur les troupes de terre, de l'air, de marine à terre et de marine à la mer en cas d'opérations mixtes et amphibies.

b. Toutes opérations, même si le but politique est joint étroitement à l'action militaire (lâcher de parachutistes) doivent être de mon ressort, en accord naturellement avec vos services.

c. Toutes les relations avec le Commandement allié en ce qui concerne les opérations doivent passer directement par moi.

d. Je serai tenu au courant des principales mesures politiques.

Évidemment, je vous tiendrai au courant de toutes les décisions ou actions ayant une importance quelconque.

En outre, je vous demanderai d'appuyer au maximum de tout votre pouvoir les négociations que le gouvernement français doit poursuivre avec les gouvernements alliés pour la mise à pied d'œuvre de nos forces en Indochine (je ne saurais trop souligner l'importance de ces problèmes).

C'est dans cet ordre que le poids de votre autorité peut dès maintenant être capital.

Kandy, le 7 septembre 1945
Le général Leclerc, commandant supérieur
des forces françaises en Extrême-Orient
signé : Leclerc.

NOTE DE L'AMIRAL THIERRY D'ARGENLIEU, HAUT-COMMISSAIRE DE FRANCE, POUR LE GÉNÉRAL LECLERC, COMMANDANT SUPÉRIEUR DES TROUPES D'EXTRÊME-ORIENT

Kandy, le 11 septembre 1945

1.

J'ai pris connaissance avec la plus grande attention de votre note du 7 septembre, dont je vous remercie.

Laissez-moi vous dire combien je souhaite que vous me fassiez toujours part très loyalement de votre manière de voir.

Est-il besoin d'ajouter que si vous nourrissez à mon endroit une « estime profonde » dont je me sens honoré, l'amiral d'Argenlieu a pour le général Leclerc, depuis toujours, des sentiments semblables, ceux d'une vive et sincère amitié, au service de la France.

Sous vos ordres en 1940 pour mener à bien les affaires du Gabon, un concours singulier fait de moi votre chef aujourd'hui, afin d'accomplir ensemble une tâche importante et difficile.

J'apprécie le fait comme un honneur et un avantage pour moi et j'en prends acte avec simplicité.

Les pouvoirs civils et militaires dès cette période initiale sont concentrés entre les mains d'un homme. Le décret d'État portant création et organisation du Haut-commissariat, ainsi que mes instructions rédigées et signées par le général de Gaulle, en font foi. J'en assume toutes les responsabilités. Tel est mon clair devoir. Au reste, quand vous me connaîtrez mieux vous saurez que ma conception du commandement, pareille à la vôtre je l'augure, s'accompagne d'une disposition habituelle et ferme à laisser à mes collaborateurs la plus large initiative pour atteindre, dans leur sphère propre, les buts assignés avec les moyens mis à leur disposition.

Ceci posé, je ne m'étendrai pas longuement.

2.

1. Commandant supérieur des Troupes, vous devez en liaison et coopération *directes* avec le Commandement allié assurer l'arrivée en Indochine des forces mises à votre disposition, travailler au rétablissement de l'ordre public et de l'administration française, préparant ainsi avec ma venue le nouvel exercice de l'Autorité française. Elle seule devra dès que possible diriger et contrôler les développements politiques et administratifs de la situation, au-dedans et au-dehors, dans l'application loyale de l'accord d'État-major intervenu déjà et que doit suivre un accord diplomatique.

2. [Suit la liste des forces armées aux ordres du général Leclerc...]

3. En raison des incidences politiques des opérations militaires, je joins en annexe un mémorandum où vous trouverez l'ensemble des directives politiques dont devront s'inspirer votre action personnelle et celle des chefs militaires sous vos ordres.

4. Vous continuerez naturellement de me tenir au courant, comme vous l'avez fait jusqu'ici, de la situation telle qu'elle vous apparaît ainsi que de vos décisions et actions de quelque importance.

J'appuierai de tout mon pouvoir toutes activités de nature à faciliter votre tâche et à en hâter, donc, l'heureux accomplissement. [...]

Le général Leclerc reviendra sur ce point auprès du général de Gaulle. Ce dernier lui répond le 26 avril 1946.

Mon cher ami

Je vous connais (heureusement !)

C'est vous dire que je mesure fort bien votre impatience dans la situation où vous vous trouvez et qui délimite vos attributions... mais c'est vous dire aussi que j'ai confiance en vous pour vous accommoder de cette situation-là et vous abstenir de tout ce qui pourrait vous opposer à l'amiral d'Argenlieu [...].

Sachez bien que j'ai moi-même en son temps [pesé] les conditions de la mission confiée à l'amiral d'Argenlieu et de celle qui vous a été confiée à vous-même. Je l'ai fait en tenant compte de beaucoup de facteurs différents.

Je vous demande aujourd'hui d'y penser avec un peu de confiance en mon jugement et en mes sentiments. [...]

Bref « nous autres » et vous en particulier nous devons jouer serré et non point dispersé.

(Cité dans *Lettres, Notes et Carnets,* Plon, pages 195, 196.)

Annexe 5

(Chapitre II)

INSTRUCTIONS POLITIQUES DE L'AMIRAL D'ARGENLIEU, HAUT-COMMISSAIRE DE FRANCE POUR L'INDOCHINE

Kandy, 8 septembre 1945

1. La réinstallation de l'autorité française en Indochine doit se faire en n'avançant que dans le concret.

Nous devons partir de bases sûres où notre présence n'est pas contestée :... [soit] d'une part les pays, Cambodge et Laos, où la situation politique nous est favorable ; d'autre part ceux, Cochinchine et Sud-Annam, où par le désarmement - prochainement entrepris par les forces alliées - des perturbateurs japonais et de ceux qui s'en font les complices, l'ordre public doit être rapidement rétabli et la sécurité générale assurée. [...]

3. [...] Nous avons donc à discuter loyalement avec les représentants qualifiés des populations indochinoises, pourvu que ce soit dans le calme et en dehors de tout chantage ou de toute menace. [...]

C'est dans cet esprit que nous avons à entrer en contact avec le parti Viêt-minh par des représentants de la France qui doivent être considérés, non comme des plénipotentiaires, mais comme des émissaires chargés de traduire fidèlement la pensée tant du gouvernement français que de leurs interlocuteurs. Nous ne pourrions du reste négocier qu'avec un gouvernement, or le Viêt-minh est un parti et non un gouvernement.

Dès que possible nous entrerons en contact dans les mêmes conditions avec les autres partis politiques annamites dont l'organisation est sans doute moins solide et moins cohérente que celle du Viêt-minh, mais qui n'en traduisent peut-être pas moins les aspirations de fractions importantes des populations.

Lorsque, comme dans le cas du Cambodge et du Laos, il est possible à un gouvernement local vraiment représentatif de se constituer, il sera désirable d'avancer plus rapidement et d'admettre près du Haut-commissaire de France un véritable délégué de ces gouvernements.

4. Quelle est la doctrine qui doit guider notre action au cours des discussions que nous nous proposons d'entreprendre ?

Il s'agit de reconstituer une véritable protection de la France à l'égard des populations indochinoises, c'est-à-dire de permettre à celles-ci de se mûrir politiquement et de se développer économiquement en s'appuyant sur la France, dans le respect de leurs traditions et de leurs aspirations propres. Ce régime est exactement celui du protectorat. Malheureusement, le mot même de « protectorat » doit être écarté, car officiellement employé, pour la plupart des pays d'Indochine, il a été en fait vidé de sa substance, et s'est trouvé associé à une politique de colonialisme ou d'assimilation qui en a déconsidéré la signification.

Nous ne pouvons pas davantage parler d'indépendance. Nous n'y sommes d'ailleurs pas autorisés par le Gouvernement. L'indépendance, au reste, supposerait que la maturité politique et les moyens d'action qu'il s'agit précisément d'acquérir sont déjà réalisés.

Nous devons pratiquer une politique « d'émancipation administrative et politique ». Le premier terme préparera la réalisation du second. [...]

A qualifications égales, à charges égales, l'égalité la plus absolue doit régner entre Français et Indochinois. En bref, il s'agit de réaliser l'égalité entre eux aux divers échelons de la hiérarchie.

Mais l'émancipation administrative doit aller plus loin dans la voie des réalisations pratiques. Elle doit tendre à l'organisation de gouvernements locaux proprement indochinois et préparer ainsi l'accession des Indochinois qualifiés aux plus hautes charges du gouvernement fédéral.

Ce processus politique semble d'ailleurs répondre sur les points essentiels aux vœux exprimés par le parti Viêt-minh lui-même. Celui-ci ne s'est-il pas déclaré incapable présentement de prendre seul en main les rênes du gouvernement viêt-minh et de l'administration du Grand Annam qu'il réclame, et ne prévoit-il pas une période transitoire où un appui extérieur lui semble indispensable et pour lequel il donne la préférence à la France.

5. Je viens de définir la voie dans laquelle doit s'engager notre politique. Cela ne signifie pas que nous devons proclamer « urbi et orbi » que nous avons jusqu'alors fait preuve d'insuffisance. Le temps n'a nullement été perdu et il est bon de rappeler en toutes circonstances les progrès réalisés au cours des années de présence française qui se traduisent souvent en chiffres précis.

Il s'agit non pas de critiquer aveuglément l'œuvre antérieure de la France, mais de la continuer en la perfectionnant compte tenu des éléments nouveaux de la situation.

Le rythme d'évolution actuel est cependant d'autant plus rapide que les années immédiatement antérieures (depuis 1940) n'ont pas toujours été dans la ligne de la politique française traditionnelle.

[...] Il est essentiel, par ailleurs, dans les rapports avec les populations indochinoises, d'éviter tout ce qui pourrait marquer des tendances autoritaires à bases raciales. Il faut réagir avec vigueur contre certaines tendances individuelles de Français qui ne comprendraient pas que le rôle de la France est de protéger et de promouvoir politiquement et socialement les populations qui lui ont confié leur avenir. Les Français ne doivent pas voir dans la présence française l'occasion de se faire servir, mais au contraire la nécessité de servir l'Indochine, membre de la communauté française.

6. Il convient de ne pas parler prématurément de la fusion Tonkin-Annam-Cochinchine. Il est bien loi d'être sûr que cette conception d'un Grand Annam corresponde notamment aux désirs des éléments annamites de Cochinchine. Le problème de la réunion des éléments du peuple annamite ne peut être examiné non seulement qu'après la libération complète du pays des Japonais, mais encore qu'après l'évacuation des troupes d'occupation alliées et le rétablissement de l'ordre public dans l'ensemble de l'Union. C'est [alors] seulement qu'il conviendra d'en saisir une assemblée consultative largement représentative des populations.

Ce terme d'assemblée consultative ne doit d'ailleurs pas nous être reproché. La France, pays cependant largement pourvu d'une longue expérience démocratique, a dû recourir à cette formule et ce n'est que plus d'un an après la libération de son territoire qu'elle peut procéder à des élections. L'un des rôles essentiels de cette Assemblée consultative indochinoise sera notamment de préciser les modalités d'établissement d'une consultation plus complète et plus démocratique des populations. [...]

7. Nous devons éviter la lenteur autant que la précipitation. Nous ne pouvons rien faire de grand et de durable sans la libre expression des vœux des populations indochinoises, et nous ne pouvons pas davantage engager prématurément l'avenir et sacrifier le progrès de la masse des populations aux exigences de leur fraction la plus turbulente.

Signé : d'Argenlieu.

Annexe 6

(Chapitre II)

L'AFFAIRE DECOUX

Après le retour en France du vice-amiral Decoux, la Commission compétente, après instruction, réquisition et délibération, décidait un arrêt de non-lieu. Il n'eut donc pas à comparaître devant la Haute Cour de justice.

Cette décision heureuse pour l'ancien gouverneur général en Indochine devait l'amener à une campagne de polémiques et de mise en cause virulente, particulièrement contre son successeur l'amiral d'Argenlieu. Elle transparaît notamment dans ses mémoires *A la barre de l'Indochine,* publiés en 1949.

A l'époque, l'Amiral resta fidèle à sa règle de silence. Sa seule réponse devait s'inscrire ici même, en appendice de sa *Chronique d'Indochine.*

Dans son « exposé des motifs » l'amiral d'Argenlieu, rappelant les faits ci-dessus, précise que « le non-lieu ne couvre pas, ne justifie pas tous faits et gestes de l'inculpé. Le non-lieu il va de soi, n'a pas valeur de citation à l'ordre de la nation, ni des armées ».

Nous citons ici quelques témoignages, envoyés à la demande de l'Amiral entre 1949 et 1957.

NOTE D'INFORMATION DE M. CÉDILE POUR L'AMIRAL D'ARGENLIEU

Lomé, le 1er octobre 1949

Le général Leclerc à qui j'avais fait part... des manœuvres de Decoux, m'a ordonné de le faire partir le plus rapidement possible. [...] A chaque fois que je le pus, je rendis compte que la présence de Decoux était une gêne pour notre action et un *danger* pour lui. [...]

Les Anglais, eux aussi, désiraient le départ de Decoux, n'appréciant pas ses manœuvres pour « reprendre » le pouvoir. Ils savaient ses sentiments, non dissimulés, anti-anglais, et l'attitude de combat qu'il avait prise contre les accords de Potsdam.

[Depuis le coup japonais du 9 mars 45, Decoux et ses principaux collaborateurs étaient internés à Loc Ninh, plantation à 150 km au nord de Saigon.]

Je suis allé à Loc Ninh *le 1er octobre,* avec de Riancourt.

Il n'y eut pas d'enthousiasme dans ce premier contact *avec la suite* de Decoux, mais pas de froideur non plus.

Seuls, le matin, nous avons vu Decoux dans sa chambre. Fiévreux, il était en pyjama. Cette première entrevue fut dure. Decoux, combatif, interrompant sans cesse nos explications par des remarques plus que désobligeantes sur la France libre et le général de Gaulle, les Anglais, les retards des forces alliées à intervenir en Indochine (il insista beaucoup sur ce dernier point, accusant l'E.M. anglais et notre E.M. de Kandy d'incompétence, de désordre, etc.). Il attaqua violemment la Résistance en Indochine, notamment Mordant, de Langlade, Mus.

Je me souviens qu'il nous dit à peu près textuellement : « Après avoir abandonné l'Empire aux Anglais, vous venez leur livrer l'Indochine ! » Il refusa avec la dernière énergie d'admettre les obligations qui nous étaient imposées par la conférence de Postdam. Nos réactions furent sévères.

En ce qui concerne la Résistance, il essaya de nous convaincre qu'il l'avait aidée de toute sa force et que l'échec de son action venait, non seulement de ce qu'il n'en avait pas été le chef, mais qu'il en avait même été tenu à l'écart.

Il se glorifia de son discours du 1er janvier qui était une sorte de ralliement au général de Gaulle. Nous lui avons répondu - et il ne fut pas content - que ce discours était peut-être pour lui une tentative de « dédouanement » mais que sûrement il avait mis en défiance les Japonais et, sans doute provoqué, sinon hâté, leur action du 9 mars. [...]

Notre sortie fut assez brusquée : un tel climat ne poussait pas à des échanges prolongés, et nous-mêmes ne voulions pas nous éterniser auprès d'un malade, déçu de ne pas recevoir de félicitations (qu'il pensait que nous devions lui apporter de la part du gouvernement) et à qui nous venions d'apprendre qu'il devait - sans espoir de redevenir gouverneur général, puisque son remplaçant était désigné - s'apprêter à être renvoyé en France.

Nous avons déjeuné avec la suite de Decoux. Pour la petite histoire je pourrais indiquer qu'il fut bien plus question d'intérêts personnels et de questions terre à terre, que de la guerre qui se terminait à peine et du salut de l'Indochine. [...]

Au moment de partir, après le déjeuner, - et à ma grande surprise, étant donné la froideur de l'entretien du matin - Decoux nous fit appeler pour nous dire au revoir. Ce n'était plus le même homme ; il nous dit qu'il regrettait son emballement du matin, qu'il savait ce que les F.F.L. et la résistance intérieure avaient souffert, que notre tâche était difficile mais qu'il faisait des vœux pour sa réussite, qu'il comptait sur notre action pour le faire libérer (nous lui avons dit que les Anglais seuls, dès leur arrivée, pourraient prendre une décision envers les autorités japonaises). Il ajouta que nous devions assurer le Gouvernement qu'il avait fait son possible pour sauver l'Indochine et qu'il se tenait prêt à faire tout l'effort qu'on lui demanderait, que notamment il nous aiderait le cas échéant, et ne ferait rien pour nous nuire.

Cette dernière phrase de la conversation fut sentimentale et larmoyante... Nous nous sommes demandé en partant, de Riancourt et moi, si nous avions affaire à un homme instable, diminué par la maladie, ou plutôt à un bon comédien.

Il se montra, je le répète, toujours préoccupé de lui-même, et nous expliquant son rôle (essayant peut-être après tout, de « s'expliquer » envers lui-même !). On sentait que le problème de l'Indochine pour lui était devenu un problème Decoux.

[...] Dès que les Anglais purent disposer d'un avion, ils me le firent savoir, sans préavis. Le problème était d'amener Decoux et sa suite jusqu'à l'aérodrome. A cette époque, nous n'avions pas encore débordé de Saigon ; la route jusqu'à Loc Ninh échappait absolument à toute influence alliée. [...]

Les Japonais acceptèrent seulement de prendre la responsabilité de ce voyage de Loc Ninh à Thu Dau Mot. Ils refusèrent de faire le court trajet de Thu Dau Mot à Saigon, car... cette route était complètement entre les mains des V.M. [1]. C'était pour eux une zone d'opérations que jamais Decoux n'aurait pu franchir.

Par mesure de sécurité, et dans l'intérêt de Decoux et de sa suite, le déplacement fut tenu secret.

Ainsi s'explique l'absence à Thu Dau Mot de tout officier anglais et français.

Ainsi s'explique aussi la tenue légère des voyageurs.

1. Viet-minh.

LETTRE DU COMMANDANT SCHLUMBERGER

Bord, le 28 mars 1949

[...] Nous avions appris tardivement à Chandernagor l'arrivée probable du Dakota transportant l'amiral Decoux. Sur votre ordre, je suis parti à Calcutta avec votre voiture et deux plis fermés que je devais remettre à chacun des amiraux. [...]

Dès l'annonce de l'arrivée de l'avion, je suis parti sur le terrain, accompagné de l'assistante sociale, avec votre voiture et, je crois, une camionnette ou un taxi.

Arrivé au terrain, j'ai trouvé tout ce monde qui attendait devant la baraque servant de salle d'attente de l'aéroport. L'aide de camp de l'amiral Decoux est venu vers moi et m'a, sur ma demande, introduit auprès de lui et de l'amiral Bérenger : ils étaient seuls, en civil, dans une petite pièce. J'ai, en effet alors, refusé de lui serrer la main, et lui ai dit que je venais l'accueillir de votre part et nous excuser du peu de moyens matériels que nous pouvions mettre à sa disposition.

Puis j'ai cherché à organiser, avec les services britanniques, le transport vers Calcutta de tout ce monde. Comme les places manquaient, j'ai décidé d'emmener, dans un premier voyage, les amiraux et l'aide de camp dans votre voiture, les femmes et les enfants dans la camionnette. Voyant qu'elles étaient séparées de leurs maris, les femmes ont alors dit : « C'est bien cela, nous ne les reverrons plus. » Je commençai alors à n'être pas content.

Une fois dans la voiture, j'ai tendu à chaque amiral, le pli qui lui revenait. Ils l'ont lu, puis l'ont tendu à l'autre en disant : « Lisez cela. » Notre conversation s'est bornée à mes excuses de l'inconfort du trajet.

Le reste de l'histoire est sans intérêt et n'a été marqué que par des jérémiades sur l'inconfort de l'hôtel et la faction des dames autour de la porte de l'ascenseur jusqu'à l'arrivée des maris.

L'assistante sociale s'est occupée de voir que tous étaient pourvus de ce qu'il leur fallait et, dès le lendemain, toute la bande était dans Calcutta se livrant à des achats. Je dois ajouter que l'assistante sociale était, au même titre que moi, complètement écœurée de leur attitude. Je crois qu'ils n'ont pas compris que nous sortions d'une guerre et que la faiblesse de nos moyens et l'encombrement de Calcutta ne nous permettaient pas de les recevoir comme des princes. De là à se considérer comme brimés, il n'y a qu'un pas qui a dû être vite franchi dans le petit monde excité qu'ils formaient alors.

EXTRAIT D'UN ENTRETIEN DE L'AMIRAL D'ARGENLIEU
AVEC FRANÇOIS DE LANGLADE

26 octobre 1957

I. Ce n'est pas brusquement *le 9 mars 1945* que l'autorité japonaise s'est imposée en Indochine, cette façon de voir les choses laisserait supposer que jusque-là, l'autorité française vichyssoise de J. Decoux était réelle et respectée par les Japonais eux-mêmes. Ce qui est faux radicalement. [...]

Dès 1943, le Japon occupait la péninsule tout entière comme un vainqueur. La présence de ses troupes assurait l'ordre et les agents français de l'administration leur étaient soumis, comme ils l'étaient en France métropolitaine à l'égard des Kommandanturs allemandes.

II. Les Annamites en particulier en ont été témoins - et, c'est de voir *les Français soumis aux Japonais, dans l'espoir de pouvoir exercer leur autorité comme avant, qui fut cause que la France perdit complètement la face.*

La défaite de juin 40 dans la Métropole, se passait trop loin de l'Indochine pour que les populations autochtones en aient été impressionnées beaucoup. Or, *en 1943,* le Japon ne croyait plus à sa victoire, mais savait que les Annamites, en voyant leurs maîtres d'hier se faire les valets des nippons, qu'eux-mêmes détestaient, *furent résolus à prendre leur indépendance.* De fait, ils manœuvrèrent habilement en se servant des Japonais contre les Français.

Annexe 7

(Chapitre II)

LA COLLUSION CHINE-MOUVEMENT RÉVOLUTIONNAIRE ANNAMITE

Texte rédigé par l'Amiral, initialement prévu pour la *Chronique*.

Avant même le conflit mondial, au Yunnan, au Kouang-Si, à Canton, les Chinois tolèrent la présence de révolutionnaires annamites réfugiés chez eux, surtout depuis les affaires de Yen Bay (1930-31).

Dix ans plus tard, le déclin de la France après le double armistice de juin 40 offre une chance inattendue aux Asiatiques du Sud-Est. Les Siamois, les premiers, dénoncent le pacte de non-agression avec la France et le Royaume-Uni, exigeant peu après des revendications territoriales. Le 20 septembre 1940, Tokyo demande le libre accès du Tonkin pour ses troupes ; le 29 juillet 1941, l'occupation nippone s'étend déjà au Sud-Annam, à la Cochinchine, au Cambodge. Parallèlement, le Japon s'est offert en médiateur (entre Français et Siamois) pour mettre fin aux hostilités ouvertes le 20 décembre. Sous sa pression, un armistice le 11 mars 41 puis un traité le 9 mai exigent, en faveur du Siam, la rétrocession de provinces cambodgiennes et laotiennes. Toujours amical à sa façon, Tokyo se fait payer ses bons offices. Il exige l'octroi par l'Indochine française de 80 % du riz exportable.

Aux anciens révolutionnaires émigrés en Chine va se joindre, en fin 1940, sur initiative japonaise, un nouveau parti annamite dissident. Il naît des combats franco-nippons autour de Langson. Ses agents, sensibles aux libéralités de leur nouveau protecteur sous forme d'armes, munitions, numéraire, réussissent comme les autres à franchir les frontières du Kouang-Si et à vivoter, prêts à toutes menées contre les Français, chacun gardant des contacts clandestins avec leurs affidés de l'intérieur.

Tandis que les forces japonaises s'éploient peu à peu dans le Sud indochinois, deux ou trois mille nationalistes annamites exilés, à l'instigation de leurs leaders respectifs, guettent au mieux les grains qui s'accumulent de loin ou de près sur l'Indochine française. Ils s'agitent et se battent entre eux, parti contre parti selon us et coutumes. Parmi ces leaders, Nguyên Ai Quoc [1], chef connu du parti communiste indochinois, très habile homme au reste, décide de réunir à Tsin Tsai - bourgade du Kouang-Si, à 100 km au nord de Caobang, son poste de commandement clandestin - les représentants des divers partis nationalistes, émigrés en Chine méridionale. Le congrès s'y tient du 10 au 17 mai 1941. Nguyên Ai Quoc réussit à y fonder un parti sous le nom de *Ligue pour l'indépendance de*

1. Il s'agit de Hô Chi Minh, dont le nom de famille était Nguyên Tât Thành. Il prendra le nom de Nguyên Ai Quoc (Nguyên le Patriote) quand il s'installe à Paris et celui de Hô Chi Minh (qui éclaire) en 1942 lorsqu'il était en Chine.

l'Annam, soit le Viêt Nam Doc Lap Dong Minh Hoi. En bref bientôt, le Viêt-minh. Habilement, plus n'est question du P.C.I., bien que tous ses militants éprouvés soient présents aux côtés du futur Hô Chi Minh. Grâce à cette couverture du seul nationalisme, la Ligue se concilie sournoisement les bonnes grâces des autorités chinoises locales d'abord : celles du Kouang-Si.

Le Viêt-minh manœuvre au mieux puisque consigne est donnée et suivie par les communistes de l'intérieur, de s'effacer et disparaître peu à peu de la vie publique. Ce que commandement japonais et administration française de Vichy voient naturellement d'un bon œil.

Par contre, le gouvernement central chinois est des plus incertains sur l'issue de la lutte contre le Japon. Les États-Unis sont à cette date encore hors de jeu ; l'Allemagne triomphe dans l'Ouest européen ; l'U.R.S.S. ne dit rien sous couvert du pacte germano-russe. L'Angleterre est seule et mal en point. Cette incertitude peut se prolonger.

Il n'empêche qu'une menace sérieuse pour le gouvernement chinois s'esquisse en Indochine. Depuis l'entrée de l'armée nippone, il semble que l'avenir doive favoriser ceux qui, gagnés par sa propagande, attendent patiemment leur heure au Tonkin comme en Cochinchine. Ne doivent-ils pas sur place tirer parti immédiatement de toute modification de l'équilibre précaire réalisé fin 40 et début 41 ? Voilà qui ne va pas sans alarmer les Chinois et les incline à contrecarrer la création, à leur flanc oriental, d'un gouvernement annamite sous l'égide japonaise dans l'hypothèse plausible d'une éclipse durable de la France. Que faire ?

Avoir, à sa gouverne, une carte majeure dans le jeu indochinois afin de la pouvoir abattre à l'heure opportune, n'a-t-il pas été le but caché du gouvernement central, dès la pénétration en somme aisée des troupes du Mikado dans la péninsule, soit au début de 1942 ?

1942. Tout change. La guerre mondiale prend un tout autre aspect. Voilà les Soviets aux prises avec le Führer, les Américains unanimes après Pearl Harbor, 8 décembre 1941, associés de toute leur puissance au conflit.

En même temps, d'importantes décisions chinoises affectent les Annamites émigrés ou réfugiés : transfert, au cours des six premiers mois de 1942, de ceux qui résidaient dans la 4e zone de guerre à Liéou Tchéou, puis regroupement hâtif et tri des meilleurs dans le camp d'instruction voisin de Dai Kieu. La formation militaire y est commise à un général chinois spécialiste des mouvements politiques indochinois. Cette formation vise à en faire des guérilleros avertis, éclaireurs, agents de renseignement. Ils sont bien sûr éduqués politiquement *contre les « fascismes français et japonais »*.

Cependant que l'on dresse les troupes révolutionnaires de l'émigration, est poussée avec non moins de vigueur l'organisation d'*un mouvement annamite uni.* Là, les multiples tons de la symphonie révolutionnaire peuvent se faire entendre, comme doivent s'y fondre particularismes et divisions internes. L'initiative chinoise est accueillie sans faveur, à l'exception de la Ligue pour l'Indépendance créée à Tsin Tsai, il y a un an. Nguyên Ai Quoc en perçoit aussitôt le profit possible et sa Ligue seule fait preuve d'un vrai zèle. Ne faut-il pas plaire aux Chinois ?

Tous ces efforts ordonnés, persévérants, nourrissent un espoir, requièrent un contrôle, appellent un encouragement.

Fin 1942, Chung King choisit la fête nationale du Double-Six pour marquer d'un sceau chinois ce mouvement révolutionnaire vietnamien : les autorités chinoises prescrivent, au début d'octobre, aux partis politiques annamites sis dans leurs provinces du Sud, d'envoyer des délégués à Liéou Tchéou pour un congrès dit d'unification.

Six groupes tous réputés nationalistes y sont représentés. L'un est sinisant, un autre projaponais. Il y a le Viêt-minh et son comité exécutif, les émigrés du Kouang-Si, les étudiants de Dai Kieu, les divers chefs battus de Langson. Disputes, agitations, oppositions reprennent, font obstacle aux efforts de conciliation. Il faut en finir. Le 10 octobre, comme prévu par les Hôtes et Guides, mais après de laborieuses discussions, ils créent le front unique désiré, sous le nom de « Ligue des organisations révolutionnaires du Viêt-nam ». Quatre sur six des partis représentés acceptent de s'inscrire.

La déconvenue des Hôtes se traduit nettement. Tels opposants tenus pour responsables du demi-échec vont faire connaissance avec des geôles chinoises locales de mauvaise réputation.

Tandis que la Ligue nouvelle végète comme telle, mais non le Viêt-minh, la guerre se poursuit. Les Alliés s'organisent, se fortifient. La Chine en bénéficie largement. Elle n'est plus isolée face aux armées continentales japonaises. L'Inde, la Birmanie entrent dans la bataille du Sud-Est asiatique.

[Il suffit d'évoquer les principales conférences des Alliés au cours de 1943 pour s'en rendre compte.]

A Québec, du 11 au 24 août, Roosevelt, Churchill, Mackensie King se rencontrent. Il est décidé de créer le théâtre du Sud-Est asiatique et d'y nommer commandant suprême l'amiral lord Louis Mountbatten. Cette décision allège beaucoup le fardeau du généralissime chinois.

Au Caire, du 22 au 26 novembre, Chang Kai-Chek assiste à une conférence avec Roosevelt et Churchill. Elle vise à accentuer la lutte contre le Japon. Chang y reçoit des promesses d'aide substantielle des États-Unis et autres assurances verbales pour l'avenir.

A Téhéran enfin s'ouvre le 1er décembre une autre conférence entre les trois Grands, Roosevelt, Churchill, Staline. Des accords sont signés en vue de hâter les hostilités contre les forces de l'Axe.

L'assurance de la victoire des Alliés sur les forces de l'Axe croît progressivement : en janvier 1943, dans le Pacifique, l'offensive américaine déclenchée au mois d'août précédent, s'affirme. Pour Washington désormais, la double maîtrise de l'air et de la mer sur le Japon est un fait acquis. A la même époque, les préoccupations du Comité national français de Londres s'orientent vers le devenir de l'Indochine, cependant que l'aide américaine et l'appui britannique s'associent davantage au bénéfice de la Chine dans sa lutte contre l'ennemi commun.

Le gouvernement de Chang Kai-Chek voit se rapprocher l'heure attendue, où ses activités politiques de grand voisin de la Péninsule pourront porter leurs fruits. Ce gouvernement mise toujours sur « la Ligue des organisations révolutionnaires du Viêt-nam ». Il continue de la surveiller. Une mise au point décisive de l'instrument choisi alors s'impose, qui explique la *deuxième conférence de Liéou Tchéou*, réunie du 25 au 28 mars 1944.

Trois partis sont présents. Quelques révolutionnaires tenus pour importants viennent s'y joindre. Nguyên Ai Quoc, devenu Hô Chi Minh, en est.

Les Chinois aujourd'hui parlent en maîtres. Ils savent ce qu'ils veulent : la réunion doit aboutir, et vite, à l'institution d'un « Comité central unifié de tous les partis ». Faute de quoi l'assistance aux ligueurs sera supprimée sur-le-champ. Ce langage est compris et obéi : un gouvernement provisoire républicain du Viêt-nam est créé.

Afin de marquer la valeur du succès, le maréchal Tchang Fa-Kouei, d'ordre d'en haut, assiste à la clôture de la conférence de Liéou Tchéou, deuxième du nom. Est-ce assez ? Non, les postes de radiodiffusion de Kun Ming et Chungking annoncent la chose au monde. Des distributions généreuses de tracts, de journaux, assurent une large publicité.

Étape importante, certes !

Pour la première fois, les deux grands courants de la pensée révolutionnaire du Viêt-nam, communistes et nationalistes, se sont rencontrés et, mirifique épisode, ils se sont entendus !

Ils ont affirmé leur volonté commune d'indépendance totale et d'*élimination complète de la France du sol indochinois, grâce à l'appui de la Chine,* alliée naturelle du pays d'Annam et des puissances démocratiques. Tous Français, partisans de Pétain ou de De Gaulle, sont donc à vider comme des bandes de fascistes coloniaux.

En mal d'adulation vis-à-vis de la Chine où sont nos ligueurs, ils parlent, agissent ; en mal d'élimination des tyrans où qu'ils sévissent, ils déclarent que leur indépendance totale exige l'élimination du fascisme nippon. Ennemi de la « République sœur », il l'est ainsi du Viêt-nam !

Je souris d'évoquer ce verbiage. En acteur et témoin, ne sais-je pas que la France libre entrait officiellement en guerre avec le Japon le 8 décembre 1941 au lendemain même de Pearl Harbor ?

En définitive, le mouvement de Liéou Tchéou va rester aux mains de l'aile marchante, le Viêt-minh. Les Chinois, eux, réalistes comme à l'accoutumée, vont céder devant l'évidence et tolèrent d'abord la situation acquise. Mais *du programme de Liéou Tchéou* - liant un faisceau d'énergies dans la haine de l'oppresseur français, fin mars 1944 - plein succès vietnamien, mi-réussite chinoise, *le gouvernement de Chungking garde historiquement la responsabilité, celle de l'initiative, celle de l'exécution.*

Annexe 8

(Chapitre IV)

RAPPORT AU GÉNÉRAL DE GAULLE

Saigon, le 18 novembre 1945.

L'amiral d'Argenlieu, Haut-commissaire de France pour l'Indochine à Monsieur le général de Gaulle, président du gouvernement de la République.

(...) Sur le plan intérieur le progrès est réel.

La zone contrôlée en Cochinchine s'est étendue puisqu'elle va en diagonale de Can Tho dans le sud jusqu'aux confins de Ban-Me-Thuot dans le Nord et de Tay Ninh dans le Nord-Ouest jusqu'au cap Saint-Jacques dans le Sud-Est.

Nos lignes de communications avec le Cambodge sont ainsi rétablies. Le contact repris avec le pays Moï. Quand ce rapport vous parviendra, un autre bond important aura été réalisé.

La vie reprend à Saigon et dans un certain nombre de localités. Toutefois, les procédés terroristes des bandes du Viêt-minh dans le Sud n'ont pas encore cessé. Aussi de braves Annamites, menacés dans leur famille et dans leurs biens, n'osent encore prendre position. C'est une affaire de nettoyage progressif et donc de patience.

Au Tonkin, la situation s'améliore lentement.

A Hanoi, Nam Dinh, Haiphong, Hongay, la sécurité des Français est mieux assurée. Une inspection du général Salan de nos troupes de la citadelle a permis de constater qu'il y avait d'excellents éléments. Les cadres subalternes satisfaisants ont été complétés par quelques officiers supérieurs nouvellement arrivés. Tous reprennent une allure plus fière et plus disciplinée. Le port de l'uniforme, repris lors de leurs déplacements en ville, n'a provoqué aucun incident sérieux. Nos couleurs flottent sur la citadelle.

L'accord ne se fait pas entre les leaders des principaux partis : Dong Minh et G.R.A. Au sein même de ce pseudo-gouvernement (que domine la personnalité de Hô Chi Minh) une tendance à la mesure se heurte à la tendance extrémiste. Un remaniement ministériel est envisagé dans le sens de la mesure. Une grande partie de la population du delta est lasse de l'arbitraire, du désordre et de l'inertie. Les éléments durs conservent une influence dans le moyen et le haut Tonkin.

Les contacts et échanges de vues officieux entre nous et les partis annamites se sont multipliés. Le pseudo-gouvernement se montre inquiet et donc plus compréhensif. Il ne compte plus guère sur l'intervention officielle des Américains. Il se méfie des Chinois. Il sait que rien ne peut se faire de solide sans l'aide d'une grande puissance. De là à envisager moins défavorablement le concours de la France, il n'y a qu'un pas. La leçon de Cochinchine commence à porter ses fruits.

Ces données brèves soulignent assez le caractère erroné et odieux de certaines campagnes dans la presse française. N'a-t-on pas jeté le slogan : « Saigon, l'Oradour indochinois » ! [...]

[...] Ma raison d'être ici, comme représentant du Gouvernement provisoire de la République française, est de réaliser ce programme (la déclaration du 24 mars 1945). A cette fin, il me faut pouvoir mener temporairement, sans entraves, au plan fédéral indochinois, une action législative et réglementaire. D'où l'opportunité corrélative que le Pouvoir central (= Paris) n'intervienne point aujourd'hui dans la vie législative et réglementaire de l'Indochine en prenant des décrets et autres mesures réglementaires sans échange de vues préalable. Leur effet serait fâcheux parce que non nécessaires, d'une part, et générateurs, d'autre part, de troubles pour l'opinion publique indochinoise. Celle-ci est maladivement attentive à tout ce qui rappelle de loin ou de près les ingérences de l'administration directe, aujourd'hui révolue.

Le problème est avant tout un problème de confiance en la parole de la France. Cette confiance est atteinte. Que nos efforts pour la rétablir ne soient pas de la sorte gênés.

Nous avons à faire en Indochine du neuf dans l'ordre et selon la raison. Il faut que les Départements qui en ont accepté le principe, modifient de bonne grâce certaines routines anciennes de leurs services.

Mon exposé ne tend nullement, certes, à nous soustraire au contrôle du gouvernement métropolitain. Il est et sera tenu au courant de tout. Cette phase provisoire révolue et la machine mise en marche, il sera fait appel à lui pour sanctionner de sa haute autorité, l'heure venue, les propositions de son représentant. [...]

Annexe 9

(Chapitre IV)

RAPPORT AU GÉNÉRAL DE GAULLE
17 décembre 1945

I - RELÈVE DES FORCES CHINOISES AU NORD DU 16e PARALLÈLE

Le gouvernement de Chungking vient d'annoncer officiellement au Quai d'Orsay sa décision de retirer ses forces militaires occupant la zone nord. Le principe de la relève par nos troupes a été admis. (...)

Cette relève s'avère une opération complexe et délicate pour trois motifs principaux :

1. Extrême limitation de nos effectifs et moyens. (...)

2. Caractère fort troublant de la politique chinoise *de fait* en Indochine : au nord, le commandement local, les forces sur lesquelles repose l'ordre public et les affairistes chinois qui n'ont cessé de s'infiltrer. Tous ont une attitude louche à l'égard des grands partis nationalistes annamites.

3. Incertitude marquée sur le comportement que prendront avec le G.R.A., les partis et la masse manœuvrée par eux à l'arrivée de nos forces de relève.

Je reviens sur ces points.

1. (...) Hâter la venue des derniers éléments de nos troupes d'Indochine et surtout prévenir de nouveaux atermoiements est d'une capitale importance.

(...) Des mesures s'imposent afin d'éclairer l'opinion publique. Non, l'action dure que mènent nos forces en Indochine ne doit point être tenue pour suspecte aux yeux du peuple français. Elle s'inscrit comme une page d'honneur au service de la France. Elle ne vise qu'à achever et couronner le grand œuvre de la Libération.

Certes, notre autorité s'étend dans le Sud et avec elle l'ordre et la pacification des esprits, mais la suppression du piratage de grand style (à quoi tourne de plus en plus l'action adverse, sous le signe du Viêt-minh) demande beaucoup de monde et beaucoup de temps.

Nous serons amenés à nous servir encore un certain temps des Japonais prisonniers. Comme tels il n'y a là rien d'extravagant. Entretenir les routes, fournir de la main-d'œuvre, creuser des tranchées sont emplois usuels de prisonniers de guerre, ils sont pourtant moins urgents que prévenir le massacre des Français et des Annamites fidèles et prévenir l'incendie criminel de nos stocks de riz et de caoutchouc.

Que d'âneries sont débitées à ce sujet dans la presse.

2. J'ai cru d'abord que nos difficultés au Tonkin et au Laos avec les Chinois provenaient à la fois de la cupidité légendaire de leurs armées, de la tête aux pieds, et de l'impuissance du pouvoir central à se faire obéir au loin par ses grands subordonnés.

Il y a des causes plus profondes et plus universelles.

Les déclarations d'amitié sans cesse renouvelées à notre ambassadeur à Chungking masquent une orientation politique qui est essentiellement dirigée contre notre autorité en Indochine, en vue d'en interdire progressivement l'exercice.

La manière d'agir des militaires dans le Nord fut aussi peu amicale que possible de la part d'un grand allié. Désarmement systématique des nôtres, obstacle au glissement vers le sud de nos troupes réformées à Kunming et Montzeu, collusion avec le G.R.A., puis aide ouvertement donnée au Dong-Minh et au Viêt-nam-Quoc-Dan-Dong, tous deux prochinois, alors que le Viêt-minh en son ensemble craint plus encore les Chinois que les Français. Par contraste choquant, mille prévenances entourent encore les Japonais désarmés ou non. Ils vont et viennent librement, gardent leurs installations. Il y a encore des contrôleurs nippons dans les établissements de crédit du Nord-Annam. La preuve n'est plus à faire des livraisons d'armes opérées par Japonais et Chinois aux dissidents annamites.

Il faut rappeler que parallèlement à ces agissements, il est procédé à une infiltration méthodique chinoise dans des organes intéressant la vie financière et économique de l'Indochine tout entière.

Chungking inaugure, en outre, une politique copiée sur celle de Berlin, au temps d'Hitler, à la faveur des minorités chinoises éparses en nos terres d'Indochine. C'est maintes fois sous couleur de consolations à leur apporter que des envoyés du Département préposé aux Chinois d'outre-mer se glissent dans le Sud avec une sournoise habileté. Ils visitent les congrégations, réchauffent un nationalisme engourdi et les rançonnent enfin.

Qu'y faire ?

Sur place nous luttons pied à pied depuis trois mois. Mais je me demande s'il n'est pas opportun que le gouvernement français soit attentif à ne pas se priver des derniers atouts sérieux qu'il tient encore. Je veux parler de la question du chemin de fer du Yunnan liée nécessairement à celle du port d'Haiphong. La Chine y est éminemment intéressée, les négociations devraient être conduites de manière à ce que rien d'essentiel ne soit conclu avant l'établissement de nos forces au Tonkin.

Naturellement, cette politique est sujette à oscillations selon la tournure que prendra la lutte entre centraux et communistes. Il n'en reste pas moins que l'appui non déguisé des Américains aussi bien en Chine qu'en Indochine fournit à Chungking un élément d'assurance.

3. Quel sera - les mois qui suivent - le comportement du G.R.A., tête du Viêt-minh - et celui des autres partis ?

Deux choses sont certaines. La quasi-unanimité qui s'était faite autour du pseudo-gouvernement de Hanoi, aux cris de *Indépendance* est fortement diminuée. Le mécontentement s'est généralisé sous diverses formes. La critique la plus commune porte sur l'incapacité du nouveau régime à gouverner et à administrer.

Toutefois, il serait inexact de croire que le Viêt-minh ne représente plus une force en Indochine.

Le slogan *Indépendance* trouve dans le subconscient de ce vieux peuple un écho assez profond pour rester un germe de solidarité, une semence d'union.

Hô Chi Minh, doctrinaire sincère, lutteur convaincu, homme tenu pour intègre par ailleurs, reste la figure dominante et son prestige, peut-être ébranlé, est indiscutable encore.

Des multiples entretiens que plusieurs des nôtres ont eus avec lui et d'autres membres du pseudo-gouvernement, je n'ai pu encore obtenir d'Hanoi un compte rendu charpenté. Il est réclamé et je l'attends d'un jour à l'autre...

Sitôt reçu, il me sera possible de vous faire des propositions sur la ligne de conduite à tenir à cet égard.

II. NOTRE ACTION POLITIQUE EN INDOCHINE

Je confirme ici que, par une série de comptes rendus périodiques s'échelonnant depuis fin septembre, le Gouvernement a été tenu fort exactement au courant de la ligne suivie.

Quelle est-elle ? En bref, faire de la déclaration du 24 mars 1945 une réalité vivante. Nous y avons réussi de façon encourageante : existence et action du Conseil fédéral, préfigurant le Cabinet de l'avenir, négociations avec le gouvernement royal du Cambodge qui se poursuivent dans une bonne atmosphère.

En Cochinchine, nous rassemblons les personnalités annamites et les bonnes volontés pour mettre sur pied un organisme qui sera associé aux travaux du Commissaire de la République, à titre consultatif d'abord [1].

Dans les régions non contrôlées, nous nous appliquons à maintenir une administration française et à entretenir les contacts et échanges de vues avec les personnalités les plus représentatives soit du Tonkin, soit du Laos.

Par contre, qu'il me soit permis d'exprimer respectueusement le vif regret que j'ai éprouvé en voyant tomber, sans le moindre écho, sans même un accusé de réception, une note très importante. Elle figurait en annexe dans mon rapport du 18 novembre [2]. J'avais par le même courrier signalé le haut intérêt que j'y attachais.

J'en ai conclu avec optimisme que les termes en étaient approuvés car mes responsabilités sont de chaque jour et il me faut faire face aux problèmes. Un simple accusé de réception m'eût fait plaisir et rendu service...

1. Des Annamites ont été mis à la tête de deux provinces. C'est la première fois dans l'histoire. Ils s'acquittent de leurs tâches à la satisfaction de tous. Cet essai est donc encourageant.
2. Voir annexe 8, déjà citée, page 431.

Annexe 10

(Chapitre IV)

LE PRINCE VINH SANG, EX-EMPEREUR DUY TAN

(...) Vinh Sang est un prince « philosophe ». Considéré par tous ceux qui l'ont connu comme un esprit curieux et cultivé, de genre autodidacte, il s'intéresse particulièrement à l'aspect social des questions politiques. Certainement idéaliste, il manifeste à la fois une haute opinion de la fonction royale et des tendances socialistes, humanitaires, très marquées. (...)

(Note du conseiller politique, de Raymond,
à l'Amiral, Haut-commissaire de France.)

(...) Le 8 juillet 1945, Vinh Sang fait une conférence à Paris, sous le titre : « A propos de l'Indochine ». Il exalte sans hésiter la collaboration franco-vietnamienne, tout en faisant ressortir les fautes du capitalisme. Il invite, par ailleurs, le peuple vietnamien à se débarrasser d'un nationalisme « informe ». (...)

(Note de M. Vallat sur le prince Vinh Sang.)

APPEL LANCÉ DE PARIS PAR LE PRINCE VINH SANG, le 14 décembre 1945 :

(...) En tant qu'ancien chef du pays et ayant été responsable de la Nation, j'ai choisi et je vous invite à me suivre dans ce choix. J'appelle les ouvriers, les paysans, les intellectuels à s'unir pour travailler à construire une nouvelle et grande Patrie. (...)

(...) Je demande aux hommes, aux femmes, aux garçons comme aux filles de penser que le moment n'est pas de mourir mais, au contraire, de vivre et de travailler farouchement pour construire l'édifice où s'abriteront l'unité et l'indépendance du Peuple annamite. (...)

(...) J'ai la certitude que la France, que le Gouvernement français ont reconnu notre droit à l'indépendance et qu'ils n'attendent que la possibilité de le proclamer dès que le Pays d'Annam sera assez discipliné et assez tranquille pour signer des accords basés sur le respect des engagements et le principe de la solidarité mondiale. (...)

(...) Nos réclamations doivent être faites avec cette tranquille fermeté qui est l'affirmation d'un droit imprescriptible. Elles doivent être :

1. La réunion de la Cochinchine, de l'Annam et du Tonkin sous le gouvernement d'un seul organisme central entièrement libre de s'administrer et d'organiser son économie ;
2. Une aide économique largement conçue, permettant à cet organisme de créer une industrie qui apporterait à la population une augmentation de son niveau de vie ;
3. Que la France assure pendant un temps rigoureusement déterminé, la protection militaire de nos frontières afin de dégrever le Pays du souci de se construire une armée avant d'avoir les moyens de l'entretenir et de la renforcer ;

4. Que la France mette à la disposition de notre jeune Nation sa diplomatie afin d'assurer à nos relations extérieures l'appui de sa diplomatie et des moyens qu'elle a de soutenir cette diplomatie.

Paris, le 14 décembre 1945
Signé : Prince Vinh Sang
Ex-empereur d'Annam Duy Tan.

ENTRETIEN AVEC LE GÉNÉRAL DE GAULLE, à propos du prince Vinh Sang 23 septembre 1956 - Colombey-les-deux-Églises.

Le général de Gaulle, toujours au pouvoir, a connu personnellement à Paris ledit prince Vinh Sang. Dans sa mémoire, c'est lui-même qui aurait pris l'initiative de le faire venir dans la capitale.

L'ancien empereur lui avait fait bonne impression. Il l'estimait pour avoir su, très jeune encore, tenir tête aux officiels français détenteurs de l'autorité locale à Hué pour lors.

A cette heure, de Gaulle, président du Gouvernement provisoire, confiait secrètement à Vinh Sang une mission propre à remplir en Indochine.

Sur place, il examinerait la situation avec soin aux fins de voir et de s'instruire parallèlement de ce que lui-même pourrait y faire. Il rendrait compte ensuite à de Gaulle.

C'est donc comme *chargé de mission* par ce dernier qu'il se préparait à rallier Tananarive par voie aérienne vers fin décembre 1945.

LES CIRCONSTANCES DE LA MORT DU PRINCE VINH SANG

Informations données sur requête de l'Amiral, par le futur colonel de Saint-Péreuse, chef des Services historiques de l'armée de l'air, en avril 1948.

Le 25 décembre 1945, l'appareil Lockeed C.60 du réseau des lignes aériennes, immatriculé F. BALV, quittait Alger à destination de Tananarive.

Il devait assurer la ligne nº 110 Gao, Niamey, Fort-Lamy, Bangui (...).

Si la première partie du parcours (Alger-Fort-Lamy), ne donna lieu à aucun incident, la seconde devait être tragique.

C'est en effet le 26 décembre 1945 à 13 h 50 GMT que le F. BALV quitte Fort-Lamy pour Bangui. La durée normale de vol entre ces deux escales est de 3 h 15 mn, la distance de 1 100 km. A 14 h 50 GMT, le F. BALV signale son arrivée probable à Bangui pour 16 h 45 GMT environ. (...)

A partir de 16 h 40 GMT, l'appareil se trouve à une distance de 100 à 150 kilomètres de Bangui. Il est donc légèrement en retard sur son estime qu'il ne peut corriger en raison de la tombée de la nuit et de la mauvaise visibilité. Mais il reste néanmoins en liaison constante avec la station radio de l'escale de Bangui.

Il est vrai que le radiophare de cette escale, vers laquelle il se dirige au radio-goniomètre, ne lui permet pas de prendre une direction correcte, en raison de l'impression due aux effets de nuit, des relèvements qu'il effectue. C'est ce qui amène le pilote à modifier sa route, à se diriger vers le sud-ouest, et certain qu'il se trouve dans la région de Bangui, à battre de long en large une zone comprise entre 50 et 200 kilomètres à l'ouest de cette dernière ville. (...)

Le F. BALV s'est écrasé sur une colline boisée après que le plan droit de l'appareil se fut rompu. Cette rupture a eu pour cause le heurt des plus hautes branches d'un arbre qui fut découvert entièrement étêté. (...)

Après la rupture de son plan droit, le F. BALV a percuté dans un bosquet d'arbres dont deux furent retrouvés complètement déracinés. Le moteur droit s'étant détaché de l'appareil par suite du choc, il est venu se briser sur un rocher situé à quelque trente mètres.

Le fuselage fut retrouvé cassé à la hauteur de la porte d'accès de la cabine, soit au tiers de sa longueur, ce qui entraîna l'éjection à l'extérieur des occupants (équipage et passagers). (...)

(...) La montre de bord retrouvée arrêtée à 6 h 30, soit 18 h 30 GMT, permet de penser que cette heure est celle probable de l'accident.

L'examen de l'épave de cet appareil a permis de conclure que vers 18 h 30, alors que l'appareil était à bout d'essence, le pilote cherchait une clairière pour s'y poser. Cette clairière existait au pied de la colline sur laquelle l'appareil s'est écrasé.

Il semble donc logique d'admettre que c'est au cours de la reconnaissance de cette clairière que l'appareil rasant les arbres sans les voir, par suite des mauvaises conditions de visibilité, heurta l'un de ceux-ci de son plan droit et percuta au sol.

Mais la cause probable de l'accident réside dans l'insuffisance des aides radio à la navigation de l'escale de Bangui et notamment dans l'absence d'appareils de radio-guidage, qui auraient permis au commandant de bord de situer son appareil et de le ramener à Bangui pendant les 90 minutes qui s'écoulèrent entre son passage à moins de 100 kilomètres par le travers ouest de cette ville et sa chute à 60 kilomètres au nord de M'Baiki.

Annexe 11

(Chapitre VII)

LETTRE DU LIEUTENANT-COLONEL LECOMTE A M. SAINTENY, COMMISSAIRE DE LA RÉPUBLIQUE A HANOI

le 5 mars 1946

Monsieur le Commissaire de la République,

Après l'accord péniblement obtenu cette nuit, les Chinois viennent de se rétracter. Ils ont reçu un télégramme de Chungking qui les amène à ne pas accepter notre débarquement le 6 mars.

A la base de ce changement d'attitude se trouve la crainte qu'ont les Chinois de nous voir engager la bataille avec les Annamites.

Comme il nous est matériellement impossible de modifier maintenant notre plan, nous risquons des incidents sanglants avec les Chinois et les conséquences internationales que de tels événements comporteraient.

Le seul espoir que nous ayons de modifier l'attitude chinoise est de leur annoncer la signature d'un accord entre nous et le Gouvernement annamite.

Etant donné la gravité de la situation et l'ampleur du conflit possible, je vous demande instamment au nom du général Leclerc qui m'a donné pouvoir de vous le dire, de faire tout ce qui est en votre pouvoir pour arriver au plus tôt à un accord, fût-ce au prix d'initiatives qui pourraient être désavouées.

Veuillez agréer, monsieur le Commissaire de la République, l'expression de mes sentiments les plus dévoués.

Signé : Lecomte.

NOTE EXPLICATIVE DU GÉNÉRAL LECOMTE OCTOBRE 1959

Reçu par l'amiral en octobre 1959, le général Lecomte établissait une note qui devait figurer en annexe.

Le 2 mars 1946, le général Leclerc adresse au général Salan une lettre :

« ... L'accord ayant été conclu avec les Chinois, il y a lieu maintenant de travailler en étroite liaison avec eux pour préparer l'arrivée de nos troupes et régler tous les détails du débarquement et du stationnement - C'est pourquoi je vous envoie le colonel Lecomte.

« D'une façon générale, il est évident que nous devons obtenir des Chinois qu'ils maintiennent l'ordre jusqu'à notre arrivée et qu'ils empêchent les destructions, en particulier des ponts. »

A Hanoi, le général Salan essaye de préparer le terrain avec le général

Maying. Celui-ci répond sans cesse : « Toutes facilités seront données au débarquement français, lorsque j'aurai reçu des ordres de Chungking. »

Le 4 mars, le général Salan, accompagné du colonel Repiton et du colonel Lecomte qui est arrivé porteur du texte de l'accord élaboré à Chungking, mais non signé, est reçu par le général Maying.

Repiton affirme « qu'à Chungking les modalités de la relève ont été arrêtées, que des télégrammes ont été adressés à ce sujet au général Maying et qu'il a dû les recevoir ; que l'arrivée de la flotte française aux environs du 6 a été annoncée sans soulever d'objection et que, au reçu de ces nouvelles, le général Leclerc a fait partir sa flotte, flotte qu'il sera impossible de maintenir en haute mer ou de dérouter ; qu'enfin le généralissime Chang Kai-Chek a exprimé son désir formel de faire procéder à la relève des Chinois par les Français sans incidents ».

Devant les affirmations réitérées de Repiton, et sans doute pour ne pas « perdre la face », le général Maying sort de la salle puis rentre après quelques instants disant que « les ordres viennent d'arriver - Vous aviez raison. Nous en reparlerons avec vous à 16 heures ».

La réunion n'a lieu finalement qu'à 21 heures. Après avoir fait signer tous les présents dont ses officiers d'état-major, le général Maying demande au général Salan qui est assisté des colonels Repiton et Lecomte, d'exposer le mécanisme de la relève. Le général Salan donne la date du débarquement : le 6 mars et les effectifs en cause.

Les Chinois protestent : « Vous ne nous prévenez que 48 heures avant, c'est vraiment court. » - Ils contestent nos dires sur l'importance des marées qui nous oblige à respecter le calendrier fixé pour le débarquement.

Mais pour eux le point capital est le suivant :

« Si le calme a pu être maintenu en Indochine du nord, c'est à cause de l'attitude de stricte neutralité observée par les troupes chinoises. Il y a des ressortissants chinois dispersés dans tout le pays. S'il est relativement facile d'assurer leur protection dans les grands centres, il n'en est pas de même dans les petites localités et dans les campagnes où les minorités chinoises sont fort menacées.

« Or, vous, Français êtes incapables d'assurer leur protection d'entrée de jeu. Nous ne pouvons donc prendre la responsabilité de vous laisser débarquer. Entendez-vous d'abord avec les Annamites.

« Au cas où le Generalissime vous aurait donné son accord, comme vous l'affirmez, nous pensons qu'il était insuffisamment informé de la situation locale. Il convient que nous l'éclairions afin qu'il examine à nouveau la question en pleine connaissance de cause. »

Malgré tous nos arguments, les Chinois ne modifient pas leur position. Les généraux présents représentant le Kuomintang cachent à peine leur intention formelle de nous empêcher de revenir au Tonkin.

Heureusement pour nous, vers 2 heures du matin, le général Tchao, commandant par intérim la 53e Armée chinoise, s'énerve et propose que nous acceptions par écrit la responsabilité de tous les incidents dont seraient l'objet des sujets chinois si nous débarquons. Si nous entrons dans cette voie, lui, Tchao, nous laissera entrer dans le port d'Haiphong.

A 3 h 30, les Chinois rédigent un texte sur lequel ils votent et qu'ils acceptent. Ce texte que contresigne le général Salan est ainsi conçu :

« Tout incident regrettable qui se produirait à la suite du débarquement des troupes françaises à Haiphong, le 6 mars 1946, sera à l'entière responsabilité des autorités françaises. »

Il est ensuite décidé que, dans la journée du 5 mars, le général chef d'état-major de la 53e Armée chinoise se rendra en avion à Haiphong avec le colonel Lecomte pour régler les problèmes posés par l'arrivée des bâtiments français en rivière.

Pendant que nous discutons avec les Chinois, dans la nuit du 4 au 5 mars,

M. Sainteny reçoit la tranche de télégramme suivante qu'il vient de recevoir de Chungking ; il fait communiquer ce texte au général Salan qui en prend connaissance à la sortie de la conférence avec les Chinois.

4.3.46 21 h 00 locale

2e et 3e tranche

« ... Il reconnaissait qu'aucun ordre n'a été envoyé malgré toutes les assurances données. Ils ont fait comprendre qu'ils ont été offensés de ce qu'on ait voulu leur imposer une date alors qu'ils n'ont dans les discussions jamais rien soulevé à ce sujet et que le vice-ministre acceptait le 2 l'annonce de l'Ambassadeur que nous arrivions le 5. De tout cela il semble ressortir : *primo :* Il y a une très grosse opposition entre Wai Kiao Pou et militaires. *Secundo :* D'après certaines paroles prononcées aujourd'hui la clause de la subordination du départ introduite in extremis était destinée à annuler le reste des accords d'État-Major en notifiant ensuite que notre arrivée était liée à leur départ. *Tertio :* Qu'ils veulent remettre en question les dates. L'Ambassadeur a demandé au Wai Kiao Pou d'organiser une nouvelle conférence militaire d'urgence. Je dois voir de toute façon le général Chin à 15 heures mais j'ai peu d'espoir d'en rien obtenir car il semble maintenant dépassé et peu disposé à prendre une initiative quelconque.

Signé à 13 h 15

Note (de la main de Monsieur Sainteny)

Général Salan - La première tranche pas encore reçue - celles-ci ne sont guère réjouissantes. J'espère que votre conversation avec Maying a été constructive. Avec Ho : impasse complète vers 21 h 30, mais j'ai bon espoir pour demain.

22 h 30

Vers midi, au moment où le colonel Lecomte était en avion sur le terrain de Giadinh, avec le général chef d'État-Major de la 53e Armée et où l'avion se préparait à gagner la piste, un officier chinois fait signe de stopper les moteurs. Il indique qu'un télégramme de Chungking remet tout en question.

L'ordre est de surseoir au débarquement. Les raisons invoquées sont les craintes de troubles en Annam, si nous arrivons au Tonkin avant d'avoir épuisé les possibilités de négociations. Les Chinois déclarent qu'ils ne pourraient plus répondre de l'ordre au cas où nous passerions outre. La menace sur la colonie française est claire et nette.

Vers 14 heures, M. Sainteny nous prévient que le volte-face chinois a des répercussions immédiates dans l'attitude des Annamites. D'autre part, nous savons qu'il faut absolument trouver une solution car la flotte française va arriver au mouillage dans quelques heures. Les bateaux sont chargés à plein. Nous avons même dû installer des compagnies entières sur les superstructures des Croiseurs. Les réserves d'eau douce sont limitées, les rations également, et il serait impossible d'alimenter tout ce personnel, même si la flotte devait faire demi-tour pour retourner dans le Sud.

Le débarquement est donc une nécessité impérieuse. Il faut trouver une solution immédiate.

Après m'être concerté avec le colonel Repiton-Preneuf, et dans l'esprit des directives qui ont été données le 18 février à Saigon par le général Leclerc à M. Sainteny (Ho Chi Minh ne doit pas lever l'étendard de la résistance ni reprendre le maquis), j'écris à 15 h 30 à M. Sainteny qui entre en séance avec le président Ho, la lettre [en question du 5 mars 1946].

[...]

Après avoir fait passer cette lettre au commissaire de la République, j'accompagne le général Salan et le colonel Repiton à la réunion qui va avoir lieu avec les Chinois.

Cette réunion commence à 16 heures. Nous indiquons que rien ne peut plus changer le déroulement de notre opération et nous nous en tenons là.

Cependant M. Sainteny me fait passer un papier disant que les conversations avec Ho Chi Minh se déroulent de façon satisfaisante et que l'accord est en vue.

Aussi lorsque vers 21 heures, le général Tchao exaspéré nous dit : « Pourquoi diable ne vous entendez-vous pas avec les Annamites ? », pouvons-nous lui répondre : « Mais nous sommes prêts à signer un accord. »

Le général Salan explique alors que M. Sainteny est justement en train de discuter avec le Gouvernement annamite. Le bouillant Tchao dit : « Eh bien, j'y vais. »

Arrivé chez Ho Chi Minh, il intervient brutalement : « Pourquoi ne vous entendez-vous pas avec les Français ? » - La volte-face des Chinois est complète car jusqu'à présent, ils incitaient les Annamites à ne pas trouver de terrain d'entente avec nous.

Ho Chi Minh qui est déjà arrivé pratiquement à un accord avec Sainteny écrit une note pour l'État-Major chinois faisant connaître les conditions auxquelles il accepte de traiter avec les Français, et la remet à Tchao.

Il ne nous reste plus qu'à confirmer aux généraux chinois que nous acceptons le principe de cet accord et que M. Sainteny signera un accord en règle le 6 mars. Les Chinois voient leurs arguments tomber du même coup et nous prenons acte que rien ne s'oppose plus à l'arrivée de notre force de débarquement.

Annexe 12

(Chapitre XII)

Dalat, le 2 août 1946

Haut-commissariat de France
pour l'Indochine

le Haut-commissaire

Mémorandum

Objet : Incidences des conférences de Fontainebleau et de Dalat sur le devenir de l'Indochine française.

I. - Première partie

Mon message 1149/F du 30 juillet (pièce jointe) a, je l'espère, déjà dissipé vos préoccupations issues de nouvelles de presse indochinoise aussi tendancieuses au sujet de la nouvelle conférence de Dalat que celles qu'une partie de la presse parisienne déverse au sujet de la conférence de Fontainebleau. Il ne fut jamais question de conférence fédérale, je dis fédérale.

Le gouvernement a admis qu'il serait profondément injuste et donc inadmissible que l'on en vînt à des décisions portant organisation de la Fédération indochinoise au terme des seules négociations franco-vietnamiennes. Il a admis que chacun des États membres devait être consulté sur pied d'égalité avec le gouvernement de Hanoi. C'est à quoi il est procédé à Dalat en août comme il le fut avec ce dernier au printemps sous forme de conférence d'étude préparatoire. Les envoyés du Sud-Annam et des Hauts-Plateaux ne sont que des observateurs et ne participent pas de façon active aux travaux. Nous ne pouvons pas traiter sur place en étrangères les populations de ces deux régions qui librement réclament notre administration dans une profonde désaffection des Hanoiens.

Quant à la Cochinchine, je suis de plus en plus surpris et soucieux de la facilité avec laquelle certains, faute d'avoir suivi avec la considération requise les développements de notre politique, en viennent à se ranger aux à priori dogmatiques d'un parti totalitaire tel le Viêt-minh.

L'énoncé des principes politiques de la déclaration du 24 mars, principes jamais reniés encore par les gouvernements français qui depuis se sont succédé, retient le passage que voici : « Les cinq pays qui composent la Fédération indochinoise et se distinguent entre eux par la civilisation, la race et les traditions garderont leur caractère propre à l'intérieur de la Fédération. »

C'est dans une entière discipline de pensée et d'action que nous avons traité distinctement, dès septembre 1945, avec le Laos, le Cambodge, la Cochinchine et le Tonkin. L'Annam n'a pu être atteint efficacement par suite des obstacles matériels que le gouvernement de fait constitué à Hanoi avec la complicité japonaise le 15 août, et j'insiste, nullement alors reconnu par nous.

Notre œuvre politique s'est poursuivie ainsi en Cochinchine, colonie française, dans une indépendance à l'égard de Hanoi équivalente à celle dont bénéficiaient le Cambodge et le Laos. Cela fut confirmé explicitement par le texte qui devait devenir, dans la pensée du gouvernement comme dans la mienne, la convention franco-vietnamienne. Ce texte fut officiellement approuvé à Paris le 21 février par le Cominindo. Le voici : « *Quinto* - la Cochinchine décidera librement elle-même de sa position future vis-à-vis du Viêt-nam. »

Dans la deuxième partie du même document, je lis : « *Secundo* – si la France accepte de traiter officiellement avec le gouvernement de Hanoi, elle ne prend pas pour cela arbitrairement position sur le principe du Viêt-nam fondant les trois « Ky » annamites en une seule unité territoriale et politique.

« La réserve expresse faite dans la première partie du télégramme concernant la Cochinchine n'implique pas que nous reconnaissions comme définitivement réalisée la fusion de l'Annam avec le Tonkin. Le Président conviendra certainement qu'il serait contraire aux principes démocratiques d'adopter une solution sur ce point sans admettre préalablement les populations intéressées à faire connaître leur sentiment en toute liberté et en toute indépendance. »

Telle était donc nettement et officiellement la pensée politique du gouvernement de la République fin février dernier au sujet de la Cochinchine.

Qui pourrait loyalement percevoir dans cette convention une restriction quelconque au libre exercice des droits de la France sur cette portion de son patrimoine qu'est la colonie de Cochinchine, hormis l'obligation de se prêter à un référendum. C'est pourquoi notre programme politique pour la Cochinchine entrepris en octobre a continué d'être poursuivi dans le sens libéral et démocratique voulu, et ce en contraste avec les méthodes cyniques hélas ! du gouvernement de Hanoi à peine camouflées par l'emploi des slogans d'usage.

Ainsi donc, en pleine conformité avec nos engagements vis-à-vis des Cochinchinois comme des Hanoiens, nous avons su franchir les étapes qui ont donné à la Cochinchine un Gouvernement provisoire de la République et un Conseil cochinchinois déjà très élargi et élu à la manière dont le fut l'Assemblée consultative française en des circonstances exceptionnelles analogues. Le mois d'août qui s'ouvre verra des élections au suffrage universel d'où sortira le gouvernement démocratique de Cochinchine, le plus tôt possible donc, selon les récentes suggestions du ministre de la FOM.

C'est aux Cochinchinois de décider de leur sort, c'est aux autorités cochinchinoises issues du vote du peuple qu'il convient d'organiser le référendum. Ainsi la France préviendra le reproche d'avoir truqué le vote. En conclusion, j'estime que, juridiquement, notre position est inattaquable et demeure surpris et affligé de voir que la chose semble perdre de vue parce qu'un Dong ou un Hô se récrient.

II. - Deuxième partie

En venant, maintenant, au plan concret des intérêts supérieurs et permanents de la France, constatons que, dès la signature des accords du 6 mars, le gouvernement français prenait l'initiative d'insister auprès du Haut-commissaire pour que la Cochinchine restât autonome par télégrammes 237/ 01, du 13 mars et 442/ 01 du 15 avril. J'ai rappelé ces initiatives, à la veille de la conférence de Fontainebleau.

Le Gouvernement tout en approuvant la création, le 1er juin, du gouvernement provisoire de la République de Cochinchine craint, m'écrit-on, un échec au référendum car l'assiette du gouvernement du docteur Thinh se serait pas assez large. Cette préoccupation, je la partageais et c'est pourquoi il m'a été agréable de voir cette assiette s'élargir par la création du Conseil de Cochinchine mentionnée ci-dessus. Enfin, l'appel aux urnes, très prochain, complétera notre programme, dans l'ordre et selon la raison.

N'y aurait-il pas là matière à un large exposé gouvernemental de nature à éclairer et à apaiser aussi bien les membres de la Constituante que l'opinion française ? Où y a-t-il trace d'hostilité ou d'injustice à l'égard du gouvernement Hô Chi Minh ?

Pour assurer enfin l'accomplisement du dessein politique libéral et démocratique de la France en Indochine, deux facteurs seraient nécessaires. Le premier, que l'action du Haut-commissariat n'apparût plus de prime abord suspecte au Cominindo. Le second, que le Gouvernement s'en tienne à une même ligne ferme, à l'heure où la conférence de Fontainebleau paraît susciter un certain émoi non seulement dans l'opinion mais au sein de la délégation française. Je continue de regretter que, contrairement à ma demande officielle écrite au président du Cominindo, renouvelée au Comité interministériel le 19 juin - qui avait bien voulu l'agréer -, l'homogénéité et la consistance de cette délégation aient été rompues dès le 2 juillet.

Il est un autre émoi très justifié sur lequel j'ai le devoir d'attirer l'attention du gouvernement, c'est celui de nos populations françaises et aborigènes d'Indochine. De Paris, il est malaisé de le sentir et de le mesurer, comme il est difficile à ces braves gens de percevoir et apprécier les difficultés et soucis du gouvernement métropolitain. Plusieurs messages adressés récemment à Paris par des groupes et collectivités justifient, pensent-ils, cet émoi :

Impuissance du gouvernement à exercer une action décisive sur le Siam en vue de la restitution des provinces arrachées au Cambodge et au Laos.

Impression que le gouvernement perd de vue, au fil des débats de Fontainebleau, les iniquités accomplies par les hommes de Hanoi contre les Français, Eurasiens, Annamites francophiles et dont la réparation n'est pas exigée avant tout.

Sentiment qu'en ce qui concerne l'avenir de la Cochinchine, le gouvernement hésite et se dérobe face aux exigences de la délégation de Hanoi.

Si le gouvernement juge impossible de renverser énergiquement la marche des choses, mieux vaudrait suspendre les travaux de Fontainebleau. L'avenir de la France en Indochine y est mis en jeu de nouveau à l'heure même où les atouts sont encore entre nos mains.

Avec le devenir de l'Indochine se joue dans une large part le devenir de l'Union française et, en son entier, celui de la Fédération indochinoise au sein de cette union. Il nous faut, pour l'heure, garder la confiance des populations françaises et aborigènes sincèrement amies de la France certes, mais assez évoluées et assez informées pour ne pas se laisser berner sans réagir vigoureusement. Cette confiance ébranlée de nouveau, cette confiance perdue, il ne nous resterait qu'à préparer un départ ou à envisager une reconquête par la force ! Notre corps expéditionnaire, justement fier d'avoir, par son action et la libation de son sang, contribué largement à rétablir ici notre autorité n'aurait-il pas le sentiment d'avoir été dupé si la France, après un magnifique départ dans le Sud-Est asiatique se laissait infliger une telle perte de face.

Je suggérais de suspendre les travaux de la conférence de Fontainebleau et j'y reviens.

En présence d'une agitation toute localisée, déclenchée dans la presse et dans certains milieux parisiens par l'habilité des envoyés de Hanoi, le mieux, pour prévenir des concessions non seulement inopportunes mais irréparables, me paraît être de faire état de la situation actuelle et de l'élaboration par les soins de l'Assemblée constituante du concept même de l'Union française. Cette situation impose à mon sens de suspendre les négociations jusqu'au jour où le peuple français consulté, la Constitution promulguée, les élections effectuées et le gouvernement constitué, la France, sortie du provisoire, aurait en main tous les éléments pour aboutir à une véritable conclusion de ce qui ne peut raisonnablement être à l'heure actuelle qu'échanges de vues. Le programme des négociations, élaboré en baie d'Along fin mars dernier, et qui fut scrupuleusement suivi pas à pas, se trouve en effet situé dans l'un de ses éléments fondamentaux par la remise en chantier des dispositions constitutionnelles. L'édifice de l'Union française qui devait être harmonieusement construit à partir des dispositions de base adoptées par l'Assemblée et approuvées par le pays, court le danger de se trouver maintenant conçu sans plan d'ensemble. Les négociations franco-vietnamiennes chevauchant, en effet, avec les travaux de l'Assemblée constituante et l'on risque d'aboutir à des dispositions différentes des conceptions propres de l'Assemblée. On peut d'ailleurs craindre, dans le cas contraire, de voir porté devant le pays le grave reproche que les négociations de Fontainebleau ont, à propos d'un cas particulier difficile, forcé la main à l'Assemblée elle-même.

Sur le plan indochinois, nous pourrions parfaire notre connaissance du sentiment des autres États, non seulement Cambodge et Laos, mais encore Cochinchine où l'audience des véritables désirs des populations se réalisera véritablement au fur et à mesure que les élections au suffrage universel maintenant prochaines y seront chose faite.

J'ai fait allusion à des concessions irréparables, sachant que des éléments actifs et décidés dans tous les autres territoires de l'Union française, suivent les débats de Fontainebleau avec le dessein bien arrêté de se prévaloir des concessions faites au gouvernement du Viêt-nam pour en réclamer sans délai le bénéfice. L'Union française ne deviendrait ainsi qu'une formule couvrant le déclin probablement irréversible de la France et de ses territoires d'outre-mer. Le désir de résoudre hâtivement un cas particulier encore mal défini dans ses éléments politiques et géographiques risquerait de faire grandement dévier la France de ses desseins profonds.

En conclusion, tout cela m'apparaît assez grave, vu sur place, pour que, ayant bien présent à la mémoire mon mémorandum du 26 avril 46, dont copie jointe, je demande instamment à ce que rien de nature à engager l'avenir de la Fédération indochinoise ne soit décidé avant qu'il me soit permis d'être entendu par le Comité interministériel, dès la seconde moitié d'août.

Je lui rendrai compte fidèlement des travaux préparatoires en cours à Dalat qui seront alors terminés ainsi que des dernières données de la situation en Indochine.

L'amiral d'Argenlieu
Haut-commissaire de France pour l'Indochine.

Destinataires :

M. le président du Gouvernement,
M. le ministre de la FOM,
M. le ministre des Armées,
M. le ministre des Finances,
M. le ministre des Affaires étrangères,
M. le général Juin, chef de l'E.M.G.D.N.,
M. le président de la Délégation française (Max André),
M. le Commissaire fédéral aux Affaires politiques (Pignon).

Annexe 13

(Chapitre XV)

MESSAGES RELATIFS AU DÉPART DE L'AMIRAL D'ARGENLIEU

LE ROI DU LAOS — 5 mars 1947

Sa Majesté le roi du Laos à Son Excellence le président du Gouvernement de la République française.

Grâce à la politique suivie par l'amiral Thierry d'Argenlieu, Haut-commissaire de France pour l'Indochine, notre royaume a recouvré le calme, l'ordre et la tranquillité.

Travaillant en parfait accord avec l'administration française le Laos évolue rapidement et sûrement tant au point de vue politique qu'économique.

Nous exprimons le souhait ardent que l'absence de l'Amiral soit de courte durée de manière à ce qu'aucune modification ne soit apportée à l'œuvre entreprise au Laos.

Sisavang Vong.

LE ROI DU CAMBODGE — 11 mars 1947

Au moment où vous quittez les hautes fonctions qui vous avaient été confiées en Indochine dans les circonstances les plus difficiles, je vous prie d'être assuré que le royaume du Cambodge n'oubliera pas la sympathie que vous lui avez toujours témoignée et la compréhension dont vous avez fait preuve à l'égard de ses aspirations, non plus que la part que vous avez prise dans la restauration de son intégrité territoriale. [...]

Norodom Sihanouk.

LE GOUVERNEMENT DE COCHINCHINE — 13 mars 1947

[...] Au moment où vous quittez la haute direction de l'Indochine, je tiens à vous assurer en mon nom, au nom de mes collègues et celui du peuple cochinchinois, que votre souvenir restera indéfectiblement lié à l'idée de liberté de la Cochinchine. Votre exemple et vos préceptes continueront à nous guider dans les dures épreuves qu'il nous reste à traverser jusqu'au rétablissement de la paix. Je vous demande d'accepter l'assurance de mon souvenir le plus déférent et le plus amical. Vous pouvez partir en paix, car nous continuerons dans la voie que vous nous avez tracée et qui est celle de la confiante amitié de la France et de la Cochinchine.

Le Van Hoach
Président du Gouvernement provisoire.

21 mars 1947

La nouvelle de votre remplacement en Indochine nous a causé un véritable émoi.

Personnellement, j'avais cru que le Gouvernement métropolitain, mieux renseigné par le ministre de la France d'outre-mer sur la politique que vous avez suivie en Indochine, allait vous laisser continuer l'œuvre de pacification que vous aviez si bien commencée.

Malheureusement, il en a été décidé autrement, sans souci de l'intérêt commun de la France et de la Cochinchine.

La France est vraiment une grande nation. S'il n'en était pas ainsi, elle aurait succombé à cette politique de partis qui l'a déjà conduite à deux doigts de sa perte.

Les Cochinchinois ne sauraient oublier l'impartialité avec laquelle vous les avez jugés et l'énergie que vous avez déployée pour la défense de leurs droits.

Ils garderont pour le « Haut-commissaire » une grande reconnaissance et pour sa « personnalité » une profonde vénération. [...]

Tran Van Ty
Vice-président du Gouvernement provisoire
Ministre de l'Intérieur.

LE HAUT-COMMISSAIRE PAR INTÉRIM — 11 mars 1947

Je n'ai pas à vous dire que la décision prise au Conseil des ministres le 5 mars au sujet de l'Indochine a produit ici le plus fâcheux effet de surprise et de consternation. J'ai mis, pour ma part, plusieurs jours avant d'être convaincu de sa véracité.

Cette décision de Paris, « de politique intérieure » essentiellement, va, sur le plan local, nous faire perdre plusieurs mois. Elle rompt le principe de continuité du commandement et interprétée dangereusement par nos adversaires, elle arrêtera les premiers élans d'une élite annamite déjà toute prête à nous rejoindre.

Enfin, elle nous frappe sensiblement, non seulement dans l'attachement naturel qui nous liait à notre chef, mais encore dans l'affection que nous portions à sa personne. J'ai recueilli à ce sujet, Amiral, auprès de vos collaborateurs, parmi les officiers supérieurs des Forces armées et dans tous les milieux de la population française et cochinchinoise - même dans ceux qui jadis ne témoignaient d'aucune bienveillance à votre égard - des marques non déguisées d'étonnement et de réprobation. Vous serez très sincèrement et très profondément regretté car chacun avait finalement compris ce que vous étiez et ce que vous représentiez.

Valluy.

LE CHEF D'ÉTAT-MAJOR PARTICULIER — 11 mars 1947

L'annonce de votre retour, puis de votre décision de ne pas revenir a causé quelque trouble dans l'opinion publique.

Bien que les circonstances s'y prêtent, je n'ai entendu personne se réjouir de votre départ. Tous les vrais Français qui mesurent l'importance de la partie savent et disent que vous avez été sacrifié aux passions et à la lâcheté d'un parlement et d'un gouvernement stériles.

Quelle que soit l'excellence du choix de M. Bollaërt, le Viêt-minh marque un point. La France, déjà lasse et impatiente, perd du temps et du terrain.

Le Puloch.

Annexe 14

(Chapitre XVI)

RELATION SUR LA SITUATION EN INDOCHINE

Paris, le 4 mars 1947

Me voici invité à venir traiter directement avec le gouvernement des problèmes de l'heure.

Cette invitation répond à un vœu profond car rien ne vaut cette méthode. C'est dans le même esprit que plusieurs fois déjà j'ai demandé et obtenu de franchir les 11 000 kilomètres qui séparent Saigon de Paris ou suggéré aux ministres intéressés de visiter l'Indochine.

J'étais à Paris du 17 au 23 février 1946 (constitution du gouvernement Félix Gouin, veille des accords du 6 mars) ; du 14 juin au 10 juillet (formation du gouvernement Georges Bidault et ouverture de la conférence de Fontainebleau) ; du 15 novembre au 20 décembre (entrée en fonction du Cabinet transitoire Léon Blum ; application du modus vivendi).

J'avais, en outre, sollicité, sans l'obtenir, de revenir à Paris fin août vu la gravité de l'heure.

Si je rappelle ces dates, c'est d'abord pour montrer - s'il en était besoin - à quel point notre Haut-commissariat a été soucieux que rien de notable concernant le devenir de l'Indochine ne se fît qu'en pleine harmonie avec le gouvernement de la République.

Notre rétablissement en Indochine après la capitulation japonaise, très difficile en soi, ne s'est heurté localement qu'à un obstacle, un seul : le gouvernement de Hanoi, né de l'insurrection contre la France, sous la présidence d'Hô Chi Minh le 29 août 1945. Il proclamait l'indépendance totale le 2 septembre 1945.

Trois facteurs jouent dans la phase nouvelle par le coup de force du 20 décembre - facteurs militaire, administratif et politique, ce dernier le plus important.

SITUATION MILITAIRE

La situation militaire est bonne.

Au Tonkin

Haiphong, Hongay, Hanoi sont largement dégagées et les liaisons routières rétablies entre Haiphong et Hanoi.

Le quartier sino-annamite de Hanoi est tombé entre nos mains. La population tonkinoise libérée du Viêt-minh revient se placer sous la protection de nos troupes.

Les populations Thos et Nungs de Langson et du territoire de Moncay participent avec nos forces armées à l'expulsion des bandes viêt-minh. Nous contrôlerons à brève échéance tout le pays inscrit dans le triangle Langson-Tien Yen-Hongay.

De part et d'autre de la rivière Noire, nos colonnes légères bien appuyées sur un pays thai sympathisant descendent vers le bas pays de Hoa-Binh.

Au Tonkin, un seul souci : Nam-Dinh. Sur cette garnison isolée, de nouvelles attaques viêt-minh importantes se préparent. Le ravitaillement par parachutage, seul possible, est rendu très coûteux en personnel et en matériel par une D.C.A. active.

D'accord avec le général commandant supérieur et conscient des conséquences de tous ordres que cette mesure peut entraîner (politiquement et économiquement), j'estime que l'évacuation ne saurait être différée plus longtemps sans courir les risques les plus graves.

En Annam

Tourane, Hué et Quang Tri ont été libérées dans des conditions qui font honneur à l'allant et à la discipline de nos troupes. Avant de prendre la fuite, les bandes viêt-minh ont procédé à d'inutiles et absurdes destructions. Cependant, la population est revenue dans sa quasi-totalité. Signe évident de confiance : nous n'avons eu aucune peine à susciter l'avènement d'un comité administratif de gestion chargé de la reconstitution administrative des villages.

En Cochinchine

Malgré une recrudescence d'activité terroriste, aucun des buts essentiels assignés aux bandes viêt-minh n'a été atteint : l'agglomération de Saigon-Cholon n'a pas été attaquée ; les grands axes de communication sont restés libres.

Telle est aujourd'hui la situation militaire, alors qu'en fait les renforts envoyés de la métropole ne sont pas encore entrés en action.

L'arrivée de ces renforts va permettre avant six mois :

- au Tonkin, de couper au Viêt-minh les axes de ravitaillement en armes de Lao-Kay-Hanoi et de Caobang-Hanoi, de libérer tout le pays thai de la Haute Région tonkinoise, de contrôler le delta tonkinois au nord de la ligne générale Hoa Binh-Hanoi-Haiphong.
- en Annam, de chasser le Viêt-minh de tout l'Annam.
- en Cochinchine, de pacifier en profondeur plus de la moitié de la Cochinchine.

A cette pacification, gouvernement de Cochinchine et population apportent dès maintenant un concours actif qui deviendra d'autant plus efficace que s'affermira leur confiance en notre force et en notre résolution de les aider à extirper radicalement du terroir cochinchinois le terrorisme viêt-minh.

Tous les renforts sont instruits dès leur débarquement de cette notion essentielle qu'ils ne font pas la guerre au peuple annamite, membre de l'Union française, mais qu'ils ont pour mission de libérer ce peuple du terrorisme viêt-minh.

Conclusion de cet exposé rapide de la situation militaire que, dès maintenant, les forces du Viêt-minh donnent des indices nombreux de désagrégation. L'entrée en ligne de nos renforts doit permettre de donner, dès juin, à la France la certitude que, militairement, la partie est gagnée.

A la date du 3 mars 47, le gouvernement a décidé le maintien de notre position à Nam-Dinh, contrairement aux propositions du commandant local. [...]

En résumé, l'administration de l'Indochine doit actuellement faire face aux difficultés suivantes de l'organisation de ces services :

- conséquences de l'occupation japonaise et des destructions du Viêt-minh,
- perturbation due à la situation politique et militaire dans le Nord,
- solution des problèmes nouveaux renforcée par le dirigisme économique,
- évolution de la structure administrative du pays. [...]

Les ministères de la métropole et en particulier celui de la France d'outre-mer se sont parfois élevés contre certaines décisions prises localement et à plusieurs reprises sous forme d'ordonnances fédérales. Cette façon de procéder dont la légalité peut certes être contestée sur le plan juridique trouve sa justification dans la nécesité et l'urgence dues aux circonstances. Il est des remèdes qu'il faut appliquer sans délai.

Les services fédéraux d'autre part ont parfois manifesté leur souci de s'affranchir plus largement de la tutelle excercée par le cabinet du Haut-commissaire que d'aucuns estiment trop rigoureux ; cependant des exemples prouvent que certaines affaires n'ont point toujours été étudiées avec une maturité suffisante et qu'elles pèchent parfois par la méconnaissance de certaines incidences politiques. Elles méritent alors une mise au point. Ce n'est d'ailleurs pas là une critique portée à l'encontre des services, mais la simple constatation de l'insuffisance des moyens dont ils disposent pour assurer leur tâche, notamment en matière de personnel. Cette question demande à elle seule un développement complet.

Dois-je ajouter enfin d'un point de vue beaucoup plus général que si des incertitudes ont été constatées dans la marche de l'administration et en particulier dans l'absence d'une ligne de conduite bien définie ce n'est là qu'un reflet des fluctuations de la politique gouvernementale, elle-même liée souvent aux orientations diverses des solutions internationales. C'est là un des aspects des difficultés du temps présent.

Situation du personnel administratif

[...] Qu'il s'agisse d'administrateurs, de magistrats, de techniciens, leur absence met en péril le fonctionnement de l'administration dans un territoire où la situation est et restera longtemps difficile.

L'expérience tentée de gouvernements nationaux dans le cadre d'une fédération indochinoise ne pourra réussir que si ces gouvernements trouvent auprès d'eux les conseillers politiques, administratifs ou techniques en nombre suffisant ayant une expérience et une compétence affirmées.

C'est le maintien de l'influence qui se trouve mis en cause. Il est vain de poursuivre le rétablissement de l'ordre en Indochine en consentant des sacrifices en hommes et en argent si les fonctionnaires et agents ne viennent pas prendre la place qui leur revient dans la nouvelle organisation. [...]

Il n'est pas seulement urgent, mais il est essentiel que cette question de personnel soit réglée dans le plus bref délai. [...]

Il s'agit là de l'aspect numérique du problème du personnel.

Mais il est d'autres aspects de cette question que je ne puis pas passer sous silence. Ils sont d'ordre matériel et psychologique. [...]

En bref, un lourd labeur, des soldes insuffisantes, des conditions d'existence difficiles, sous un climat pénible, sont les difficultés majeures que rencontrent les fonctionnaires de l'Indochine et plus particulièrement ceux de Saigon. Ce sont celles-là mêmes que redoutent ceux qui doivent s'y rendre. [...]

Situation politique

En août 1945, nul vestige de notre souveraineté sinon l'humiliante incarcération des autorités françaises, des hauts fonctionnaires avec la perte de face qu'elle entraînait vis-à-vis de toutes les populations asiatiques.

Pour rétablir avec nos couleurs l'autorité de la France sous des espèces très neuves, nous n'avons pas été sérieusement entravés par les populations aborigènes, bien au contraire. Les difficultés artificiellement créées l'ont été avant, comme après le 6 mars 1946, par le gouvernement né de l'insurrection à Hanoi, ses émissaires, ses agents, ses troupes et par-dessus tout sa propagande mensongère.

Ce sont là des faits absolument indiscutables pour tout observateur impartial et libre. [...] N'est-ce pas notre Haut-commissariat qui, en procédant à son initiative à la signature du 6 mars - mais bien sûr avec l'agrément formel du gouvernement d'alors - a montré de façon péremptoire que nulle préoccupation idéaliste, encore moins idéologique, ne pouvait le détourner de traiter avec les représentants annamites du Nord. En fait, ils étaient ceux avec qui les intérêts supérieurs du pays commandaient de négocier. [...]

Ce fut un acte opportun, ce fut un acte heureux, sur les plans local, fédéral, régional, national et international. Car l'Indochine est une pièce maîtresse pour la France sur ces multiples et vastes échiquiers. Sans doute, je le pourrais montrer aisément. Mais, les félicitations transmises à notre Haut-commissariat au nom du gouvernement Gouin par le ministre de la France d'outre-mer Marius Moutet, le marquent avec la plus haute autorité qui soit.

Quand l'histoire, l'heure venue, pièces en main, relatera nos efforts communs pour appliquer avec loyauté, mieux encore avec libéralité, les clauses de la convention du 6 mars, elle dira que rien ne fut négligé pour prouver à des partenaires - nous les avons nommés ainsi jusqu'au 19 décembre - à des partenaires difficiles, combien sincèrement avait agi et agissait le représentant de la France.

Faut-il évoquer tout à tour :

- la solennelle rencontre du Haut-commissaire et du président Hô, le 24 mars 1946, en baie d'Along. Tout tendait de la sorte à marquer le sérieux avec lequel nous considérions les lendemains de la signature des accords et notre volonté de leur donner la consistance requise,
- l'envoi d'une mission parlementaire de *good will* à Paris,
- la première conférence de Dalat,
- mes entretiens avec le président Hô à Hanoi, les 20 et 21 mai 1946,
- la visite officielle du même à Paris, fin juin,
- les négociations officielles définitives en France, en juillet.

Tout ce calendrier fut établi en baie d'Along et en ce qui nous concerne entièrement accompli aux temps prévus.

Nous ne saurions ignorer que, face à l'attitude décevante de la délégation vietnamienne à Fontainebleau, certains ont cru bien faire en rejetant sur nous cet échec.

Si l'équipe Hô Chi Minh s'est ainsi comportée, n'était-ce pas en réponse à l'institution du Gouvernement provisoire de la République de Cochinchine, à Saigon, le 1er juin, au lendemain du départ du président de Hanoi ; n'était-ce pas en riposte à la réunion de la deuxième conférence de Dalat. Ne fut-ce pas pour protester contre l'extension de l'administration française sur les hauts plateaux du Darlat, de Pleiku et Kontum ?

Que le délégué Duong s'en soit servi comme prétexte, c'est un fait.

Mais que ces prétextes soient fondés, c'est tout autre chose. Il convient ici de souligner comment, par une sorte de psychose collective habilement ouvrée, plusieurs en France en étaient vite venus à ne voir l'Indochine qu'à travers le Viêt-nam incarné en Hô Chi Minh, maître chanteur expert. De là à une sorte d'illuminisme, la pente est glissante.

a. Nous savions nous de sources authentiques - dès la fin de la première conférence de Dalat - que le dessein profond et occulte du gouvernement de Hô était l'éviction complète des Français d'Indochine, je dis d'Indochine et non pas seulement du Tonkin et d'Annam.

Un très important mémorandum de Dalat le 21 avril 1946, envoyé aux membres du Comité interministériel de l'Indochine, en fait état, sous le nom de « Un tournant politique en Indochine ». Il examinait la conduite à suivre par nous en Cochinchine ou Namky.

b. Nous savions à quel point, déjà, le Laos, le Cambodge et la Cochinchine surtout étaient inquiets, troublés et meurtris par l'attitude métropolitaine qui ne semblait avoir de considération que pour le gouvernement de Hanoi. Eux-mêmes le connaissaient, le jaugeaient et le redoutaient à juste titre.

c. Nous savions que le devenir politique de l'Annam et de la Cochinchine était aux termes mêmes de la convention du 6 mars signée Hô Chi Minh, suspendu aux résultats d'une consultation populaire par voix de référendum. Nous savions en outre que cette hypothèse, consentie sous la pression des circonstances par nos mandataires de Hanoi, trouvait sa pleine portée dans le texte présenté par eux au nom du gouvernement français qui l'avait approuvé. Je cite :

« La Cochinchine décidera elle-même de son avenir. »

Comment concevoir autrement la pensée authentique de la France puisque constitutionnellement la Cochinchine demeurait une colonie française, une partie intégrante de notre patrimoine national.

d. De ceci, le gouvernement français ne m'a-t-il pas apporté une garantie de plus quand, plein d'appréhension au vu des accords annexes militaires du 6 mars, comme il arrive parfois à ceux qui jugent de loin, le Comité interministériel me suggérait de faire appel aux tenants de l'autonomie cochinchinoise, ajoutant peu après qu'il était de l'intérêt de la France que le nombre des États, membres de la Fédération, fût le plus grand possible

Précieuses suggestions. N'aurait-on pas eu mauvaise grâce à reprocher de les avoir retenues et de leur avoir donné chair et vie.

e. Il serait absolument arbitraire de prétendre que la convention du 6 mars nous liait les mains en Cochinchine et, depuis plus de cinq mois, fidèles au dessein libéral de la France, nous avions préparé dans le calme et la patience la progressive métamorphose du régime colonial en un régime de large autonomie dans l'esprit de la déclaration du 24 mars. Des engagements avaient été déjà pris envers nos amis les meilleurs et les plus courageux de Cochinchine, et ils l'avaient déclaré publiquement à Saigon le 1er février 1946, dans un discours transmis à Paris.

A ces hommes qui s'étaient compromis par leur attachement à l'amitié française et leur juste appréciation de la nécessité de notre concours, il eût fallu tenir un langage contraire, sans autre motif que celui d'une interprétation aussi capricieuse que tendancieuse donnée par le gouvernement de Hanoi à la convention du 6 mars.

f. Ajoutons encore : l'Union des trois Ky, telle que conçue par l'équipe de Hanoi, c'est-à-dire une rigide unité politique, administrative, culturelle et sociale, va directement contre la tradition nationale annamite. Celle-ci ne veut pas d'unité, de fusion entre les trois Ky, elle aspire à une union, symbolisée à la tête, mais respectueuse d'une large autonomie politique et administrative par chacun des Ky.

En bref, elle aspire à un système fédératif des trois Ky au sein de la Fédération indochinoise. Le Tonkin aux Tonkinois, la Cochinchine aux Cochinchinois.

Tel est le correctif fécond qu'apporte aux textes de la déclaration du 24 mars et à la convention du 6 mars l'authentique aspiration des populations annamites.

C'est à protéger cette libre option - l'heure venue - des Cochinchinois que notre Haut-commissariat s'est employé.

Il n'a perdu de vue, contrairement à tant de calomnies, ni le statut constitutionnel de la Cochinchine, ni la nécessité d'une loi pour sortir du provisoire, mais il a été le témoin et l'exécutant tenace - contre vents et marées - du dessein libéral exprimé par le gouvernement de la République.

Le peuple cochinchinois a repris confiance en la France et en son propre gouvernement.

Le ministre de la France d'outre-mer a proclamé avec une pareille ténacité en toutes circonstances que la France ne plierait jamais devant les méthodes de terrorisme scientifique et que le référendum aurait lieu dans une Cochinchine pacifiée.

g. A l'heure où ces lignes sont écrites, la campagne méthodique de pacification en profondeur de l'Indochine est ouverte. Des nouvelles très récentes reçues de Saigon signalent que la bataille du riz est virtuellement gagnée et que le dispositif prévu pour la pacification donne des résultats de bon augure. Ce dispositif tend à conjuguer la politique, l'administratif et le militaire dans l'action opérationnelle elle-même.

Par ailleurs, des contacts se multiplient entre nous et les divers partis qui menaient la lutte contre la France. Ces partis nationalistes cherchent à se dissocier des forces de guérilla et de terrorisme de Hanoi et s'offrent même à mener le combat contre le Viêt-minh.

h. Dans le reste des pays de la Fédération, rien de notoire n'est à signaler, sauf au Cambodge, où, sous l'influence de la propagande des agents de Hô Chi Minh, quelques Khmers issaraks cherchent à se regrouper et à jeter un certain trouble dans les hautes sphères politiques. La chose est suivie de très près. La police vient d'être renforcée comme aussi la garnison de Pnom-Penh.

i. Mon mémorandum du 14 janvier et son annexe du 25 ont informé le gouvernement des aspects du problème au Tonkin et en Annam. Rien n'est venu modifier l'ordre et l'importance des suggestions faites, suggestions confirmées de vive voix au président du Conseil et au président de la République au cours des audiences qu'ils ont bien voulu accorder au Haut-commissaire de France.

Le point capital est et demeure de laisser entendre aux populations d'une manière ou d'une autre que le gouvernement de la République ne traitera plus avec le gouvernement d'Hô Chi Minh.

j. Ledit organisme gouvernemental - que nous cherchons à réduire - dispose encore de moyens de propagande de qualité : radio, imprimeries, multiples agents au-dehors comme au-dedans. Une action habile, étendue, vigoureuse est menée auprès des puissances étrangères, neutres ou alliées, pour les intéresser à la cause du Viêt-nam et obtenir que l'O.N.U. en soit saisie.

Il y a, à la base de cette propagande, une orchestration de mensonge et de calomnie.

La France a accordé libéralement, trop libéralement peut-être, au Viêt-nam l'émancipation politique et administrative au sein de l'Union française et de la Fédération indochinoise, mais elle s'est refusé à céder aux âpres menaces de la guérilla, du terrorisme et du coup de force comme aux chantages de la propagande officielle.

Il y aurait lieu de déclencher sur-le-champ une contre-offensive au plan diplomatique car, en général, les problèmes de l'Indochine sont mal connus ou habilement déformés à l'étranger.

Cette contre-offensive trouverait un point d'application particulièrement sensible dans le Sud-Est asiatique, en Chine, aux Indes, en Birmanie, Malaisie, Philippines et Indes néerlandaises.

Cette relation volontairement brève appelle une conclusion. La voici.

Le gouvernement de Hanoi s'étant mis hors la loi, l'avenir de la France en Indochine où la voie est aujourd'hui largement ouverte dépend presque exclusivement de la clarté et de la fermeté de la politique du gouvernement de la République.

CHRONOLOGIE

établie à partir des « Éphémérides indochinoises », calendrier du Haut-commissaire

FRANCE ET MONDE	INDOCHINE
1945	
MARS	
	9 mars : Coup de force japonais.
	11 mars : « Indépendance » de l'Annam (Bao Dai).
	12 mars : « Indépendance » du Cambodge (N. Sihanouk).
24 mars : Déclaration du Gouvernement provisoire relative à l'Indochine.	
AVRIL	
12 avril : Mort du président Roosevelt - Truman Président.	
25 avril : Conférence de San Francisco : fondation (→ 26 juin) de l'O.N.U.	
JUIN	
15 juin : Création du corps expéditionnaire d'Extrême-Orient.	
AOÛT	
	7 août : Création du Comité de Libération du Viêt-nam par le Viêt-minh.
	8 août : Formation à Saigon du Comité exécutif du Nam Bo.
16 août : L'amiral Thierry d'Argenlieu, nommé Haut-commissaire pour l'Indochine.	
	19 août : La République démocratique du Viêt-nam est proclamée à Hanoi.
22 août : Leclerc à Kandy (Ceylan).	*22 août : Abdication de l'empereur Bao Dai.*

FRANCE ET MONDE	INDOCHINE
1945	
Cédile parachuté en Cochinchine.	24 août : Sainteny arrive à Hanoi.
SEPTEMBRE	Début septembre : Arrivée des troupes chinoises de Lou Han, au Nord.
2 septembre : Signature de la capitulation japonaise.	*2 septembre : Déclaration d'indépendance du Viêt-nam.* Manifestations à Saigon.
10 septembre : L'amiral d'Argenlieu à Chandernagor.	
	12 septembre : 1er détachement franco-anglais à Saigon.
	23 septembre : Autorité française rétablie à Saigon. Émeutes et massacre de la cité Héraud (le 24).
OCTOBRE	
	5 octobre : Leclerc à Saigon.
21 octobre : Référendum et élection de l'Assemblée constituante.	
	30 octobre : L'Amiral à Saigon.
NOVEMBRE	
13 novembre : de Gaulle élu président du Gouvernement par la Constituante.	
	17 novembre : Occupation de Ban Me Thuot, puis Nhat Rang (le 19).
DÉCEMBRE	
24 décembre : Mort du prince Vinh Sang (ex-empereur Duy Tanh).	

FRANCE ET MONDE	INDOCHINE
1946	
JANVIER	
	6 janvier : Viêt-nam : élection à la Constituante (98,4 % = Viêt-minh) [1].
	7 janvier : Modus vivendi franco-cambodgien.
20 janvier : Démission du général de Gaulle. 26 janvier : Formation du *gouvernement Gouin.*	
	29-30 janvier : L'Amiral à Pnom-Penh.
FÉVRIER	
	1er février : Fête du Têt. 12 février : 1re séance du Conseil consultatif de Cochinchine. 27 février : Retour de l'Amiral à Saigon.
13 février : L'Amiral à Paris (jusqu'au 25).	
MARS	
	6 mars : Convention préliminaire franco-vietnamienne. 8 mars : Débarquement des troupes françaises à Haiphong. 18 mars : Leclerc et troupes françaises à Hanoi. *24 mars : Entrevue de la baie d'Along (Amiral-Hô).*
AVRIL	
	18 avril : Ouverture de la 1re conférence de Dalat. 25 avril : Troupes françaises à Vientiane (Laos).
MAI	
5 mai-référendum : Rejet du 1er projet de Constitution.	
	11 mai : Clôture de la conférence de Dalat. 14 mai : Cérémomie du Grand Serment (Ban Me Thuot).

1. Qualifiée dans les Éphémérides de « scandaleuse comédie ».

FRANCE ET MONDE	INDOCHINE
1946	
	19 mai : L'Amiral à Hanoi. 31 mai : Départ de Hô pour Paris.
JUIN	
	1er juin : Création du Gouvernement provisoire de Cochinchine.
2 juin : Hô Chi Minh à Biarritz. Élections pour la nouvelle Constituante.	
	10 juin : Les troupes chinoises commencent à quitter Hanoi.
14 juin : L'Amiral à Paris (jusqu'au 10 juillet). Le roi Sihanouk y est en visite officielle. 25 juin : Formation du *gouvernement Bidault.*	
JUILLET	
6 juillet : Ouverture de la *conférence de Fontainebleau.*	
	13 juillet : Retour de l'Amiral à Saigon. 17 juillet : Départ du général Leclerc.
29 juillet : Conférence de la Paix à Paris (jusqu'au 15 octobre).	
AOÛT	
	1er août : Ouverture de la 2e conférence de Dalat (close le 13 août). 27 août : Modus vivendi franco-laotien.
SEPTEMBRE	
	1er septembre : Élections de l'Assemblée nationale au Cambodge.
10 septembre : Suspension de la conférence de Fontainebleau. *14 septembre : Modus vivendi franco-vietnamien.*	

FRANCE ET MONDE	INDOCHINE
1946	
	18 septembre : Les dernières troupes chinoises quittent l'Indochine.
OCTOBRE	
13 octobre : Référendum : acceptation de la Constitution.	15 octobre : Le Siam restitue les provinces cambodgiennes. Début du contrôle douanier à Haiphong.
	18 octobre : Entrevue de Cam Ranh (Amiral-Hô).
NOVEMBRE	
10 novembre : Élection de l'Assemblée nationale.	10 novembre : Saigon : suicide du Dr Thinh.
15 novembre : L'Amiral à Paris.	*20 novembre : Incidents d'Haiphong et de Langson.*
28 novembre : *Démission du gouvernement Bidault.*	*29 novembre : D[r] Le Van Hoach,* élu président de la République provisoire de Cochinchine.
DÉCEMBRE	
8 décembre : Élection du Conseil de la République.	*19 décembre : Insurrection viêt-minh à Hanoi.*
17 décembre : *Formation du gouvernement transitoire Blum.*	23 décembre : Retour de l'Amiral à Saigon.
	26 décembre : Arrivée à Saigon de Marius Moutet, puis du général Leclerc (le 27).
1947	
JANVIER	
16 janvier : *Vincent Auriol, élu président de la République . Formation du gouvernement Ramadier.*	
FÉVRIER	
24 février : L'Amiral à Paris.	1er février : Ordonnance élargissant les pouvoirs du gouvernement de Cochinchine.
MARS.	
5 mars : *Émile Bollaert, nommé Haut-commissaire de France pour l'Indochine.*	

INDEX

ABRÉVIATIONS UTILISÉES

COMININDO :	Comité interministériel d'Indochine.
COMREP :	Commissaire de la République.
F.O.M. :	France d'outre-mer (ministère de la...) siège rue Oudinot, à Paris.
Génésuper :	Général, commandant supérieur des troupes en Indochine.
Haussaire :	Haut-commissaire.
G.R.A., G.R.V. :	Gouvernement révolutionnaire annamite du Viêt-nam.
R.I.C. :	Régiment d'infanterie coloniale.

TABLE

*La composition
et l'impression de ce livre ont été effectuées
par l'imprimerie Aubin à Ligugé
pour les Éditions Albin Michel*

AM

*Achevé d'imprimer en décembre 1985
Nº d'édition 8837. Nº d'impression L 20808
Dépôt légal, décembre 1985*

Imprimé en France